IT TAKES A VILLAGE TO RAISE A CHILD
（养育一个孩子，需要一个村庄）

养育一个孩子，

需要一个家庭，

需要一个社区，

需要一座城市，

需要整个国家，

需要我们大家。

编写组成员（按姓氏笔画排序）：

叶珩羽	白　驹	朱晓宇	刘　磊	李　涛	李　鑫
李先坤	杨　沛	吴　楠	邱　红	余孟蕊	余蕊汝
邹润涛	沈　瑶	张　蔚	张　毅	张　蕾	张艺歆
张洪刚	陈　虹	陈婧航	范　斌	周念丽	周惟彦
徐宇珊	唐　燕	黄　溶	常仁杰	曾　莉	

《儿童友好社区建设规范》
操作手册

HANDBOOK ON
SPECIFICATION FOR CHILD-FRIENDLY COMMUNITY
BUILDING

主　编　　周惟彦
副主编　　陈　虹

社会科学文献出版社
SOCIAL SCIENCES ACADEMIC PRESS (CHINA)

Preface 序

联合国《儿童权利公约》是世界上加入国家和地区最多的国际公约之一。1990年8月29日，中国成为《儿童权利公约》第105个签约国。迄今为止已有196个国家与地区加入《儿童权利公约》，这意味着全世界有96%的儿童生活在儿童权利受保护的缔约国家和地区中。儿童是世界的希望，是未来的主人，尊重并保护儿童的各项权利，是社会进步的体现，只有确保儿童健康快乐地成长，这个世界才有未来。

追溯《儿童友好社区建设规范》团体标准的出台，回顾中国儿童友好城市与社区建设一路走来的点滴，正是政府引领、民间力量参与见证了时代的进步，共同谱写了中国儿童友好事业发展的独特篇章。

回想2010年，那是我以全职志愿者身份出任壹基金执行主席的第四年，因为第二个宝宝的诞生我淡出了壹基金的一线，也因为第二个宝宝出生的意外事故我开始关注0~3岁婴幼儿综合发展课题。我拜访国内外各路专家，学习脑科学、心理学和社会学的知识，寻找能帮助二宝的最佳路径。那个时候，是我最需要帮助的时候。虽然我已经有了一个孩子，并且在同龄人里还算得上优秀，但二宝的新问题让我觉得自己太无知，最多的一次，我一天约了7位专家求教。随着了解得越多，我发现的问题也越多，我意识到这些不仅仅是我自己的问题，还是中国家长们共同面对的问题。我开始思考，是否可以做一个社会创新的探索，就从0~3岁婴幼儿的家长教育入手，就在社区，发动妈妈们和志愿者们来"自助助人"。最开始，我动员了几位好友筹集了500万元启动资金，在北京市海淀区注册成立了一个社会企业，定位是社区的家长教育，请我的母亲牵头，她老人家曾经创办了海南省第一个自闭症儿童学校。但2010年很多人包括我们的员工对社会企业并不了解，企业的文化和管理面临着巨大的挑战，我的母亲当时年近七十，对此有些力不从心。2013年，二宝3岁了，状态比我预想的要好得多，于是，我决定多花些时间和精力投入其中，在好朋友们的支持下，我们发起成立了北京永真公益基金会，让社会企业休眠，以公益路径来继续探索0~3岁婴幼儿社区家长教育。作为民间力量推动成立的第一个社区普惠型学龄前亲子服务公益性平台，北京永真公益基金会发起的"億未来社区儿童运动馆"（原名"億未来社区家长互助中心"）以促进构建和谐的"儿童—家庭—社区"关系为目标开展社区婴幼儿发展与家庭支持服务。不到两年时间，我们在全国63个城市的社区建设了100多个社区儿童运动馆，支持了300多个社区创业妈妈。

  回顾10年的社区家长教育和儿童工作，我深深认同"养育一个好孩子，需要一个好家庭，需要一个好社区"这句话。在我看来，好社区不是学区房扎堆或者靠近名校的社区，而是孩子们可以自由玩耍、独立上学放学，有大量室内户外活动场地的社区，是社区成人包括家长、老师、医生、社工以及政府职能部门的工作者、社区商家的经营者等都有儿童友好理念的社区。当下，大量关于儿童的负面新闻让人触目惊心，无论是城市还是农村地区，孩子们的处境令人忧心。更不用说这些年来过度商业化的教育培训行业把孩子们当作赚钱的工具。孩子成为考试的机器。孩子们除了上课学习就是上各种课外辅导班，要不然就是看手机、平板电脑还有电视，缺乏户外运动，缺乏社会锻炼，缺乏人生目标和理想。这些情况让我们不得不扪心自问：大人们对待儿童的方式是不是比以前更残酷了？

  从2013年到2015年，从接触到的几百个妈妈和社区的故事中，我们看到了各年龄段的孩子们在成长过程中面临的种种问题，安全、健康、教育、权益保护等，涉及方方面面，而北京永真基金会作为民间的小小的公益组织，所能做得实在太有限，必须"做减法"，集中力量于一处。因此我们决定从一线实践中退出，把全部精力投入政策推动。2015年中，在全国各地主要的"億未来社区儿童运动馆"的社会组织代表齐聚北京之时，我向大家说明了北京永真公益基金会将做战略调整，从"億未来社区0~3

岁婴幼儿家长教育"调整到"儿童友好社区"的政策推动。虽然不舍，但大家最终还是接受了这个决定。值得高兴的是，当年"億未来"培育的妈妈们和社区组织中有很多都在继续"社区0~3岁婴幼儿"的普惠服务，并且发展得很好，有一些甚至开始进入社区托育和"3~6岁儿童"幼儿园的行业中。"億未来"的火种还在中国大地继续燃烧着，有些原本要合作"億未来"的社区甚至随着我们的战略发展开始了"儿童友好社区"的建设。例如，成都市武侯区簇桥街道锦城社区的社区书记李鑫因"億未来"项目与我们相识于2015年，2016年他通过订阅"儿童友好社区"刊物了解和学习到了最基本的儿童友好理念与儿童友好社区建设的知识，便主动搜集了大量的案例自学。经过他与团队近7年的努力，锦城社区的"儿童友好社区"建设实践如今已经实现了超前的发展。当2019年中国社区发展协会建议我们在全国开展100个儿童友好社区试点工作的时候，锦城社区已远远超过了试点的评价标准，成了儿童友好社区建设的示范样本，是全国儿童友好领域专家和机构参访学习的胜地。在场地和资金都有限的情况下，锦城社区能打造出全国的样板，实在难得，该社区的相关建设经验在本书中也有详细介绍。

在2015年召开了战略转型会议后，2016年3月，北京永真公益基金会联合中国社区发展协会对接中国儿童少年基金会，发起"中国儿童友好社区促进计划"，得到了国务院妇女儿童工作委员会办公室的批复，其同意作为该计划的指导单位，在北京永真公益基金会设立专门办公室，同时，由北京永真公益基金会发起的中国社区发展协会儿童友好社区建设专业委员会正式成立。2016年，我与时任深圳市妇联主席、壹基金监事马宏达成高度一致，共同决定要推动儿童友好事业发展。我们互相启发，在各自的领域全情投入。也是2016年，我们和全国妇联原组织部部长张黎明对接，撰写了《关于将儿童友好社区纳入地方政府责任考核》的提案，在两会上正式提交。还是2016年，由北京永真公益基金会召集了第一次关于儿童友好社区建设标准的专家研讨会，来自公益基金会、社工组织、城乡规划设计院、高校、社会企业以及社区的实践者和学者第一次坐到了一起，面对面地交流甚至辩论，在北京永真公益基金会团队起草的草案基础上做了大量的补充与完善，形成了《儿童友好社区建设规范》的第一版文字。2017年，北京永真公益基金会召集并资助了各界专家与实践者前往德国考察国际儿童友好城市与社区的工作，并出版了《社区天地——中国儿童友好社区主题专刊》。2018年，中国社区发展协会成为民政部团体标准的试点单位，"儿童友好社区团体标准"正式立项，经过数次的专家评审，《儿童友好社区建设规范》于2019年作为团体标准通过了国家相关部门的终极评审，并在成都正式发布。虽然2020年新冠肺炎疫情突袭而至，但儿童友好事业的发展没有因此停止。2021年3月11日，十三届全国人大四次会议通过的《关于国民经济和社会发展第十四个五年规划和2035年远景目标纲要》指出，由发改委牵头落实，五年里全国范围内将建设100座儿童友好城市。"儿童友好"终于出现在了中央的正式文件中，并且有了明确的发展目标。随后，全国各地纷纷掀起了儿童友好城市建设的热潮，除了最早起步的深圳，以及较早起步的上海、长沙、南京、武汉、北京、成都、威海、杭州、苏州等地也都启动了建设儿童友好城市的进程。

如今，有条件的地区开始了儿童友好城市的建设，暂时没有条件开展儿童友好城市建设的地区则启动了儿童友好社区的建设。"儿童友好"这四个字越来越频繁地被提及和关注。

经常有人会问，到底什么是"儿童友好"呢？目前能看到的官方定义来自2021年10月由国家发改委联合22个部门印发的《关于推进儿童友好城市建设的指导意见》，其定义的儿童友好是指"为儿童成长发展提供适宜的条件、环境和服务，切实保障儿童的生存权、发展权、受保护权和参与权"。其实，什么是儿童友好的答案就在我们每个人的心里，用最简单的话来说，什么是对儿童的健康成长有利的什么就是儿童友好。儿童友好是所有儿童相关领域工作的最高概括，可以是生产健康安全的食品，可以是营造和谐的家庭环境，可以是提供足够的户外游戏时间和空间，可以是成人以身作则的言行示范等；诸如青少年抑郁症防治、自闭症儿童融合教育也都是儿童友好理念的体现。在近代新文化运动中，鲁迅、郭沫若、陈鹤琴、陶行知等伟大的思想家和先行者们曾提出过"儿童本位"的相关说法，即"以儿童为本"而非"以成人为本"，这与我们今天所说的"儿童友好"有异曲同工之妙。我们在实际工作中不应拘泥于定义，各个城市和社区可根据自身的实际情况，发现关于儿童的最具挑战和最严峻的社会问题并尝试着去解决，这样的实践更有现实意义！

工作中，还有一个经常碰到的问题就是儿童友好城市与社区的管理和建设维护应由哪一个部门具体负责呢？就目前的情况来看，在国家层面是发改委在牵头，到了地方层面会看到妇儿工委、妇联作为责任单位进行牵头统筹，实践当中自然资源部里国土空间规划部门、住房和城乡建设部中的规划设计单位等相对教委和卫健委的参与度更高一些。事实上，每个城市和社区都不同，不应千篇一律地标准化，需要因地制宜做出地方特色和地方标准，更需要跨部门合作，比如儿童的教育需要教育部门负责，儿童的健康需要卫健委负责，家庭教育需要妇联负责，安全涉及教育、公检法等部门，儿童体能需要体育局负责等。然而跨部门的合作谈何容易？不仅在中国很难，全世界任何一个国家要动员教育、医疗、安全、体育等部门联合起来做一件事都非常具有挑战性。这件事能不能干得漂亮，关键看地方政府的态度，取决于有没有政府相关部门一把手的鼎力推动。以深圳为例，深圳的儿童友好城市建设离不开时任妇联主席马宏的积极努力和不懈推动。她主动联系国内相关研究机构、组织各方人士前往国际儿童友好建设代表性城市考察、与联合国儿基会接洽链接、孵化深圳本地儿童友好组织、梳理深圳的儿童友好城市建设路径和建设规范等，参与了深圳儿童友好城市建设的全过程。她高效务实的实干精神让我印象深刻。恰好在以"速度""服务""创新引领"著称、改革创新融入城市基因的深圳，恰好有这样一位富有强烈使命感、勇于先行先试的部门领导，这些因素相辅相成，缺一不可。

2019年7月21日发布的《国家发改委关于推广借鉴深圳经济特区创新举措和经验做法的通知》中，"率先创建儿童友好城市"作为创新优质均衡的公共服务内容之一，列入47项创新举措和经验做法清单。该文认定深圳是全国首个市委出台建设儿童友好城市指导意见的城市。2015年马宏向深圳市委提出将建设儿童友好城市纳入深圳市"十三五规划"的建议，被深圳市委采纳。由深圳市妇女儿童工作委员会牵头实施，深圳率先出台了建设儿童友好城市战略规划和行动计划,包括儿童友好社区、学校、医院、图书馆、公园、安全出行、儿童参与等九大领域的建设指引,同时开展了一系列丰富的实践探索。2019年11月,深圳市妇联邀请国家发改委社会司欧晓理司长出席深圳市儿童友好城市建设现场会和世界儿童日活动,并调研深圳率先开展了四年的儿童友好城市建设工作。正是在11月20日世界儿童日里,在宝安滨海广场璀璨的灯光下,双方议定了要把儿童优先发展战略纳入国家"十四五"规划的思路。之后,深圳不仅多次毫无保留地分享经验、提供材料,还积极参与发改委相关文件征求意见的调研、座谈,为国家发改委联合22个部门印发国家指导意见提供了地方鲜活的先行示范案例。

儿童友好城市建设刚刚起步,相对而言,儿童友好社区的建设已有好几年的历程,事实上,儿童友好城市和儿童友好社区建设是互相促进的关系。试想,一个城市所有的社区都成为儿童友好社区了,是不是这个城市就是儿童友好城市了呢?我们知道,社区不仅仅是社区服务中心或行政中心,还包括公共设施、医院、学校、小区、商业等在内,是一个建筑空间与社会关系的共同体。城市由大小不一、各种类型的社区组成,从这个角度来说,社区是建设儿童友好城市的抓手,是儿童友好城市的基石。此外,儿童友好社区的建设也是中国特色社会主义先进性的具体体现。改革开放40多年来,中国社会发生了翻天覆地的变化,如果说联合国儿童基金会当年提出的《儿童友好城市倡议》是评估城市治理水平的一个指标,那么我们必须要紧紧抓住中国的社区治理这一社会议题不断进行创新。这次应对新冠肺炎疫情的现实经验已经验证,社区是基础,是一线,是确保疫情可控可防的重要支撑。可以说,以儿童友好社区为基础的儿童友好城市建设是中国智慧对世界的贡献,是中国特色社会主义的集中体现。

《儿童友好社区建设规范》是团体标准,推动团体标准制定的是包括行业协会、公益基金会、社区服务机构、高校等不同角色在内的社会力量。在这里,要特别感谢北京永真公益基金会的创始理事长曾勇、中国社区发展协会会长米有录、中国儿童少年基金会秘书长朱锡生、中国标准化研究院服务标准化研究所所长曹俐莉、国务院妇儿工委办公室一级巡视员宋文

序

珍、中国城市规划学会常务副理事长兼秘书长石楠、前深圳市妇联主席马宏、联合国儿童基金会驻华代表办公室政府合作官员毛盼、联合国儿童基金会儿童友好城市项目官员杨涵,还有数十位这十年来一路共同推动儿童友好社区行业标准制定的各行业专家伙伴,以及数百位儿童友好社区试点的一线社区书记、居委会主任、社区工作人员。我们因儿童友好而相识相伴,虽然有时我们的观点会有碰撞,难以完全统一,但这样恰是当下儿童友好事业真实的写照,儿童友好的中国实践之路虽曙光初现,看到了希望,但任重道远,我辈仍需努力!

以上内容仅代表个人观点,有任何不周之处请与我联系。有则改之无则加勉!感谢!

周惟彦
北京永真公益基金会理事长、昆山杜克大学客座教授
2021 年 10 月 18 日于福建武夷山

Contents 目 录

前 言   1

第一章 迈向中国特色的儿童友好社区建设之路   6
  1   儿童的权利   7
  2   儿童友好的概念   8
  3   儿童友好城市和社区的概念   9
  4   中国特色的儿童友好社区建设实践   13

第二章 儿童友好的制度建设   41
  1   推动建立跨部门合作架构   42
  2   提供财政支持   50
  3   建立儿童参与机制   54
  4   跟踪指导和反馈机制的建立   67

第三章 儿童友好的文化建设   72
  1   新技术新方法传播儿童友好理念   72
  2   多渠道普及儿童友好理念   81

3　建立儿童友好关系　　　　　　　　　　　　　83
　　4　建设儿童友好文化　　　　　　　　　　　　　102

第四章　儿童友好的空间营造　　　　　　　　　　116
　　1　空间营造基本要求　　　　　　　　　　　　　117
　　2　户外活动空间　　　　　　　　　　　　　　　128
　　3　室内公共空间　　　　　　　　　　　　　　　139
　　4　其他空间的设计要求　　　　　　　　　　　　148

第五章　儿童友好的服务提供　　　　　　　　　　160
　　1　支持性服务　　　　　　　　　　　　　　　　162
　　2　保护性服务　　　　　　　　　　　　　　　　181
　　3　补充性服务　　　　　　　　　　　　　　　　201
　　4　替代性服务　　　　　　　　　　　　　　　　209
　　5　发展性服务　　　　　　　　　　　　　　　　212

第六章　0~3岁儿童早期发展服务　　　　　　　　219
　　1　儿童早期发展的相关认识　　　　　　　　　　219
　　2　儿童早期发展的重要性　　　　　　　　　　　222
　　3　促进儿童早期发展的国际经验　　　　　　　　223
　　4　儿童早期发展方面的政策和实践　　　　　　　226
　　5　儿童早期发展服务提供模式总结　　　　　　　236

第七章　儿童友好的人员管理　　　　　　　　　　238
　　1　儿童友好社区儿童工作者　　　　　　　　　　239
　　2　儿童服务志愿者　　　　　　　　　　　　　　250

第八章　儿童友好社区服务类典型案例　264

　　1　社区婴幼儿照护："益未来社区共育家园"创新模式　264
　　2　儿童友好学校：成都市七中育才学校水井坊校区　271
　　3　社区食育模式探索：成都妮妮环球食育　275
　　4　自然教育与儿童参与：成都和美社区公园共建　283
　　5　乡土教育与儿童友好社区："三亲"乡土教育实践　290
　　6　家校共育：北京市南山艺术学园　300
　　7　游戏力与儿童天性：PARS 自由游戏　305
　　8　社区阅读：浙江微笑明天慈善基金会的"明天书屋"　314
　　9　"医学＋人文＋公共交通"联合社区：复旦大学附属
　　　　儿科医院及共建单位的实践　318
　　10　儿童友好生活社区：上海市浦东新区森兰社区儿童友好家园　321

参考文献　327
案例目录　334
案例来源　340
附录1　《儿童友好社区建设规范》全文　350
附录2　《儿童友好社区建设规范》大事记　358
附录3　儿童友好社区评估工具　363
附录4　社区保障资金项目申报公告范例　370
附录5　社区高风险家庭儿童档案样表　376
附录6　致力于儿童友好的微信公众号　378
后　记　383

前言

1 《儿童友好社区建设规范》产生的背景

为贯彻落实党的十九大"幼有所育"和建立"共建共治共享"社区治理格局的精神，进一步引导和规范儿童友好社区的建设，确保儿童生存权、发展权、参与权和保护权在社区中得到保障，为创建儿童友好社区提供专业技术支撑，由中国社区发展协会于2018年立项、北京永真公益基金会（以下简称"永真基金会"）负责起草的《儿童友好社区建设规范》（以下简称《规范》）于2020年1月13日正式发布（推动历程见图1）。

中国社区发展协会是中国儿童友好社区建设的归口单位，《规范》是经中国社区发展协会立项申报和发布的服务类团体标准。[①] 永真基金会作为《规范》的起草单位，在组织相关专家进行课题研究论证，考察借鉴国内外儿童及社区领域的社会实践行动的基础上，归纳提炼形成草案后，广泛听取各界专家学者、政府部门、社会机构的多方意见和建议形成该《规范》。

《规范》作为评定社区是否成为儿童友好社区的主要依据之一，为儿童友好社区建设提供技术指导，适用于评价和指导所有儿童友好社区建设。《规范》是中国第一个社区儿童普惠服务类的团体标准，是儿童城市福利的有力补充，为家庭教育扎根社区提供抓手，是创建服务型的社区治理典型模式的有效支撑，有利于孵化接地气、聚人气、易推广的民生项目，将

---

① 根据国家质量监督检验检疫总局、国家标准化管理委员会、民政部联合发布的《团体标准管理规定（试行）》，团体标准是指由团体按照团体确立的标准制定程序自主制定发布，由社会自愿采用的标准。团体（association）是指具有法人资格，且具备相应专业技术能力、标准化工作能力和组织管理能力的学会、协会、商会、联合会和产业技术联盟等社会团体。

进一步促进我国儿童公共服务体系的完善和城市社区治理的创新，是为国际儿童友好城市贡献中国智慧的重要助力。

2021年9月30日国家发改委联合22个部门共同制定的《关于推进儿童友好城市建设的指导意见》（以下简称《指导意见》）指出，"儿童友好是指为儿童成长发展提供适宜的条件、环境和服务，切实保障儿童的生存权、发展权、受保护权和参与权"。根据《规范》，"儿童友好社区"是指承认儿童的主体地位，尊重儿童的感受的社区，社区的环境有利于儿童的福祉，社区的文化、制度和服务重视儿童与成人、儿童与家庭、儿童与儿童之间的交流与反馈。儿童友好社区以社区为依托，以保护儿童权利和促进儿童发展为宗旨，以0~18岁儿童及其监护人和其他家庭成员为服务对象，在安全友好的社区公共空间里提供包括文化、教育、健康等多维度的普惠型服务。

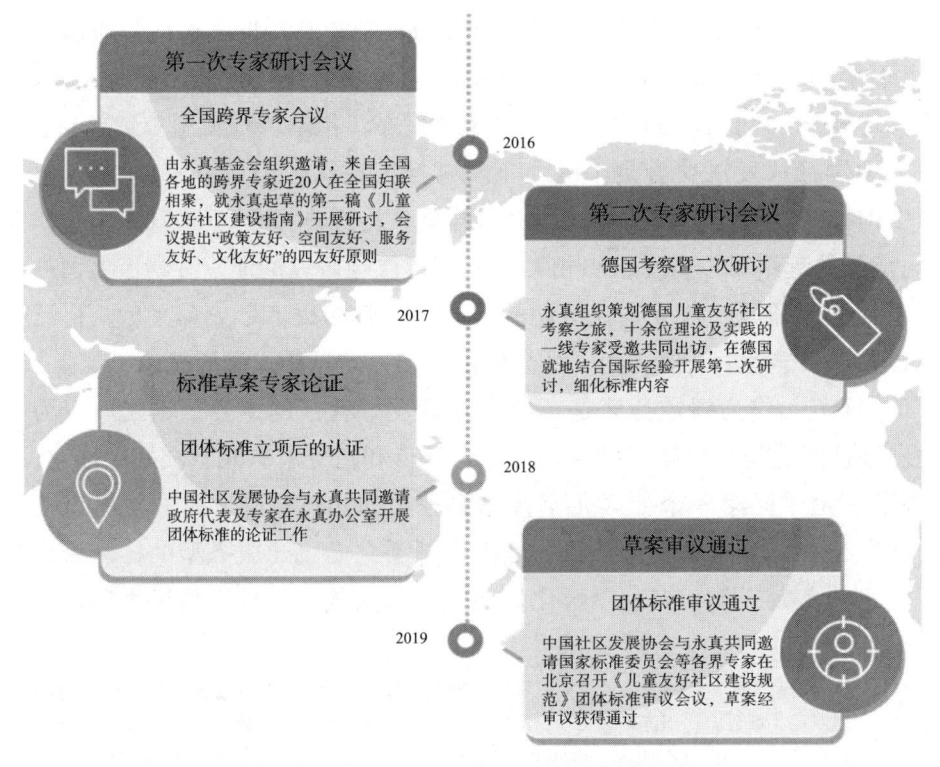

第一次专家研讨会议

全国跨界专家合议

由永真基金会组织邀请，来自全国各地的跨界专家近20人在全国妇联相聚，就永真起草的第一稿《儿童友好社区建设指南》开展研讨，会议提出"政策友好、空间友好、服务友好、文化友好"的四友好原则

2016

第二次专家研讨会议

德国考察暨二次研讨

永真组织策划德国儿童友好社区考察之旅，十余位理论及实践的一线专家受邀共同出访，在德国就地结合国际经验开展第二次研讨，细化标准内容

2017

标准草案专家论证

团体标准立项后的认证

中国社区发展协会与永真共同邀请政府代表及专家在永真办公室开展团体标准的论证工作

2018

草案审议通过

团体标准审议通过

中国社区发展协会与永真共同邀请国家标准委员会等各界专家在北京召开《儿童友好社区建设规范》团体标准审议会议，草案经审议获得通过

2019

图1 《儿童友好社区建设规范》的推动历程

前言

2 解读《规范》、推进实施的必要性

"十四五"规划提出应"坚持儿童优先发展","深入实施儿童发展纲要,优化儿童发展环境,切实保障儿童生存权、发展权、受保护权和参与权,完善落实未成年人监护制度,完善未成年人综合保护体系"。当前亟须一套规范来指导儿童友好建设,以推动儿童友好社区更好地成长及发展,真正落实儿童友好,促进全民友好。

截至2021年底我国儿童友好社区的建设已取得一定的成绩,但还存在定义模糊、评价维度单一化、评估指标有待完善等问题,儿童友好社区的建设水平参差不齐。以正在积极申报儿童友好型城市的深圳、成都为例,由于没有一套完善、详细的儿童友好社区建设指导规范,在评判时缺乏有效的指标体系和科学的指导评价方案,评判过程主观化、形式化,部分优质项目没有得到普及与推广,甚至个别建设项目缺乏必要的专业性、实用性与安全性。为了完成"十四五"规划中提出的"开展100个儿童友好城市示范,加强校外活动场所、社区儿童之家建设和公共空间适儿化改造,完善儿童公共服务设施"计划安排,实现《指导意见》提出的"到2025年,通过在全国范围内开展100个儿童友好城市建设试点,推动儿童友好理念深入人心,儿童友好要求在社会政策、公共服务、权利保障、成长空间、发展环境等方面充分体现"的建设目标,儿童友好社区的建设是至关重要的一环。儿童友好社区是儿童与成人之间、家庭与家庭之间、儿童与城市社会之间建立健康和谐关系的殷实土壤,是建设儿童友好城市的重要基石。为了进一步推动儿童友好社区在全国范围内的实施,在《规范》发布之后,需要提供相应的、科学的、可行的行动指引导则。

在2016年版的《规范》草案第一稿,我们就确立了儿童友好社区的4个建设原则、5大指标体系的框架准则,即根据保证儿童最大利益、保障普惠公平、完善儿童参与、促进共建共享的基本原则,创建"政策友好、空间友好、服务友好、文化友好、人员友好"的5大指标,以形成一个完善的跨部门合作、鼓励儿童参与、提供财政支持、保持跟踪指导的多层级

互动体系（见图2）。因此，本书从政策、空间、服务、文化、人员五个方面着手，辅以典型案例的梳理，对《规范》进行了全方位、深层次的解读，希望能够为各地的儿童友好社区建设提供帮助。

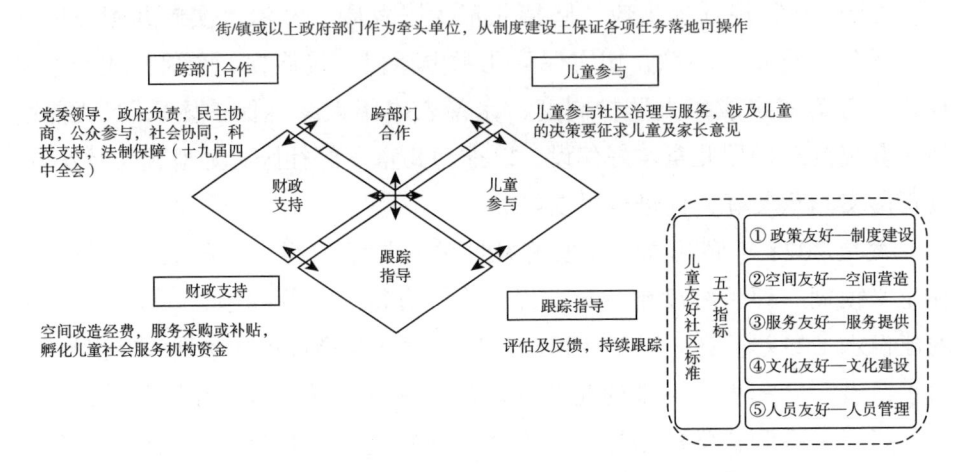

图2 儿童友好社区建设层级结构互动工作示意

3 本书结构

全书共八章：第一章对儿童权利、儿童友好的概念、儿童友好城市和社区的概念，以及儿童友好社区在中国建设实践的发展历程进行了回顾，从制度、文化、空间、服务、人员五个维度分别总结了深圳、长沙、上海、成都四个城市的儿童友好社区建设经验模式，提出我国的儿童友好社区建设已形成由政府牵头搭台、社会各界力量共同参与的多元主体有效互补、协同共建的中国特色模式。第二章"儿童友好的制度建设"从跨部门的合作架构、财政支持、儿童参与机制、跟踪指导和反馈机制等方面为城市社区提供了可行的儿童友好社区制度设计解读。第三章"儿童友好的文化建设"指出文化价值观的建立、理念的普及、儿童友好关系的建立以及多样化的传播渠道是城市社区打造儿童文化友好的重要方式。第四章"儿童友好的空间营造"根据世界各地的优秀儿童社区公共空间的设计方案和建设标准，首先总结了空间营造的基本要求，再对户外活动空间、室内公共空间和其他空间在营造设计方面提出建议，倡导为全龄段儿童提供温馨包容、绿色趣味的户外活动空间，丰富多元、健康有趣的室内公共空间，安全连续、便捷舒适的街道空间，促进社区儿童间、家庭间的相互交往，通过儿童参与儿童空间建设的良好氛围，实现儿童在社区中健康快乐成长的目标。儿童友好社区的建设离不开"儿童至上"的服务提供，为了改善我国大部分社区在全龄友好建设方面的薄弱基础，第五章"儿童友好的服务提供"建议社区可以从支持性、保护性、补充性、替代性、发展性五个方面为全龄儿童提供多样化的友好服务。需要指出的是，最早开始儿童友好社区建设时，我国还没有专门针对0~3岁婴幼儿托育的政策，近年来全社会对"社区0~3"婴幼儿照顾和托育的普惠服务呼声高涨，探索模式也呈现多样化趋势，因此第六章"0~3岁儿童早期发展服务"从理论梳理到全国的典型实践模式总结对此进行了完整的阐述和分析。第七章"儿童友好的人员管理"将儿童友好社区建设工作的专门工作者和志愿者的职责、工作范围、资质要求、管理制度进行了分类，为社区招募服务人员提供有效参考。最后，服务是把好愿景和好政策落实的关键，在社区里儿童友好相关的服务实施到位了，社区儿童才能真正受益，因此，第八章"儿童友好社区服务类典型案例"精心选取了一批有示范性、前瞻性、可复制性的实践项目，涉及儿童全面发展的各领域，为准备或已经开展儿童友好社区建设的同行提供参考。

在国家发展和改革委员会、国务院妇女儿童工作委员会、民政部、住房和城乡建设部等多部门的统筹协调下，以地方政府为责任主体的社区建设与社区治理过程中已形成了一批可复制、可推广的儿童友好社区实践的先进经验和典型示范。因此本书除了总结美国、荷兰、日本、英国等发达国家儿童友好社区建设经验之外，还梳理了我国21个城市过百个儿童友好社区在地实践项目。各社区在具体实践中，可根据自身的自然资源禀赋、社会经济发展水平、文化历史等特点制定适合本地实际情况的目标任务和实施方案。未来我们将在儿童友好领域持续推出更多的专业书籍，继续推动中国特色的儿童友好社区建设实践。

第一章

迈向中国特色的儿童友好社区建设之路

儿童是祖国的未来、民族的希望,更是城市社区的重要成员。衡量一个城市和社区的温度,"儿童友好"是关键词之一。习近平总书记强调,"少年强则国强","当代中国少年儿童既是实现第一个百年奋斗目标的经历者、见证者,更是实现第二个百年奋斗目标、建设社会主义现代化强国的生力军"。① 儿童是社会中的弱势群体之一,由于其各项身体机能和心智发展水平受限,作为独立个体参与社会和政治生活的权利受到漠视,他们会受到由忽略、歧视、贫困和不平等造成的不利影响。原则上,儿童作为人类发展过程中重要的权利主体,其生存权、发展权、受保护权与参与权等各项基本权益都应得到全面保障。儿童在社区既应得到生存、健康、公共卫生方面的保障,也应得到发展和保障权利等方面的保护。为了儿童利益最大化,我们希望大家同心协力,为儿童谋求更大福祉。

我国的儿童友好社区建设已形成由政府牵头搭台、社会各界力量共同参与的多元主体有效互补、协同共建的中国特色模式,深圳、上海、长沙、成都、威海等诸多城市的儿童友好社区建设取得了令人瞩目的成绩,全国范围内社区治理创新和儿童友好社区建设已形成如火如荼的发展势头。儿童友好社区建设对儿童、对社区乃至对城市治理都具有十分重要的意义。第一,儿童友好社区建设是实现儿童普惠公平和儿童权利的重要基础;第二,儿童友好社区建设是新时代社区治理高质量发展不可或缺的组成部分

---

① 《习近平向全国各族少年儿童致以节日的祝贺》,2020 年 5 月 31 日,http://www.qstheory.cn/yaowen/2020-05/31/c_1126055532.htm,最后访问日期:2021 年 11 月 20 日。

和重要抓手；第三，儿童友好社区建设是中国儿童福利事业与社区治理以及社会主义市场经济提质增量的跨界融合，是儿童福利事业实现创新和可持续发展的重要途径；第四，儿童友好社区的建设，不仅是增促社会公平正义的重要价值体现，也是构建共建共治共享的社会治理格局的关键举措；第五，儿童友好社区建设是彰显一个国家的城市温度、城市精神、城市品格的平台，更是社会主义优越性的重要表现。

在此，我们呼吁国家和地方各级政府、各部门、社会各界，以及儿童和儿童家长联合起来，共同合作，集中一切的资源和精力，结合国际成功经验，在党的领导下从城市社区做起，扫除儿童成长发展的障碍。只有保持对儿童特殊需求和优先事项的重点关注，做到从小到大、从易到难、从"儿童友好社区"到"儿童友好城市"，才能为儿童提供多样化的教育和娱乐设施及服务、基本的政策制度和社会福利保障、安全活动的空间和多元的文化选择等，保障儿童获得基本服务和保护的权利。

1 儿童的权利

1989 年联合国大会通过的《儿童权利公约》（Convention on the Rights of the Child，以下简称《公约》）是人类史上第一部完整申明了儿童享有的公民、政治、经济、社会和文化权利的国际公约。《公约》的价值观来源于 1924 年《日内瓦儿童权利宣言》、1948 年《世界人权宣言》和 1959 年《儿童权利宣言》。《公约》适用于所有儿童，即 18 岁以下的任何人（除非地区适用的法律规定成年年龄低于 18 岁）。我国是最早加入《公约》的缔约国之一。截至 2020 年底除美国外，全世界其他国家和地区均已签署并批准了《公约》。

《公约》通过 54 项条款和 2 项任择议定书，为儿童构建了通过政府、父母和相关机构提供保护权与承认儿童拥有参与权和自由相结合的愿景。《公约》对缔约国家和地区具有法律约束力，它详述了在各地、在所有时候保护和促进儿童权利的公认的规范与标准。"无歧视行为""儿童的最佳利益""生活、生存和发展权利""尊重儿童的意见"是《公约》的四大核心原则。这些原则适用于一切有关儿童的行动。

《公约》缔约国家和地区应"确保儿童享有其幸福所必需的保护和照料",在关于儿童的一切行动中,"均应以儿童的最大利益为一种首要考虑"。缔约国家和地区城市社区中每一项影响儿童的抉择都应顾及促进社区内每位儿童和谐发展的责任,尤其是以下五个方面。

第一,"每个儿童均有权享有足以促进其生理、心理、精神、道德和社会发展的生活水平"(第27条)。缔约国家和地区有责任"最大限度地确保儿童的存活与发展"(第6条)。每位儿童都有权"享有可达到的最高标准的健康,并享有医疗和康复设施"(第24条)。

第二,父母或法定监护人对"儿童的养育、发展负有首要责任",缔约国家和地区有责任给予家庭"适当协助","发展育儿机构、设施和服务"并"采取一切适当措施确保就业父母的子女有权享受他们有资格得到的托儿服务和设施"(第18条),有责任协助并"在需要时提供物质援助和支助方案",儿童的生活状况应受益于社会保障(第27条)。

第三,缔约国家和地区有责任向儿童提供多方面的保护。"应采取一切适当的立法、行政、社会和教育措施,保护儿童在受父母、法定监护人或其他任何负责照管儿童的人的照料时,不致受到任何形式的身心摧残、伤害或凌辱,忽视或照料不周,虐待或剥削"(第19条)。

第四,儿童享有受教育机会均等的权利。每一位儿童应获得全面的免费小学义务教育,并可以选择包括职业教育在内的中学教育(第28条)。缔约国家和地区还应"鼓励提供从事文化、艺术、娱乐和休闲活动的适当和均等的机会"(第31条)。

第五,尊重并考虑儿童的意见,保证儿童的参与。确保有主见能力的儿童有权对影响到其本人的一切事项自由发表自己的意见,对儿童的意见应按照其年龄和成熟程度给以适当地看待(第12条)。

2 儿童友好的概念

"儿童友好"来自英文"Child-friendly"的中文翻译,指的是儿童有权利拥有健康、被保护、得到关心、受到教育及没有歧视的环境,并且在被忽视时有权利追求。关于儿童需要特殊照顾的观点最早见于1924年《日内瓦儿童权利宣言》。1960年开始，以"Child-friendly""Kid-friendly"为关键词的研究成果频频出现在儿童教育学、心理学与儿童医学等领域。根据《公约》内容，儿童友好就是"承认儿童的主体地位，尊重儿童的感受；周围环境应有利于儿童的福祉，重视儿童与成人、儿童与家庭、儿童与儿童之间的交流与反馈"。儿童权利保障是儿童友好概念的价值内核。一切与儿童相关的举措都要坚持儿童至上的原则，最大限度地保护儿童。

研究发现，在现代主义城市的效率优先和高密度失衡发展模式下，儿童与生俱来的权利随着快速运转的现代化城市生活逐渐湮灭，出现了缺乏亲子活动的"望母儿童"、缺乏教育资源的"待机儿童"、习惯塑料制成的非自然游乐设施的"塑料儿童"、沉迷电子网络游戏的"电源插座儿童"、远离大自然的"自然缺失症儿童"、缺乏社区玩耍空间的"汽车后座儿童"，以及习惯被戒律约束的"规训儿童"等。如果要保障儿童的生命权、受保护权、发展权与参与权在内的所有权利，需要建设和提供儿童友好的环境、制度、文化、服务。因此，不断"为儿童成长发展提供适宜的条件、环境和服务，切实保障儿童的生存权、发展权、受保护权和参与权"，[1]是我国儿童友好城市和社区建设的核心。[2]

3 儿童友好城市和社区的概念

联合国儿童基金会（The United Nations Children's Fund,简称 UNICEF）[3]

---

[1] 详见国家发展和改革委员会《关于推进儿童友好城市建设的指导意见》（发改社会〔2021〕1380号）。
[2] 《中华人民共和国国民经济和社会发展第十四个五年规划和2035年远景目标纲要》明确提出"优化儿童发展环境，切实保障儿童生存权、发展权、受保护权和参与权"。建设儿童友好城市是切实保障儿童生存权、发展权、受保护权和参与权的重要着力点之一。
[3] 原名"联合国国际儿童紧急救助基金会（The United Nations International Children's Emergency Fund）"，成立于1946年12月11日，建立初衷是为受到二战影响的地区的儿童及其母亲提供紧急需求食品和保健援助；1950年UNICEF援助对象和援助目标扩大至发展中国家所有儿童与妇女的长期需求；1953年UNICEF成为联合国的永久性机构，名称中去掉了"国际的"（international）和"紧急的"（emergency），改为联合国儿童基金会，但其英文简称保持"UNICEF"沿用至今。

是全世界最早关注儿童权利的组织之一。1996年，联合国儿童基金会和联合国人类住区规划署（The United Nations Human Settlements Programme，简称UN-Habitat）联合发布《儿童友好型城市方案》（Child Friendly Cities Initiative，以下简称《方案》），提出"儿童至上"的理念，强调一个地区健康社会和健康城市的最终目标是为儿童谋福祉和提升儿童的生活质量，希望各地的地方利益相关方与联合国儿童基金会一起，共同创建安全、包容、充分响应儿童需求的城市和社区。《方案》指出，地区的公共事务都应给予儿童优先权，将儿童的声音、需求和权利都纳入决策体系中，城市、街区的规划应考虑儿童的根本需求，并通过实现《公约》所载的儿童权利改善辖区内的儿童生活和发展条件。

《方案》提出了一个"儿童友好型城市"（Child Friendly City，以下简称CFC）的概念，是指一个致力于实现《公约》规定的儿童权利、不断改善儿童的生存和发展的"任何政府地方体系"，这一体系可以是一个城市、一个镇、一个社区，也可以是其他形式的地方性政府。CFC的关键词是"儿童"和"友好"。CFC的最终目标是通过倡导儿童优先理念，鼓励政府制定实施促进儿童发展的政策体系和公共服务体系，保障儿童的健康、教育、福利和安全，促进儿童生存、发展、受保护和参与权利的实现。CFC包括四个核心要义，即面向儿童的友好政策、友好人文、友好服务和友好环境。因此CFC的概念既可以是一个城市，也可以是一个社区，只要该城市或社区保护儿童获取基本服务的权利，如卫生、教育、住所、安全的饮水和适当的环境卫生设施，并保护儿童免受暴力、虐待和剥削，就具备被称为CFC的可能。CFC的政府应致力于消除由于性别、信仰、社会和经济差异对儿童形成的歧视，应保证在制定政策、分配资源、日常行政管理的过程中，始终坚持贯彻儿童权益优先的原则；能够为所有年龄段的儿童创造安全的生活、玩乐、学习环境和空间，儿童们在其中可以自由地获得休闲、学习、社会交往、心理发展和表达的机会；儿童可以参与到相关的政策决策中去；弱势儿童群体尤其是那些来自贫困家庭、困难家庭的儿童应得到更多的关爱。

负责CFC行动和认证工作的国际组织是联合国儿童基金会，但截至

2021年底其前的主要工作是认证儿童友好型城市，而由于缺乏具体、明确、统一的认证标准，"儿童友好型社区"的认证工作相对滞后。二十多年来，全球有超过3000多个城市和社区已加入儿童友好型城市的实践、获得认证，[①]并呈现逐年增加之势。截至2021年底我国只有深圳这一座城市于2016年向联合国儿童基金会提交了CFC认证申请，处于待批准状态。

> **儿童友好型城市和社区的特征**
>
> 在这个城市和社区里，所有的儿童：
> 1. 人身安全有保障，免受剥削、暴力和虐待；
> 2. 人生有美好的开端，健康成长，备受关怀；
> 3. 能便捷地获得高质量的基本服务；
> 4. 能享有优质、全纳、参与式的教育和技能培训；
> 5. 能对影响到其本人的一切事项自由发表意见并影响相关决策；
> 6. 能参与家庭、文化、城市/社区和社会生活；
> 7. 能生活在清洁、无污染、安全、有绿化空间的环境中；
> 8. 能与朋友见面，有地方供他们玩耍和娱乐；
> 9. 不论种族、宗教、收入、性别、能力，都能拥有平等的机会。

《方案》在全世界的实施，不仅可以推动《公约》的落实，还有助于实现全球可持续发展目标。[②]为了进一步优化对各成员城市和社区的监测

---

① CFC的创建过程主要包括六个阶段：签署谅解备忘录；开展城市中儿童权利现状分析；制定儿童友好型城市倡议行动计划；行动计划的实施；监测与评估；获得儿童友好型城市认证。因此，CFC的认证过程并非结果导向型的，而是过程性动态评估，而且，由于各个国家和地区的城市在政治、经济、文化、人口等方面存在差异性，创建和认证的标准就会有所不同。有专家指出，经济欠发达、物资匮乏、社会环境脆弱的城市则优先考虑如何保障儿童的安全、健康和相应的基础服务；而经济较为发达、资源丰富的城市，则可优先考虑儿童发展及儿童参与的实现。
② 2015年联合国大会通过的《改变我们的世界——2030年可持续发展议程》（Transforming Our World: The 2030 Agenda for Sustainable Development）提出的17个可持续发展目标，其中第11个目标为"建设包容、安全、有抵御灾害能力和可持续的城市和人类住区"。

和评估机制、彰显《方案》在改善儿童生活方面的工作成果、完善数据和实证资料、强化社会融合度，以及确保倡议能触及每座城市、每个社区中最需要帮助的儿童及青年等方面，2018年，联合国儿童基金会发布《儿童友好型城市规划手册：为孩子营造美好城市》(Shaping Urbanization for Children: A Handbook on Child-Responsive Urban Planning，以下简称《规划手册》)[①]与《构建儿童友好型城市和社区手册》(UNICEF Child Friendly Cities and Communities Handbook，以下简称《构建手册》)[②]。

《规划手册》就城市规划应该在实现可持续发展目标中发挥的核心作用提出了指导，指出城市规划应首先关注儿童需要的相关概念、依据和技术策略，以儿童为重点，从全球到地方，通过创建繁荣和公平的城市，让儿童生活在健康、安全、包容、绿色和繁荣的社区中。《构建手册》提供了一个经过修订的行动框架，旨在提供有关实施、监督、评估的指导意见，以及一套覆盖广泛的全球基本标准，目的是在全球范围精简《方案》的倡议，以提升效率，为联合国儿童基金会的儿童友好型城市认证提供依据、奠定基础。《构建手册》简明扼要地概括了一系列实践、常见挑战以及需从中汲取的经验教训，其中包含一套构建儿童友好型城市的分步骤指南，以方便各地结合当地机构、优先事项和需求，做出因地制宜的调整。这两本手册建构了以儿童参与城市规划、决策为基点，由公共机构、私营部门、民间团体和专家等利益相关方协调推动的儿童友好城市与社区建设框架，为各国儿童友好城市和社区建设提供了重要的战略指导和技术规范支持。

儿童友好城市的建设在UNICEF的引导下已经形成了世界网络联盟、各有千秋的创新模式，如在英国、荷兰、瑞典等地开展的"以步代车""可行走的城市"的儿童友好城市实践，以及重视儿童参与的德国慕尼黑儿童局模式等。遗憾的是，与世界范围内日益完善的儿童友好城市的建设与认

[①] 《规划手册》英文版于2018年5月发布，中文版本由联合国儿童基金会授权中国城市规划学会翻译、长沙市自然资源和规划局统筹，于2019年7月翻译完成，2019年8月30日正式发布。

[②] 《构建手册》中文版于2019年5月发布，全文可见于联合国儿童基金会官方网站，https://www.unicef.cn/reports/cfci-handbook，最后访问日期：2021年11月18日。

证规范相比，截至2021年底国内仍然缺乏针对构成城市基本单元的社区的儿童友好方面建设的相关标准和实践经验总结，尤其是来自我国儿童友好城市和社区建设经验的总结，我国的儿童友好社区建设亟须一套合适、科学的建设标准与行动指南。

社区是除家庭以外，儿童成长和发展的重要场域。作为城市的"细胞"，社区是城市社会的基本单位，社区建设与社区治理是贯彻城市发展理念、践行城市发展规划的重要实践形式。"儿童友好社区"是在国际"儿童友好型城市"理念基础上，结合我国社区建设与社区治理实际而提出的以社区为依托，以保护儿童权利和促进儿童发展为宗旨，以儿童及其监护人和其他家庭成员为服务对象，在安全友好的社区公共空间提供包括文化、教育、健康等多维度的普惠型服务，为儿童营造一个安全、健康、快乐的成长环境。具体地说，儿童友好社区意味着儿童能从社区中获益，能享受社区中有益于身心健康的建筑以及自然环境，各参与主体在社区中关注少年儿童的呼声，尊重少年儿童的权益，培养、认同并实现少年儿童独特的贡献和潜力。儿童友好社区建设就是从日常生活的居所延伸至全社会来营造儿童友好氛围，从而促进儿童健康幸福成长。

中国儿童友好社区建设在儿童友好城市建设理念与框架的引导下，依托相关政策资源，整合当地公共设施、空间和项目活动等资源，将国际上已形成的"政策友好、空间友好和服务友好"的"三维友好"的理念扩展发展成"制度友好、文化友好、空间友好、服务友好、人员友好"的"五维友好"的工作框架，不仅丰富了可持续城市和社区建设的价值内涵，而且对于构建共建共治共享的社会治理格局具有创新性和时代性的贡献。

4 中国特色的儿童友好社区建设实践

我国在法律法规、国家规划、社会治理等方面对儿童的权利保障和保护进行了全方位、有效、综合的实践，形成了政府主导、多方参与的具有中国特色的儿童友好社区建设模式。政府主导体现在五个方面：第一，政府相关部门基于行政优势主导儿童友好社区建设方向，在空间设施、人员安排和资源整合方面处于领导地位；第二，政府颁布了多条保护儿童生存和发展的法律法规，儿童友好社区政策体系和建设标准由政府自上而下推动，保证儿童友好社区建设的有法可依；第三，制定国家行动计划，通过逐步实现不断深化的阶段性目标最终达到最大限度地保护儿童；第四，儿童友好社区建设资金多以政府投入为主，社会力量虽日益增多，但总体相对较少，大多数儿童项目运营与活动开展仍依赖政府配套资金，目前基本形成由政府牵头搭台、社会各界力量共同参与的多元主体有效互补、协同共建的模式；第五，基于有条件的地区先行一步的工作方针，深圳、成都、长沙、上海等地成功打造了一批儿童友好城市和社区的样板和示范模式。

4.1 法律法规的完善

经过70多年的建设，我国的儿童友好城市与社区建设工作已建立起了较为完整的制度框架，可分为三个层次：第一层次在国际性公约层面，我国已签署、批准、加入了国际上有关儿童友好的主要公约，如《联合国儿童权利公约》《儿童生存、保护和发展世界宣言》《准予就业最低年龄公约》《跨国收养方面保护儿童及合作公约》等。第二层次在国家法律法规层面，我国已形成了以《中华人民共和国宪法》为核心，包括《刑法》《刑事诉讼法》《民法通则》《婚姻法》《义务教育法》《收养法》《母婴保健法》《未成年人保护法》《预防未成年人犯罪法》《传染病防治法》《家庭教育促进法》等一系列促进儿童健康成长和全面发展的专项法律法规。在第三层次，国务院及其相关部委颁布了大量的条例、通知、意见、办法、规定等，用以指导、规范儿童保护工作，维护儿童权益，包括《母婴保健法实施办法》《禁止使用童工规定》《疫苗流通和预防接种管理条例》《艾滋病防治条例》《中国反对拐卖妇女儿童行动计划》《流动人口计划生育工作条例》《儿童个人信息网络保护规定》《学生伤害事故处理办法》《校车安全管理条例》《国务院办公厅关于加强孤儿保障工作的意见》《国务院办公厅关于加强和改进流浪未成年人救助保护工作的意见》《社会救助暂行办法》《关于推动生活性服务业补短板上水平提高人民生活品质若干意见》等，涉及教育、卫生保健、救济与福利、养育、司法等各方面。

1991年我国签署世界儿童首脑会议通过的《儿童生存、保护和发展世界宣言》和《执行九十年代〈儿童生存、保护和发展世界宣言〉行动计划》两个文件，并通过《未成年人保护法》。《中华人民共和国宪法》、《未成年人保护法》和《联合国儿童权利公约》等保证了儿童享有与成年人相同的基本权利，同时，鉴于儿童在生理与心理方面具有弱幼、不成熟、缺乏自我保护能力的特征，我国三个层次的法律法规条例还赋予了儿童许多特殊的权利，如身份权、受保护权、受监护权、受抚养权、受教育权、福利权等。

2021年6月1日正式施行的新修订的《未成年保护法》条文从原来的72条增加到132条，细化了家庭监护职责，完善了学校安全管理制度，强调公共场所的安全保障义务，新增了网络保护、防止网络沉迷、制止涉未成年人网络欺凌，在司法环节对未成年人保护全覆盖，建立相关行业违法犯罪记录入职查询制度、建立未成年人心理健康筛查和早期干预机制，明确"听取未成年人意见"等内容。2021年10月23日第十三届全国人民代表大会常务委员会第三十一次会议通过了《家庭教育促进法》，该法自2022年1月1日正式施行，强化了国家、社会、父母或其他监护人对未成年人的家庭教育提供指导、支持和服务，为未成年人学习、休息、娱乐和体育锻炼的合理安排、避免加重未成年人学习负担、预防未成年人沉迷网络提供了强有力的政策保障，在制度方面最大限度地保护未成年人权益。

4.2 国家行动计划的实施

党中央、国务院高度重视儿童发展，深知"儿童的生存、保护和发展是提高人口素质的基础"，"关系到祖国的前途命运"，自1992年3月发布第一部以儿童为主体、促进儿童发展的国家行动计划《九十年代中国儿童发展规划纲要》（以下简称《90年代纲要》）以来，一共发布了四期国家儿童发展行动计划和四期国家人权行动计划，两方面的计划相辅相成，所涉及的儿童权利的广度、深度都愈加全面、综合，都在全国范围内得到了有效实施。

《90年代纲要》提出了24个关乎儿童生存、保护和发展的主要目标及实施策略，其中近70%的目标与儿童卫生与身体健康相关。在坚持"儿童优先"的原则下，2000年基本实现了《90年代纲要》提出的儿童安全用水和卫生厕所普及率、婴儿死亡率和5岁以下儿童死亡率、孕产妇死亡率、儿童中重度营养不良和患病率等重大目标，在儿童生存、保护和发展方面取得历史性的进步。

2001年5月发布的《中国儿童发展纲要（2001—2010年）》（以下简称《2001纲要》），除了儿童的卫生健康指标之外，儿童的教育、保护儿童的法律、优化儿童成长环境和困境儿童的保护开始纳入国家行动计划的核心内容。2011年7月《中国儿童发展纲要（2011—2020年）》（以下简称《2011纲要》）发布，在"创建儿童友好型社会环境"基础上，提出将中国儿童友好社区的建设对标国际儿童友好城市建设理念与建设思路这一更深刻、更广泛的目标。

2009年4月，国务院首次发布以人权为主题的国家规划《国家人权行动计划（2009—2010年）》，随后在2012年、2016年发布两期的国家人权行动计划，反复强调坚持儿童最大利益、儿童优先的原则，要求全面实现各期儿童发展纲要规定的目标，提出要努力保障儿童的生存、发展、受保护和参与的权利。在最新发布的《国家人权行动计划（2021—2025年）》中还增加了"缩小儿童发展的城乡、区域和群体差距，促进儿童健康、全面发展"[①]的要求，对于全国范围内的儿童友好社区建设进行了更深层次的规划。

党的十八大以来，以习近平同志为核心的党中央把培养好少年儿童作为一项战略性、基础性工作，坚持儿童优先原则，大力发展儿童事业，保障儿童权利的法律法规政策体系进一步完善，党委领导、政府主责、国务院妇女儿童工作委员会协调、多部门合作、全社会参与的儿童工作机制进一步巩固，儿童生存、保护、发展的环境和条件得到明显改善，儿童权利得到进一步保护。2013年民政部提出要开展适度普惠型儿童福利制度建设

---

① 于《国家人权行动计划（2021—2025年）》中首次被提出。

试点，推进基层社区儿童之家建设。截至2020年底，婴儿、5岁以下儿童死亡率分别下降到5.4‰、7.5‰；学前教育毛入园率、九年义务教育巩固率、高中阶段毛入学率分别上升到85.2%、95.2%、91.2%，孤儿、贫困家庭儿童、残疾儿童、流浪儿童、受艾滋病影响儿童等弱势儿童群体得到更多的关怀和救助，儿童发展和儿童事业取得了历史性新成就。[1]

党的十九大报告提出的"十四个坚持"基本方略中第八条"坚持在发展中保障和改善民生"明确提出了"幼有所育"和"弱有所扶"的要求，儿童工作成为党治国理政基本方略的关键内容，其重要性上升到前所未有的战略高度。随着儿童友好实践的不断深化，儿童友好城市的建设目标也首次纳入国家国民经济与社会发展规划。在最新的国家"十四五"规划[2]第四十五章中就部署了开展100个"儿童友好城市示范"的重点任务，要求"加强校外活动场所、社区儿童之家建设和公共空间适儿化改造、完善儿童公共服务设施"，这是贯彻落实党的十九大治国理政基本方略中"幼有所育""弱有所扶"的重要举措。

更进一步地，2021年9月8日发布的《中国儿童发展纲要（2021—2030年）》（以下简称《2021纲要》）把"坚持鼓励儿童参与"作为基本原则之一，强调尊重儿童主体地位，鼓励和支持儿童参与家庭、社会和文化生活，"涉及儿童的法规政策制定、实施和评估以及重大事项决策，听取儿童意见。将儿童参与纳入学校、校外教育机构、社区工作计划""广泛开展儿童参与的宣传、教育和培训活动"，创造有利于儿童参与的社会环境。

---

[1] 《中国儿童发展纲要（2021—2030）》，2021年9月27日。
[2] 参见《中华人民共和国国民经济和社会发展第十四个五年规划和2035年远景目标纲要》，新华社，http://www.gov.cn/xinwen/2021-03/13/content_5592681.htm?pc，最后访问日期：2021年3月12日。规划明确提出坚持儿童优先发展；提升未成年人关爱服务水平，深入实施儿童发展纲要，优化儿童发展环境，切实保障儿童生存权、发展权、受保护权和参与权；完善儿童健康服务体系，预防和控制儿童疾病，减少儿童死亡和严重出生缺陷发生，有效控制儿童肥胖和近视，实施学龄前儿童营养改善计划。保障儿童公平受教育权利；加强儿童心理健康教育和服务；加强困境儿童分类保障，完善农村留守儿童关爱服务体系，健全孤儿和事实无人抚养儿童保障机制；完善落实未成年人监护制度，严厉打击侵害未成年人权益的违法犯罪行为，完善未成年人综合保护体系；深入实施青年发展规划，促进青年全面发展，搭建青年成长成才和建功立业的平台，激发青年创新创业活力；推进适龄残疾儿童和少年教育全覆盖，提升特殊教育质量；完善留守儿童关爱体系，巩固义务教育控辍保学成果等目标。

《2021纲要》提出了"儿童与健康""儿童与安全""儿童与教育""儿童与福利""儿童与家庭""儿童与环境""儿童与法律保护"七个领域共70项主要目标和89项策略措施，从儿童身心健康、优质教育、福利体系、社会文化、实体环境和保护机制等方面全面保障儿童的合法权益。《2021纲要》明确了"建设儿童友好城市和儿童友好社区"的目标，鼓励"创建社会政策友好、公共服务友好、权利保障友好、成长空间友好、发展环境友好的中国特色儿童友好城市"，"建立多部门合作工作机制，制定适合我国国情的儿童友好城市和儿童友好社区标准体系和建设指南，建设一批国家儿童友好城市。积极参与国际儿童友好城市建设交流活动"的国家发展战略。同时强调，加大儿童校外活动场所建设和管理力度，优化儿童健康成长的自然环境和人居环境；"将儿童活动场所建设纳入地方经济社会发展规划，推进儿童活动场所无障碍建设和改造。规范儿童校外活动场所管理，各类公益性教育、科技、文化、体育、娱乐场所对儿童免费或优惠开放，根据条件开辟儿童活动专区"，对儿童的发展提出了更具体、更全面的实施措施。

为了贯彻党的十九大精神、国家"十四五"规划和《2021纲要》的建设目标，2021年9月30日国家发展改革委员会等23个部门联合印发《关于推进儿童友好城市建设的指导意见》(以下简称《指导意见》)，首次定义了"儿童友好"的中国内涵，提出了"儿童优先、普惠共享""中国特色、开放包容""因地制宜、探索创新""多元参与、凝聚合力"的四大基本原则，针对城市发展与儿童身心发展需求不适应等问题，从社会政策、公共服务、权利保障、成长空间、发展环境五方面提出了24条重点任务举措，要求"到2025年，通过在全国范围内开展100个儿童友好城市建设试点，推动儿童友好理念深入人心，儿童友好要求在社会政策、公共服务、权利保障、成长空间、发展环境等方面充分体现"，希望到2035年，50%的百万以上人口城市均已开展儿童友好城市建设，有100个左右城市被命名为"国家儿童友好城市"。《指导意见》明确提出"开展儿童友好社区建设"，要求建设"社区儿童之家等公共空间，为儿童提供文体活动和阅读娱乐场所"，"增加社区儿童'微空间'，鼓励社区打造儿童'游戏角落'，提供适龄儿童步行路径和探索空间，合理增设室内外安全游戏活动设施"。2021年10月13日，国务院办公厅转发国家发展和改革委员会《关于推动生活性服务业补短板上水平提高人民生活品质的若干意见》中再次强调，"开展儿童友好城市示范，加强校外活动场所、社区儿童之家建设，发展家庭托育点"，提出要盘活利用社区的存量建筑，推广政府无偿或低价提供场地设施、市场主体微利运营模式，加快补齐社区"一老一小"服务场地设施。

总的来说，我国的儿童友好城市的建设工作起步相对较晚，现有的政策体系和制度建设顶层设计和技术指标、规范标准实施细节都在日益完善中。其中由北京永真公益基金会起草、经中国社区发展协会标准工作委员会审查通过的《儿童友好社区建设规范》于2020年1月发布，从制度建设、文化建设、空间营造、服务提供、人员管理等方面提出儿童友好社区发展和建设的工作原则、建设标准、服务内容等细节，为我国儿童友好社区创建提供了重要的文本支持和实践参考，弥补了现阶段儿童友好城市与社区建设实践中缺乏操作性指导的短板。

4.3 多元主体参与的有效互补、协同共建模式

为了响应联合国《方案》的倡议，贯彻落实党的十九大精神、实现国家行动计划的目标，各地政府、企事业单位、社会组织、家庭及市民都共同致力于儿童友好、儿童发展、积极增进儿童福祉的实践当中，形成了"政府主导、社会参与、全民行动"的多元主体参与的有效互补、协同共建模式。儿童友好社区建设以"儿童为本"理念为指引，以保护儿童权利和促进儿童发展为宗旨，致力于"让社区回归儿童"，促进儿童参与，打造适合儿童生存与发展的多元友好生态体系，不仅是增促社会公平正义的重要价值体现，也是构建共建共治共享的社会治理格局的关键举措。包括国务院妇女儿童工作委员会（简称国务院妇儿工委）、国家发展和改革委员会（简称发改委）、民政部、中华全国妇女联合会（简称全国妇联）、中国儿童中心等在内的政府部门、事业单位和群团组织以及以北京永真基金会为代表的社会力量纷纷展开了对儿童友好城市和社区创建和实施策略的

摸索；与此同时，以深圳、上海、成都、长沙、威海为代表的地方政府和各级单位也在儿童友好城市和社区建设过程中取得了令人瞩目的成绩。

4.3.1 国务院妇女儿童工作委员会

国务院妇女儿童工作委员会成立于1990年2月22日，原名国务院妇女儿童工作协调委员会，1993年8月4日更名为国务院妇女儿童工作委员会，是国务院负责妇女儿童工作的议事协调机构，负责协调和推动政府有关部门执行妇女儿童的各项法律法规和政策措施，发展妇女儿童事业。

该委员会成立以来，坚持儿童优先原则，协助国务院制定和颁布《90年代纲要》《2001纲要》《2011纲要》《2021纲要》，指导推动地方各级政府制定实施儿童发展规划，推动政府有关部门认真履行《公约》，建立健全儿童纲要的监测评估机制，制定监测评估体系，开展国家级监测评估，开展宣传，提高全社会儿童优先意识，动员社会各界关心支持儿童事业、参与纲要实施，营造爱护儿童的社会环境，发挥议事协调作用，协助有关部门解决儿童发展中的突出问题，依法保障儿童合法权益。

2009年11月，国务院妇儿工委、中国宋庆龄基金会和联合国儿童基金会等7家单位在南京共同举办"创建儿童友好城市高层论坛"；2010年指导起草《"儿童友好城市"的创建目标与策略措施》，鼓励地方政府制定有利于儿童发展的公共政策；为落实2021年3月国家发改委发布的"十四五"规划提出"开展100个儿童友好城市示范"的目标，2021年9月30日，该委员会与全国妇联、国家发展和改革委员会、住房和城乡建设部等23个部门联合发布《指导意见》，致力于让儿童友好成为我国城市高质量发展的重要标识、让儿童友好理念成为全社会共识和全民自觉、让广大儿童享有更加美好的生活。

4.3.2 中国儿童中心

中国儿童中心成立于1982年，是直属于中华全国妇女联合会的公益性事业单位，是最早与联合国儿童基金会、国务院妇儿工委办公室合作的组织机构。该中心自2010年以来就致力于儿童友好城市的建设，在运作模式实践和理论研究方面取得了亮眼成绩。在儿童友好型项目的顶层设计方面，该中心提出可以通过"环境友好""内容友好""运营管理友好""品牌友好""政策友好"五个方面来建构，并于 2017 年与 2019 年分别发布了儿童蓝皮书《中国儿童参与状况报告（2017）》与《中国儿童发展报告（2019）》等围绕儿童权利、儿童参与和儿童发展的应用型研究成果。

在实践方面，该中心以项目为起点，先后打造了一批优质、精准、个性化的一站式儿童友好型教育综合体项目示范基地，将"儿童友好"与"教育"进行深度融合，以特色项目区域示范基地、城市示范基地、社区示范基地三级目标实践带动城市发展，探索了一条"项目—城镇—城市"的儿童友好城市建设之路。

> **中国儿童中心"儿童友好城市"建设大事记**
>
> 2010 年中国儿童中心在国务院妇儿工委办的指导下，制定了《"儿童友好城市"的创建目标与策略措施》，为各地创建儿童友好型城市提供了方向指引和行动指南，在一定程度上提升了政府对于儿童事务管理的意识及责任。
>
> 2013~2018 年，联合国儿童基金会和中华全国妇女联合会家庭与儿童工作部委托该中心执行"儿童早期（综合）发展项目"（Early Childhood Development，ECD / Integrated Early Childhood Development，IECD 项目），项目以儿童为中心，家庭为基础，社区为依托，以探索 0~3 岁儿童早期发展服务模式为目标，在山西、贵州、湖北、湖南、河北、江西、新疆等 7 个省、自治区的 180 个项目点（社区/村）建立了 120 余个社区/村级的儿童早期发展服务中心，通过多元尝试和整合，达到了传播科学育儿理念与方法、促进儿童早期发展的目标，为相关政策的出台提供了依据。
>
> 为融合国际先进儿童博物馆的教育理念和运作模式，该中心与老牛基金会、北京师范大学中国公益研究院进行三方合作，于 2015 年 6 月 1 日面向 0~7 岁儿童及家庭开放老牛儿童探索馆，为孩子们提供全感官学习的环境和机会，从而促进儿童身心全面和谐发展。

2016年，该中心推出"童+365计划"公益项目，为365个困境儿童（如孤独症、听障、留守儿童等）免费提供家庭体验票，旨在通过"集群效应"和"数据叠加"的社会融合方式，提升困境儿童的健康人格教育。

　　2019年6月1日，该中心与中国发展研究基金会、中国教育三十人论坛在北京举办主题为"儿童优先 筑基未来"的首届儿童发展论坛，会议就供给侧结构性改革照亮幸福童年、乡村振兴奠基阳光起点、全纳教育呵护特殊儿童等方面进行了研讨。

　　2019年10月20日，该中心与中国城市规划协会女规划师委员会、深圳市城市规划设计研究院有限公司于重庆举办中国城市规划年会"儿童友好 中国实践"分论坛，就中国特色的儿童友好城市实践等议题展开研讨，会上还发布了《儿童友好型城市规划手册》（中文版）及《中国儿童友好型城市建设倡议书》。

　　2020年11月21日，该中心与中国城市规划协会女规划师委员会主办的首届"中国儿童友好行动研讨会"在北京召开。会议以"儿童友好，让中国更美好"为主题，分为"友好问候""友好策略""友好巡礼""友好行动""友好圆桌""友好使者"六个篇章，举行了"中国儿童友好协同创新中心"成立仪式，长沙、威海作为"中国儿童友好城市巡礼"活动的参与城市在会上分享各自在儿童友好城市创建工作方面的成果和经验。会议得到了住房和城乡建设部、全国妇联、国家发改委、国家卫生健康委、国务院妇女儿童工作委员会、生态环境部、全国市长协会女市长分会、中国城市规划协会的大力支持，来自地方政府、地方妇联、群团组织、规划建筑行业、高校及科研院所、驻华使馆、文化传媒领域及社会组织的专家学者150余人参会，超过26万人次通过视频直播关注该次研讨会。

4.3.3 北京永真公益基金会

北京永真公益基金会是2013年在北京市民政局注册成立的非公募基金会，4A级社会组织，是国内最早基于社区的儿童及家庭搭建普惠服务体系的社会实验资助者之一，也是国内最早倡导和支持社区0~3岁儿童及其家庭的成长服务的组织之一，创建了第一个联动政府和儿童服务专业机构的社区普惠型学龄前亲子服务公益性平台。永真基金会联合中国少年儿童基金会和中国社区发展协会资助了一系列的项目和行动，以促进儿童友好的健康生态的形式，如出版发行《社区天地——中国儿童友好社区主题专刊》，举办"中国儿童友好社区国际研讨会""国际儿童友好社区考察研学营""儿童友好社区典范项目征集"等活动。

北京永真公益基金会"儿童友好社区"建设大事记

2013年，永真基金会发起"億未来社区儿童运动馆"项目，采用社会性连锁加盟的创新形式，倡导和支持社区0~3岁儿童及其家庭的成长服务支持，2015年转型成为"億未来社区亲子公益联盟"。后续设立億未来专项基金，成为我国第一个由民间力量推动的社区普惠型学龄前亲子服务公益性平台。

2016年，在永真基金会的大力倡导和积极推动下，中国儿童少年基金会、中国社区发展协会联合发起"中国儿童友好社区促进计划"，成立中国儿童友好社区办公室。中国儿童友好社区致力于推动普惠型社区儿童服务生态平台搭建、普惠型儿童服务社会工作者的培训。

2016年12月底，永真基金会与中国儿童少年基金会联合发起中国儿童少年基金会千苗计划专项基金，启动"千苗计划"项目。"千苗计划"是一项促进教育公平，培养优秀人才的教育创新公益计划，让贫困地区的儿童率先享受"千苗计划"优质的教育资源和教育服务，激发他们学习兴趣，教会他们学习方法，让他们掌握学习技巧，以提高学习能力。

> 2019年4月23日，中国社区发展协会立项，由永真基金会牵头起草的《中国儿童友好社区建设规范》团体标准（以下简称《标准》）顺利通过了国家标准委员会的预审。为《标准》的完善和落地，永真基金会牵头资助、中国儿童友好社区办公室组织中国儿童友好社区专家组，面向全国街道/社区等单位，开放首批100个中国儿童友好社区试点的申报。申报时间为2019年6月15日至9月15日。
>
> 2019年11月《中国儿童友好社区建设规范》通过国家标准委员会的终审。
>
> 2020年12月30日，首批16个"中国儿童友好社区建设试点"名单公布。

永真基金会通过发起"中国儿童友好社区促进计划"，结合政策倡导、课题研究、人才培养、公益组织运作模式创新等多种途径探索社区作为儿童普惠性服务供给载体的实现路径。作为《儿童友好社区建设规范》的牵头起草单位、执行单位，永真基金会与来自社区营造、儿童权益、儿童教育、规划设计、政策研究等多个领域的专家和社会组织一起，成为儿童友好生态圈的重要推动者。

4.4　中国特色儿童友好社区建设模式的地方实践

自国际"儿童友好"理念在中国落地至今，一条中国特色的儿童友好社区建设之路已逐渐形成。这条道路不仅是国际儿童友好城市实践和学习的重要组成部分，也是中国的社区治理创新之路，更是实现共同富裕、幸福中国的实践之路，包括从服务内容到实体设施，从儿童保护到儿童参与，从文化建设到制度创新，由点到线再到面的空间扩展等的全面过程。"五维友好"的儿童友好政策的完善、示范社区样板的建设、人才培养、儿童服务项目拓展、儿童友好文化传播并驾齐驱构建了的中国"儿童友好生态体系"，创造性实现了国际"儿童友好理念"在"社区—

学校—家庭"链条上的有机闭环，为国际社会贡献了具有中国特色的儿童友好社区建设经验。

中国儿童友好社区的建设吸引了国内一大批儿童友好社区建设研究者与实践者，他们当中有来自各级政府的官员、高校的学者，有来自规划设计领域的专业人士以及来自社会各界的捐赠者、社会工作者、志愿者等热心人士，还有生活在社区里的不同年龄的儿童和他们的家长。

自2007年9月联合国儿童基金会在郑州召开"儿童友好城市标准研讨会"以来，北京、上海、深圳、长沙、武汉、郑州、威海等先后提出建设"儿童友好型城市"的构想或战略，从儿童友好城市建设到儿童友好城区建设，再到儿童友好社区建设，实现路径更务实和精细。2020年12月发布的首批"中国儿童友好社区建设试点"名单里，北京市东城区，深圳市龙岗区、罗湖区，武汉市武昌区、雨花区，上海市嘉定区，成都市成华区、武侯区等地共16个社区入选。以深圳、上海、成都、长沙为代表，形成了一系列独具特色儿童友好社区建设模式。

4.4.1 深圳模式：规划先行，"五维友好"

深圳是我国改革开放最精彩的起笔之处，从最初的敢闯敢试到如今的先行先试，是中国社会主义建设最无畏的实践者和最生动的样板示范区。2016年时任深圳市妇联主席的马宏在深圳市政协六届二次会议上提交《关于积极推动深圳率先成为中国首个儿童友好型城市的提案》，建议将"建设儿童友好型城市"纳入深圳市"十三五"规划，提出深圳应"成立研究团队，找准专业方法、进行系统研究，搜集国外相关城市建立儿童友好型城市的经验材料，并充分结合深圳的城市特点，从城市规划、景观设置、教育、卫生、阵地建设等方面构建深圳建立儿童友好型城市的研究路线图和具体实施策略"等前瞻性建议。该意见很快被采纳，深圳成为中国首个将"建设儿童友好型城市"写入国民经济和社会发展规划的城市。同年，深圳向联合国儿童基金会提交了儿童友好城市的申请，全域范围开展的儿童友好城市建设，具有"政府主导、规划先行，广泛发动、五维友好"的特点。

首先，政府主导，规划先行。深圳市委、市政府、深圳市妇女儿童工作委员会（以下简称"深圳妇儿工委"）作为地方政府职能部门，先后制定了一系列的儿童友好城市建设的政策、实施指引和行动计划。从最早的《九十年代深圳市儿童发展规划》《深圳市儿童发展规划（2001—2010年）》《深圳市儿童发展规划（2011—2020年）》的纲领性文件，到2018年的《深圳市建设儿童友好型城市战略规划（2018—2035年）》（以下简称《深圳战略规划》）、《深圳市儿童友好型社区、学校、图书馆、医院、公园建设指引（试行）》、《深圳市儿童友好出行系统建设指引（试行）》、《深圳市母婴室建设标准指引（试行）》、《深圳市儿童参与工作指引（试行）》（以下简称《参与指引》）[①]和《深圳市儿童友好实践基地建设指引（试行）》（以下简称《建设指引》）[②]等实施手册以及两期《深圳市建设儿童友好型城市行动计划》，为深圳儿童健康、教育、福利、法律保护、环境等的规划建设提供了坚实的政策支撑。

其次，广泛发动，五维友好。深圳启动儿童友好型城市的建设之初，就邀请了联合国儿童基金会驻华办事处儿童保护官员安塔（Antoine Deliege）出席了启动仪式；所举办的"童·未来"活动吸引了包括儿童、政府官员、规划建筑师和社区服务人员在内的多个群体和个人。2018年，深圳妇儿工委广泛发动各区、各部门和社会各界力量，先后开展建设儿童友好型城市需求、公共场所母婴室状况、儿童参与状况等专题调研。罗湖区、福田区、龙岗区、宝安区等区在空间、服务、机制等方面开展了一系列"儿童友好型城区"建设行动，各区儿童议事会纷纷成立，还制订了区一级的《建设儿童友好型城区工作方案》，以社区为代表的儿童友好型城区试点工作全面展开。2021年，深圳妇儿工委牵头开展了面向全市8~17周岁的10973位儿童、747个社区和居委会发放儿童参与状况调查问卷；与

---

① 《参与指引》在明确儿童参与、儿童参与工作、儿童议事会、儿童代表、成人支助者、专业顾问等术语概念的基础上，首次明确提出儿童参与的内容、形式、流程，并规范了儿童议事会的人员组成、议事内容、类型、流程以及组织实施等，编制了儿童议事会章程模板和实施过程中各阶段工作工具包，为其他地区制定儿童参与工作指引提供了重要借鉴。

② 《建设指引》以空间类型和功能特征为依据，创新性地将深圳儿童友好实践基地划分为图书阅读、展示互动、文艺剧场、体育运动、自然生态、综合服务、社会体验等七个类型，并从空间、服务、文化、运营等四个层面对儿童友好实践基地建设工作进行规范，提出了儿童友好实践基地完整、规范的申报流程，具有较高操作性和引领性。

18个市妇儿工委成员单位、11个区（新区）妇儿工委办公室、8个社会组织开展座谈会研讨，全面了解儿童在家庭、学校、社区、网络、社会公共事务的参与情况，所形成的《深圳市儿童参与状况调研报告》为制定下一步的工作方案提供了强有力的依据。

深圳儿童友好城市和社区的建设在制度、文化、空间、服务、人员五个方面的实践都取得了优异的成绩。

（1）制度友好：所制定的一系列相关政策、实施指引和行动计划有效指导了儿童友好城市建设。其中，《深圳战略规划》以"儿童—空间—社会"为主线，以儿童对美好生活需要为导向，建立了儿童参与社会公共事务的体制机制、适度普惠型儿童社会保障制度，为引领深圳儿童友好型城市建设顶层设计和行动纲领奠定基础。《参与指引》明确了儿童参与和儿童友好等术语的概念，明确了儿童参与的内容、形式、流程，并提供儿童议事会章程模板和实施工作工具包，为实际操作提供了指引。

（2）文化友好：深圳妇儿工委与多个部门组织活动，成功推行了儿童参与、儿童友好的理念。如在2016年启动儿童友好城市建设时举行的"童·未来"活动中，儿童们收到了市政府赠送的教学机器人模型，参与活动的儿童还就城市生活各自分享了观点，对深圳的城市发展提出建议。这类活动为深圳儿童友好城市建设搭建了平等友好对话的交流平台。2017年，深圳举办了世界儿童日之"点亮城市、点亮儿童未来"纪念活动、深圳市建设儿童友好型城市研讨会、第五届深圳儿童国际论坛等系列活动；2018年，深圳市妇女儿童发展基金会与深圳万科、深圳市城市规划设计研究院联合主办了历时三个月的"大梦想家计划"活动，结合儿童和专家的意见形成"梦想家议案"，广泛宣传了儿童参与城市建设、儿童友好的理念。

（3）空间友好：在全市范围内选取与儿童生存和发展紧密相关的社区、学校、图书馆、医院、公园、安全出行、母婴室等面向开展儿童友好的空间建设尝试，启动儿童友好型街道建设试点，挂牌一批儿童友好实践基地，建设各类儿童友好的实践基地，打造"从一米高度看城市"的儿童友好空间。以罗湖区为例，作为首批儿童友好社区试点单位，在城市"微更新"与"微治理"框架下，将儿童的"一米视角"理念与棚户区改造实践"互嵌",成为国内一线城市社区"微更新"儿童友好空间营造的先行者。2021年,儿童友好型城市建设纳入深圳市国土空间规划,深圳开始全面打造全域范围内的儿童友好空间体系。

（4）服务友好：2021年深圳市妇儿工委印发的《深圳市建设儿童友好型城市行动计划（2021—2025年）》提出与儿童相关的各级各部门、各行业、各领域应在各方面系统集成、协同高效联动合作,聚焦儿童全周期发展,为儿童提供全方位服务,全面提升儿童教育卫生福利保障水平。同时,提出了建设婴幼儿照护服务设施、拓展供应渠道、鼓励幼儿园（幼儿中心）开设托班、鼓励用人单位为职工提供福利性婴幼儿照护服务等目标,希望加强普惠托育机构、企业自办托育园的建设,完善家庭科学育儿指导服务网络的建设,推进母婴室的建设和管理,提升母婴服务的质量和水平,推广移动母婴室。到2025年,实现婴幼儿托育服务机构社区全覆盖,为全市儿童提供更好的支持性、保护性、补充性、替代性、发展性服务。

（5）人员友好：从启动儿童友好型城市建设之初,深圳市委、市政府就与联合国儿童基金会驻华办事处建立了良好的联系,同时还广泛发动各区、各部门和包括捐赠者、社区工作者、规划建筑师、志愿者等在内的社会各界力量加入儿童友好城市建设的浪潮,区级儿童议事会也纷纷成立,形成了"儿童—家庭—社区—街道—区"的多层级、多职业类型人员共建共享的协作体系。

总的来说,深圳市的儿童友好城市和社区建设在明确的顶层设计之下,"制度框架设计—空间体系建构—基础资源整合—服务体系完善—文化理念传播"五个方面并进,儿童友好服务设施逐步完善,儿童友好理念迅速深入人心,有效调动了政府、企事业单位、社会组织等各方力量共同参与,形成了共建共治共享的儿童友好社区建设新格局,以儿童友好空间为基础的街区、社区规划设计彰显了无处不在的儿童友好元素与理念,儿童事业发展水平在全国位居前列,成为"政府主导、规划先行、广泛发动、儿童参与"导向下儿童友好社区建设先行先试的示范。

截至2021年6月,深圳已授牌市级儿童友好基地201个,各类儿童议事会381个,妇女儿童之家713个,公共场所母婴室1124间,各类儿童友好公园超千座。根据《深圳市建设儿童友好型城市行动计划（2021—2025年）》，深圳将在五年内实现儿童友好社区全覆盖，建成儿童友好学校300个以上、儿童友好幼儿园200个以上、儿童友好公园100个以上、儿童友好实践基地200个以上，另外还有儿童友好医院、社康中心和图书馆、市妇儿大厦妇女儿童领域PPP项目升级改造，及区级儿童专类公园和儿童活动阵地等建设计划。

深圳市儿童友好城市的建设和儿童友好社区的实践，在制度、文化、空间、服务和人员友好五个维度都积累了宝贵的经验，是国家推进儿童友好社区建设进程的重要先行区，为全国各地开展儿童友好城市和社区的建设起到了体现社会主义先进性的示范作用，得到了联合国儿童基金会、国家及省级有关部门和社会各界人士的高度认可和赞誉。

4.4.2　上海标准：资源协同，提质增效

上海市作为国际化大都市，既有接收国际先进理念的天然优势，又拥有丰富的基层社区治理先进经验，是较早推动儿童友好建设的城市之一。全市的儿童友好社区建设由上海市妇女儿童工作委员会（以下简称"市妇儿工委"）牵头，各区妇女儿童工作委员会（以下简称"区级妇儿工委"）、上海市妇女联合会统筹，街镇层面负责落地实施。坚持儿童视角，以儿童优先为原则，以儿童需求为导向，重点优化配置、整合统筹社区内儿童活动场所和服务项目，依托全市各街镇、居村资源，以儿童服务中心和儿童之家为阵地，通过加强管理、整合资源和优化服务，在社区层面主要以嵌入式、菜单式、分龄式服务为儿童打造一个环境友好、设施齐全、服务完善的"15分钟社区生活圈"。

上海市的儿童友好社区建设具有高标准、高要求、高效率的特点，在制度、文化、空间和服务四个维度取得了不俗的成绩。

（1）制度友好：上海的儿童友好建设是一个不断设定高标准、高要求的过程，具有中国特色社会主义制度下超大城市不断创新的鲜明特点，形成了一个多层次、全支持、多鼓励的儿童友好制度框架。

第一，搭建"社区—街镇—区—市"四级架构的行动计划，可操作性强。自2017年上海市发布《上海市妇女儿童发展"十三五"规划》明

确提出创建儿童友好型城市后，开展了《上海"儿童友好型城市"指标体系研究》《优化配置本市社区儿童活动场所研究》等一系列课题研究，于2019年提出立足街镇创建儿童友好社区，从儿童生活的社区开始，逐步推进建设儿童友好型城市；2019年5月31日发布的《关于在全面建成小康社会进程中实现上海妇女儿童事业高质量发展的若干意见》提出"到2020年底，建成50个具有示范效应的儿童友好社区示范点"的目标。同年由市妇儿工委办公室、市民政局、市妇联、团市委联合发布的《关于上海市开展儿童友好社区创建试点工作的指导意见》提出儿童友好社区创建"以街镇为单位，以嵌入式、菜单式、分龄式服务为儿童打造一个环境友好、设施齐全、服务完善的'15分钟社区生活圈'"，要"在街镇层面建立儿童服务中心、在社区内普遍设立儿童之家、建立儿童工作者队伍、培育从事儿童服务的专业社会组织和儿童社会工作者、绘制儿童友好社区地图"，以期在试点工作基础上形成儿童友好社区建设的上海标准。

第二，形成了儿童参与的基层民主，如五里桥街道把儿童议事会与"三会制度"巧妙结合，招募儿童议事会议员，开展听证会、协调会、评估会，挑选优秀议题纳入社区居民协商民主会中，为社区发展建言献策，为社区内儿童的需求和愿望创造表达渠道。

第三，及时响应国家法律法规的更新和本地儿童友好专业支持系统的建设。2021年，由于新修订的《未成年人保护法》将要实施，上海市启动了《上海市未成年人保护条例》的修订工作，计划建立未成年人保护工作专家库、社会资源库、法务资源库、专业社工库四个方面的社会支持系统，以期形成符合上海超大城市实际特点的未成年人保护法制保障。

（2）文化友好：上海营造了较好的儿童友好的文化氛围，如借助上海市"两会"平台，积极呼吁"完善公共场所母婴设施建设""优化配置本市社区儿童活动场所"，建设上海国际儿童中心作为儿童友好建设和理念传播对外交流和公共服务平台，设立了儿童友好示范区专家咨询委员会，打造兼具包容性、开放性、国际性的全球儿童友好会客厅等。同时，还强调了以儿童为主体的儿童参与机制的重要性。2018年12月10日由上海市妇联、上海市妇儿工委办公室指导，上海市科学育儿基地、上海新闻广播联合主办的"我的城市我做主——聆听儿童声音，建设儿童友好型城市"儿童论坛采用了观看情景剧，儿童与老师、专家的互动探讨，问卷调查等方式收集儿童视角下的"儿童友好型城市建设"意见。活动共发放问卷3600份，[①]受访者覆盖12所小学、初中和高中，年龄跨度为8~18岁。调研结果提出上海应大力提高儿童参与社区建设、城市建设的意识，社区应提供更多鼓励、吸引儿童参与社区规划、建设的机会，还应对不同年龄、性别和处境的儿童进行精准化的资源再配置等建议。这些建议很快被政府采纳、实施，更进一步促进了上海儿童友好社区建设的文化氛围。

（3）空间友好：上海的儿童友好城市公共空间经历了从数量规模增多到系统布局规划，再到精细化设计的过程。儿童友好社区在上海这座城市里最直接的体现就是为儿童打造的环境友好、设施齐全、服务完善的"15分钟社区生活圈"，通过在居村和街镇各级分别建立适儿化设施、儿童之家、儿童服务中心，形成"一中心多站点"儿童友好空间网络。如普陀区曹杨街道的"1+1+N"模式，即一个儿童服务中心，一个儿童服务分中心，N个儿童之家，通过串联周边幼儿园、小学、教育机构、公园、博物馆、文明实践站等场地资源，形成儿童步行可达的15分钟娱乐生活圈。又如杨浦滨江5.5公里范围内的"儿童友好、人人友好"公共空间示范区，围绕杨浦百年工业遗迹和滨江生态格局特色，以儿童需求为导向，制定儿童步道、儿童标识、托幼场所、母婴室、儿童厕所、商业餐饮等公共设施和景观，实现"道路交通＋公共设施＋绿化景观＋社会服务"在内的杨浦滨江多维度的儿童友好公共空间。如今的杨浦杨树浦电厂的公共游乐空间、浦东前滩的儿童乐园、徐汇滨江的主题活动

[①] 问卷主题涉及"安全与保护""健康和社会服务""教育资源""家庭生活""儿童参与""娱乐休闲"6个方面。问卷调查结果显示，在上海市儿童眼中，上海市的"儿童友好度"并不高，总体得分2.84分（评估分以0~4分计分）。6个方面中评价排前三位的是"家庭生活"（3.21分）、"安全保护"（3.13分）、"教育资源"（3.1分）领域，"儿童参与"（2.31分）领域的评价最低。在"家庭生活"维度中，儿童最不满意的方面是家庭与邻里之间互动太少（平均得分为2.57分）。在"安全保护"和"娱乐休闲"两个领域，低龄儿童（12岁以下）的满意度显著更高，打出高分的比高龄儿童（15~17岁）高出27.1~28.2个百分点。在"儿童参与"维度，孩子们的评价普遍较低，且城乡差异较小；而对"安全与保护"维度的评价普遍较高，且呈现较高的城乡差异。

公园、长宁苏州河桥下运动空间等，都已成为上海家长口口相传的遛娃"圣地"和"网红打卡点"。未来上海市的儿童友好社区创建工作将结合"五个新城"、新时代文明实践中心、美丽家园、美丽街区、"一江一河"公共空间、"15分钟社区生活圈"、旧住房更新改造等建设，联手更多成员单位和社会力量打通服务儿童及其家庭家门口的"最后一公里"。

（4）服务友好：围绕以儿童为中心，保障儿童最大限度地享有公共卫生服务。在儿科医疗服务方面，完善优质儿科资源的均衡布局；完善市、区、社区（学校）三级心理健康、公共托育等服务支持网络，进一步加强家庭教育指导，进一步让社区困境儿童在内的所有儿童共享创建成果。在社会保障方面，增加新生儿救护专用车辆，设立未成年人救助保护场所，以形成更全面系统的救助保护机制。具体措施包括在儿童生长发育比较重要的领域提供更加精细化的健康服务、会同红十字会将"上海市中小学生婴幼儿住院医疗互助基金"纳入联办范围实现儿童办理事项零跑动、加快"互联网＋妇幼健康"建设满足儿童在线健康服务需求。另外，还为全市义务教育阶段监护缺失或不当的儿童提供家庭监护支持服务。

上海拥有全国最强的儿科诊疗服务。在国家儿童医学中心（上海）的引领下，上海的儿童重大疑难疾病诊治能力有效提升和服务范围进一步扩大，儿科诊疗服务基本覆盖到社区卫生服务中心，并由儿科医联体牵头单位提供技术支撑，实现双向转诊，更多儿童将可享受到家门口规范、安全、有效的诊疗服务。不断建设新的儿童早期发展基地，教会家长健康、科学地养育孩子。截至2021年底，上海拥有2家国家级儿童早期发展基地，以及21家遍布16个区的市级基地，社会力量参与也为儿童健康发展提供更多选择；形成了"医院—社区基层—社会组织—儿童福利社工"联合服务的模式，为城市困境儿童提供了更精准、更专业、更个性化的关爱服务。

（5）人员友好：上海已初步形成覆盖全市的街镇儿童督导员、居村儿童主任队伍；越来越多的社会工作者参加了儿童服务专业化、职业化的培训；各部门之间的协同合作也在不断加强，如上海市妇儿工委与杨浦区政府签订《共建上海杨浦滨江生活秀带儿童友好公共空间示范区战略合作协议》，与上海同济城市规划设计研究院有限公司、同济大学建筑设计研究院（集团）有限公司以及同济大学签订《推动上海市儿童友好城市（社区）建设项目合作框架协议》等；在基层一线，上海市妇儿工委与公安、教育等多部门形成了及时响应、协同处置的联动机制，从服务人员上提供保障，为未成年人织密保护网。

总的来说，上海市的儿童友好城市与社区的建设在制度、文化、空间和服务四个方面取得较好的成绩。2021年上海市16个区共有84个街镇（工业区）入选"上海市儿童友好社区示范点"。2021年《上海市妇女儿童发展"十四五"规划》提出儿童应在"儿童健康、儿童教育、儿童安全、儿童福利、家庭养育、成长环境"等6个领域优先发展的目标。

到2025年，上海市将会实现儿童友好社区服务网络全覆盖，即在2021~2023年覆盖普及阶段，全市所有街镇依据相关建设要求创建儿童友好社区；在2024~2025年提质增效阶段，优化完善儿童友好的"15分钟生活圈"功能，对各类公共空间和公共设施进行适儿化改造，完善儿童政策体系、优化儿童公共服务、加强儿童权利保障、拓展儿童成长空间、改善儿童发展环境，实现"一米高度看城市"。

4.4.3 长沙行动："三维友好"，持续升级

长沙是我国幸福典范城市，[①] 也是率先开展"儿童友好城市"实践的城市之一。为积极响应联合国儿童基金会的倡导，长沙市《2016年政府工作报告》中明确提出"十三五"时期的工作目标和任务之一是"推进民生改善，全面共享和谐幸福典范城市成果……创建儿童友好型城市和学习型城市"。经过四年多的努力，长沙以创建"儿童友好型城市"为抓手，坚持以"一米高度"的儿童视角审视城市、规划城市、建设城市、管理城市，将儿童友好型城市创建纳入城市各项规划中，长沙人作为"儿童友好型城市"的体验者、创建者、见证者，在系列规划的引领、系列项目的实施以及系列活动的开展下，切实践行尊重儿童需求、维护儿童权益、增进儿童福祉。长沙市政府陆续出台了《长沙市儿童友好型学校建设导则》《长沙

---

① 2007~2020年，长沙连续13年获评"中国最具幸福感城市"。

2050城市远景发展战略规划》《儿童友好型城市规划导则研究》《长沙市创建"儿童友好型城市"三年行动计划（2018—2020年）》《长沙市"儿童友好型城市"建设白皮书》[①]等政策规划文件，开展创建长沙市儿童友好型试点学校、创建长沙市儿童友好型儿童节、针对十个"儿童友好型"试点小学周边交通及公共空间进行优化设计如"爱心斑马线"，并开展长沙市儿童友好型城市建设"十大创新品牌案例征集""儿童友好型企事业单位评比"等活动。经过长沙市委、市政府、长沙市自然资源和规划局、长沙市发改委、长沙市教育局、长沙市妇联、长沙晚报社、市总工会等政府部门及企事业单位和社区基层组织的通力合作，长沙市基本形成了"顶层规划、制定标准、项目推进、试点创建、共建共享、逐步推广"的儿童友好型城市和社区建设格局。

长沙儿童友好城市和社区建设具有行动力强、不断提高的特点，成果主要集中在制度、空间和服务三个方面。

（1）制度友好：长沙通过制定一系列的儿童友好型城市行动计划、儿童议事会培育计划，发布儿童权利分析报告，进行儿童重点问题课题研究，以及编制白皮书和规划设计指引等，为建立政府主导、社会参与、全民行动的工作格局提供保障。如《长沙市儿童友好型校区周边交通及公共空间改造规划设计指引》涉及学校周边交通及包括步行空间、交通组织、道路节点、交通设施在内的公共空间，为政府选取试点学校创建宜居、宜学、宜憩、宜乐的儿童友好型校区提供了指导规范。在最新的长沙市"十四五"规划中，还提出了儿童友好升级版建设工作将向乡村延伸、向儿童友好产

---

① 该白皮书于2019年发布，是国内第一本以"儿童友好型城市"为主题的官方白皮书，由长沙市自然资源和规划局、长沙市发展和改革委员会、长沙市教育局、长沙市妇联共同发布。该白皮书是对长沙"儿童友好型城市"创建工作的全面总结和系统展望，介绍与宣传长沙"儿童友好型城市"建设特色，表明政府对创建工作的承诺和决心，将成为长沙申报联合国儿童基金会认定的"儿童友好型城市"的重要材料与数据支撑。该白皮书以全市各政府职能部门数据调研和《长沙市儿童权利现状分析调研报告》为基础，以问题和需求为导向，对标联合国儿童基金会创建儿童友好型城市的5大目标和7项原则，结合《长沙市创建"儿童友好型城市"三年行动计划（2018—2020年）》，从儿童教育、健康、福利、保障、环境、儿童参与6大领域，提出19项具体措施，为下阶段长沙创建"儿童友好型城市"工作指明方向与思路。

业链延伸、向其他城市延伸（构建儿童友好城市群）、向更多年龄段延伸，未来要打造一条体系化、多元化的儿童友好城市建设路径。

（2）空间友好：建设儿童友好示范空间、完善儿童学习空间、拓展儿童生活空间、优化儿童出行空间。长沙的儿童友好空间营造具体体现在试点校区周边优化设计、"15分钟就学圈"打造、公园空间改造、儿童之家、爱心斑马线等方面。以丰泉古井社区为例，该社区位于长沙市芙蓉区定王台街道，临近核心商业地段，属于长沙市中心区域开放式老旧社区，街巷空间是社区内重要的公共空间，承担着交通、交往与儿童游乐的功能，但是由于该社区附近交通拥挤、机动车占用车道、人车无分流等现象严重，儿童安全玩耍的空间被严重挤占。因此针对社区的整体规划设计在不破坏社区历史风貌的基础上，结合儿童日常玩耍的游戏空间，从创造连续安全路径、优化社区空间节点、引入社区共有记忆三个方面入手，设计若干个拥有丰富的历史资源、人文资源和浓厚的艺术氛围的室内外儿童游戏空间节点，嵌入社区记忆，活化空间故事场景，以儿童友好安全步道为线性空间，以儿童群体为媒介、以历史文脉为纽带，将社区整个街巷空间进行串联，创造出沉浸式儿童友好空间。

（3）服务友好：构建儿童安全网络、儿童社会福利保障体系，保证儿童教育服务质量，开展儿童友好宣传推广。在提升儿童友好型城市和社区的知晓度、参与度和服务方面，利用世界儿童图书日、国际家庭日、六一儿童节、世界儿童日等节庆日组织开展儿童参与主题实践活动；根据长沙市自然资源和规划局、市总工会等联合制定的评判准则，认证"儿童友好型企事业"，鼓舞和发动社会力量投身关心关爱儿童的事业，通过整合全市儿童友好相关产业资源，以推进"儿童友好产业链"促进儿童友好型城市建设；通过讲座授课、参观学习、参与活动、认知地图、问卷调查、深度访谈、儿童画分析等形式促进儿童参与决策，从而在持续的城市社区营造与更新规划中，为"安全、连续、共生"的儿童友好社区空间营造提供保障。

总的来说，长沙的实践主要围绕建设儿童友好的制度、空间和服务三个维度，其中，儿童友好的制度维度是相对成体系和有效的，而儿童友好的空间维度还局限在少数社区和试点学校及其周边环境内。虽然缺乏全域范围内的儿童友好社区的建设经验，但整个长沙市的儿童友好社区建设正在持续升级中。

4.4.4 成都样板：儿童之家，场景营造

成都是我国较早接触国际儿童友好理念的城市之一。2008年汶川大地震后，为了帮助灾区儿童消除地震造成的不利影响，国务院妇儿工委办与联合国儿童基金会在成都建立了3所"儿童友好家园"。① 根据儿童友好的国际理念，成都市在全市范围内推动"儿童之家"建设，向社区儿童及其家庭提供游戏、娱乐、教育、卫生、社会心理支持等服务，为儿童友好理念在基层社区的普及打下了良好的基础。截至2018年成都已建成"儿童之家"3229个，90%的城乡社区都建有1所儿童之家。成都市妇联向成都市政协十五届会议提交了《创建"儿童友好社区"推动高品质和谐宜居生活社区建设》的集体提案，提议依托儿童之家创建覆盖全市的儿童友好社区。2019年初，成都市妇联依托儿童之家示范项目建设启动了儿童友好社区试点工作。2020年，成都市成华区保和街道和美社区、成华区跳蹬河街道锦绣社区、金牛区沙河源街道新桥社区、武侯区簇桥街道锦城社区4个社区入选首批16个"中国儿童友好社区建设试点"名单之列，成都市成为全国范围内入选试点最多的城市。

::::: 联合国儿童基金会 UNICEF 儿童友好家园 :::::

儿童友好家园是以社区为基础、促进儿童成长的服务场所，旨在为儿童提供集游戏与教育为一体的安全活动空间。接受过培训的儿童友好家园工作人员能辨识警示信号，了解孩子的发展及特殊需求，转介儿童至专门的服务和机构寻求帮助，保护儿童远离暴力、虐待和剥削。

---

① 分别位于彭州市丽春镇花街子社区、天彭街道锦阳社区、敖平镇楠桥社区。

> 目前在中国有两种儿童友好家园。一种是自1999年起用于紧急状况中保障儿童福祉的儿童友好家园。2008年汶川大地震发生后，联合国儿童基金会与我国政府部门合作将其引入国内，为灾区儿童及其家庭提供以社区为基础的游戏、娱乐、教育、卫生和社会心理支持等一体化服务，帮助灾区儿童消除地震带来的心理阴影，回归正常生活。
>
> 另一种是发展型儿童友好家园（"儿童之家"），即在安全的活动空间里，通过开展日常活动促进儿童娱乐、学习和成长，其活动包括有组织的游戏、非正规教育和体育活动等。《中国儿童发展纲要（2011—2020年）》提出了90%以上的城乡社区建设1所儿童之家的目标。2012~2015年，我国和联合国儿童基金会合作在普通社区建设发展型的儿童友好家园。自2016年起，联合国儿童基金会的工作从支持儿童友好家园的运作扩展到建立省级技术支持机制，以保障儿童友好家园模式的成功复制。
>
> 儿童友好家园为人们提供了交流的机会，提高了大家对儿童保护和儿童早期发展等问题的认识和理解。如今，各地政府都在筹建儿童友好家园，并将其作为社区内的永久性设施。

2021年成都市政府发布《成都幸福美好生活十大工程实施方案》和《成都市国民经济和社会发展第十四个五年规划和2035年远景目标纲要》，明确提出到2025年实现儿童友好社区全覆盖、建成儿童友好型城市、建立完善与市经济社会发展水平相适应的未成年人关爱保护体系、残疾儿童康养救助覆盖率达100%等目标。截至2021年12月，通过营造儿童可以融入的不同内容的儿童友好社区项目，成都市已完成265个"儿童友好幸福场景"建设，推动实现品质为先、动态成长、充满活力的儿童友好社区全覆盖的进程与全市未成年人关爱保护体系的完善。如新都区桂湖街道新桥村以绿色生态空间及农业生态文明为基底，打造集自然课堂、阳光草坪、田园球场、天空画廊、创意田园等全面发展的科普教育、乡村运动、户外拓展等活动场地，建成紫藤长廊、树袋熊之家、青训中心、阳光大草坪等设施景观，依托该儿童友好幸福场景举办了丰富多彩的儿童友好宣传活动。

（1）制度友好：制定和完善社区一级的《"中国儿童友好社区"试点项目建设行动方案》《儿童友好社区工作制度》《儿童安全预警制度》《儿童普惠服务制度》《儿童友好社区联席会议机制》《儿童友好社区信息通报交流例会制度》《评估与反馈机制》《社区儿童委员会制度》《社区家长委员会制度》等，将儿童友好社区建设纳入社区发展治理规划，建立儿童友好社区联席会议制度，成立社区儿童工作委员会，积极引导学校、教育联盟、家长委员会、儿童服务型社区自组织和儿童代表积极参与辖区儿童相关事务的协商；社区儿童委员会着重培育儿童的议事能力，并根据社区特点，因地制宜开展各具特色的儿童议事活动，探索建立了儿童诉求表达、权利保障的长效机制和反馈机制。

（2）空间友好：成都市的儿童友好社区空间营造集中在公共活动空间与游戏场所设施改建方面，儿童公共活动场所包括母子阅读角或儿童阅览室、国学室、舞蹈室、匠艺馆、儿童剧场等，儿童游戏场所包括儿童的室内游戏室、青少年运动场地、儿童友好广场等，儿童友好卫生服务中心和社区党群服务中心等经过适当改造也成了儿童社交活动的场所，同时还依托绿地公园，培育绿道健身文化，充分利用了辖区内的现有设施，满足儿童室外健身、学习、活动需求。最具创新性的是武侯区锦城社区的锦悦星辰社区天文馆项目，在社区建立了儿童科创屋、科普阅览室、VR空间、乐高科创中心等，应用各种先进的展示技术，结合丰富的天文设备，围绕宇宙探索、自然认知等主题，面向辖区儿童开展系列科普活动。

（3）文化友好：成立儿童"小小志愿者"服务队伍，链接现有资源，利用"世界儿童图书日""国际家庭日""六一儿童节""世界儿童日"等节庆日开展儿童友好社区建设监督及宣传、儿童参与主题实践活动。同时组织相关市级部门、社会组织、儿童工作者等开展有关儿童权利保护的专题培训，提高全社会尊重和保护儿童意识。整合社会资源，鼓励和引导社会力量共同推进儿童友好城市建设。在2020年和2021年年初，成都市组织举办了两次儿童友好城市建设与儿童友好社区实践主题研讨会，邀请了来自联合国儿童基金会驻北京办事处、国家发改委、中国人民大学、北京永真公益基金会等机构单位的相关人士，以及国内先期启动儿童友好型城市建设的深圳、长沙、上海、武汉等相关部门负责人、专家参加研讨会，采用案例分享、经验交流和实地考察的方式，有效宣传了儿童友好理念的同时，总结了成都儿童友好社区建设的经验。

（4）服务友好：以"快乐一个儿童、温馨一个家庭、温暖一个社区"为建设目标，以"贴近儿童、方便儿童、吸引儿童、服务儿童"为建设标准，常态化开展儿童服务活动、儿童养育及家庭支持服务项目等；采用购买社会组织服务的方式，在幼儿园、学校开展服务工作，依托社区的日间照料中心，为放学后无家长照顾的儿童提供托育服务，并用发展性的眼光为不同年龄层的儿童提供针对性的教育服务；为辖区儿童提供讲座宣传、教育培训、特殊帮扶、权益维护等服务，常态化开展儿童艺术课程培训等。

总的来说，成都拥有最扎实的儿童友好文化氛围，而政府主导、社会参与、全民行动的工作格局也正在形成，以点带面、以儿童之家带动儿童友好社区建设取得了初步的成效。截至2021年9月，成都开展的儿童友好社区试点建设工作已建成137个儿童友好幸福场景；残疾儿童康复救助政策实现全年龄段覆盖，特困人员救助供养覆盖的未成年人年龄从16周岁延伸至18周岁；实施"阳光慈善救助"等慈善救助项目800余个，救助服务儿童、老人等特殊群体17万人次。然而，全域范围的儿童友好社区全覆盖还需在制度、空间、服务、人员方面继续加强。因此，成都市部署了一系列的计划和工作，如制定儿童友好城市行动计划、成立儿童友好城市研究院、建立儿童友好城市建设督导评估体系和儿童社会保护机制、制定儿童议事会培育计划、探索建立儿童议事会以鼓励社区儿童参与社会事务；同时建立高标准普惠型儿童公共服务体系，完善儿童服务型基础设施建设，如计划对校区及社区周边交通、广场、院落、公园和公共空间等进行优化改造，建立儿童可独立上下学的安全通廊，提高儿童上下学出行环境的安全性、便捷性和趣味性，优化校内外交通环境；建设儿童友好公园、广场、运动场、家庭农场为儿童提供独有的活动区域，设置亲近自然、启发创造性的游戏及活动空间；建设儿童友好学校、儿童友好医院、社区托育园、社区儿童活动中心等，打造儿童"5分钟步行活动圈"，建设一批公办托育服务机构；将无障碍设施建设要求纳入新上市土地拟建项目建设条件，强化开展城市道路无障碍设施维修维护及整治更新，通过这些举措打造充分体现成都元素和特色的儿童友好亮点点位。

  我国的儿童友好社区创建虽然起步较晚，但在制度、文化、空间、服务、人员五个维度分别积累了丰富的实践素材和创新经验，儿童友好社区建设呈现出试点带动街道，由街道向周围全区域辐射的发展势态。各类儿童友好社区建设实践案例不胜枚举，除了深圳、上海、长沙、成都，还有威海、南京、广州、武汉等城市也在儿童友好城市和社区的建设中取得了喜人的进展，这些实践丰富了国际儿童友好社区建设的形式与内容，开启了中国特色的儿童友好城市和社区建设新征程。

第二章

儿童友好的制度建设

儿童友好社区建设是保障我国共建共治共享的创新社会治理机制不断完善的重要实践之一，各级政府应建立党委领导、政府负责、社会协同、公众参与、法治保障、科技支撑的复合工作格局，将儿童友好社区建设统筹纳入该地区总体规划及各部门发展规划中去，在行动路径上调研每个社区的实际情况，设定基线，确定总体目标任务，明确年度推进方式和具体要求，各个地方需因地制宜、典型示范、以点带面、分类稳步推进不同领域儿童友好建设。

在儿童友好社区建设中，建立一个适用于当地社区儿童状况的制度结构至关重要。为了更高效地推动儿童友好社区建设，为可持续成果的输出提供保障，在基于当地儿童发展现状、社区发展现实的基础上可制定适当的儿童友好社区战略。具体来说，有以下几点。

（1）设立常设机构，建立跨部门协调和伙伴关系。

（2）为儿童事务划拨专项预算。

（3）广泛宣传儿童权利，确保成年人和儿童具备尊重儿童权利的意识。

（4）进行儿童影响评价和评估，通过监测采集数据和实证资料。

（5）定期发布社区儿童的状况报告。

（6）推进儿童参与机制和流程。

（7）制定儿童友好社区行动计划。

（8）出台儿童友好政策和制度框架。

1 推动建立跨部门合作架构

1.1 组织保障

《规范》:"4.1.1 在完善党委领导、政府负责、民主协商、社会协同、公众参与、法制保障、科技支撑的社会治理体系的过程中,开展儿童友好社区建设,使之成为社区建设工作的重要组成部分。"

政府在确定建设儿童友好社区后应加强组织领导,各级政府、各相关部门密切配合,社会力量大力支持,全民积极参与规划的组织实施,营造倾听儿童声音,优先尊重儿童意愿的良好社会氛围。

管理和协调儿童友好建设,需要投入专门的人力资源,应尽可能充分利用现有的机构和协调机制,设立领导小组、工作小组及专家小组。注意任命或招募的工作人员,应具备扎实的协调和项目管理技能,强调具备监督儿童权利现状分析、基线设定、监测和评估的相关经验。

1.1.1 建立儿童友好工作小组

在街道形成儿童友好领导小组,建立由民政、教育、工信、公安、司法、财政、人社、住建、文化、卫生、体育等部门,以及青年团、妇联、科协、残联等群团组织共同参与的联席会议机制,主导、推进、协调行动计划的制定和实施工作,该小组的具体职责如下。

(1)为各相关部门提供指导和指引,组织协调会议,包括设定工作议程,向上级部门报告工作进展、机会和挑战。

(2)组织起草行动计划和预算方案。

(3)处理地方儿童友好的日常管理工作。

(4)协调实施儿童友好的合作伙伴。

(5)组建儿童友好专家小组,指导儿童友好专家小组决策。

(6)确保所有实施机构都能及时了解相关安排、达成共识、跟进相关活动。

（7）主导有关增强儿童友好意识和推动宣传的相关工作。

（8）对照行动计划中的目标和指标，监督进展、采集数据，用实际项目中遇到的问题和经验不断优化项目的执行机制。

1.1.2 建立儿童友好专家小组

在社区成立儿童友好专家小组，为儿童友好的实施工作提供整体指导和指引，设立专业委员会时，必须把握好平衡，既要尽可能拓宽成员的专业面，涵盖政府相关协调小组负责人、儿童社会工作专家、规划建筑景观设计专家等，争取最大限度的认可；也要将委员会的规模保持在可控范围之内，提高交流及决策的效率，建议专业委员会人数7~11人。该小组的职责如下。

（1）分析本区域儿童工作的需求，研究提出本区域儿童发展规划、标准体系、行动指南，为参与的城市和社区制定监测评估框架和流程。

（2）按照国际、国家相关标准组织并负责本区域儿童友好相关文件的起草和技术审查、评审工作。

（3）对所组织起草和审查的文件的技术内容进行跟踪辅导。

（4）针对儿童友好的最新政策，从专家的专业领域出发对相关文件进行宣讲、解释等。

（5）每年至少召开一次全体成员工作会议，报送小组的年度工作报告。

案例2.1　江苏省南京市雨花台区雨花街道儿童友好社区组织架构 ▶▶▶

2019~2020年，雨花街道在儿童友好社区建设中，为了更高效地推动儿童友好，为可持续成果的输出提供保障，建立了一个系统的组织架构，建立政府主导、部门协作、社会支持、人人参与的工作格局，形成各级政府牵头组织实施，职能部门落实，建设责任单位负责，社区、儿童及家长共同参与的工作机制。因此在制度友好的组织保障中，由各级党工委牵头，联动民政、卫计、教育、公安等部门搭建基础服务框架。各部门积极响应、明确分工、协同参与，可设立专项工作小组，建立工作推进过程中的考核、评估机制。其中最主要的实施组织包括三级：第一层级是市区、街道、社区的妇联单位，第二层级是社会组织与社会资源主体，第三层级是儿童友好委员会。

组织保障的核心在于明确各级组织单位的职能分工。从制度友好建设层面来说，需要包括政策引导、资源对接、资金支撑、服务支持与信息反馈在内的保障，因此不同层级单位有不同的职能分工。

政府层面的各级妇联单位负责完善与制定政策、提供建设资源、扩充资金支持、完善服务支持，拓展队伍人才多样化、参与多方化的工作机制；

鼓励社会组织与社会资源主体利用专业能力孵化专业团队指导儿童服务工作，引入或培育枢纽型社会组织，支持当地社会组织健康发展；

儿童友好委员会是反馈儿童与家庭信息的重要渠道，也是妇联单位、社会组织、基层社区共同建设的沟通平台，因此重视发挥儿童友好委员会功能，鼓励与学术机构和社会组织合作，建立儿童服务专家智囊团，开展相关课题研究，吸纳更多人才加入。

在推进项目流程的过程中，建立儿童友好社区跨部门合作组织架构——工作小组联席会议，这也是雨花街道友好社区建设制度保障的集中体现，具体实施流程（见图2-1）如下。

首先，召开工作小组联席会议，参会人员包括街道书记、妇联主席，社区分管妇联工作的副书记或工作人员、社会组织工作人员等，会议议题包括项目推进情况、遇到的困难，相关部门的协调等。为了保障项目有序开展，工作小组应根据原定方案计划推进，定期开展项目推进及督导工作，有效地保障项目进度管理，及时地项目沟通与反馈工作。

与此同时，通过儿童友好委员会，以基线调研为基础，在项目不同阶段开展项目调研工作，精准化摸排需求、反馈信息。

其次，培育与激发自组织，挖掘各类需求，整合社区资源，形成与儿童友好社区相关的自组织，更好地服务于儿童与家庭。雨花街道已形成无敌少儿团、明志童书屋、雨花社区慢养葫芦娃、翠岛花城少儿团、翠岛花城闲置交流群、大型活动志愿者筹备群、文明使者小分队等自组织。

最后，开展人才专题培育活动，可以以大型活动筹备、美好家庭生活为主题，组织开展相应培训激发培育家长志愿者、专业志愿者，提供相应的儿

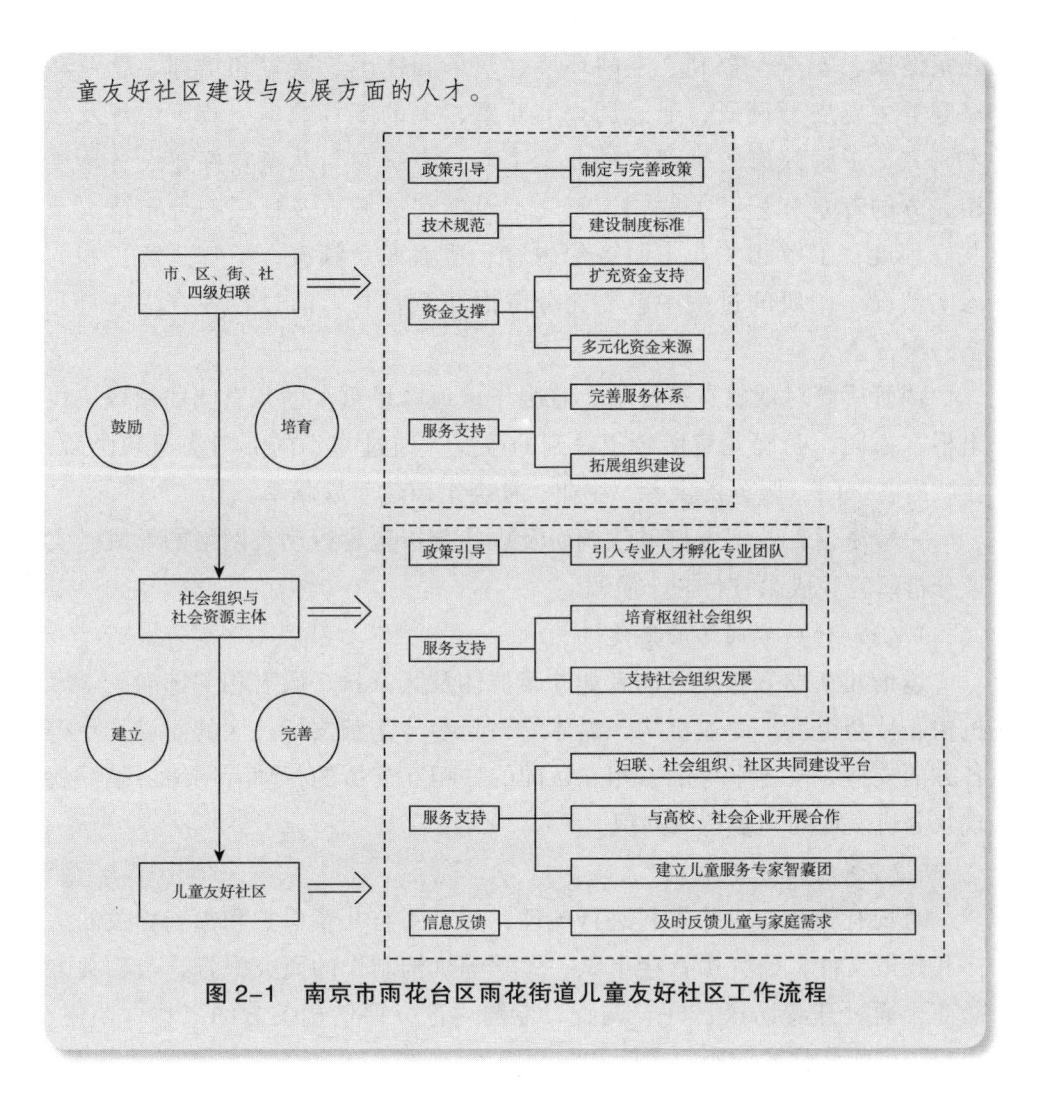

童友好社区建设与发展方面的人才。

图2-1 南京市雨花台区雨花街道儿童友好社区工作流程

1.2 现状调研

《规范》:"4.1.2 政府宜将儿童友好社区建设纳入当地经济社会发展规划,纳入当地社区建设工作考核指标。"

在基线调研及现状分析的基础上,在地方社会经济发展规划中纳入儿童友好社区建设内容。基线调研是儿童友好社区建设的基础,主要就儿童健康、安全、福利、空间环境、娱乐和休闲、教育和培训、就业和家庭等主题展开调研，通过调查与儿童相关的统计数据、政策法规及学术研究，了解政府各个部门的儿童工作，了解参与儿童友好建设各重要相关方的背景和相互关联，了解儿童设施在该城市及社区的分布情况及友好程度，了解相关儿童服务的内容、覆盖面、频次，了解儿童权利的落实情况。调研的过程中就要充分考虑儿童参与，通过各种方法倾听儿童的声音。

调研后要对现状进行分析，着眼于该地区最重大的儿童问题领域，找出根本原因，明确儿童所希望看到的改变。通过与不同部门沟通和协商，在政府各部门、服务提供者、企业、社会组织建立起联系。

一般来说，儿童友好基线调研及现状分析包含行动者网络的形成、实证分析研究和成果宣传三个阶段。

1.2.1 行动者网络的搭建

邀请儿童友好相关行动者如儿童群体及其家长、政府相关部门、学术机构、社会组织、商业机构、媒体等一起参与儿童友好社区的建设，获得各方的支持，搭建平等的、相互认同的、相互支持的行动者网络，确保就现状分析发现的问题达成共识。

1.2.2 实证分析研究

对现有的儿童工作资料进行梳理，如审阅与儿童保护和福利相关的法律和政策文件，研究由社会组织、大学等机构制作的研究报告，与相关方磋商，通过开展访谈、问卷调查、专题讨论，评估相关方的兴趣、期望、流程、可能面临的差距、风险和制约因素。

1.2.3 研究成果的宣传和传播

对儿童友好现状的分析成果进行发布和传播，促进相关方就分析报告确定的儿童议题达成共识，进而帮助各方做出统一回复并纳入儿童友好社区建设的行动计划。

第二章 儿童友好的制度建设

案例 2.2　湖北省武汉市儿童友好型城市发展现状 ▶▶▶

2019年起，武汉市土地利用和城市空间规划研究中心开展了武汉市建设儿童友好型城市的相关规划研究工作。儿童友好型城市的理念认为各国在城市空间规划中应尊重和维护儿童的发展权利，为培养儿童积极健康的心理、形成正确的世界观而构建更加适合儿童成长的城市。为了更好地倾听儿童心声，从而构建武汉在地化的空间规划体系，武汉市地空中心委托华中科技大学团队开展了武汉市儿童友好型城市现状调研评估工作，对主城区内的城市设施、社区进行广泛调研，在与儿童相关的机构、社会组织进行访谈的基础上，根据不同的调研目标和对象通过线上和线下的方式随机发放问卷调查。调研团队从社会发展视角关注文化、制度、服务、空间四大方面，从日常生活视角关注娱乐与休闲、权利与参与、安全与保护、健康与公共服务、教育与发展、家庭与社区环境六大方面，用现状分析结果为武汉儿童友好型城市发展的战略规划和行动计划提供决策参考（见图2-2）。

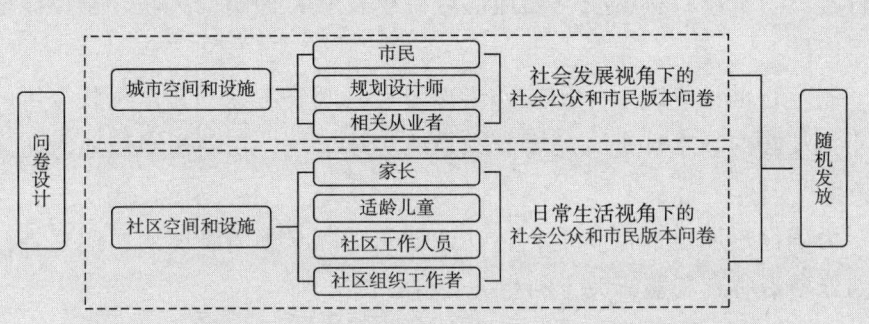

图 2-2　武汉市儿童友好型城市发展现状调查评估问卷发放流程

1.3　跨部门合作

《规范》："4.1.3　建议建立由民政、教育、工信、公安、司法、财政、人社、住建、文化、卫生、体育等部门，以及青年团、妇联、科协、残联等群团组织共同参与的联席会议机制，儿童代表参与会议，并鼓励和支持儿童代表就与自身相关的事项发表意见。"

政府可以依据现有规划周期来将儿童友好型城市及社区的具体行动计划柔性嵌入现有的各部门工作中，促进各相关部门的参与，确保行动计划的可操作性。

根据儿童权利现状分析结果制定行动计划的逻辑框架，确定监督进展和影响的指标、明确各行动者的职能、责任、任务期限以及具体的资源链接等活动。要求为每一项产出设定一套具体的活动，为每项活动设置明确的完成期限，确定负责实施该项活动的人员。

儿童友好社区建设的初衷并不是开展一次性投资项目，而是强调要以循序渐进的方法，通过长期的承诺和能力建设，不断强化儿童权利。单靠第一个儿童友好行动计划（首个项目周期），无法解决所有的儿童权利问题。因此，建议先抓大放小，将最迫在眉睫的问题首先纳入行动计划，再定义中长期的工作目标，并纳入下一个儿童友好社区项目周期和行动计划进行解决。工作目标必须与当地的可持续发展目标明确关联，避免徒增额外工作量。

制定行动计划时要平衡兼顾诸多因素，既要考虑到儿童现状分析、全球儿童友好的基本标准，还要兼顾当地实际情况，切勿想当然地为儿童设计方案。

为确保透明度和问责度，行动计划的措辞必须清晰简明，还要将行动计划分享给所有利益相关方和相关受益方。

案例2.3 江苏省南京市莫愁湖西路儿童·家庭友好街区多部门联动建设 ▶▶▶

2019年，南京市建邺区以"莫愁湖西路儿童·家庭友好国际街区项目"建设为抓手，围绕"政策友好、空间友好、文化友好、服务友好"四个维度，按照"党政主导、部门协作、社会动员、家庭融入、儿童参与"的实施路径，全力打造友好国际街区的创建基础和框架围绕"一年出示范、三年见成效、五年抓巩固"的工作目标，坚持省、市、区联动拧成"一股绳"、多部门协同形成"一盘棋"，积极整合资源，奋力推进实践，切实将"家家幸福安康工程"的决策部署落到实处，夯实友好街区建设基础。

在"政策友好"的引领下，成立专门领导小组，制定专项方案，引进专家团队，入校入户对学生、家长逐一访谈调研，精准把握需求。整个建设过程围绕"一、二、三、四、五"目标持续推进项目，完成了以下工作。

① 打造"一个窗口"，即打造一个"有特色、有温度、有品质"的儿童·家庭友好特色街区和国际友好街区窗口。

② 落实"两个规划"，即抓好《莫愁湖西路儿童·家庭友好国际街区规划指南》和《莫愁湖西路儿童·家庭友好国际街区行动计划（2020—2022年）》的贯彻落实，发挥好规划指引作用，形成全区工作合力。

③ 建设"三支队伍"，即儿童议事员、儿童讲解员、儿童友好服务联盟三支队伍，突出儿童参与，整合社会资源，进一步营造儿童友好创建的社会氛围。

④ 实施"四类项目"，即积极争取区委、区政府关心支持，推进儿童友好空间建设项目、儿童友好社区督导培育项目、儿童友好街区特色品牌项目、儿童友好服务微创投项目。

⑤ 推进"五新"目标，即通过不断的创新实践，持续推进达成新地标、新场景、新力量、新品牌、新模式的目标任务，全方位推进各层级、各领域的儿童友好建设。

工作机制上由区妇联牵头，每半年提请区委、区政府分管领导牵头召开一次专项推进会，每月督查汇总工作进展；由区建设局牵头，将各建设条口友好街区项目推进情况纳入区城建例会，以进一步压实工作责任，及时化解难点、疏通堵点、联通关键节点，加快推进项目实体化建设（见图2-3）。

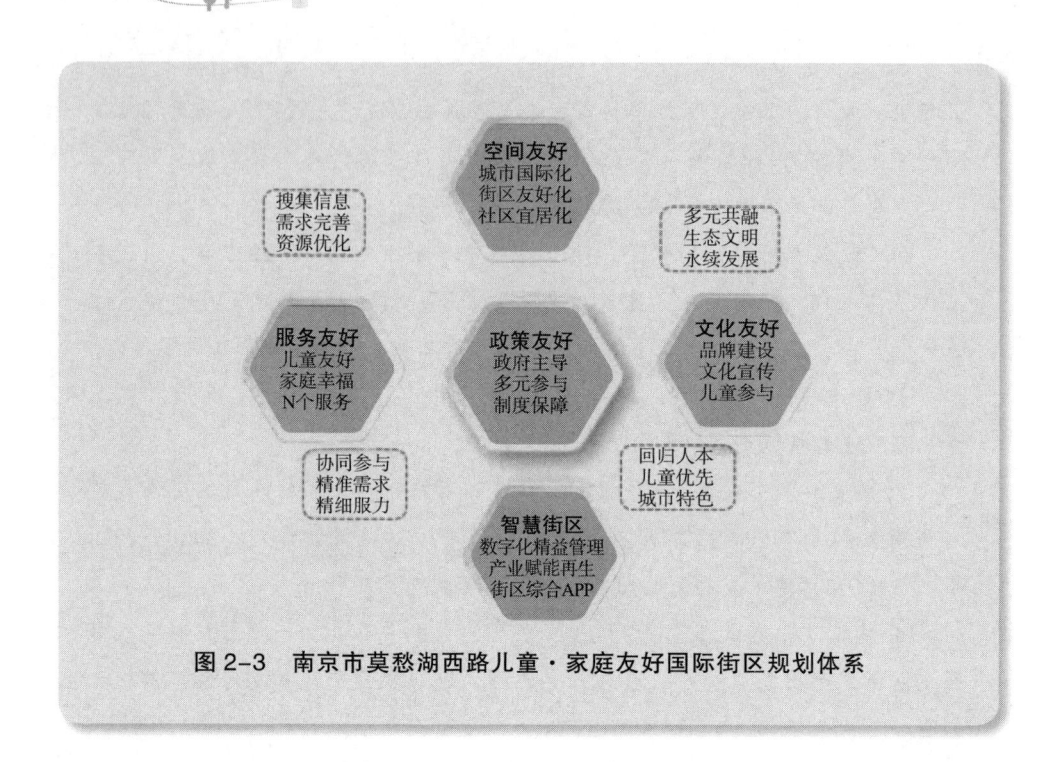

图2-3 南京市莫愁湖西路儿童·家庭友好国际街区规划体系

2 提供财政支持

近年来我国儿童健康水平显著提升，儿童受教育程度大大提高，儿童福利得到优先保障，儿童法律保护体系不断健全，儿童成长环境日益改善，政府预算配备服务儿童的资金，如场地建设、孵化儿童社会服务机构、采购儿童友好相关社会工作服务等费用，尊重和关爱儿童成为国家意志、公民素养和社会风尚，我国儿童发展水平处于历史最好时期。

2.1 建立财政支持的保障体系

《规范》："4.2.1 政府预算宜配备服务儿童的资金，如场地建设、孵化儿童社会服务机构、采购儿童友好相关社会工作服务等费用。

4.2.2 宜建立信息通报制度，对儿童友好社区建设资金进行公开。"

在儿童友好社区建设的财政支持领域可以从以下几个方面实现。

（1）由街道领导牵头组织"儿童友好社区建设"工作领导小组，小组成员可以由民政、卫计委、教育、公安部门、妇联、残联等相关机构人员组成。

（2）定期召开儿童友好社区工作领导小组会议，有完善的信息通报制度。

（3）儿童友好社区发展有行动计划，有财政预算保证，会定期进行财务公开。

（4）社区有儿童友好家园、社区早教等有利于儿童保护和发展的机构。

（5）网上信息公开平台会介绍关于儿童福利建设的活动及展示。

（6）有专门的监督检查制度，接受居民监督。

（7）定期开展面向项目工作人员的儿童权利、儿童保护等主题培训，提升工作人员的专业能力。

（8）开通网站或自媒体平台，让儿童可以发表意见。

（9）成立儿童保护发展委员会，进行服务反馈和问责制度。

（10）根据实际建立对贫困家庭的帮扶政策。

2.2 社会企业的引入

在儿童友好社区发展中，社区社会企业可以弥补财政政策支持不能满足儿童社区发展速度的现实困境，运用企业的经营手段借助市场的力量，调动社会各方面的积极性和力量来实现儿童在社区内健康成长的目标。

社会企业的介入会增加社区儿童教育机构的数量。儿童教育工作与其他工作不同，不但需要企业具有高度的社会责任感，同时也需要企业具备相关的管理人员和管理能力，最终满足儿童教育的需要。有意愿参与社区儿童教育的社会企业，在企业资质、人员、管理水平等方面都能够满足社区儿童教育的实际需求，在具体的管理中，也具备一定的资金实力，对社区儿童教育能够起到强有力的帮助和支持。

社会企业提高了儿童教育的有效性。社会企业不但形成了对儿童教育的帮助和支持，还能够让儿童教育按照社会企业的服务流程和标准来开展。既达到提高儿童教育服务质量的目的，同时又能够满足社区儿童教育的现实需要。从两个方面使儿童教育的整体性和有效性得到提高，为社区儿童教育提供更多的资金支持、人员支持、场所支持和服务流程支持。

社会企业保障了社区儿童教育的规范性。由于社会企业管理标准较高，在对社区儿童的具体教育管理中，往往会采取较高的管理标准和规格，无形中推动了社区儿童教育管理档次的提升。同时，社会企业在社区儿童教育中，往往会注入企业的管理经验和优质资源，这些软件资源都会给社区儿童教育以无形的帮助，对整个社区儿童教育的开展是十分必要的。

案例 2.4　四川省成都市锦城社区引入社会企业为社区儿童教育提供支持模式 ▶▶▶

2020年，成都市武侯区簇桥街道锦城社区根据"儿童带动家庭，家庭影响社区"的工作思路，通过党建引领社区发展治理，秉承儿童最大利益、普惠公平、儿童参与、共建共享原则，积极发挥社区社会企业的作用，大力发展社区经济，以0~18岁儿童青少年及其监护人和亲属为服务对象，积极推动儿童"政策友好、文化友好、空间友好、服务友好"在社区落实落细，为儿童友好社区实践提供了试点经验，确保了儿童生存权、参与权、发展权在社区中得到保障。社区建立财政支持体系。加大街道财政对儿童友好社区建设的支持力度，将其建设产生费用列入专项支持。整合多方资源支持儿童友好社区建设，2014年以来，已协调团委、妇联、科协等部门，共计投入200余万元对社区天文馆、儿童之家、青年之家等场馆进行了建设和提升，同时每年民政、妇联等各个部门采购10余万元社会服务的经费。

社区儿童教育需求量较大，现有机构无法满足需求。随着社区儿童数量的增加，有在社区内教育需求的儿童越来越多，如何满足这一需求，成了社区工作必须解决的问题之一。为了不影响社区儿童教育工作的开展，更好地满足社区儿童教育的需要，及时的引入社会资源，寻找更多负责人的社会企业成了必

第二章 儿童友好的制度建设

然选择。锦城社区居民委员会牵头于2018年11月成立四川云中锦书教育科技有限公司，注册资本500万元，经营项目为包括不限于社区教育培训及社区教育相关产业为主的社区服务，该公司于2020年10月成功被认证为社会企业。云中锦书教育科技有限公司中的叠溪书院可以全面提高学龄前儿童（0~6岁儿童）及学龄儿童（6~12岁）的阅读水平，在推广早期阅读、快乐阅读和非功利阅读的理念方面发挥积极作用。锦城社区叠溪书院作为社会企业教育版块，常态化开展以培育和弘扬社会主义核心价值观为重要内容，开设"锦城学堂"，开展"科技、教育、文化、卫生、体育"等多方面社区教育工作。基于社区儿童教育的特殊性和重要性，四川云中锦书教育科技有限公司参与之后，为了保证社会企业能够规范服务，社区根据社区儿童教育的实际情况，参考幼儿教育和小学教育的相关标准，建立了适当的服务流程和考核标准，用以对社会企业的考核。

基于社区儿童教育的特殊性和重要性，社会企业参与之后，为了保证社会企业能够规范服务，锦城社区管理部门根据社区儿童教育的实际情况，建立服务流程和考核标准并公示，用以对社会企业的考核。保证社会企业能够在整体服务质量和服务水平上得到全面提高，进而满足社区儿童教育的需要（见图2-4）。

（a）锦城社区叠溪书院　　（b）锦城社区儿童友好书屋和天文馆

图 2-4　成都市武侯区锦城社区儿童友好的场馆与活动

3 建立儿童参与机制

《规范》:"4.3 社区宜对儿童参与社区服务做出制度性的安排,建立儿童参与社区治理与服务的体制机制,对其中涉及儿童空间建设及服务提供的,通过多种形式征求儿童和家长的意见等。"

社会参与包括参与社会交往、参与社会事务、参与职业社会等,社会参与不仅是成人的事情,也是少年儿童社会生活的重要内容。少年儿童社会参与能力的培养是国家治理能力现代化的必然要求,无论从制度设计、贯彻执行还是价值基础的角度来审视,国家治理现代化的顺利推进都建立在广泛的社会参与和社会参与能力的基础上,尤其是青少年的社会参与能力上。儿童参与社会的能力,让儿童有机会参与影响儿童的决定,是一个社区是否尊重儿童、爱护儿童的重要标志,也是实现其他儿童权利的重要手段。

少年儿童社会参与能力的培养也是国际国内教育政策、教育实践和教育研究领域的重要议题。2016年发布的《中国学生发展核心素养研究报告》将"社会参与"作为全面发展的人所应具备的核心素养的三大方面之一,强调发展学生的责任担当和实践创新的品质和能力。《义务教育品德与社会课程标准(2011年版)》也提出了"发展学生主动适应社会、积极参与社会的能力","使他们能够以积极的生活态度参与社会"。认识社会、理解社会、参与社会、适应社会的能力是公民素养的具体体现,"增强能力的权利"是儿童享有的教育权利之一(赵亚夫,2012)。许多国际组织与国家政府将社会参与能力作为学生发展核心素养的重要方面,可见,强调社会参与等行为能力或实践素养,既是国际国内社会发展的客观要求,也是新时代国民性提升的内在要求。

建立儿童参与机制,让儿童有机会亲身参与到广泛的家庭、社区、学校、社会及文化生活中,接触真实的自然界和社会生活,获得丰富和均衡的生活体验和教育实践,从而积累经验、发展能力、增强自信。其中,家庭教育、社区教育和学校教育都能够促进儿童多维社会参与能力的培养,使儿童学会对他人言行的等待、关注和倾听。同时，儿童参与机制融入学校教育中，能够让儿童学会去描述自己印象最深的场景、人物、细节，表达自己内心的感受。而社区资源能够成为儿童提升综合素质的路径，联系儿童生活实际，增加儿童能力锻炼的机会，激发学生培养多方位能力的兴趣。

通过全社会积极建设儿童参与机制，这不仅一方面有益于帮助儿童更好地表达自身意见促进全面发展，树立儿童立德树人意识，真正实现少年儿童社会参与能力的提升。另一方面也拓宽了政府吸纳意见的渠道，将儿童意见纳入城市建设、规划及公共事务的讨论中，激发社会活力和推进国家治理体系现代化（辛治洋，2021）。

3.1 儿童参与的基本原则

3.1.1 尊重儿童的意见

不论是在家庭、学校还是社会公共事务中，要确保供儿童使用或对儿童有影响的政策、服务、设施能切实反映和强调他们关心的问题、想法和优先事项。所有影响儿童的决策必须充分考虑到儿童的意见，儿童有权对涉及并影响到本人的事项发表自己的意见。

3.1.2 保证儿童的充分参与

当前社会、家庭、学校对儿童的要求大多只停留在提高学习成绩的层面，儿童参与受时间、空间等限制也较多。要坚持倡导儿童的充分参与，将儿童作为一个有独特需求、能表达观点的行动主体来对待，保障儿童的充分参与。

3.1.3 制度化、长效性的儿童参与机制

从儿童需求表达开始建立全流程参与机制，包含方案制定、决策公示、评估反馈等各个环节，保证儿童参与的制度化和长效性。

3.2 儿童参与的实践

3.2.1 建立儿童议事会

公共事务是为了满足社会全体或大多数成员需要，体现公众的共同利益，让大家共同受益的事务。在公共事务中，儿童经常处于被忽略的状态。

搭建儿童参与社会管理、社会公共事务的有力平台，不仅可以培养儿童参与、发现、探索、思考的能力，还可以积极推动学校、社区、社会运用儿童议事，让儿童有发声平台。

儿童在公共事务参与领域内存在参与程度较低，参与水平不均，参与机会不多等问题。开放儿童参与议事的渠道和平台，既充分发挥了儿童主观能动性，又增强儿童参与公共事务的意识。

儿童参与的公共事务，其中社区公共事务是儿童接触最多、感触最深的部分。社区是社会最基本的单元，是最接近人们日常生活的场域。社区儿童参与是儿童参与很重要的部分，也是儿童适应社会和社会化至关重要的方面。

案例 2.5　安徽省合肥市包河区万年埠街道儿童议事制度的实践 ▶▶▶

位于安徽省合肥市包河区的万年埠街道于 2017 年 1 月 10 日正式成立，作为国家级滨湖新区核心区的重要板块，临湖而居，总面积 34 平方公里，其中巢湖水面面积 20.5 平方公里，是合肥融入长三角的"水上门户"。自成立以来，街道贯彻落实《包河区儿童发展纲要（2011—2020 年）》相关要求，秉持儿童优先和儿童利益最大化原则，坚持党建引领，政府主导，科学施策，将儿童友好社区创建纳入街道发展规划，联合民政、妇联、团工委等部门，整合辖区企业、物业公司、社会组织等社会资源积极参与儿童友好社区创建，设置儿童议事制度，探索建立儿童诉求表达、权利保障的长效机制和反馈机制，培养儿童参与社区公共事务的意识，因地制宜提升儿童社区建设参与度。

街道除了结合街道文旅特色鲜明、环境宜居宜业等优势，链接渡江战役纪念馆、安徽名人馆、安徽创新馆、融创乐园等人文资源，依托金斗公园、方兴湖公园等自然资源创建让孩子们可以随时拥抱大自然、享受红色教育和科普教育的空间之外，在街道的睦邻中心里，配备服务中心、图书馆、科普馆、四点半课堂、国学馆、声乐室、书画室、乒乓球室、儿童乐园等活动空间，特别还为小区配备了可让儿童快乐玩耍的"一米阳光"党群

第二章 儿童友好的制度建设

服务站，结合经常开展的国学诵读、安全知识科普、节日主题活动等，为孩子提供了"玩中学"的机会。儿童议事会在"一米阳光"举办关于文明养犬、垃圾分类等社区治理的许多热点和难点议事活动30多场次，充分发挥"小手拉大手"的优势，用制度促进了儿童参与，解决了社区治理中的难题。

2020年12月30日，万年埠街道荣获"中国儿童友好社区建设试点"称号，成为安徽省唯一的一家国家试点单位，也是全国第一家街道级当选的试点单位。

案例2.6 广东省深圳市景龙社区、北站社区儿童提出的公共议题 ▶▶▶

根据2018年景龙社区儿童议事会和北站社区儿童议事会数据统计，参与报名的儿童共计72名。景龙社区儿童议事会经过前期的宣传招募、报名筛选和面试考察，产生了17名儿童代表。在夏令营活动的第一天，活动组织者通过"鸭子抢滩"的活动环节引导儿童代表在游戏中体验团队合作与分工的重要性。此外，还设置了"悄悄对你说"环节，鼓励儿童代表们努力发现其他儿童代表的闪光点，营造友爱互助的氛围。以"儿童代表对儿童议事会的贡献"为切入点，增进儿童代表对儿童议事会组织架构的认识，共同商讨儿童议事会的积分机制、晋升机制、团队公约及议事流程。所有的规则都是由儿童代表参与制定，培养了儿童的参与能力（见图2-5、图2-6）。

图2-5 深圳市景龙社区儿童提出的公共议题

图2-6 深圳市北站社区儿童提出的公共议题

社区儿童议事会的理念和使命与社区居民议事会相似,是社区重要的议事机构,是拓宽社区儿童、社区社会组织参与社区治理的有效载体,是社区重大事项的决策讨论平台,对提升社区儿童自治能力、促进儿童参与政治建设、推进社区和谐稳定具有重要作用。社区应持续推进儿童议事会的建设,促进其与居民议事会进行交流学习,一方面帮助儿童代表了解居民议事会的议事流程和议事技巧,另一方面为儿童代表从成人角度了解社区需求和关注的问题提供平台,从而实现儿童携手成人、成人带领儿童共同创新社区治理。

案例2.7 深圳市龙华区社区儿童议事会的实践 ▶▶▶

深圳市龙华区社区儿童议事会旨在搭建儿童参与社区公共事务过程中表达自己观点的组织与平台,是儿童作为社区的小主人、参与社区事务的一种有效渠道,鼓励儿童在社区发展建设中发现问题、讨论问题、解决问题,充分体现了儿童参与社区治理的权利。

2018年4月,龙华区妇儿工委从全区6个街道确定出8个试点社区培育社区儿童议事会;2018年5~12月,8个试点社区儿童议事会相继成立,共产生116名儿童代表。

儿童议事会通过社区、学校、新媒体渠道发布招募信息,儿童了解相关信息后,在家长的支持下报名。候选儿童代表竞选暨说明会中阐明儿童参加议事会的权利与义务,保障儿童的知情权和选择权;通过团队任务考察候选儿童代表的团队合作、自我表达、逻辑思考等能力,确定儿童代表。通过团队素质拓展提升儿童代表的团队协作能力;儿童代表们尊重议事精神,与专责成人支助者一起讨论并制定儿童议事会公约;引导儿童代表提出关心的议题,形成"议题库",开展议事初体验活动。线上准备与线下议事相结合。通过线上任务激发儿童代表对议题的思考;在线下议事活动中引导儿童代表制定议事规则,开展调研及议事讨论,从而参与到影响儿童的社区问题改善中来。

龙华区社区儿童议事会从无到有,各级儿童代表发展到近1300名。儿童们从稚嫩到成熟,开展的议事活动多达363场,讨论的议题从4点半课堂管理、暑期安全、儿童友好型设施建设等到以儿童视角审视公共议题诸如共享单车管理、垃圾分类宣导、社区公园自然环境设计、交通行为和交通环境等近 70 个。议事会的提案，一般都是会后过几天梳理成形，区妇儿工委办的工作人员都会提交给人大、城管、交通等政府相关职能部门或者社区党委，推动提案落地，而被采纳的建议和落地的成果也会及时反馈给儿童们，推动儿童议事与当下城市建设、社区治理衔接互动，形成议行合一的闭环。

经过 3 年多的实践，龙华已经初步探索出了一条儿童参与的现实路径，这包括：培育了一批能思会想有行动的儿童代表，探索出了一套"统筹培训—招募纳新—确定议题—实地调研—议案会议—社会倡导"严格规范的儿童参与流程，形成了儿童参与能力培养的"儿童成长＋成人支持"双效联动机制，逐步建立"党政主导、部门协作、社会支持、人人参与"的儿童参与工作格局（见图 2-7）。

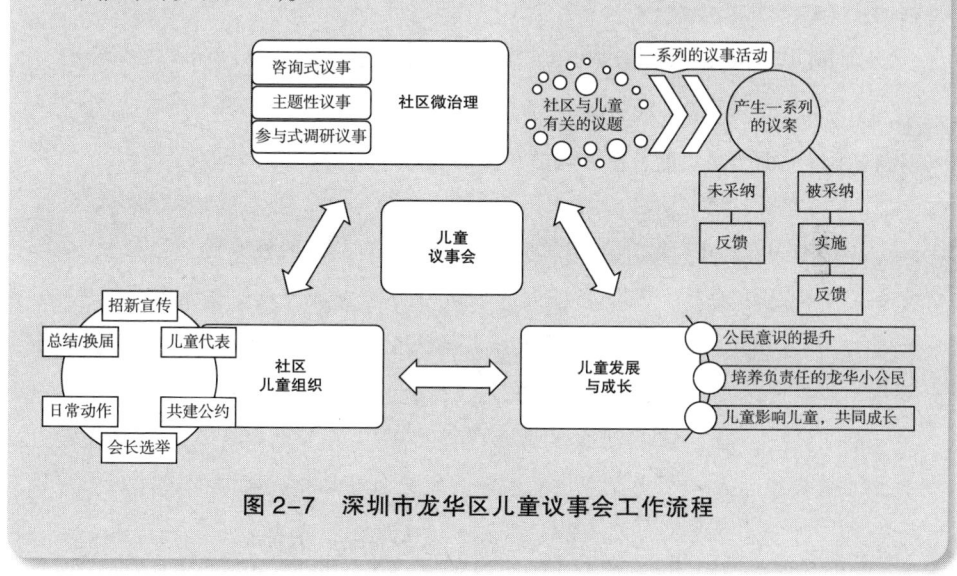

图 2-7　深圳市龙华区儿童议事会工作流程

3.2.2　开展儿童参与式社区调研

调研是了解现状的过程，也是发现问题及需求等收集信息的过程。在此基础上，制定设计任务书：将具体位置、设计需求、受益群体进行描述，并初步构建出设计完成的场景，以此来初步确定设计内容，为下

《儿童友好社区建设规范》操作手册

一步做好准备。

调研既能够为儿童提供一个技能培养和训练的机会，也能够帮助儿童建立社会责任感，增强对社会生活的参与意识和技能。此外，儿童调研结果也会为成年人开展儿童工作提供具有儿童视角的意见和建议。只有在儿童充分参与影响其生活的各项活动中，干预措施和方法才能更具有针对性和有效性。

一般来说，开展儿童社区调研包括以下内容。

（1）对儿童进行调研前的培训，为儿童讲解调研的背景、调研的内容、调研的工具、调研过程可能遇到的困难和解决方法等。

（2）带领儿童进行现场调研，引导儿童对发现问题的区域进行记录和测量，在地图上进行标明和注解。

（3）调研结束后邀请儿童分享在调研中的观察与发现，与儿童共同梳理调研的结果。

（4）制定设计任务书，涵盖调研中的内容。

案例 2.8　深圳市龙华区儿童参与式"交通友好"调研实践 ▶▶▶

2018年11月17日，由深圳市龙华区妇儿工委、区教育局、区妇联、市交委龙华交通运输局和龙华交警大队联合主办"童议交通——龙华区'交通友好'儿童创想议事会"，旨在维护和保障儿童权利，加强儿童需求表达和儿童参与，推进龙华区儿童参与式"交通友好"建设工作。

前期调研阶段，自11月初为期半个月，91名儿童代表深入社区以观察、采访、记录等方式，寻找交通"不友好"的行为和环境，收集交通"不友好"的问题，通过对492名社区同龄儿童和居民的采访，得出8类交通"不友好"行为和5类交通"不友好"环境。

现场议事阶段，儿童代表们就前期调研结果，集中对交通议题进行投票、讨论并提出初步的解决方案，形成议事报告。

后期跟踪反馈阶段，现场议事活动后，相关职能部门将对儿童代表的前

第二章　儿童友好的制度建设

> 期调研报告和议事报告进行分析研究，对儿童代表提案进行解答并对成人携手儿童共建交通友好龙华提出希望。此外，相关职能部门还建立了"童议交通"工作交流群，随时反馈儿童代表关于交通方面的疑问以及对交通友好的意见和建议，切实做到儿童代表提问题，职能部门做回应。

3.2.3　儿童参与空间的规划、设计、运营

空间营造中的儿童参与，无论对于儿童自身的发展，还是公共空间环境的适宜性，都有着十分重要的意义。儿童对于其生活环境的敏感性在早期就有所反应，只要运用合适的参与设计方法，就可以让包括学前儿童在内的所有年龄群体的儿童与成人共同设计、建造与管理维护其生活和学习的空间环境。

儿童参与空间营造须遵循如下设计框架。首先，应确定儿童对其空间环境的感知质量差距。此种差距越小，表明儿童的空间环境感知质量越高，如果实际空间环境超过了儿童预期，儿童不仅会满意，而且会很高兴地徜徉其中，并充分利用舒适的空间环境。

其次，应依据儿童的需要整体规划和细部设计的环境与空间，为他们提供创造属于自己生活环境的机会，而不是为他们设计所有的一切。为此，应充分考虑人、行为、辅助工具、环境和目标五个最核心的因素，不仅让参与各方提供支持，共同为儿童提供游憩的空间，更重要的是在此过程中实现儿童参与权利、能力发展的目的。

最后，应保证儿童处于真正地参与状态与过程之中，能够实现儿童与成人共同决策。根据目前让儿童参与的国际城市或校园规划和设计项目实践发现，儿童虽然所知有限，但却拥有令人惊奇的想象力和创造力，事实证明他们能够设想并发展适合自己的环境。

关于儿童友好的空间营造，本书第四章有更详细的阐述。必须指出的是，物质空间的建造只是开始，后续的使用及维护才是空间得以持续使用的重中之重。在建造过程中，应邀请儿童共同建立管理制度，通过引导儿童建立管理规则，并鼓励儿童自发形成团队，加入管理及维护运营的行动中来。

案例 2.9　江苏省南京市翠竹园社区儿童参与建造的明志书屋 ▶▶▶

　　翠竹园社区隶属于南京市雨花台区雨花街道，社区由玉兰山庄别墅区和翠竹园小区住宅区组成。2015 年翠竹园社区服务中心的三楼狭长走廊，通过社区儿童与家长参与式设计，建成了一个儿童参与、青年成长、中年满足、老人幸福的多功能平台——社区微中心（We Center）。涵盖了社区明志童书屋、活动室、居民会客厅、社区课堂、夕阳书苑、社区厨房、社会组织服务中心等多项功能。其中明志童书屋由儿童全程参与式建设，包括书屋的布置、书屋的书籍分类、书屋的管理制度，都是由家长带领儿童共同讨论而成，儿童还将自己在家中的书籍捐赠出来。

　　初期在专业建筑志愿者的带领下，对明志童书屋的空间进行测量并进行布局设计，建立起书屋的立体模型。在书屋建成以后，对于书屋的使用、书籍的类别等运作问题，都由家长带领儿童共同去讨论，并鼓励儿童将自己喜欢的书捐出来放在图书馆中。除此之外，在儿童书屋成立以后，相应的阅读服务及活动也开展起来，由此也形成了以儿童为主体的英语角、儿童戏剧俱乐部等定期开展活动的团体（见图 2-8）。

（a）亲子共同讨论参与营造书屋制度　　　（b）我的书屋我做主

（c）图书漂流活动　　　（d）儿童参与书屋建设

图 2-8　南京市雨花台区翠竹园社区明志书屋儿童友好活动图集

案例 2.10　北京市紫竹院街道儿童参与魏公街口袋公园设计改造 ▶▶▶

北京市魏公街口袋公园项目是城市公共空间品质提升过程中的一次"深层次"儿童参与式设计探索，是紫竹院街道决定延续其2018年在海淀实验小学发起的"小小规划师——规划有你更精彩"活动，借助政府专项基金支持下的更新改造契机，探索"大手拉小手"的参与式规划设计（启动仪式见图2-9）。场地位于海淀区紫竹院街道魏公街西头、北京外国语大学附属小学以南，总面积800平方米，是街道与人行道内侧一片被护栏围住的狭长小绿地。设计地段长期封闭，平日大量师生、家长和其他市民经过却无法进入活动，而小学门口的集散空间又一直很局促。为将封闭的绿地解放出来，紫竹院街道办事处、责任规划师、高校合伙人、社区青年汇、中国青年政治学院等多方通过合作，带领16位北外附小4~6年级的学生，针对该场地作为公共空间的"可见不可用"，进行功能与价值的深度挖掘，通过数月的持续规划学习与设计创造，完成了街头公园设计的儿童提案，改善了北外附属小学周边步行环境。

图 2-9 魏公街口袋公园的儿童参与式设计启动仪式

创建"五步骤"儿童参与式设计方法，让儿童为空间做主。把孩子的设计理想变成现实，关键在于如何引导孩子将无边际的想象力约束在"一定条件"和"一定空间"中进行设计，而不是自由绘画。实现这个目标需要进行精细化的过程设计，并在每个流程中沟通和观察孩子们的反馈，不断调整和优化引导方式与方法。

五个关键步骤在本次儿童参与式设计中起到了举足轻重的作用。一是"团建"，即社工组织开展旨在建立平等与信任关系的团队建设活动，由此迅速拉近设计导师与儿童之间的距离；二是"测绘"，导师们带领儿童对设计场

《儿童友好社区建设规范》操作手册

地开展测绘并记录测绘结果，帮助孩子们准确理解设计对象，建立起针对设计空间的尺度概念；三是"访谈"，组织儿童围绕"设计目标"与"功能需求"开展"头脑风暴"式讨论，并借助在地观察和公众访谈结果，形成设计需求清单；四是"图示"，遴选简洁、关键、难度适中的设计图绘要素教授给孩子们，使他们初步掌握专业的空间设计图示语言；五是"方案"，推进个人设计与集体讨论相结合的方案形成；设计导师在这个过程中不能过度代劳，而要充分给予孩子表达的机会、思考的机会和反驳的空间（见图2-10）。

（a）团建：社工组织开展的团队建设活动

（b）测绘：组织孩子们对设计场地进行亲自测绘

（c）访谈：儿童参与的头脑风暴与观察访谈成果

（d）图示：教会孩子们简单而重要的设计图绘语言

（e1、e2）方案：儿童个人设计与集体讨论相结合的方案形成

第二章 儿童友好的制度建设

(e3)方案：儿童个人设计与集体讨论相结合的方案形成

图 2-10 魏公街口袋公园的儿童参与式设计活动过程与成果示意

专业团队支持儿童提案落地，回应小学和市民的空间需求。通过高校、设计院等专业设计队伍的方案完善和施工图设计，魏公街口袋公园的儿童提案最终得以施工落地。建成后的口袋公园提供了趣味的折线形人行步道、丰富的绿化种植、小憩等候广场、停留座椅、集展示和阅读等多功能于一体的"百宝亭"等。这里既是街道重要的人行通廊，也是家长和儿童上下学的停留与等候空间，市民和小学的诉求通过孩子们的构想得以有机结合（见图2-11）。

图 2-11 北京市儿童参与魏公街公园改造建成后使用状况

65

案例 2.11　北京市海淀区紫竹院街道儿童参与小学周边步行环境改善

2020年7月，北京市海淀区紫竹院街道发起占地1067平方米的海淀实验小学周边步行环境改善项目，与中国青年政治学院社工系、中青·社区青年汇与北京市建筑设计研究院、海淀实验小学苏州街校区一起开展。通过校内宣传、报名遴选等方式，招募了生活在改造区域周围社区的16名小学生。经过计划、交流、教学、设计、评议、施工众多环节，空间改造成果于2021年完美呈现。每一个环节孩子们都亲手参与，留下了深刻记忆，加深了对规划的了解。实现儿童在培训、设计、施工过程中的全流程参与。

该地块原来存在非机动车乱停乱放，社区缺少活动场地、生活菜站设施、绿化等问题。对实验小学学生和家长而言，主要存在学生缺少上下学排队空间，家长缺少接送休息空间，学校门前环境乱，缺少宣传展示空间，门前绿地树杈扎人等问题。

设计充分吸收儿童创意，体现儿童需求。设计中以弧线为主题，在细部设计中也避免直角、折线，用倒角圆滑过渡，保护学生安全。吸纳学生建议，设置了供接送家长临时遮风挡雨的等候亭。植被尽量位于电线杆周围，使绿植起到防护的作用。用不同季节不同颜色的草本植物，通过较低维护成本在一年四季展示色彩斑斓的效果。创造城市家具体系，在主题广场上设置3个展示位，并把展示位的空间留给学生，在土建完成之后，留给学校学生继续参与设计的题目（见图2-12、图2-13）。

图2-12　北京市海淀区紫竹院街道儿童参与校园周边环境改造设计活动

图 2-13　北京市海淀区紫竹院街道儿童参与校园周边环境改造设计提案图集

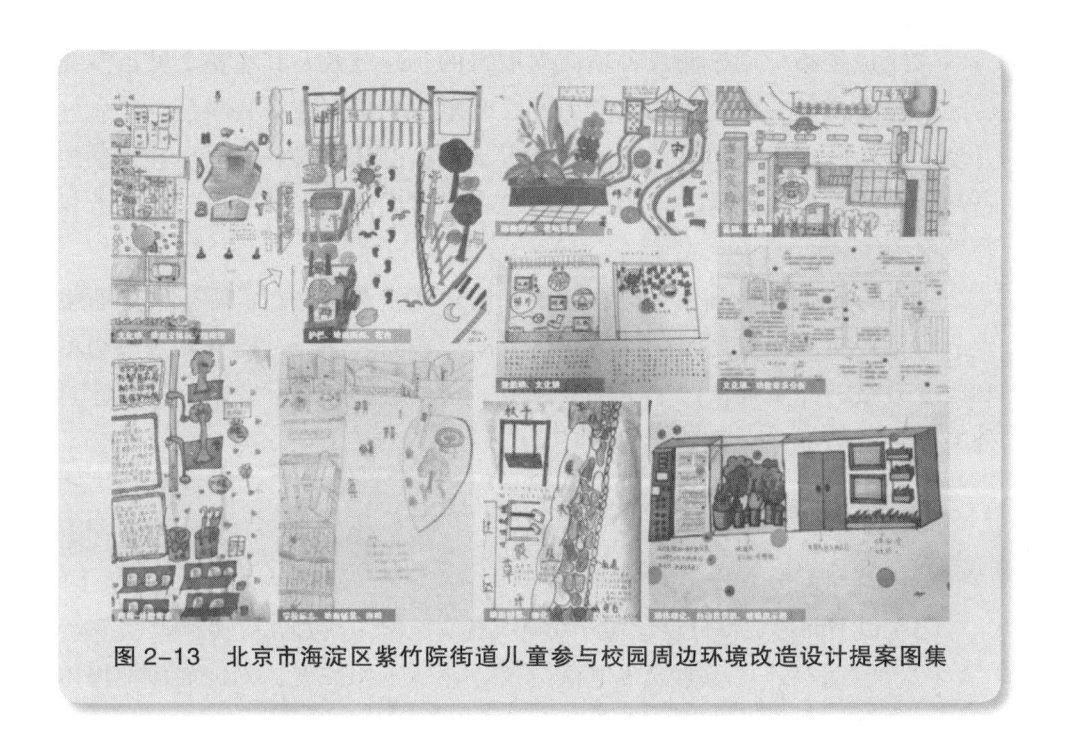

4　跟踪指导和反馈机制的建立

《规范》："4.4　建立儿童友好社区建设跟踪指导和反馈机制等。"

制定相关指标监督儿童友好社区建设的进展和影响，根据儿童友好社区建设涉及的每个指标设定的基线和目标值，对整个流程进行监测和督导，同时做好每一个阶段的工作总结和针对性的问题分析，为下一阶段的工作提供良好的积累和指导基础。

4.1　制定指标

指标体系分为产出、成果、影响三个方面。

（1）产出指标是指以一个完整的年度为考察时限，记录旨在营造儿童友好环境的相关活动，如社区是否设立地方儿童议事会（行动计划），有没有制定相应的道路安全战略、儿童参与社区活动有什么具体的产出等。

（2）成果指标用于测量各项活动取得的实际成效及其在整个城市及社区的受益面，以一个完整的年度为考察时限，利用大数据收集信息，做好儿童友好社区建设工作总结与问题分析，包括由儿童议事会提出并得到通过和落实的建议的数量，学校、小区、医院附近使用人行横道的儿童数量等数据。

（3）影响指标是利用大数据收集和测量儿童和家庭在实际生活中所发生的日常行为、相互之间的关系变化等动态数据。如通过提升儿童参与度和改变政策，儿童福祉产生了哪些改变，学校、小区、医院附近的儿童意外事件数量是否有所下降等。

4.2 监测督导

监测督导可分六步走。

（1）以书面形式将行动计划分发至所有实施伙伴，包括所在区域的儿童。

（2）定期召开现场会议或电话会议，评估工作进展，确定如何把握出现的新机会，如何应对潜在挑战并达成共识。

（3）要求相关方定期向专业指导委员会报告工作进展和已经完成的任务。

（4）通过当地媒体加以宣传，帮助居民及时了解街区建设进展。

（5）邀请儿童为儿童参与流程提供实时反馈，以确保按计划有序推进街区建设工作。

（6）要求协调部门在实施阶段不断监测工作进展，定期组织专业委员会会议，讨论潜在的机会和挑战。

4.3 评估

在儿童友好型社区建设的项目周期期末，应该对所有采集到的数据进行分析，用以评估行动计划中各项约定目标和指标的进展情况，以及认可流程中各项基本标准的达标进展情况。

整个过程必须尽可能透明化，并与各相关方和儿童群体一起分享项目成果。将不同儿童友好型城市及社区的各项评估发现成果汇总起来，这样就能清楚地看到，儿童友好工作的开展给儿童的生活带来了怎样的影响和转变。还可以运用这些实证资料，向政府及其他相关方反馈其政策和优先事项带来了哪些影响。应该为这份报告制作一系列方便儿童阅读的儿童友好版本报告，在儿童群体中广泛分发。同时，也可以在城市和社区中举行一些公共会议和儿童友好工作推进的意见征集活动，通过分享发现，争取居民的支持，并尽可能将其转化为愿意和自己一同推进儿童友好城市及社区建设的有效力量，进而通过总结以上经验教训进行新一期行动计划。

4.4 注意事项

在建立相关跟踪指导和反馈机制时，应注意两个方面的事项。

（1）确保评估方有能力开展监测和评估。务必确保儿童友好社区建设团队有能力开展相关监测和评估，能够为此设定基线和指标。当他们不具备相关能力时，则应对相关人员进行培训或招募具备相关能力的外部力量开展监测和评估工作。

（2）倡导儿童群体在其中的参与。儿童和青年应该在监测和评估儿童友好社区的影响方面发挥重要作用。因为归根结底，儿童在社区内的体验才是决定儿童友好社区建设成败的首要因素。另外，儿童能带来与成年人截然不同的洞见，也有助于进一步体现对儿童权利的尊重。社区宜对儿童参与社区服务做出制度性的安排，建立儿童参与社区治理与服务的体制机制，对其中涉及儿童空间建设及服务提供的，通过多种形式征求儿童和家长的意见等。

案例2.12　江苏省苏州市淀山湖镇儿童友好社区建设考评标准的建立 ▶▶▶

2021年以来，淀山湖镇儿童友好社区建设工作由镇妇女儿童工作领导小组负责牵头实施，协调解决工作中的重点难点问题。各社区作为建设主体，共同推进儿童友好社区建设工作。从"政策友好、文化友好、空间友好、服务友好、从业者友好"五个方面入手，制定淀山湖镇儿童友好社区建设考评标准，以儿童友好"一星、三星、五星"三级评判标准，明确工作指标和工作任务，落实经费保障，充分整合和挖掘现有空间资源，实施一批满足儿童需求的服务项目，将儿童友好工作落细落实（见表2-1）。

表2-1 苏州市淀山湖镇儿童友好社区建设考评标准指标体系

一级指标	二级指标	具体要求	参考分值
政策友好	1.建立儿童友好社区跨部门组织架构	①明确组织架构和责任分工（2分） ②定期召开联席会议（2分） ③将儿童友好社区建设工作纳入社区整体规划（2分）	6分
政策友好	2.建立儿童参与长效机制	④成立儿童委员会和家长委员会，每年开展专题业务培训至少2次（4分） ⑤设立儿童议事会（2分） ⑥建立儿童意见收集反馈机制（2分）	8分
政策友好	3.建立儿童社会保护机制	⑦建立社区困境儿童档案（1分） ⑧建立儿童社区保护网络，有专责工作人员（2分） ⑨设立儿童关爱基金（1分） ⑩建立相应的儿童保护机制（2分） ⑪开展针对性帮扶计划（2分）	8分
空间友好	4.户外空间	⑫建设儿童友好公园，具有明显儿童友好元素，有理想的儿童游戏设施（3分） ⑬建设儿童友好步道，设置儿童出行安全提示、防护标语和安全知识等（3分） ⑭建设15分钟儿童友好生活圈，提供运动、游戏、学习、休闲等功能设施（4分）	10分
空间友好	5.室内空间	⑮至少建有1处儿童之家，面积不小于20平方米，每周开放不少于4天，周末至少开放1天，每次开放不少于2小时，各类设施定期检查安全性（2分） ⑯建有标准化母婴室（2分） ⑰根据儿童身高需求设有儿童坐便位、儿童洗手盆等设施的卫生间（2分） ⑱有相对固定的儿童议事空间（2分） ⑲社区其他功能室内增设儿童专属空间，实现儿童共享（2分）	10分
空间友好	6.街道空间	⑳合理设计、改善儿童社区安全步行空间，有斑马线、路径标识、路面彩绘、隔离栏等（5分）	5分
服务友好	7.支持性服务	㉑开展家庭教育指导服务项目（2分） ㉒每季度开展儿童议事会议或活动（2分） ㉓开展各类文艺活动（3分） ㉔设立相应主题的儿童假期课堂（3分）	10分

续表

一级指标	二级指标	具体要求	参考分值
服务友好	8.保护性服务	㉕制定儿童安全计划，开展各类安全教育活动（4分） ㉖制定校园周边环境整治计划，无网吧等娱乐场所、不良餐饮、不良玩具等（2分） ㉗制定儿童健康计划，开展各类健康教育活动，提供儿童心理健康指导服务（4分）	10分
	9.补充性服务	㉘提供困境儿童关爱服务（5分）	5分
文化友好	10.普及儿童友好理念	㉙开展儿童友好社区建设宣传，有宣传册、海报、广播等（6分） ㉚绘制儿童友好涂鸦墙（2分） ㉛设有建设儿童友好型社区宣传栏（2分）	10分
	11.建立儿童友好关系	㉜培育有社区家庭读书会、社区小当家等团队并开展相应活动（5分） ㉝其他有助于建立社区儿童友好关系的活动等（5分）	10分
	12.建立儿童友好的文化环境	㉞有助于社区儿童友好文化环境建设的活动、设施、服务和举措等*（8分）	8分

*注：此处编者参照苏州市政府2021年12月发布的《苏州市建设儿童友好城市战略规划（2021—2035年）》，规划中建设儿童友好的文化环境内容包括：在生活圈级群众活动类文化设施设置儿童服务区域，对展览类、表演类、文娱类文化设施按照实际需求进行适儿化改造，有条件的文化设施提供可供儿童互动的设施与场景；编制儿童友好城市地图，以儿童日常生活需求为出发点，为儿童提供便捷的查询服务；加强对儿童文化市场的监管，严厉查处和整治损害儿童身心健康的读物、音像和网络产品，保护儿童免受不良文化信息影响等。

第三章

儿童友好的文化建设

1 新技术新方法传播儿童友好理念

《规范》:"5.1.1 充分利用信息化技术和新媒体平台,进行儿童友好社区的理念传播和意见收集,鼓励儿童参与并提出反馈意见。"

随着全球互联网信息技术的不断发展,国内外涌现出众多用户规模巨大、使用方便、易于传播的信息服务和媒体平台,不但大大提高了包括儿童在内的人们生活、学习、分享的效率,而且打破时空限制,扩展了人们的生活空间,也为各类信息和理念的传播提供了丰富而便捷的平台。每个信息服务和媒体平台都具有不同的特点和优劣势,儿童友好社区可以根据本地社区信息化的不同发展状况,儿童家庭、社区环境的不同特点,以及理念传播、服务的不同目标和需求,选择适合自己的平台。

为了让儿童友好社区建设者更好理解和选择适宜的新技术和新方法,需要针对目前流行的各类信息服务和媒体平台以线上传播的方式、传播的场景进行剖析以提出相关建议。

此外未来人工智能、大数据、云计算、区块链等技术的进一步发展,将带动信息服务智能化、个性化、精准化水平的持续提升,也将提供更多可选择的平台,儿童友好社区建设者也应与时俱进。

1.1 各类信息服务和媒体平台的分类和特点

截至 2021 年底，信息服务和媒体平台可以分为公共信息和自有信息两种。

1.1.1 公共信息服务和媒体平台

公共信息服务和媒体平台是向普通个人或组织用户开放并提供免费或收费技术功能服务的第三方平台。用户一般利用平台提供的技术功能进行个人或组织内容服务的设计、运营、更新和管理，没有独立的网站域名或 APP。

公共信息服务和媒体平台具有开发维护成本低、用户基数大、流量高、受众触达率高等特点，有利于大范围推广、快速积累人气。运营者在使用公共平台提供的公共技术功能，可以节省部分甚至全部技术开发成本，内容服务的创建和技术维护成本较低；平台一般用户基数大、访问流量高，通过多个子平台的智能推荐和相互链接推广，可以实现较高的受众触达率，有利于某项内容服务或理念的大范围推广传播，以积累人气和影响力。

但是，运营者不拥有技术功能的所有权，只有使用权，功能和服务的改版需要与第三方平台沟通协调，无法根据需要随时更改完善；随时会受到第三方平台公共政策的影响，导致用户流失；传播和推广需要借助第三方平台的流量，用户的忠诚度和辨识度不高；后台数据库管理不完全自主，用户数据的管理和积累受到一定的限制。

目前流行的大型公共信息服务和媒体平台可从沟通传播、服务管理、培训学习三个方面进行分类。

1.1.1.1 沟通传播类

截至 2021 年底我国提供沟通传播服务的常用公共信息媒体平台包括微信（群）、QQ（群）、微信朋友圈、微信公众号/订阅号、微博、抖音、今日头条、知乎、百度贴吧、小红书等，各平台的特点和存在的不足如下。

（1）微信和微信群

特点：朋友之间互动沟通迅捷方便，随时可组成小圈子，信息传播快速；移动用户体验佳，老少皆宜。

不足：沟通信息杂乱，不利于集中传播和管理。

（2）QQ 和 QQ 群

特点：与 QQ 邮箱、QQ 空间、QQ 游戏等连接，娱乐性较强，年轻人相对比较喜欢，文件传输和分享较便捷。

不足：移动端体验略差，沟通信息杂乱，不利于集中传播和管理。

（3）微信朋友圈

特点：以个人名义集中发布信息、文章或知识，便于集中传播；好友可进行关注、阅读、评论、打赏等互动行为。

不足：陌生人无法阅读，缺乏公共性；无法进行用户数据分析。

（4）微信公众号/订阅号

特点：以个人或组织的名义集中发布和推送信息、文章和知识，便于集中传播，后台的用户数据分析可辨别某篇文章或知识的受欢迎程度。

不足：互动性较弱，无法识别用户。

（5）微博

特点：平台上的所有用户之间，包括好友和陌生人之间均可浏览、评论、转发图文视频等内容，进行互动，公众性较强；便于提取精华、快速传播。

不足：无法集中传播和管理。

（6）抖音

特点：视频和直播功能较强大，便于理念和知识的直观讲解和受众的理解；公共性较强，利于传播和扩散。影响力已经扩展到国外，已成为全球流行的大型媒体平台。

不足：缺少图文表达，知识难以积累和管理。

（7）今日头条

特点：根据用户的兴趣智能推荐信息，精准度高。

不足：用户识别度较低，不易管理。

（8）知乎

特点：专业性、知识性较强；可分享至微博和微信，方便传播。

不足：难以积累和管理受众用户，无法形成自己的信息生态圈。

（9）百度贴吧

特点：论坛形式的发布和推送，用户易于阅读、评论和分享。

不足：用户较杂乱，难以管理。

（10）其他

其他还有小红书、B站（Bilibili）等新兴沟通传播平台。

特点：采用图文、音乐、视频等多媒体方式开展社交、消费、游戏等活动，交互性和娱乐性强，用户成长较快，智能匹配精准，深受年轻一代欢迎。

不足：多元文化聚集，对负面的信息和行为监管难度较大。

1.1.1.2 服务管理类

（1）微信公众号/服务号

特点：可实现信息和服务的综合功能，用户参与性较强，用户数据也易于管理；以组织的名义注册和运营，可信度较高。

不足：借助第三方平台的技术功能，升级改版受限。

下面展示的案例是中国儿童友好社区微信公众号，更多较有影响的致力于儿童友好的微信公众号详见附录6。

案例3.1 中国儿童友好社区微信公众号 ▶▶▶

中国儿童友好社区微信公众号前身是2016年6月开始运营的"儿童友好社区"公众号，由北京永真公益基金会这一作为《儿童友好社区建设标准》团体标准的组织编制单位和牵头推广单位负责运营。永真基金会与中国儿童少年基金会、中国社区发展协会于2016年年底联合发起"中国儿童友好社区促进计划"，致力于搭建以儿童为核心的社区治理创新模式、打造可持续发展的公共服务品牌，推动普惠型社区儿童服务生态平台的创建、普惠型儿童服务社会工作者的培训，促进完善儿童社区公共政策。公众号负责儿童友好社区的政策、儿童服务项目和企业运营、社区建设、建设标准研发、案例模式梳理等营销宣传和复制推广等工作。公众号运营六年以来，传播儿童友好的理念与文化，总结和研究了近百个中国儿童友好社区建设的成功模式，搭建了为儿童服务的交流学习平台，推动了优秀模式的推广和复制，促进企业、家庭、社区居民参与社区儿童公益项目，鼓励和帮助并孵化有意向从事儿童服务的社区居民进行社会创业。

截至2021年底，共发表文章近150篇，订阅者近8000人，成功搭建了政府、企业、社会组织、家庭、个人的儿童创新服务平台（见图3-1）。

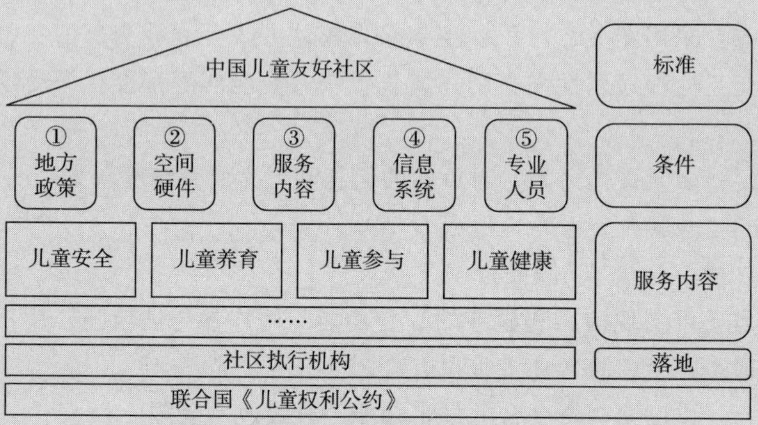

图3-1　中国儿童友好社区的建设战略框架

（2）微信小程序

特点：服务功能较强大，借助微信大平台，便于分享和传播；以组织的名义运营，可信度较高。

不足：信息功能较弱，升级改版受限。

（3）支付宝

特点：综合服务功能强大，用户数据易于管理；独立运营，可信度较高。

不足：支付宝平台纯服务属性较突出，用户之间的沟通互动和信息传播功能较弱，不利于信息的分享和传播。

1.1.1.3　培训学习类

（1）钉钉

特点：线上课堂功能较强，内部人员管理和沟通方便。

不足：信息传播力较弱。

（2）腾讯会议

特点：微信用户可直接使用，方便用户参与线上培训和学习。

不足：信息传播力较弱。

第三章 儿童友好的文化建设

（3）其他类培训学习平台

其他的还有短书、简书、得到等知识付费平台，以及各高校研究机构自行开发的慕课（Massive Open Online Courses, MOOC，大型开放式网络课程）学习平台，比如清华大学发起的学堂在线、MOOC 中国、中国大学 MOOC 等。

特点：专业性强，知识培训和学习的质量较高。

不足：互动性弱，传播范围小，用户难以积累。

1.1.2 自有信息服务和媒体平台

运营者自行技术开发完成并投入运营的平台，拥有独立的网站域名或 APP，拥有对平台合法完全的所有权和使用权，包括管理、监督、运营、收益等权利。

特点：自己完全掌握平台的技术功能设计、开发和管理权限，自主决定升级改版的时间和功能模块；用户数据由自己完全掌握，便于分析用户对内容服务的兴趣所在，以及评估信息传播的效果；通过智能推荐，实现精准的信息推送；便于积累用户数据，进行用户分群，为进一步的宣传和推广提供精确的触点对象。

不足：技术开发和运营维护成本较高；初期平台自身流量不足，需要借助其他平台进行用户引流，实现传播和推广；作为一个实体独立运营，自己承担政策、人员、财务等风险。

根据所提供的服务内容、平台的开发和维护、是否有线上互动等特点，可将目前流行的自有信息服务和媒体平台分为官方宣传网站、提供线上服务的官网或 APP、独立运营的服务平台或 APP 三类。

（1）组织机构官方宣传网站

特点：自主设计宣传内容版块，发布、更新各类宣传文章、信息和知识，技术开发和运营维护要求较低。

不足：无法识别访问用户，无法实现与用户的互动。

（2）实践儿童友好的社区自行开发的线上服务官方网站或 APP

特点：围绕本社区的受众提供内容传播和服务，可包括以下技术功能模块：信息功能，自主设计内容和服务的综合功能版块，官方发布、更新各类文章、活动信息和知识，向用户智能精准推荐各类信息；服务功能，为用户提供注册、申请、创建、发布、报名、查询、通知、支付等各项具体服务功能；互动功能为用户提供发表、评论、分享、交友、组群等互动服务功能。

不足：技术开发和运营管理、维护要求较高。

（3）儿童友好社区服务平台或 APP

特点：不设地域限制，向所有儿童友好社区及相关参与组织和个人开放，为多个社区提供内容传播和服务，有利于儿童友好理念的大规模、全方位、全地域集中传播，技术功能模块相对复杂。

不足：要求跨区域、跨部门、跨层级的高度协同合作，服务信息互通及全面整合较难，技术开发和运营管理、维护要求较高。

1.2 线上传播的优势

1.2.1 线上传播的方式

随着互联网的快速发展，在线上交流已经成为现代人日常生活和工作的一部分，线上传播已经成为文化交流和传播的重要形式之一，在线上发布、点击、浏览/观看、分享/转发、搜索、评论、收藏、关注、点赞、打赏、主动报名参与等是用户参与或使用服务的常见操作，为了让服务更加高效和便利，运营方还会收集用户的反馈与意见建议。

（1）发布、点击、浏览/观看

内容服务提供者通过官网、公众号、朋友圈、微博、抖音等各类媒体平台发布和推送内容，通过受众的点击、浏览/观看等使用行为实现传播。这是一种基础的线上传播方式。

（2）分享/转发

受众浏览或观看后，对感兴趣或自认为有价值的内容服务，通过自己在各类媒体平台上的账号进行分享或转发，分享或转发的受众越多，通过受众的社交网络触达的其他受众也越多，内容服务的传播范围越广，影响力越大。这是一种非常重要的线上传播方式。

（3）搜索

受众通过搜索引擎查询相关内容时，搜索到该内容服务，并点击、浏览/观看、使用。在搜索引擎关键词查询结果中排名越靠前，该内容服务被搜索到并点击浏览的概率越大。提升搜索排名需要对网页内容进行优化，有时候还需要付费。

截至 2021 年底，除了百度、搜狗、Google 等较为流行的大型公共搜索引擎外，微信、微博、抖音、今日头条、知乎等媒体平台也均提供搜索引擎功能，可以充分利用以进行传播。

（4）评论、收藏、关注、点赞、打赏等互动行为

内容服务提供者与受众之间的互动行为是传播的一种重要方式，可以提高传播的深度，并有助于分析传播内容对受众的吸引程度，从中可将受众用户更精准的分类、分群。

（5）主动报名参与

受众直接主动报名参加某项活动或使用某项服务，是体现传播最终效果的最重要方式之一，代表传播的最佳效果。这些受众也是未来类似内容或服务传播的最佳对象。

（6）用户反馈与意见建议

能够对平台建设本身或者传播的某项内容服务提出意见和建议，尤其是参与或使用服务后提出反馈和意见的受众用户，对平台运营者来说是不可多得的宝贵资源，一般来说也是传播深度触达的群体。

1.2.2 线上传播的场景

（1）公共场景

平台所有用户之间可无障碍的沟通、传播和互动，类似于广场，理论上，传播的内容或服务可以被平台上所有用户看到、点击、浏览、参与或使用，比如微信公众号（包括订阅号和服务号）、微博、抖音、今日头条、知乎、百度贴吧等。但由于平台上信息量太大，需要传播的内容或服务能否精准送达尽可能多的用户，除了内容或服务本身的吸引力之外，往往还取决于平台的智能化推荐和推送，而这则是通过平台的技术服务功能来实现，因此为了达到更好的传播效果，有时候还需要付费。

随着智能算法的进步，很多平台已经能够做到"千人千面"，即每个人访问平台时看到的内容都不同，这都是平台根据每个用户过往的行为习

惯，给每个访问者推荐和展示不同的内容和服务所致。在商业上则表现为精准投放的广告、付费搜索排名、软文或品牌的付费推荐等。

（2）好友场景

平台中互为好友的用户之间可无障碍的相互沟通、传播和互动。有时候以某个好友为连接节点，通过"好友的好友""好友的好友的好友"等多层次路径，也可以组成沟通传播的社交网络群体，比如微信群、QQ群。这种场景通常呈现在有相同兴趣、爱好的人（同好）之间，或者有相同生活经历的人（比如家人、同事、同学、同乡等）之间，有利于排除杂乱信息和人员，建立稳固的情感交流，共同从事目标一致的事业。

对于理念传播来说，该场景则有利于集中触达具有相同或类似理念的人群或个人。

（3）私密场景

平台中互为好友的个人之间一对一的沟通交流场景，这是最为私密的传播路径，单一传播效果往往也最好，但难以实现大范围的规模化传播。一般适用于针对重点对象或关键节点（比如大V、知名自媒体）的精准传播。

1.3 儿童友好社区建设采用线上传播的注意事项和建议

1.3.1 内容和服务相结合

知识、理念单纯以文字、图片、视频等内容的形式传播，对于儿童来说，接受起来可能都存在一定程度的困难。如果能在传播的过程中设计、加入各种体现理念的线上服务，比如各类活动、游戏、比赛等，能够吸引儿童亲身参与或者使用，对理念产生更直观、更深入的认识，这样传播的效果也许更好。

1.3.2 引导儿童积极、健康社交

同辈的示范和帮助，对儿童尤为重要，因此通过线上平台为儿童提供尽可能丰富的沟通、交流、寻找同好的机会，促进和引导儿童积极、健康地参与同辈之间的社交活动，能更好地实现传播目标。

1.3.3 注重儿童用户的数据分析

包括活跃用户数、浏览量增长曲线，用户的个人基本信息，访问行为

类型、内容、时间、频次等在内的数据分析，有助于平台掌握用户的动态情况、精准推荐传播内容和服务、增强平台的黏性、积累和扩大用户范围，以及有效应对未来的发展，提高平台本身的价值。

> **案例3.2 江苏省靖江市北大街社区多媒介多媒体儿童友好理念传播模式** ▶▶▶
>
> 江苏省靖江市靖城街道北大街社区利用多种媒介和媒体平台，通过传统媒体和新媒体相结合的方式进行儿童友好社区理念普及。社区利用靖江市电视台、《靖江日报》、靖城街道"今靖城"公众号等官方媒体对社工公益项目活动进行跟踪报道，采取传统宣传教育与新媒体相结合的形式扩大儿童友好社区的影响力。同时利用宣传专栏、新浪微博、社区微信公众号等形式广泛宣传"尊重儿童、保护儿童、儿童优先"的理念，宣传社区各类儿童活动的效果，引导辖区儿童家庭参与互动，营造全社会尊重儿童、关爱儿童的良好氛围，普及儿童友好社区知识，提升群众知晓率、支持度。

> **案例3.3 四川省成都市成华区"互联网＋"儿童友好理念传播模式** ▶▶▶
>
> 成都市成华区积极建设"网上妇女儿童之家"，将面向儿童的服务内容上传，并利用微信公众号、微信群、QQ群进行传播，增强与群众和家庭的情感联系。由妇联引进社会组织、公益企业共同打造"互联网＋"模式的民生项目，在成华儿童之家引入"互联网＋社区早教项目"，为社区0~3岁婴幼儿家庭提供线上线下保育教育课程培训，运用现代的"互联网＋"技术推动儿童之家的建设。通过"网格化＋公众号＋微信群"儿童家庭服务模式，实现网格员与儿童及家长的"零距离"对接。

2　多渠道普及儿童友好理念

《规范》："5.1.2　通过多种渠道在社区幼儿园、小学、中学传播儿童友好理念。"

针对儿童的性格特点，可以采取各种传统线下的渠道和方式，与线上平台相结合，在儿童友好社区、幼儿园、小学、中学中进行理念传播。这些传统线下渠道包括以下几项。

（1）设计、制作、普及发放儿童友好主题的宣传手册、宣传折页等。

（2）设计、制作、张贴儿童友好主题的宣传海报。

（3）在社区和学校主要建筑物墙面绘制儿童友好涂鸦墙。

（4）在社区和学校设立儿童友好型社区宣传栏。

（5）通过电视、广播、LED屏幕播放等多媒体渠道进行儿童友好理念内容的传播。

案例3.4　上海市新安社区线下线上混合式儿童友好理念传播模式 ▶▶▶

上海市嘉定区安亭镇新安社区发动社区儿童参与并绘制儿童友好社区地图，以海报、宣传画等多种形式进行发布，宣传告知镇域内儿童友好社区及其儿童友好站点的建设分布情况，及时发布、实时更新服务信息，展示活动信息、照片等内容，并利用互联网技术逐步开发线上地图功能、发布预约等便民服务，为有需求的社区儿童及家庭提供便捷服务。

案例3.5　湖南省长沙市育才三小"娃娃农园"儿童友好社区营造模式 ▶▶▶

长沙市育才第三小学实施了儿童友好社区营造项目"娃娃农园"。营造实践充分考虑观察、教学、科普等多种功能的适用性，通过"一米菜园""锁孔花园""奇趣花园"等果蔬花卉栽培场地，形成了满足自然教育的不同特色景观。以班级为单位进行种植和维护，果蔬收获后也以班级为单位售卖，充分调动了孩子们的责任心和合作意识。同时"娃娃农场"以"半完成"的状态交给儿童参与者和家长，参与者进行植被选择、地块布置、日常维护、小品设计、标志牌制作等维护和运营管理，为儿童间的内部外部交流提供了良好的机会，促进了儿童社会网络的萌生、发展与自我进化，进而向更紧密的关系发展。育才三小的同学们通过"娃娃农园"营造实践，在活动中学习自我管理和自我更新，增进了儿童群体内部的关系，并实现了群体的自我管理。活动中学生、老师和家长强化了彼此联系，打破了班级、年级为单位的交流壁垒，提升了学生和家长参与儿童友好社区建设项目的独立性和主观能动性，并推动营造活动向周边环境辐射。

案例 3.6　浙江省海宁市政府主导的儿童友好社会舆论营造模式 ▶▶▶

海宁市为了促进儿童友好氛围，对幼儿园、小学、中学校园周边环境开展专项整治行动，严厉查处流通领域中假冒伪劣、存在安全隐患的食品、玩具，告诫和取缔无证无照、经营环境恶劣的食杂店，严厉打击各类黑网吧、黑游戏机房等违法经营行为，并进行常态化的巡查，为全市广大少年儿童营造健康向上的社会环境。建立家长志愿"护苗队"，对学校周边地区重点路段、重点时段加强管理，加大对儿童的保护力度。利用海宁电视台、广播电台分别开设《潮乡童话》和《紫薇花》等少儿栏目，通过播放自制节目和引进优秀节目，提供健康向上的文化产品，营造适宜儿童身心发展的社会舆论环境。

3　建立儿童友好关系

3.1　同伴关系的养成

《规范》："5.2.1　促进与同伴友好关系的培育与养成；鼓励同学或同伴之间相互友爱、互相帮助、互相关心，共同成长。"

同伴关系对于青少年的心理健康、行为规范和社会适应至关重要，它与家庭环境一起构成儿童人格形成和社会化的两个核心系统，同伴在儿童的不同阶段发挥不同的作用。婴幼儿期到学前期的儿童在伙伴群体游戏或互动中习得简单的社会技能、学习分享、学习处理和解决问题的方法，在群体游戏中学习规则规范的概念，同伴关系对其个性、社会性的早期发展具有启蒙作用。小学阶段，儿童在同辈群体中学习沟通和合作的技巧、学习与人相处，对他人的不同之处有接受能力，发展友谊。青春期的同伴关系中，社会交往功能、习得行为功能、自我意识、智力、道德等发展心理导向的作用愈发突出。良好的同伴关系对儿童个人成长、引导儿童有序参与儿童友好社区建设均有重要作用。

儿童行为特征、社会认知能力、家庭及教师教养方式是影响儿童同伴关系的重要因素。社会工作专业技巧运用到儿童同伴关系改善是当前社区中较广为使用的方法，主要干预方法有个案工作、小组工作和社区工作方法，其中较多用到的是小组工作，通过设计一系列专题的小组活动来达到改善同伴关系的目的，针对低龄儿童主要采用小组游戏方式开展，针对青少年群体主要以团体辅导为主，参与小组活动的对象除儿童外，还可根据需求扩至家长、教师等。项目式学习（Project-Based Learning，简称PBL）是以学生为中心，围绕某一项目或某一现实问题一起寻找解决方案、解决方法和答案的学习过程，鼓励学生自行探索，并在项目结束前进行展示，着重培养学生的批判性思维，解决问题和团队合作、沟通交流的能力。另需特别关注到因疾病、家庭情况、学业成绩、个性发展等原因，可运用社会工作专业技巧方法赋能此类儿童及家庭，通过开展个案辅导、成长小组、亲子小组等方式有序引导其建立社会支持网络。

社区儿童社会工作者可通过开展赋能培训、亲子活动等方式支持家长。可以采取三种方式：第一，可以构建新生代的教养方式，学习掌握和提升正向教养的知识与技巧，建立良好的亲子关系；第二，引导家长鼓励和支持儿童主动去建立良好的同伴交往关系，并从社区层面和家庭层面为儿童的同伴交往提供良好的机会；第三，鼓励建立家庭会议、家务劳动等制度，提升儿童平等参与其相关家庭事宜的意识及能力。总的来说，要引导儿童在良好的家庭教养氛围中提升其责任意识与团队协作意识，在营造和谐亲子关系基础上为儿童建立良好的同伴关系奠定基础。

社区儿童社会工作者可通过开展专题培训、工作坊、研讨会等方式支持教师。首先，鼓励教师学习及提升在教学活动、班级管理、文化活动、师生沟通、家校合作等活动中引导儿童建立良好的同伴关系的知识与技巧；

其次，提高教师引导儿童关注学校、班级事务并发挥团队力量助力儿童友好学校建设的意识及能力；最后，构建学校、家庭、社区"三位一体"教育模式助力儿童的身心健康发展。

案例 3.7　广东省深圳市儿童参与城市规划治理 PBL 模式 ▶▶▶

2018 年深圳万科联合深圳市妇女儿童发展基金会和深圳市城市规划设计研究院共同发起"大梦想家计划——深圳儿童创建未来城市"系列 PBL 式活动，围绕"游憩空间、街道安全、节能环保、商业探索"四个主题，整合了儿童生存、儿童发展、儿童参与、儿童保障体系等内容，完成了三个阶段的学习：第一阶段"Citywalk"，参与儿童在行走中探索发现深圳现状，找寻感兴趣的研究点；第二阶段"设计思维工作坊"，儿童跟随专业导师就第一阶段的调研结果进行深入研究，提出自己的想法与解决方案，为城市发展献计献策；第三阶段"童创大会"，儿童以小队为单位进行 TED 提案路演。为期 3 个月的活动吸引 300 名儿童参与其中，22 万名市民观看最后的童创大会直播。活动以国际视野、城市高度、专家标准，培养孩子在 21 世纪的核心"5C 素养"（文化理解与传承素养、审辨思维素养、创新素养、沟通素养、合作素养），来自社会各领域的专家大咖导师，引导孩子们完成了一系列的"城市调研＋发现问题＋思考问题＋解决问题"的逻辑与方法实践。

案例 3.8　广东省深圳市大水田社区 PBL 式儿童友好社区建设模式 ▶▶▶

2019 年，由龙华区群团工作部、龙华区妇女联合会主办，深圳市晨曦公益服务社承办，观澜街道大水田社区协办的"一元城市生存挑战赛"在深圳市龙华区观澜街道大水田社区举办。该项目旨在让儿童在没有父母的陪伴下，身穿统一服装，仅携带 1 元钱、1 瓶水，不带任何通信工具、银行卡、现金，在熟悉而又陌生的城市里赚到足够多的钱供 1 天的花销（包括午餐费、水费、车费等），通过完成任务、评选颁奖、总结分享 3 大环节完成 8 个任务，从而挑战团队协作、时间管理、情绪管理、表达沟通、独立自主、目标管理、理财等能力。挑战赛任务包括奔跑中的买卖、微创业、职业体验、百味午餐活动。该项目共分3批次开展，共120余名儿童参与。每队儿童有2名成人作为"影子"老师，负责孩子们的安全，并拍照录像，记录每个孩子的表现。活动强调趣味和学习的深度结合，以事实与环境教育为出发点，将体验式学习、心理学及儿童友好城市理念相结合，用实践来体会团队协作和儿童友好环境，发现孩子的潜能、拓宽孩子的视野。

案例3.9　广东省深圳市盐田外国语学校儿童参与学校治理模式

深圳市盐田外国语小学校训为"思于广大、行于精细"，2019年深圳市为帮助学生克服不良的学习行为习惯，降低厌学、校园冲突等负面现象的发生率，最终养成优秀的学习习惯，形成积极的校园氛围，该校以"微笑银行"、红领巾超市、"盐外小宝藏"为主要激励载体，依据美国心理学家斯金纳的"强化理论"为支撑，初步研发了"代币制"学生综合素养提升过程评价体系。在德育管理过程中，以"微笑贴纸"作为最基本的代币载体，在此基础上衍生出了"微笑存折""微笑金币""微笑天使勋章"系列产品，并同步设立微笑银行和红领巾超市，作为"代币制"运行的依托，把简单的德育说教转化为实实在在的德育体验，使学生体会到美德的快乐。具体做法如下。

第一，面向全校师生发布"微笑贴纸"奖励考评体系，从德智体美多方面进行综合考评，避免"一刀切"现象，使奖励范围覆盖全体学生，避免奖励体系过于单一而导致僵化最终弱化代币效应。

① 在入学之时，每位学生都会领取一本"微笑存折"，存折上有自己的班级、姓名、照片，这样可以避免存折被人代用，防止丢失。

② 学生根据自我优秀表现，可以从老师手中得到"微笑贴纸"，集齐十枚"微笑贴纸"，可以去"微笑银行"兑换一枚金币，如果存折不幸丢失，可以凭借20枚贴纸到学校保管室换一本新的存折。

③ 在"微笑银行"兑换得到的金币，可以到学校红领巾超市进行消费，红领巾超市里面所摆放的物品都是基于学生日常学习和娱乐需要，从写字笔

到同学录再到减压魔方等应有尽有，价格也从 1 金币到 20 金币不等。

④ 截至 2019 年 5 月，学校"微笑银行"和红领巾超市的工作人员，均由四五年级的学生通过应聘上岗，每个月会有相应考核机制和"工资"奖励，定期召开工作例会，总结工作中存在的问题以及需要改进的地方，并通过自荐竞选，产生银行行长、超市运营负责人、收银员。

第二，学生可以通过两种途径获得学校的最高荣誉——"一日校长"。学生如果平时在各方面有优秀表现，积攒到 50 枚"微笑金币"就可以到红领巾超市兑换"一日校长"卡，凭卡就可以申请成为"一日校长"；或者校长特邀的方式，选出在学习、体育、兴趣爱好等方面有非常突出表现的学生成为"一日校长"。"一日校长"一般安排在周一，会跟随校长工作一天，内容包括清早校门口迎接学生、升旗仪式上举行新老校长交接仪式并进行就职讲话、列席行政会并发言、听课评课、检查各项工作等。

第三，设立校园小警察，负责同学在课间活动时，维护校园教学楼、走廊等区域安全秩序，提醒同学们注意活动安全，不做危险游戏、不追跑打闹、不大声喧哗，近两年来，校园小警察为师生们树立了良好的自律、自治的形象，课间主动到达各楼层走廊转角或楼梯间值岗服务，身着黄色小马甲成为一道亮丽的风景线。校园小警察队伍在不断壮大的同时，涌现出很多好人好事，例如，在风雨天他们主动将地面的水渍拖干净；自愿帮助老师收分给校长的信件等事务；无论在校内还是校外发现同学们有不安全、不文明的行为，及时向安全处老师反馈等。学校每学期都会对校园小警察进行集中培训，如，参观警营或军营、学习警察文化、各类安全防范专题培训等活动。对表现突出的小警察同学，在学期末进行表彰鼓励。在引导学生参与学校治理过程中，综合锻炼学生的同伴关系及团队协作能力。

案例 3.10　广东省深圳市儿童参与的关爱特殊儿童公益活动模式 ▶▶▶

为保障特殊儿童群体孩子们的安全防护，同时搭建少先队员同暂处困境的身心发展障碍的儿童的"连心桥"，号召广大的儿童群体参与公益、践行公

> 益，2020年在深圳市妇联、团市委的指导和支持下，深圳市妇女儿童发展基金会联合深圳市乐行文化传播有限公司发起"疫路护童——童心同行'益'起来"公益活动，通过少先队员以小队形式参与"两打卡、一义演"的活动，成功打卡的小队由深圳市妇女儿童发展基金会向深圳市特殊需要儿童干预中心捐赠口罩2只。打卡及义演内容包括以小队形式录制"你笑起来真好看"手势舞、手绘儿童心中最"奥里给"的口罩绘画和"为特殊儿童而show——线上公益义演风采大舞台"。活动共吸引近200所学校，3000支云小队，近3万名少先队员参与，最终联合深圳市妇女儿童发展基金会向深圳市特殊儿童捐赠2500个口罩。活动还得到了共青团深圳市委少先队员工作委员会的支持。

3.2 儿童与家长友好关系的养成

《规范》："5.2.2 促进儿童与家长关系（亲子关系良好）、家长之间（相互支持、家长志愿者联盟）友好关系的培育与养成。"

家庭是儿童社会化的起点和基础，对儿童社会化的顺利进行有着至关重要的影响。有效的家庭教育是青少年顺利社会化的保证，而良好的亲子关系则是有效的家庭教育的前提。根据新修订的《中华人民共和国未成年人保护法》中的家庭保护章节内容，家长除为未成年人提供生活、健康、安全等方面的保障外，也需关注未成年人的生理、心理状况和情感需求，另外，也明确保障儿童的生存权、发展权、受保护权及参与权，特别提出未成年人的父母或者其他监护人应当根据未成年人的年龄和智力发展状况，在做出与未成年人权益有关的决定前，听取未成年人的意见，充分考虑其真实意愿。除日常开展亲职教育、正向教养等赋能培训外，宜鼓励关注社区发展的家长自主推选、组建家长自组织，如家委会或家长志愿者联盟，搭建家长自助、互助、参与社区治理平台，在有关儿童事务及家庭发展的社区事务中发挥作用。定期开展家长学校，联动学校家委会及社区家长自组织定期组织交流学习，增进其对社区的归属感及参与感。可动员家长协助管理社区公共空间、组织开展社区服务等活动。在推动儿童与家长友好关系养成的过程中，也应积极动员家长和社会力量参与家社协同，充分调动社区居民资源、企业、社会组织（如公益基金会、社工机构、商会）等社会资源一起助力创建儿童友好社区。

> **案例3.11 上海市儿童友好的"家长KOL"社区发展模式** ▶▶▶
>
> 　　虎爸黄锴是上海市浦东新区洋泾街道石头村儿童友好社区发起人。"石头村"名字源自绘本《石头汤》里描绘的一个村庄，描绘的是一个村庄从破败的战争状态回到和平温暖的熟人社会小村庄的故事，表达的是"分享使人幸福"的核心价值观。该社群致力于联动关注孩子核心素养发展、对社会创新感兴趣的家长的力量，为孩子们打造一个发扬社区互助精神的儿童友好社区，探索将家长变成社区重要意见领袖（Key Opinion Leader，简称KOL）的做法。初心是为了养育自家的孩子，为他（她）找到附近的长期的玩伴，让整个社区都成为他们学习的社会实践基地。
>
> 　　"家长KOL"是一种共创共益推进儿童友好建设的创新方式，即通过招募家长志愿者的方式开展运作，参与的儿童应由家长缴纳一定的费用。如果家长是志愿者，会享受一定的经济补贴，但是孩子参与活动的费用不能免除。这不是一个免费的、纯公益的活动，秉承的是社区互助的精神。
>
> 　　2017年开始，虎爸黄锴与"一土上海社区"的群友举办"2020未来课堂"项目制学习夏令营，探索实践儿童社会化学习方式。2018年底，开展"五湖四海过大年"的儿童视角纪录片拍摄活动，让儿童用小视频去记录不同地区的生活方式、风土人情、民俗活动等。2019年，家长们每周聚集在一起讨论跟孩子成长有关的话题，议事决定举办儿童参与社区营造的石头汤互助夏令营，活动得到了多位家长、组织机构（如四叶草堂）和社区的支持。儿童主导制定石头村夏令营公约，提出"大小石头"的称呼，大人是"大石头"，孩子是"小石头"，还设计了"石头币"，鼓励通过表扬与自我表扬，来获得石头币。
>
> 　　开学后，石头村自组织形成不同的合弄共学小组，如课后三点半、故事

会、户外游学、手作工坊等。后来结合儿童友好社区的理念，提出了"365模型"，即由好家长、好课程、好老师、好空间、好社区服务方和扶持方组成的共学共创共益机制。模型里面最核心的就是家长，并且需要好空间、好课程以及可以给社区家长提供支持的社区支持服务系统，让家长被赋能成为家长互助、共同带娃的中坚力量（见图3-2）。

图 3-2 上海市石头村儿童友好家庭活动图集

2020年1月18日，石头村正式建立，共煮了一锅"石头汤"，选举产生村委，从一个松散的自发小群体逐渐有组织化。这个过程得益于一套好的议事营造方法，让家长们和其他各方支持力量能够主动地加入进来。没有大人的议事意识和能力，儿童参与、儿童议事就无从谈起。

2020年，突袭而至的新冠肺炎疫情，打断了原本以线下为主的活动，自组织发展出来的线上"学校"应运而生，并且得到永真基金会的支持，与为湖北抗疫医护人员子女举办的线上陪伴活动有机结合，采取儿童自主管理的方式，儿童做校长，大人做校长助理，参与的儿童自己认领运动、阅读和游戏老师，通过线上互相示范进行共学，孩子可以不出家门就与来自全国的小伙伴们共同自由学习。包括，妈妈互助晚托、儿童友好小主人市集、儿童设计思维、社会议题观影会、芳华社区故事、社区花园志愿者自治等在内的多元的社会实践类主题的儿童议事会组成了石头村互助共学、共创、共益的自组织运行模式。

案例3.12 四川省成都市玉林东路社区多方共建共营的儿童友好社区模式 ▶▶▶

成都市武侯区玉林街道玉林东路社区（以下简称"玉东社区"）占地面积0.45平方公里，常住居民7000余户，未成年人近2000人。在党建带群建的光辉路线下，玉东社区围绕儿童友好社区建设，着力打造融儿童服务、儿童参与及儿童保护为一体的新型儿童友好社区，充分整合资源，通过"一多元+三整合"参与式共建共营的模式，促进儿童权益得到保障。社区被成都市精神文明办评选为"成都市儿童跳蚤市场优秀社区"；连续多年被共青团武侯区委员会评为"暑期公益托管优秀项目点"；"玉东少年派"儿童志愿服务组织荣获成都市文明办优秀志愿服务项目、成都市武侯区民政局社区营造优秀案例。2018年，由中国儿童友好社区促进办公室、成都市妇联主办的"儿童友好社区建设"主题论坛暨全域儿童友好社区建设启动仪式在玉东社区举办。

玉东社区具有良好的环境和专业的服务团队。社区建有青少年图书室、儿童创育科普园、共享玩具乐园、未成年人心理健康辅导中心、音乐辅导室、健身舞蹈室、睦邻学堂，室内活动室总面积300平方米。社区内相关名称、标识、开放时间、管理制度等标牌明显，配备相应设备设施、器材。2020年，社区依托妇联、团委、民政项目资源及社区保障资金，共投入12万元用于阵地打造。

第一，社区秉持"贴近儿童、关爱儿童、服务儿童，促进儿童发展"的服务宗旨，在各级妇联支持下，建立社区两委、居民代表、驻区单位代表为成员的社区儿童保护委员会，组长由社区党委书记杨金惠担任；建立"三者结合"的队伍模式，即"社区工作者+社会工作者+巾帼志愿者"，社区妇联工作干事持有社会工作师证书，引进美好明天青少年发展促进会专业社工、乐聆公益发展中心儿童心理咨询师的专业团队开展儿童服务。社区多次开展儿童信息和服务需求问卷调查，建立儿童档案。社区依托档案，在2020年2月底新冠肺炎疫情期间，动员小区院落巾帼志愿者做好自我防护的情况下，向社区儿童精准发放儿童防疫口罩2500只，落实特殊情况下的儿童保护。

第二，社区采取"一多元＋三整合"参与式共建共营的模式。"一多元"，即一个多元服务主体，包括社区与辖区学校玉林中学、玉林小学、爱萌幼稚园、玉林卫生服务中心、玉林街道司法所、玉林派出所、小区物业和自治小组四川省体育馆、善明书塾和专业社会组织等单位、机构、团体一起合作，调动儿童及家庭的主观能动性，形成多元服务主体齐参与，协商共建儿童友好社区。

同时，进行部门整合、平台整合、载体整合三个整合。

① 部门整合：整合妇联、团委、民政、残联、文明办、卫生中心、公安派出所、未保中心等，建立儿童保护联席长效制度，链接各部门资源，申请市、区专项资金累计100万元的儿童服务项目，支撑儿童服务常态化、可持续、多样化。

② 平台整合：社区整合党建联席平台、儿童友好平台、邻里文化平台、社区营造平台、城乡互动平台、社区微基金平台，让各个平台的作用都能有益于"贴近儿童、关爱儿童、服务儿童，促进儿童发展"，为儿童服务保持循环动力。

③ 载体整合：建有"一米菜园"、亲子食坊、生活市集、生活小志、席地而坐音乐会、公益微创投等儿童服务载体，是儿童亲近自然、了解社会、锻炼自我、提高综合素质的具体形式。

第三，社区开展多样化服务回应儿童多样需求，打造儿童友好社区的常态化服务内容有四类。促进学业类：暑期公益托管、困境青少年个案帮扶；发展自我类：儿童艺术赋能如童声合唱团、社区微更新美化师，公益微创投儿童自主申请项目服务，儿童性教育和心理健康辅导；适应社会类：儿童志愿者行动如跳蚤市场、祈福百家粥，儿童参与社区治理如小小规划师、玉林导赏员，城乡儿童互动与蒲江县樱桃村、邛崃纸坊沟村结对；珍爱生命类：儿童生命教育小组、安全知识培训、创育农园"一米菜园"认领种植等。多样化的活动针对社区青少年提供服务，同时开展家长亲职能力课堂，培育巾帼志愿者，从家长和家庭蓄力，促进社区儿童健康成长（见图3-3）。

第三章　儿童友好的文化建设

(a) 儿童旧物置换跳蚤市场　　　　(b) 儿童社区美育日

图 3-3　成都市玉东社区儿童友好活动图集

第四，社区的服务产出和成效频次高、服务广、影响深、评价好。玉东社区寒暑假几乎每天有活动，学期内每周末有活动，平均每周活动 4 场。每年儿童团体活动服务人次不低于 4000 人次，家庭及儿童个案服务 51 人次。培育儿童自组织"玉东少年派""玉林仔童声合唱团"不断成长，健全组织架构，由儿童自己担任理事长、秘书长，探索建立儿童议事会，共同策划儿童活动，参与儿童友好社区规划，"唱响"儿童之声。培育家长自组织"玉林妈妈团"，凝聚巾帼志愿者力量，建立儿童联合家委会筹委会。打造儿童友好社区的服务成效，除了让更多社区儿童走出家庭和学校，在社区得到关爱和服务，锻炼强健体格、建立健全的人格心理，学会了与朋辈一起自我参与，行使儿童权利去建设属于自己的儿童友好社区以外，还让更多家庭的家长从原来的"纯家庭教育"和"社区不关我的事"，变为主动走进社区，出谋划策、献计献力，关心儿童的全面发展和快乐成长，共建共治共享儿童友好社区。这一切，吸引了诸多媒体的关注，《中国妇女报》、中国文明网、四川文明网、《华西都市报》、网易新闻、"成都志愿者"和"蓉城姐妹"公众号分别对玉林东路社区儿童服务进行了宣传报道。

总的来说，玉东社区儿童之家通过参与式共建共营模式，从儿童的特点和需求出发，调动多元主体共同参与，整合多个部门、平台和载体的资源，为多元主体的共建共营提供坚实保障，又促进了多元主体的参与是可持续性的，特别是让社区儿童及家庭看到共建共营社区儿童之家的力量后，大家对社区儿童之家充满了信心、认同感、安全感和归属感，参与的积极性就更高了。

3.3 儿童与居民友好关系的养成

《规范》:"5.2.3 促进儿童与社区居民友好关系的培育与养成；社区居民具有儿童权利理念和儿童保护意识，关心和爱护儿童；积极参与社区儿童事务和服务等。"

儿童友好益于所有人，亦得益于所有人。根据新修订施行的《中华人民共和国未成年人保护法》第四十二至六十三条中明确指出，"全社会应当树立关心、爱护未成年人的良好风尚。国家鼓励、支持和引导人民团体、企业事业单位、社会组织以及其他组织和个人，开展有利于未成年人健康成长的社会活动和服务。居民委员会、村民委员会应当设置专人专岗负责未成年人保护工作，协助政府有关部门宣传未成年人保护方面的法律法规，指导、帮助和监督未成年人的父母或者其他监护人依法履行监护职责，建立留守未成年人、困境未成年人的信息档案并给予关爱帮扶。居民委员会、村民委员会应当协助政府有关部门监督未成年人委托照护情况，发现被委托人缺乏照护能力、怠于履行照护职责等情况，应当及时向政府有关部门报告，并告知未成年人的父母或者其他监护人，帮助、督促被委托人履行照护职责"等内容。包括政府官员、家长、教师、专家、社区工作者在内的所有市民都有权利和责任了解儿童权利、儿童工作基本原则并持续践行。社区儿童工作者宜联动政府、专家、媒体等资源，不断拓展倡导渠道和丰富倡导内容，持续开展有关儿童权益保障及儿童友好的价值倡导及能力建设、提高社区居民尊重和保护儿童意识。积极动员辖区居民发挥自身专长，以顾问、志愿者等身份助力社区儿童事务及儿童友好社区建设，提高公众对建设儿童友好型社区的知晓率和参与度。多渠道对社区各有关儿童事务的业务部门及工作者开展专题培训，推动社区决策者及居民较全面地认识和理解儿童权利，逐步推进社区在空间规划与改造、配套设施设置、服务内容开展等公共政策、预算和方案能充分考虑儿童群体福祉，营造尊重儿童权利、倾听儿童声音、了解儿童需求、支持儿童参与、促进儿童友好的社会氛围。

案例 3.13　广东省深圳市福田区园岭街道跨地域儿童友好社区联合活动模式 ▶▶▶

为进一步提升深圳市民对儿童发展权的重视，提升儿童友好的公众知晓率，营造政府、企业、社会组织、公众共建共治共享的儿童友好盛会，深圳市妇女儿童发展基金会联合深圳市妇联、深圳市福田区园岭街道办于2020年11月20~21日开展"倾听花开点亮未来2020年世界儿童日暨深圳（福田）儿童友好社区日"系列活动，来自联合国、国务院、省、市、区的嘉宾与园岭街道社区居民同享社区儿童盛会。启动仪式上，深圳市民政局、市妇儿工委办面向全市各社区倡议每年11月第三个星期六开展"儿童友好社区日"活动，为儿童送上美好的祝福，向社会传递尊重儿童、关爱儿童、儿童优先的声音。深圳市10个区和深汕特别合作区340个社区也积极响应，在周末采取丰富多彩的形式为儿童送去关爱和服务，营造儿童优先、儿童友好的良好社会氛围。

2020年12月20日，由外交部部长助理吴江浩带领贝宁驻华大使、突尼斯驻华大使、牙买加驻华大使、阿联酋驻华大使、印尼驻华大使和联合国工发组织代表等22国驻华使节和代表对深圳首个儿童友好街区——百花儿童友好街区进行参访学习，通过"mini版"儿童友好嘉年华的形式完成本次接访活动，儿童友好社区嘉年华由儿童友好型建设成果展览、儿童友好乐舞台、创益市集、工作坊等板块构成，近30家优质社会组织、商企组织开展20余场儿童友好工作坊及摊位互动，累计参与人次逾万人，其中儿童人数达3000多人，通过展览、演出、工作坊、公募项目开展等方式倡导儿童友好，另搭建儿童声音表达平台收集儿童意见和心声，并在深圳电台交通频率《奶爸来乐》节目进行联动推介。本次接访得到印尼、冰岛等国驻华大使的称赞（见图3-4）。

儿童友好型成果展分别设置了"儿童友好走读园岭""童创未来童心战疫""山海连城童心筑梦"三个展区，展示了深圳儿童友好型城市建设、园岭儿童友好街道建设和百花儿童友好街区建设成果，以及园岭儿童助力疫情防控的书法绘画作品和"记'疫'2020×城市记忆计划"绘画作品。活动现

《儿童友好社区建设规范》操作手册

（a）儿童友好成果展　　　　（b）驻华使节采访

（c）树下音乐会　　　　（d）向广西毛南族儿童捐赠VR可视设备

图3-4　深圳市园岭街道跨地域儿童友好社区活动图集

场特设"山海连城童心筑梦"展区，呈现来自广西环江、广东深圳两地的儿童拾起手中画笔，畅想美好未来的画作。广西环江毛南族自治县距深圳福田区800公里，2015年贫困发生率高达19.5%，2016年9月福田区对其进行对口扶贫，开展粤桂支持项目。

随着5G时代的到来，VR体验得到进一步改善，为粤桂两地儿童开启全新"视"界。园岭街道为广西环江毛南族儿童捐赠VR可视设备和科学科普课程，持续发力推进精准扶贫工作，深度推动科教帮扶，助力毛南族儿童实现科学梦想。在百花二路商业广场背面小广场VR移动展车，数十位深圳儿童与广西环江儿童同上一堂VR课程，并进行多屏互动，筑起两地儿童心连心的沟通桥梁。此外，广西环江也在举行庆贺世界儿童日主题活动，与深圳福田同频共振，携手为儿童谋求更多福祉，共同关心儿童健康成长，为未来促进两地儿童事业发展和联动打开窗口。市级儿童友好学校园岭小学与广

第三章　儿童友好的文化建设

西河池市环江毛南族自治县第六小学（毛南家园深圳实验小学）进行签约结对帮扶。同时深圳市妇女儿童发展基金会发起的"美好流动课堂"乡村美育项目和"毛南娃的儿童友好梦"关爱圆梦项目也将助力广西乡村儿童健康快乐成长，号召市民共同参与公益、践行公益，将儿童友好成立的理念及关爱传递。

友好社区"无障'爱'"，同享乐童年。在建设儿童友好型城市的过程中，特殊儿童全体的权益也尤为重视。启动仪式上，由7位"星星的孩子"组成的爱特乐团电声乐队现场演奏了耳熟能详的小虎队歌曲《爱》，出席活动的领导嘉宾及社区居民一起用手语舞传递友善和温暖。在百花儿童友好街区，包括视障儿童在内的15位视障朋友在专业志愿者的协助下开启一场"盲行探索"——如果看不见，如何认知社区视障者导览。他们通过亲身体验来辨别社区的友好程度，真正地建立无障碍儿童友好街区。同时深圳市信息无障碍研究会在展位设置了"触感画"主题展览，引导市民用双手抚摸立体的交互装置，感受视障世界的生命触动。活动现场萦绕着社区无障碍、同享乐童年的包容、友爱的氛围。儿童友好社区嘉年华聚焦儿童健康与可持续发展主题，围绕儿童与健康、教育、环保三大内容，设置了超过20家市集和工作坊，涵盖STED儿童创客工作坊、自然教育工作坊、"小卫士"亲子急救训练营、亲子绘本阅读等。

首届儿童友好社区嘉年华举办地南天社区面积1.1平方公里，总人口13086人，有小学2所、幼儿园2所、中学1所，先后获得"全国和谐社区建设示范社区""广东省宜居社区""广东省文明社区"等荣誉。除开展儿童友好社区日以外，南天社区还通过以下举措推动儿童友好社区建设：一是打造深圳市首个儿童友好街区——百花儿童友好街区，国家级阵地试点家庭健康发展服务中心（全国共十个点，广东省唯一），积极探索儿童友好型城市建设的新路径。二是成立以"社区工作者＋社会工作者＋儿童事务志愿者"的三工联动机制，开展多元化服务。三是以困境儿童为重点，建立困境儿童数据库，为困境儿童及家庭提供关爱帮扶，多途径全方位提高儿童的法律意识和依法维权能力。

案例 3.14　广东省深圳市罗湖区跨境儿童友好社区示范模式 ▶▶▶

位于深圳市罗湖区的渔邨社区占地面积 0.51 平方公里，2020 年总人口 21512 人，区内有幼儿园 1 所、中学 1 所。该社区通过四个方面打造了深港跨境儿童的儿童友好社区。

① 打造先行示范儿童友好空间样本，规划面积 1200 平方米，包括 15 个功能室，集阅读、培训、活动、服务于一体的儿童友好室内空间，为儿童学习、生活提供多功能、全方位的儿童友好活动空间。

② 健全组织建设，完善管理机制，组建由"党员＋退休教师＋居民"组成的爱心助学讲师队伍和儿童友好社区志愿者服务队伍，夯实儿童友好服务基础。

③ 立足社区深港毗邻特色，开展无差别儿童特色服务、跨境儿童关心服务、困境儿童关爱服务及家庭文明创建工作，织密儿童友好服务网络。

④ 倾听儿童声音，开展"小渔儿成长计划"儿童议事会项目，引导深港儿童开展议事活动共建儿童友好社区，营造深港融合的和谐氛围。

3.4　儿童与各方友好关系的养成

《规范》："5.2.4　促进儿童与社区工作者、相关组织人员、幼儿园及学校老师、物业、辖区企业等友好关系的培育与养成；开展儿童友好社区建设的专业培训，运用社会工作的方法与儿童互动并服务儿童。"

建议由社区统筹，面向社区公职人员、教育工作者、社会组织儿童工作者、物业、媒体从业人员、志愿者及热心儿童事业的爱心人士等开展多形式专题培训，内容宜包括儿童权利、儿童福利与儿童友好理念及公共政策、儿童社会工作、儿童友好项目设计、社区儿童侵害防治、儿童心理干预等，以提高儿童工作者的履职能力及丰富儿童工作方法。

案例3.15　四川省成都市魏家街社区"1+3+N"儿童友好社区治理模式

魏家街社区位于成都市龙泉驿区龙泉街道腹心地带，紧邻大运会主场馆，区位优势明显，常住人口10193户，3.6万余人。其中，妇女1.6万余人，0~3岁儿童1500余人，6~14岁儿童4800余人，14~18岁青少年1100余人，社区有向阳桥幼儿园以及中小学，教育资源丰富。2019年，社区通过"中国儿童友好型社区"首批试点初审，获评"成都市优秀儿童之家"，2020年社区再次获评"成都市优秀儿童之家""成都市示范型学习型社区"。2020年，魏家街社区树立"魏家人·儿友好"服务理念，通过"服务一个孩子、影响一个家庭、改变一个社区"，用儿童视角、一米的高度看世界治理社区。社区明确了"儿童友好"治理思路，充分发挥党建引领作用，结合社区治理与社区发展实际，提出以社区为依托，以保护和促进儿童发展为宗旨，围绕"儿童友好社区"建设目标定位，创新"1+3+N"发展治理模式，打造一个中心——博悟少年空间，组建一支儿童社区治理队伍，链接家长、教师、商家三方力量，搭建博悟少年空间、博悟少年街区、博悟议事空间、博悟儿童阵地四个阵地，开展"N"项社区活动，聘请专业团队，结合社区居民意见，以树与林的意向打造儿童友好社区定制LOGO，通过打造功能复合齐全、资源高效利用、环境亲民和谐的博悟少年空间，满足儿童及家人的多元空间需求，把握安全性、可达性、休憩性、可参与性原则，立足"畅行、安全、塑景、提能、增绿"五个维度，打造博悟少年儿童友好主题街区，有效统筹多元力量，全力实践探索以儿童撬动家庭、学校、社会广泛参与，推进儿童友好型社区建设。

在如何链接家长、教师、商家三方力量方面，魏家街社区的经验是：第一，积极寻找儿童友好公益伙伴，与辖区商家、单位众筹共联，2020年有12家商家成为儿童友好社区建设的"社区公益伙伴"，挂牌"博悟儿童友好商家"，既帮助儿童更好挑选到优质商品服务，也可以激励社区商家进一步提升儿童商品服务水平。在腾讯"99公益日"活动中社区积极倡议向阳桥中小学等10余家党建联盟单位、爱心居民为"情暖困境儿童"项目线上筹款1万余元，为社区和社会儿童弱势群体，提供关怀服务。第二，社区党员骨干和党员家长自发组成小魏"干妈干爸"服务队，小魏"干妈"走进学校班级课堂、社区童创博悟空间，倾情讲述爱国故事、生活故事、童年故事、安全故事，用"魏家故事"激发居民参与热情和参与能力，提升社区治理的效能和热度，小魏"干爸"轮流值班，身着小魏"干爸"马褂作为儿童回家路上的"保护神"，守护"魏宝"安全回家，用责任和爱温暖了钢筋混凝土间的小街小巷。第三，进行家、社、校多方联动，双向延伸儿童友好理念，组织党员骨干、党员家长、学校老师、学生联合开展"别样的爱国主义主题教育班会"家、社、校联合活动，实现红色文化进学校，组织学校教师进社区活动，开展暑期儿童公益课、周末课堂，促进校社互动。

2020年10月，社区综合服务中心全新升级，引入"大国工匠"清泉工作室（第四套人民币防伪设计师何清泉），定期开设书法、绘画儿童主题课，为儿童素质教育提力赋能。通过打造博悟议事空间，搭建了儿童议事会组织架构，制定议事会章程，并成立了儿童议事会"时间银行"制度，公开推荐选拔产生21名儿童议事会成员，为儿童参与治理"发声"提供平台，切实倾听儿童意见，鼓励儿童参与解决公共议题，充分参与社区建设。同时，由党员、居民代表、社工共同参与完成皇冠湖小区文化氛围营造，将儿童友好主题、大运元素植入居民生活场景。

魏家街社区通过丰富多彩的活动满足辖区儿童成长需要，联动学校、商家、居民、高校开展活动50余场，服务儿童约1000人次。活动主题与内容丰富多样，包含文化教育类（如亲子英语课堂、绘本阅读等）；安全知识类（如警察叔叔在身边、安全标识萌起来、居家安全飞行棋等）；创意手工类（如葫芦文化创意手工、少儿绘画、亲子创意手工等）；体能训练类（如拳击班等）；社会实践类（如走进消防队等）；兴趣提升类（如棋艺大比拼等）；代际教育类（如红色教育课堂等），始终坚持以儿童普惠原则、儿童参与原则、共建共享原则开展各项活动，通过不同主题的活动引导儿童学会赏识、发挥创意、积极体验、结交同伴、勇于担当，成为健康发展、乐观向上、积极奉献的社会人，促进儿童友好生态的健康发展，强化了社会、家庭对孩子生活环境的正向引导。

通过建立"四元素基地"为载体，最终打造形成一个"个体—家庭—社区"多维度整合的儿童友好成长支持系统，提升社区以儿童优先的友好社区文化建设能力。"四元素基地"，即搭建"知、情、意、行"的儿童成长体系，全力推行素质全人教育。

① "知"——培养儿童"创意"的品格。
② "情"——培养儿童"爱心"的品格。
③ "意"——培养儿童"阳光"的品格。
④ "行"——培养儿童"勇敢"的品格。

魏家街社区相信"服务一个孩子，影响一个家庭，改变一个社区"，希望"每一个孩子都能拥有梦想和前行的力量！"持续优化社区儿童成长体系，促进儿童可持续的成长，将"儿童发展的视角"融入社区发展的顶层设计中，通过儿童撬动家庭参与治理、激发多元主体参与治理，逐步形成"儿童友好型社区"，促进儿童综合发展、全面成长提升社区的文化核心，创建健康向上、快乐成长的温馨社区，推动和谐社区建设（见图3-5）。

（a）户外表演活动 　　　（b）社会实践活动

（c）儿童朗诵比赛 　　　（d）室内儿童分享活动

图3-5　成都市魏家街社区儿童友好活动图集

4 建设儿童友好文化

4.1 坚持社会主义核心价值观

《规范》:"5.3.1 坚持以社会主义核心价值观引领儿童友好文化建设。"

社区是体现党和政府联系群众、服务群众的重要场域，也是加强社区自治和社会治理的一线工作场地。坚持社会主义核心价值观的引领，大力弘扬以爱国主义为核心的民族精神和以改革创新为核心的时代精神，紧贴少年儿童关心关注的热点问题，依托寒暑期教育活动、志愿者服务工作，引导儿童和青少年追求真善美、吸取正能量。在儿童友好事务和活动中应彰显富强、民主、文明、和谐的价值观，尊重儿童权益，及时听取儿童的评价和反馈意见；丰富社区儿童文体生活，体现幼有所教的生动局面；引导儿童和青少年参与社区的设计改造、书画美化、艺术展演，以社区日记、社区摄影、社区访谈等社会性事务的形式参与到社区工作中。体现自由、平等、公正、法治的价值观，利用网络在线教育、社群组织、公益机构等方式缩小城乡儿童差距，实现教育公平；帮扶家庭困难儿童、残障儿童，利用小组活动、社区访谈等形式关怀帮助困难儿童、行为障碍家庭儿童、残障儿童，使其融入社区环境，增强对社区工作的信任感和认同度；组织社会工作者和志愿者定期帮助家庭照护有困难、管教有障碍的家庭的儿童，开展助学慰问、个案辅导、法律服务，使其了解相关帮扶政策并得到公益性、普惠性的文化服务。崇尚爱国、敬业、诚信、友善的价值观，突出思想道德教育，通过咏唱时代歌曲、诵读历史经典、讲述哲理故事、表演儿童歌舞等少年儿童喜闻乐见的活动形式，培养儿童和青少年爱党、爱国、爱人民的高尚情怀，引导儿童和青少年在自主参与和体验中感知社会、获取教育，树立正确的理想信念，不断深化爱国热情和社会责任感。

第三章 儿童友好的文化建设

案例 3.16　江苏省南京市雨花台区雨花街道雨花社区红色儿童友好社区的建设 ▶▶▶

　　江苏省南京市雨花台区雨花街道雨花社区地处全国爱国主义教育示范基地雨花台烈士陵园风景区东麓，社区结合红色文化，力图给社区少年儿童上好"人生第一课"，帮助他们扣好人生第一粒扣子，彰显红色文化家园内涵。社区成立少儿"小小讲解员"志愿讲解服务队，通过党员带团员、团员带少先队员的形式，"接力"成为雨花英烈事迹的传播者。让社区青少年接受生动形象的爱国主义教育和革命传统教育，铭记历史、追思先烈，弘扬民族精神。同时，不定期开展百姓红色故事分享会，组织社区少儿聆听身边平凡人的故事，教育少儿们从小树立爱国主义情怀和正确的社会价值观。

案例 3.17　四川省成都市锦城社区儿童友好的"中国梦"主题实践 ▶▶▶

　　四川省成都市武侯区簇桥街道锦城社区每年在开展暑期教育活动时，以"十个一"活动为主线，以弘扬"中国梦"伟大理想为主题，紧贴青少年关心关注的热点问题，做到每年有主题、年年有重点，先后开展了"童心向党"、弘扬"五心"美德、"争做四好少年""幸福社区我参与"等系列主题活动，围绕纪念建党、建团、建军主旋律，通过咏唱革命歌曲、诵读历史经典、讲述哲理故事等青少年和儿童喜闻乐见的活动形式，培养少年儿童爱党、爱国、爱人民的高尚情怀。同时，结合"环保督察""城乡环境综合治理""志愿者服务"等工作，组织开展"当一名文明小卫士""做一件身边好事""帮一位孤寡老人""参加一次志愿服务""提一个合理化建议"等实践活动，为"十个一"注入新的内涵。

　　未来锦城社区拟在社区八个小区、龙江路小学新城分校、二十三幼儿园和儿童友好广场之间，围绕社会主义核心价值观、"爱成都·迎大运"等主题绘制卡通元素的标识，突出儿童路权，以步行路串联社区儿童主要的活动空间和社区公共服务设施。

案例 3.18　四川省成都市栀子街社区儿童友好的爱国主义教育活动 ▶▶▶

位于四川省成都市锦江区三圣街道的栀子街社区组织"忆红史，颂党恩"爱国主义教育活动，邀请革命家庭、退伍军人等给儿童讲述爱国主题故事。定期开展"乐活少年行——我是宪法小卫士"活动，积极弘扬宪法与法治精神、树立宪法权威，引导少年儿童尊崇宪法、学习宪法、遵守宪法、维护宪法、运用宪法，成为宪法的忠实崇尚者、自觉遵守者、坚定捍卫者，争做宪法小卫士（见图3-6、图3-7）。

图 3-6　成都市栀子街社区"忆红史，颂党恩"爱国主义教育活动

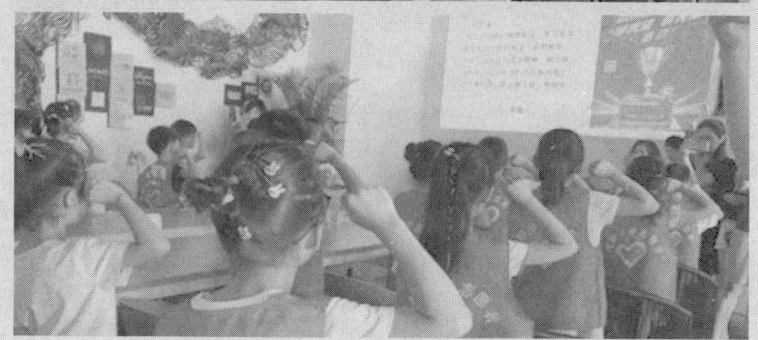

图 3-7　成都市栀子街社区"乐活少年行——我是宪法小卫士"活动

4.2 传扬优秀传统文化

《规范》:"5.3.2 以多样化形式弘扬中华传统优秀文化，幸福未来。"

立足于增强文化自信、积极传承中华优秀传统文化的中心思想，将对中华优秀传统文化认知传承和爱国主义教育融合到社区发展治理中。紧密结合本地各类文化资源，如历史博物馆、图书馆、传统建筑及街巷、名人故居、书院、非遗文化中心、文创中心、时尚书店、画廊、美术馆等，建设儿童研学基地，提供传统文化研学内容和场景。协同社区内相关文化机构、教育机构、文艺组织，结合中国传统节日、二十四节气、非遗文化和自然遗产日、国际儿童图书日、世界读书日、国际博物馆日等，定期开展如"创意市集""传统节日诗会""汉服走秀""皮影与儿童戏剧""摄影展览""开笔礼"等具有艺术价值与文化内涵的特色文化活动，将优秀传统文化教育真正融合到儿童文化素质育成之中。组织非遗文化进社区活动，开设非遗公益课，筛选适宜的教学内容，让儿童和青少年上手操作，体验传统技艺与优秀传统艺术的魅力，感受非遗文化内涵与美学意蕴，感悟文化名人、历史研究人员和美术工作者对保护中华文脉强烈的历史责任感，理解文化传承的重要意义。通过组织丰富多样、适宜儿童赏析参与互动的文化活动，着力彰显中华文化的魅力，让孩子感受到中华传统文化的博大精深，激发儿童和青少年对中华文化浓郁的兴趣。

案例 3.19 江苏省南京市雨花台区雨花街道雨花社区儿童友好的"游走南京"系列活动 ▶▶▶

为了让社区少儿在实践中了解自己所居住的城市——南京的传统建筑和历史文化，江苏省南京市雨花台区雨花街道雨花社区招募社区少儿参与"赏传统建筑 品历史文韵"游走南京系列活动。组织专业志愿者带领少儿对南京标志性景点进行走访，从建筑、设计、历史与诗歌的角度认识耳熟能详的特色景点，同时举办各类契合景点环境和文化氛围的活动，例如，故事分享、古诗吟诵、游戏竞赛等，并用手边的材料建造微缩景观模型和制作原创绘本等，让孩子们将自己的走访成果和获得的知识在模型和绘本中得到体现，深入感受历史文化与建筑的魅力。

① 小组共创式制定规则

雨花社区小小建筑师们正式出行活动前，在青年志愿者的引导下集思广益，大家共同参与讨论决定出每次活动的游走路线并制定出参与活动所要共同遵守的规则。两年来，相继走访了明城墙、秦淮河、雨花台、夫子庙、紫金山和玄武湖等一系列标志性景点。

② 课堂渐近式启蒙科普

首先通过课程的方式，志愿者们带领小小建筑师从故事、图片和视频对走访景点有大致的了解，激发他们对走访景点的兴趣，回忆自己对景点的印象，并与伙伴进行分享。基于孩子们自己所分享的信息，志愿者进行更加详细的科普，丰富孩子们对所到达景点的认识，为后续实地走访活动奠定基础。

③ 沉浸体验式游走景点

志愿者引导孩子们到达景点开展相关活动。先让孩子自行游览探索，然后根据所到达景点不同的特点，组织小朋友们进行各类文化活动。例如，在夫子庙时，结合夫子庙结构布局，依次对建筑和相关儒家文化进行介绍，用史实和故事加深印象；小朋友们感受到浓厚的文化氛围，自发进行诗歌朗诵；最后通过行酒令的形式加深对秦淮传统知识的印象。通过实地踏勘，小小建筑师们对南京历史特色文化景点形成直观的感受，了解传统建筑的设计风格和美学构思。将建筑与文化结合起来，强化两者之间的关系，让小小建筑师更加综合性地掌握了建筑和文化知识。

④ 互助共学式产出成果

走访结束后，再次进行课程教学，分别采用了模型制作和绘本制作两个主题，将孩子们对景点的认识具体化。模型制作偏向于建筑知识的教学，上至建筑类型和地理位置的选择，下至每个建筑即房屋、拱桥的结构细节，小小建筑师们利用画笔颜料、软陶等工具，将自己的理解体现在制作出的模型中。绘本制作则注重历史故事和人物，主要围绕雨花烈士陵园的走访开展，让小小建筑师从烈士殉难的故事和景点的雕像建筑中领略伟大精神，发挥自

第三章 儿童友好的文化建设

己的想象力,画出自己心中的烈士形象,从而在孩子们脑海里留下了对烈士们珍贵品质的深刻印象。

"赏传统建筑 品历史文韵"游走南京系列活动,不仅让小小建筑师们对南京的各类景点有了更加深入的了解,丰富了他们在建筑、文化方面的知识,而且培养了他们许多优秀品质。在文化活动中,小小建筑师们从诗词和文化竞赛中,感受传统文化的熏陶,从各类故事中感受古人优秀道德品格和英烈伟大奉献和爱国主义精神。模型和绘本制作过程中,小小建筑师们互相合作,共同努力,培养了团队合作和实践精神,提高了动手能力。

案例 3.20　山东省威海市环翠区竹岛街道观海社区儿童友好的非遗文化传播 ▶▶▶

为让儿童近距离的体验和传承中国传统文化,威海市环翠区竹岛街道观海社区以新威附路历史文化街区为依托,以非遗文化传播为宗旨,致力为儿童打造非遗研学中心。其中,社区与省级非物质文化遗产项目——吉呈轩公益文化空间联合,成立儿童赋能基地。

项目基地是集胶东民俗文化、胶东民间传统老手艺为主的研学基地,同时也是集民间传统手工艺交流培训于一体的文化空间。周末,社区经常组织孩子来此研学体验,从锔瓷的历史到锔瓷技艺的体验,从老物件的科普到工匠精神的传播,引导孩子们以锔瓷这一传统手工艺的变迁史为缩影,了解中国社会的进步和中国传统的文化。

同时,社区还邀请威海市非物质文化遗产"威海纸斗"代表性传承人张延茹老师,周末定期为辖区儿童们进行剪纸课程培训,带领孩子们走进剪纸的世界,领略非遗剪纸的魅力。2021年共进行剪纸课程培训38节,许多孩子已能独立进行剪纸作品创作,收获颇多。

为进一步拓宽孩子们的视野,拓展孩子们对传统文化的了解,社区还利用寒暑假和法定节假日的时间,与多位传统文化传播人和组织合作,先后举办皮影戏、吹糖人、龙须糖制作、木制筷子制作、手工扎染、造纸体验以及

> 国学读书会等系列传统活动。通过现场表演、讲述和参与体验的方式，让越来越多的孩子了解传统文化，懂得非物质文化遗产保护，更好地激发了儿童对传统文化的兴趣。

4.3 优化资源配置，鼓励社会力量参与

《规范》："5.3.3 优化城乡社区儿童友好文化资源配置，鼓励社会力量参与儿童友好文化建设。"

结合本地区城市和乡镇发展规模，设置儿童人数与文化类场馆数量的匹配关系，确保与儿童日常相关的文化设施配置满足总量需求。协调政府文管单位、教育机构、社会企业与机构，通过"政府＋社会＋社区"合作机制，组织成立"儿童友好文化建设单位联盟"，构筑儿童文化服务网络，建设或配置满足儿童成长发展需要的科技馆、博物馆、图书馆、美术馆、表演场地等文化类场馆，创建儿童和青少年成长的社会支持系统。运用"社区＋儿童＋社会组织＋公益智库"模式发挥社会参与的作用，共话建设思路；支持社会企业、公益组织和家庭以公益互助、共建共享、微公益创投等方式参与文化场所及设施设备建设中；鼓励优质的社会企业和机构进驻社区，结合社区特色打造可持续发展的公共服务品牌项目。运用在线文化资源，结合线上课程、在线博物馆等形式，帮助城乡儿童和青少年开展文化活动远程体验。培育更多的愿意从事儿童友好社区服务工作的专业机构和公益组织，动员多种职业背景的人员以专职、兼职、志愿等方式参与，推动文化服务工作的执行与落实。

案例 3.21　儿童可持续发展研究中心（童筑明天） ▶▶▶

儿童可持续发展研究中心（童筑明天）是由中国社区发展协会儿童友好社区与城市工作委员会和北京永真公益基金会支持成立，是全国首家专注于儿童友好社区建设的社会企业，通过搭建社区实践对话平台、推动儿童友好

社区思维创新、促进学术与实践融合，打造新型友好社区应用，助力全球儿童可持续发展。

中心聚焦在儿童可持续发展各个领域开展工作，着眼儿童的健康发展和真实需求，以儿童权利为基础，以尊重儿童天性认知为原点，中心专家覆盖儿童友好相关行业标准与国家标准课题组负责人，儿童友好城市/国家研究院的顾问及儿童相关专业领域人员，共同为社区精准定位，打造具有本土化特色的儿童友好型社区，致力于成为儿童友好型社区与城市实践的推动者，为儿童发声，为城市名片说话。

截至2021年底，中心业务覆盖成都各个区域，已经在金牛区、武侯区、龙泉驿区、温江区的第一批4个社区相继开展从规划、咨询、评估等全系列儿童友好社区建设的专业服务工作，走访调研探索居民实际需求，实地考察挖掘社区特色、文化，打造"一社区一特色"的儿童友好社区，坚持为建设儿童的美好生活而不懈努力。

案例 3.22　广东省深圳市和平社区多部门合作的儿童友好特色教育基地 ▶▶▶

位于深圳市罗湖区南湖街道的和平社区，利用场地与眼科医院、边防支队、老干中心等部门共建特色教育基地。与爱视眼科医院共建科普教育基地，与边防六支队二大队八中队共建爱国教育基地，为少年、儿童提供科普、爱国教育场地；与原国家检验检疫局老干中心联合打造社区学校，在社区党群服务中心建立"家长学校"，在"和平里"党群活动空间建立睦邻学院、"四点半"学校等。

案例 3.23　四川省成都市锦城社区整合多方资源建设儿童友好的科普模式 ▶▶▶

成都市武侯区簇桥街道锦城社区将儿童友好社区建设纳入街道社区发展治理规划，作为社区发展治理考核目标，对儿童友好社区建设产生费用列入专项经费支持，整合多方资源支持儿童友好社区建设。2014年以来，已协调团委、妇联、科协等部门，共计投入200余万元对社区天文馆、儿童之家、

> 青年之家等场馆进行了建设和提升。建立儿童友好社区建设的专家智库，强化专业培训，提供智力支撑。
>
> 通过省、市、区三级科协党建项目认领的方式，引入和孵化科普社会组织、自组织，打造锦悦星辰社区天文馆项目，开设"小小天文讲解员"培训班，满足社区群众和青少年群体的科普需求，激发儿童对天文学的兴趣和探索空间活力。建立社区科创屋，在2楼设置科普阅览室、3楼设置体感游戏体验项目、4楼设置人体导电和家庭电路科普项目、5楼设置VR空间和3D打印项目。设立乐高科创中心，利用乐高涉及学科包含科学、技术、工程、数学、设计、社会学等特点，培养儿童逻辑判断、团队合作、创造思维等各方面的能力。

4.4 创建儿童友好的家与学校

《规范》："5.3.4 家庭教育、家风建设、学生道德培养与儿童友好理念相结合。"

将家庭教育、家风建设、学生道德培养日常化、常态化，并与社区生活服务、文化服务、特殊家庭帮扶等内容有效结合。可以从以下方面展开。

（1）开展家长课堂、父母讲坛、儿童心理讲座等活动，帮助父母及家庭成员了解儿童不同发展周期的特征，理解儿童行为和心理活动特点，引导家长掌握积极倾听、鼓励、支持等技巧，帮助儿童健康成长。

（2）通过设置社区心理服务站点、引进专业人员和机构的方式，为儿童和青少年提供心理关怀、疏导、干预帮助等具体内容，以弥补一些家长在家庭教育和道德培养方面的缺失。

（3）开展儿童和青少年感恩教育活动，在"母亲节""父亲节""重阳节""教师节"组织亲子活动和感恩活动，增强家庭成员的情感链接。

（4）加强家庭教育和家风建设活动的周期性，注意防止社区活动的短期性、暂时性，将道德培养贯穿于日常之中、辐射于成人儿童之中。

（5）认知社会公德，与儿童、青少年共商共议《社区儿童公约》《游戏场所活动公约》《儿童书屋借阅管理办法》等，引导儿童与社区中的不同人员加强交流互动，了解社交环境的组成关系，理解他人的生活、工作、娱乐方式，进而开展安全、适宜、健康、融洽的游戏活动。

（6）重视文化节日的主题活动引导，如在"植树节""劳动节"可组织儿童和青少年认识自然环境、改造社区花园，在"教师节""护士节"可结合角色扮演活动引导儿童认识职业道德，培养儿童和青少年学会尊重他人、热爱自然，与社区中不同身份的人员建立社会关系，在快乐融洽的社区氛围中，树立儿童和青少年为自己社区贡献力量的社会责任感。

案例3.24　江苏省泰州市靖北大街社区家社校联动儿童友好社区建设模式 ▶▶▶

位于江苏省泰州市靖江市靖城街道的北大街社区运用家社校联动，以儿童为核心开展"传承家规、践行家训、塑造家风"活动；开展"百名好家长共同体"活动，重视家庭建设，让居民做懂家教的好家长；开展"行知课堂"系列活动，践行行知精神，让孩子们走进社区社会实践课堂。社区关爱未成年人教育蔚然成风。

北大街社区发掘社区居民中的现有资源，推进社区家庭教育服务的发展。如组建以全国优秀辅导员周鸣岗、陶行知研究会名誉会长陶玉清等离退休人员中的专业人士为核心的志愿者队伍，展开兴趣爱好培养、儿童教育经验分享等活动；另外，还有以泰州市百名社工优秀人才毛银凤等为领袖的专业社工队伍开展"家长小课堂""书香伴成长""家校齐携手 共促新发展"等系列活动，并将活动融入家社校联动项目中。

案例3.25　四川省成都市锦城社区家社校儿童友好社区活动 ▶▶▶

在成都市武侯区簇桥街道锦城社区，儿童养育及家庭支持服务项目已呈常态化，社区组建亲子教育小组，通过"家长课堂"等项目宣传教育理念并提供家庭支持服务。社区还通过建立社区教育联盟和"锦城学堂"，依托锦瑟年华、锦香书阁，常态化开展"读书分享会""阅读马拉松""四点半课堂""绘本阅读"等活动，促进青少年、儿童带动家庭成员全员参与学习。

社区在拉动家社合作的同时，不忘长辈、学校的影响，还结合"爱在重阳""难忘师恩"等活动，凝练传承"感恩父母、感恩老师、感恩朋友"的感恩文化，广泛宣传好家教、好家风、好家训，将慈孝、诚信、勤俭等传统美德得以传承并融入居民公约中。

案例3.26　安徽省合肥市家家景园社区家社联动的儿童友好社区建设 ▶▶▶

位于安徽省合肥市蜀山区五里墩街道的家家景园社区日常管理中做到网格贴近管理、亲情贴心服务，开设一系列"微"字号服务。"微平台"，发布家长学校办学和活动情况；"微课堂"，与合肥市家庭教育研究会合作，开办九型人格沙龙，帮助家长认识自我性格，更好处理亲子、夫妻关系；"微读坊"，依托社区乐汇亲子社工服务项目，面向3~8岁儿童开设亲子阅读、经典诵读、故事泥巴、情景剧等活动，面向家长开放图书借阅和电子图书阅读，培养家庭阅读好习惯；"微聊吧"，邀请中科大心理学教授开设社区心灵茶吧，围绕家庭教育、亲子关系、夫妻关系等内容，提供心灵对话平台，帮助年轻父母排解内心的疑惑和焦虑。

4.5　创建儿童友好的文化机制

《规范》："5.3.5　健全支持开展儿童友好文化活动的机制，结合社区本土文化，开展儿童友好文化活动，形成'关爱儿童、幸福未来'的儿童友好社区文化氛围。"

儿童友好文化活动需结合城市、乡镇具体发展模式和建设标准设置适宜的机制，明确社区各网格办、各部门责任分工，建立联席会议机制；设置儿童委员会和儿童友好家长委员会，成员可由社区社会组织负责人、网格党支部、居民委员会、儿童以及儿童家长等组成，参与讨论年度计划、发展规划、活动开展等方面内容。民政、卫健、教育、公安、妇联、残联等部门和群团组织共同丰富文化建设的内容，定期召开信息通报交流例会。明确社会企业、公益组织和家庭参与公益互助、共建共享的具体方式，建立社会企业和机构进驻社区使用文化场所及设施开展文化服务的具体内容和管理模式。可结合科普示范社区建设工作，为儿童创造良好的科普、探究的环境氛围，丰富儿童和青少年文化活动内容。重视建设评估及反馈机制，帮助各级部门及时观察、调整、指导社区文化建设工作，及时听取儿童的评价和反馈意见。

社区应重点考察本地区人员结构、掌握家庭组织情况、梳理文化脉络，通过对社区历史人文资源的挖掘、地域地区自然环境特征的整理、社区文化资源的梳理，以空间为载体，以本土文化为内容，形成文化向心力，打造社区文化品牌，体现出"一区一品一特色"。通过征集社区标语、歌曲、标识、社区儿童形象，培育良好的社会环境和文化气场；广泛宣传儿童和青少年承担社会责任、关注公共问题、积极参与社区事务的具体内容，营造良好的舆论氛围；通过社区共建活动、志愿者服务、亲子游戏、社群联谊等多种方式激励家庭全员参与到儿童友好社区营建中，建立认同感。

案例3.27 湖南省长沙市丰泉古井社区校社合作流动儿童友好创意社区 ▶▶▶

湖南省长沙市提出"1+4"机制，即"1"是社区党委领导，"4"包括引入专业型社会组织、培育社区社会组织、动员在地志愿服务、共建社会公益智库，推动基层社会治理，开展儿童友好社区文化建设工作。

位于长沙市芙蓉区定王台街道的丰泉古井社区在贯彻"1+4"机制的基础上，针对该区域流动人口比例高的现状，开展"小候鸟"流动儿童城市融入项目。针对"小候鸟"家庭，持续开展以"城市人文"为主题的社区营造亲子活动，"小候鸟"家庭与本地家庭"爱心结对"，促进以人文营造为主导的儿童友好、女性友好、家庭友好社区建设。与湖南大学建筑学院儿童友好城市研究室开展"校社合作"，组织"大手拉小手 共绘丰泉梦"创意社区营造活动，结合艺术教育组织儿童和志愿者进行"候鸟列车"长卷立体街巷墙绘，为社区营造艺术、美化、和谐的环境，极大地提升了外来流动人口的参与感和归属感。

案例3.28 四川省成都市锦城社区家校社儿童友好环保文化活动实践 ▶▶▶

成都市武侯区簇桥街道锦城社区在社区内建立评估与反馈机制。成立锦城社区儿童工作委员会，下设儿童友好家长委员会、评估委员会，建立儿童友好社区评估反馈机制，积极引导学校、教育联盟、家长委员会、儿童服务型社区自组织和儿童代表积极参与辖区儿童相关事务协商，按照季度、半年和年度的周期分别对社区儿童友好相关事项进行评估，并将评估结果反馈给社区。

结合社区环境和文化基调，开展多种多样的儿童友好文化活动。依托"绿溢锦城"，建立社区种植管理，打造居民住宅楼顶天空农场，建设美味花园，引导少儿认知大自然中的动物植物，从多样生态、自然环境、生境元素、环节建设四个板块赋予孩子丰富的创造力，建立对自然环境的责任意识和敬畏心。建设社区垃圾分类、环境保护的自组织，促进社区环境微更新、环保教育发展，以儿童参与为重点开展"儿童—家庭—社区"的垃圾分类项目，进一步提升孩子环保意识，引导青少年思考探索垃圾减量化、无害化、资源化的问题。

案例3.29 四川省成都市蜀汉街社区儿童友好多元文化活动实践 ▶▶▶

位于成都市武侯区浆洗街街道的蜀汉街社区与三国文化圣地"武侯祠"、西南民族大学相邻，是一个多民族集聚的民族社区，不仅有汉族儿童，还有大量的少数民族儿童及外国儿童。蜀汉街社区通过开展"民族大餐桌""民族百乐园"文化活动促进各民族及各国儿童之间的交往交流交融，增强了儿童和青少年对于不同民族的认知和了解，丰富自我见识的同时也提高了孩子们在多民族社区切实的互动和交流，促进社区内部的互动发展。社区内儿童通过参与项目活动，不仅可以感受自己本民族文化的魅力，也能够了解其他民族及国家的文化艺术。

社区组织"七色蜀汉街·彩虹社区课堂"，培育孵化一支社区儿童社团，为社区内青少年交流交往提供平台，为社区青少年提供展示自己的机会。社区还组织开展"撑起未来，安全成长"系列活动，为儿童安全、健康、快乐成长

第三章 儿童友好的文化建设

护航,开展"安全电力实训营"活动,促进儿童和青少年对于电器安全使用的知识普及以及相关预防措施,让他们在益智的思考中进步成长;开展"急救科普大课堂"活动,促进儿童和青少年一些日常受伤情况下的急救处理和快速应对,增强他们的自我保护能力和基础急救能力;开展"网络方舟,绿色顺流"活动,促进青少年对于网络安全的重视,从生活中的小处入手,实现安全观念传达;开展"美食的诱惑"活动,促进儿童和青少年对饮食安全的重视以及了解日常接触的食品相关安全知识,认识到"保护胃"才能保护成长;开展"红黄不得行"活动,再现交通情景,完善补充交通知识,提高儿童和青少年对交通安全的重视,增强他们的自我保护意识和人际沟通能力。

第四章

儿童友好的空间营造

儿童的成长活动空间对其思维观念、社交能力的形成尤为重要，他们的体验感受是城市环境品质和社会文明程度的重要标志。新时期探索符合我国国情条件的儿童活动空间环境，不仅是儿童健康发展和现实需求，也是社会发展走向更高质量、更有效率、更加公平的重要创新实践与探索，对我国城市现代化建设具有重要意义。

儿童有其特定的行为特征和心理特征，有探索自然、交往、表达意见等诸多需求，这些特征和需求在具体的物质空间载体中得到体现。物质空间深刻影响着儿童的健康成长，因此，以满足儿童天性和儿童健康发展为前提的空间营造显得尤为重要。当前，儿童友好城市空间一般认为涵盖城市、街道、社区三大活动空间圈层，"5分钟社区生活圈"是儿童成长最重要最长期接触的空间圈层，主要包含儿童户外活动空间、室内公共空间和街道空间等。联合国儿基会在2018年发布了《儿童友好城市规划手册》，明确提出要打造健康、安全、公民身份认同、环境可持续、繁荣发展的儿童友好空间环境，这也为我国儿童友好社区空间营造指明了道路和方向。

结合我国实际，空间营造的当务之急是要转变当前以成人为本、以成人需求为导向的设计思路，基于"儿童视角"、"儿童心理"和"儿童行为特征"，形成一套可推广、可操作的儿童友好社区空间建设标准，真正指导儿童友好社区空间的精细化设计，为全龄段儿童提供温馨包容、绿色趣味的户外活动空间，丰富多元、健康有趣的室内公共空间，安全连续、便捷舒适的街道空间，促进社区儿童间、家庭间的相互交往，通过儿童参与儿童空间建设的良好氛围，实现儿童在社区中健康快乐成长的目标（见图4-1）。

（a）儿童友好城市游憩空间示意　　（b）儿童友好社区交往空间示意

图4-1　空间是儿童健康成长的重要载体

1　空间营造基本要求

1.1　差异化的儿童友好空间

《规范》："6.1.1　社区规划、社区环境改造、社区微更新中应充分考虑各年龄段儿童的空间需求，统筹布局与营造社区儿童活动空间，具体包括户外游戏空间、室内公共空间和街道空间。"

儿童因为身高、体能、认知等各方面特质与成人不同，使得他们对空间的规划、设计与使用要求也呈现出与成人诉求的差异性。营造儿童友好的社区环境需要全社会共同努力，包括推进社区物质空间建设的儿童友好，以及安全、学习、被尊重等非物质领域的儿童友好。"社区规划设计"作为引导和确认社区空间建设的工具，在建设儿童友好城市上责无旁贷。

社区的规划、改造、更新应充分考虑各年龄段儿童的差异化需求，并对儿童活动空间进行统筹布局，具体包括户外游戏空间、室内公共空间和街道空间。其中户外游戏空间是指儿童能够独立活动的休闲娱乐空间，如公园、游乐场等，通常具有趣味性、探索性与教育性，通过对活动器械、围栏、铺地的形态、色彩、质感设计，提高儿童的身体素质、学习与交往能力（见图4-2）；室内公共空间是以儿童学习、休闲、实践为主要目的的公共建筑空间，如社区儿童中心、儿童之家、室内儿童游戏区、儿童图书馆或功能混合社区活动室等（见图4-3）；街道等其他空间主要指社区及周边的慢行街道、广场、通道等流动性空间，通过限速、绿化、无障碍设施、与机动车隔离等方式，为儿童营造安全、绿色生态的出行环境，促进儿童独立出行（见图4-4）。

"为儿童而规划设计"的具体行动可以从以下不同方面得以实现。

（1）根据不同年段的儿童需求特征来实现有效的空间配给，如游戏场地、教育与成长设施、儿童托管与照看场所等。

（2）促使城市空间的具体规划设计和建造维护能够变得更加适合儿童使用、更加利于保障儿童安全、更加有助于儿童的综合成长和身心拓展。

（3）实现向儿童的赋能和赋权，给予儿童参加空间决策或空间设计的机会，让儿童的声音在城市建设过程中被聆听和采用。

（4）城市或社区为实现儿童友好城市建设，在建立儿童数据库、收集儿童信息并进行空间分析和相关研究等方面需要持续深化和拓展。

图4-2 河北固安牛驼温泉孔雀城儿童友好户外游戏空间

图4-3 四川省成都市郫都区虹乐云朵国际托育中心儿童友好室内活动空间

图 4-4　深圳市福田区园岭街道百花儿童友好街区儿童友好街道空间

1.2　儿童友好空间的可达性和安全性

《规范》："6.1.2　社区儿童活动空间的布局应充分考虑各年龄段、各行为能力儿童活动特征，确保所有儿童的便捷可达性和安全性。"

儿童因处于生理发育过程中，受出行方式、体力等因素影响，不同年龄段儿童的出行能力区别较大。6 岁以下的儿童以学习走路、辅助走路为主，最远出行距离约为 200 米；6~12 岁儿童能够独自步行或骑自行车出行，最远出行距离能达到 400 米；13~18 岁儿童骑行 5 分钟的出行距离约为 1200 米，乘坐公共交通的出行距离能达到 2000 米。不同年龄段儿童出行能力存在区别（见图 4-5），在社区规划中布局儿童活动空间时应注重服务范围，确保所有儿童到活动空间的可达性与安全性。

"可达性"体现在儿童能够便捷快速到达活动空间，在不同出行范围内差异化布置儿童活动项目，确保各年龄段儿童平等享有玩耍、活动的权利。例如，"5 分钟生活圈"内，配有 1 处适合 12 周岁及以下儿童户外游戏场

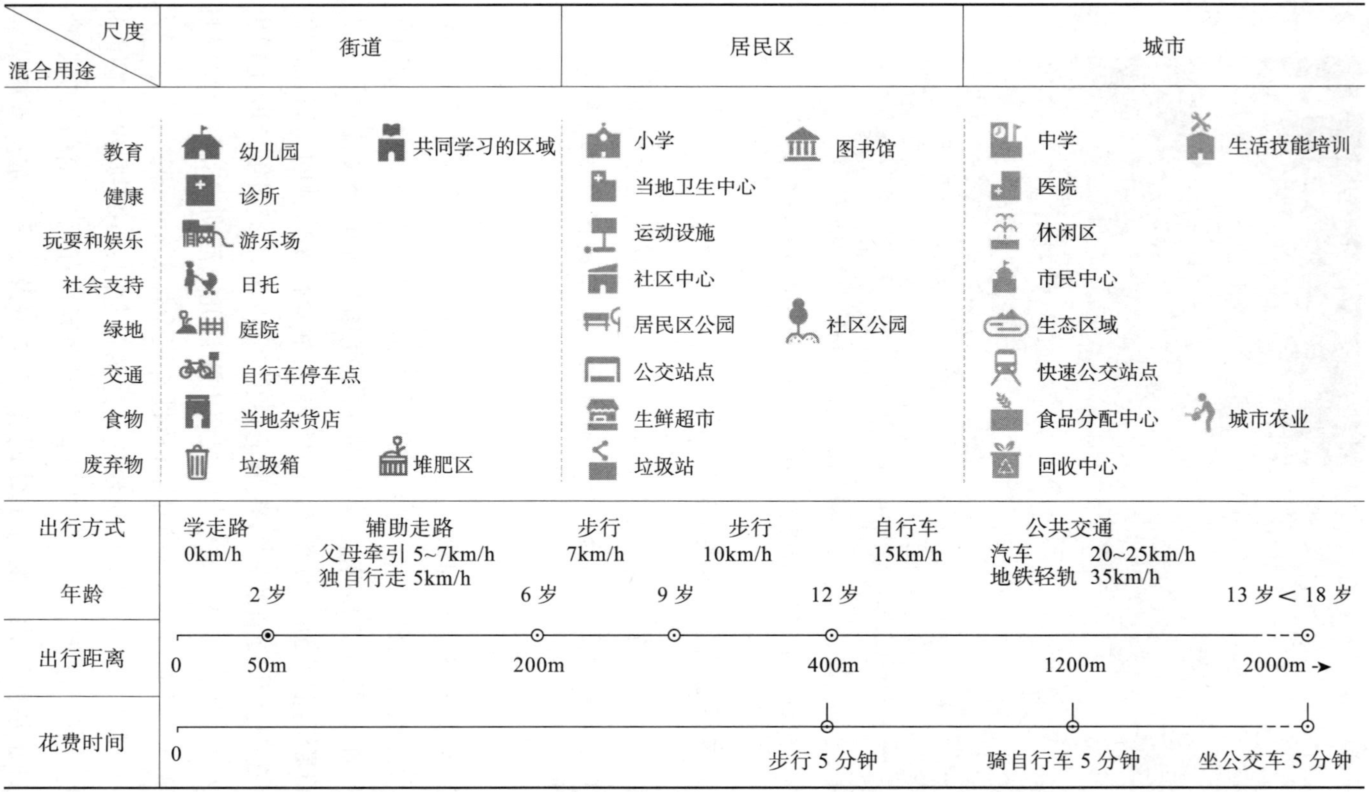

尺度	街道	居民区	城市
混合用途	共同学习的区域		
教育	幼儿园	小学	中学 生活技能培训
健康	诊所	当地卫生中心	医院
玩耍和娱乐	游乐场	运动设施	休闲区
社会支持	日托	社区中心	市民中心
绿地	庭院	居民区公园	社区公园 生态区域
交通	自行车停车点	公交站点	快速公交站点
食物	当地杂货店	生鲜超市	食品分配中心 城市农业
废弃物	垃圾箱	垃圾站	回收中心 堆肥区

出行方式	学走路 0km/h	辅助走路 5~7km/h 父母牵引 独自行走 5km/h	步行 7km/h	步行 10km/h	自行车 15km/h	公共交通 汽车 20~25km/h 地铁轻轨 35km/h
年龄	2岁	6岁	9岁	12岁	13岁<18岁
出行距离	0	50m	200m	400m	1200m	2000m→
花费时间	0		步行5分钟	骑自行车5分钟	坐公交车5分钟

图 4-5 城市不同尺度空间场所与儿童活动范围[1]

---

[1] 资料来源：联合国儿童基金会（UNICEF），Shaping Urbanization for Children: A Handbook on Child-responsive Urban Planning，https://www.unicef.org/media/47616/file/UNICEF_Shaping_urbanization_for_children_handbook_2018.pdf，第 28 页，图 10；中文版详见《儿童友好型城市规划手册》，https://www.unicef.org/media/56291/file/儿童友好型城市规划手册.pdf，图 10，最后访问日期：2022 年 5 月 9 日。

第四章　儿童友好的空间营造

地（沙坑、浅水池、滑滑梯、微地形等设施）；"15分钟生活圈"内，配有1处适合12周岁及以上儿童户外游戏场地（攀爬架、篮球场、足球场等设施）；每个社区宜至少设立1处儿童服务中心或儿童之家，并配备儿童专属的室内活动及游戏空间。

"安全性"主要体现在儿童活动场地选址与周边道路联通的安全性，以及活动空间中儿童与家人之间的安全监护距离。选址建议在儿童及其监护人能通过步行、自行车或公共交通到达的地点，周边道路应提倡绿色交通出行与儿童友好街道设计，在十字路口等交通复杂区域采用智慧交通灯、配置标示牌等保护措施。在安全监护方面，应注意儿童与监护人之间的距离与视线联系，保证儿童在独立活动的同时不与家人分开。

案例4.1　四川省成都市金牛区营门口街道花照壁社区儿童友好空间提升改造 ▶▶▶

2021年儿童可持续发展研究中心（童筑明天）应邀参与花照壁儿童友好社区的建设工作，中心首先对花照壁社区进行背景分析，花照壁是一个从涉农社区蜕变而来的新型城市社区，自然生态环境极佳，截至2021年常住人口2万余人，0~18岁儿童青少年6000余人，拥有西南唯一的国际SOS儿童村，交通出行便捷，区位优势明显，具备打造成儿童友好型社区的基础。

社区在儿童友好建设发展过程中，需要切合居民和儿童的实际需求，同时为了明确花照壁社区的特色定位，中心针对社区家庭、0~18岁儿童青少年、社会组织等不同群体展开调研及访谈。通过调研结果整理分析，发现社区的区位优势未被发挥，儿童视角中"空间友好"存在不足，儿童出行存在安全隐患，"服务友好"角度对于不同年龄层的儿童需求未被满足，等等。

基于调研结果的解析，中心以儿童视角对社区空间进行提升改造规划，共计改造社区2处外立面约750平方米，5处绿地空间约6200平方米，1条儿童安全出行路径约1公里。在现有社区空间中，拓展儿童活动空间，增设设施，推进儿童成长空间友好，促进服务友好，提升社区的空间品质和服务效能，同时针对儿童的具体需求，引入儿童相关产业，打造宜居的花照壁国际型儿童友好社区（见图4-6、图4-7）。

121

（a）社区空间状观

（b）改造后效果

图4-6 成都市金牛区营门口街道花照壁社区空间改造前后效果对比

（a）社区路口现状　　　　　　（b）改造后效果

图4-7 成都市金牛区营门口街道花照壁社区街道人行交通系统改造前后效果对比

1.3 儿童友好空间的自然化设施

《规范》:"6.1.3 社区儿童活动空间内倡导提供符合儿童天性发展规律、能够发展儿童创造力的自然化游戏设施。"

做游戏是儿童的本能,但城市的快速扩张导致适合儿童的自然游戏空间被不断挤压,城市中的儿童游戏种类减少并呈现单一化特征。社区儿童活动空间中的自然游戏设施能提供儿童独立学习的机会,帮助儿童建立自信、韧性、自尊心理。因此,提供符合儿童天性发展规律,同时具有自然生态元素的自然化游戏设施对现代社区儿童的健康成长意义重大。

建议提供适应儿童行动能力的自然化游戏设施。例如3~4岁儿童具有爬行、滚动类需求,提倡草坡、隧道、自然阶梯等具有高低起伏的设计;5~8岁的儿童需要平衡练习,建议设计平衡、跳跃和躲避障碍物等游戏设施;针对具有远距离行动能力的大龄儿童,社区可以定期组织植物调研、郊野公园探险等具有学习意义的自然探索实践。

自然化的环境设计有利于城市中的儿童认知自然,是更加高效的教育实践。自然化的场地设计需要注重树木的种植,强调对自然地形的灵活运用,并保持一定比例的裸土状态。户外空间中,为儿童提供可以使用的土、木、石、水等自然材料,帮助儿童进行游戏化的景观营造活动,如挖洞、挖水沟、戏水、爬树、耕种、泥地里打滚等。对自然材料的使用与改造不仅提高儿童的生存能力,也有助于环保意识的培养。

案例4.2 广东省深圳市宝安区凤凰山人才林公园童趣园规划设计 ▶▶▶

深圳市宝安区凤凰山人才林公园童趣园面积约1600平方米,主要面向0~7岁的儿童,希望在更具自然特质的公园中,通过有趣、好玩、安全的游戏空间设计,帮助儿童进行学习,达到成长目的。童趣园项目有以下特征。

① 自然化的微地形设计。场地中部塑造"龟岛仙洞""凤凰云顶"两大主题的微地形,形成有利于儿童接触、参与的沙、水、山交织的自然环境;

②不同年龄段儿童需求的多类别场地。包括0～3岁的活动沙地、4~7岁的活动沙地、无障碍沙水区、游戏环道、蹦床等；

③考虑家长与儿童的互动与安全监护距离。设有婴幼儿亲子秋千、家长休憩区、带器械的家长休憩区等。

项目在地形、设施、材质、色彩运用上将自然与人工相结合，在游戏活动中为儿童提供独立学习的机会，提供自然灵活的环境，有利于儿童自由创作、释放天性、建立自信、提升韧性（见图4-8）。

（a）总平面设计　　（b）自然化的微地形

（c）鼓励共享的游戏设施　　（c）激发创造力的活动沙地

图4-8 深圳市凤凰山人才林公园童趣园设计总平面和建成图集

案例4.3 湖南省长沙市儿童友好的"万科树屋"设计 ▶▶▶

位于湖南省长沙市雨花区的"万科树屋"是"万科·儿童自然互动模块"研发项目成果，面积为2000平方米，建成于2020年。"万科树屋"承载了孩子们童年的回忆和梦想，是孩子们在大自然中的秘密领地。项目主要有三个

第四章 儿童友好的空间营造

模块平面:"树屋模块""旱溪雨水模块""钻筒模块"。树屋模块的内容主要为树屋探秘、森林之网、不同的沙坑,通过观察孩子们对同一模块中不同设计手法以及材料的使用程度,研究该模块的设计方向,沙坑则使用了黄沙、白沙、褐色乱世、木屑、细砾石五种沙坑材料进行实验,观察孩子们更偏向使用哪种材料。旱溪雨水模块的内容包括取水器模块、枯树独木桥、平行木桩和观赏草。钻筒模块主要针对攀爬、穿越、匿藏等空间,设计多个体量近似又略有不同玩法的"坡",孩子们可以在其中捉迷藏、探险寻宝。

①造型:"万科树屋"中的"树"为"猴面包树",灵感来源于著名儿童文学短篇小说《小王子》。主题构思来自儿童绚丽的花园、攀爬与冒险、与小伙伴一起捉迷藏、无忧无虑自由自在的游戏以及充满幻想的游戏世界,它根据不同年龄儿童需求划分玩耍区域,按不同的感官体验设计儿童设施,合理利用树屋周围空间布置儿童设施。最后,将儿童区分为:2~6岁幼龄儿童区域,6岁以上儿童树屋,6~15岁儿童探险区域等,塑造不同年龄段儿童活动的空间。

②材料:设计中使用了自然、环保的木质材料,木质材料较为柔软,一定程度上能够保障少年儿童安全性问题,儿童爬梯选用白色环保漆材料,滑梯为银色,有现代感以及未来感。攀爬网采用柔软材料,考虑到了儿童安全以及游戏舒适感体验问题,滑梯下方设置白色沙坑以及黑色沙坑,视觉冲击力强,同时自然性质的环保材料能够极大地激发儿童创造力、调动儿童活动积极性。

③空间:下层木质座椅提供了休息的空间,同时上层的构筑为下层休憩空间提供了遮阴的功能,树屋四面分别对应不同高度滑梯以及不同尺度的游戏设施,为不同年龄段儿童提供了不同的活动空间(见图4-9)。

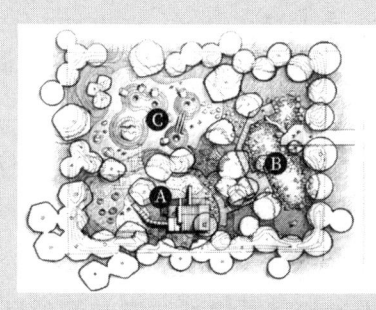

图 4-9 万科树屋平面图与建筑造型

1.4 儿童参与的儿童友好空间营造

《规范》:"6.1.4 鼓励6周岁及以上儿童参与社区空间营造,可采用调查问卷、工作坊等形式,邀请儿童共同参与方案设计和问题研究,充分听取儿童的意见,并给予回应。"

面向儿童的公众参与是体现儿童需求的重要途径。学者哈特(Hart R A,1992)根据儿童参与式设计的"参与程度"提出了八级梯子模型,包括以"被操纵、装饰、象征性"为特点的"非参与"阶段,以及"指定但告知儿童、与儿童商量并告知他们、成人提案并与儿童分享、儿童提案并由成人指导、儿童提案并与成人共同决定"的五级"参与"阶段。儿童参与的社区规划有利于帮助儿童逐步建立改造生活空间的意愿与能力,活动场地从以往被动接受转变为主动选择,有利于培养儿童的创造力与想象力,有利于突破原有固化的成人式设计思维。

儿童参与式社区建设需要考虑儿童在参与过程中的适应性,并根据不同的活动类型决定儿童的参与程度。具体而言,可采用调查问卷、工作坊等形式,邀请儿童共同参与方案设计和问题研究,充分听取儿童的意见,并给予回应。

1.5 有经验的专业社区规划师参与

《规划》:"6.1.5 宜由城乡规划师、建筑师、景观设计师、社区工作者作为社区规划师协同儿童参与儿童友好社区设计,社区规划师宜接受过儿童友好理念的培训,或参加过国内外儿童友好项目或课题。"

作为社区规划师的城乡规划师、建筑师、景观设计师、社区工作者是协同儿童进行空间设计表达的重要纽带,需要更加关注儿童的生理、心理感受。

社区规划师应了解儿童友好理念,或参加过国内外儿童友好项目或课题，在活动策划、过程交流方面考虑儿童接受能力，激发儿童的创造力，鼓励儿童积极表达看法，并给予积极反馈。

活动策划是社区规划师将儿童的想法转译为专业规划设计语言的重要环节，具体可分为学习类、调研类、设计类、实践类。学习类多为课程讲座，重点在向儿童教授简单的规划理论与研究方法，启发儿童思考；调研类如上学路调研、儿童与七旬老人对话等活动，重点培养儿童对现实社区的探索；设计类如进行社区公共空间工作坊，重点在于将儿童想法转译为设计语言；实践类如儿童参与搬砖、培土、制作汀步、铺路、搭建蚯蚓塔、植栽花卉和播撒花草种子等，通过动手实践促进儿童的社区归属感，培养儿童的社区主人翁意识。在与儿童交流过程中，社区规划师应避免生涩难懂的词汇，提倡运用图文并茂、视频展示、情景演绎等方式让儿童快速参与、接受、行动。

案例4.4　北京市社区规划师发起的儿童城市规划科普培训 ▶▶▶

"我们的城市·规划课程盒子"是由北京市规划自然资源委员会主办的儿童城市规划宣传教育项目，以社区规划师为纽带，通过知识讲堂与实践活动相结合的方式，开展特别面向儿童与青少年的城市规划科普系列活动。项目以研发体系化、标准化的儿童社区教育课程为目标，通过提供不同主题的完整课程包，以便在社区街道层面做防范推广。现已进行部分课程试讲。

以2020年9月20日的公益公开课为例，规划师首先进行《认知城市·走进规划》与《北京城的历史与保护》的课程讲解，从四合院、故宫等儿童耳熟能详的地名作为切入点，引出"历史文化名城保护"的专业概念。接着通过手工游戏，搭建老北京城市模型。在过程中通过护城河、城墙、街道、建筑的组合，为社区儿童回顾老北京城的发展历程，提高儿童对城市历史元素的保护意识。从理论普及到动手实践，规划师帮助儿童构建心目中的理想之城。

2020年9月26日，在南磨房乡欢乐谷社区，小朋友成为"小小社区规划师"，通过绘画、社区观察调研、初步方案设计、模型制作、方案展示的环节帮助儿童表达对社区建设的看法。

该课程活动主要包括5个步骤。

① 理想社区创想：在规划师的帮助下，小朋友以分组的方式在白纸上画出社区中喜欢和不喜欢的东西。

② 现实观察探索：课程以金蝉南里小区内的一处小公共空间进行提升改造为议题，社区儿童、家长、社区规划师与社区协助工作者一同进行现场观察踏勘。

③ 社区设计方案：社区规划师帮助并鼓励儿童把自己想象成社区规划师，以平面图的方式表达自己对社区建设意见。

④ 实际模型制作：模型制作能更直观地增强儿童对空间设计的兴趣与认知。利用手工泥塑、木棒、卡纸、麻绳等易操作材料，在提前制作好的半成品模型上加工的方式，实现快速、有趣且让儿童有成就感的社区营建模拟体验。

⑤ 展示与交流：社区规划师在这一环节应给予儿童充分肯定，有利于建立儿童与社区的归属感，也为实际方案的制定提供了儿童视角。

2 户外活动空间

2.1 设置满足儿童需求的独立户外游戏空间

居住区户外空间是儿童日常活动中最紧密接触的场所，其质量以及设计会影响到儿童心理、生理、智力等多方面因素，如何规范布局、由外至内的把握好活动场地的构建，以及如何针对场地安全性、舒适性、教育性等多方面功能提出指导性建议，将居住区内部空间规划设计出适合不同年龄段儿童户外活动的区域，是当下居住区规划应深入考虑的问题。

2.1.1 保证安全性

《规范》："6.2.2 各类户外游戏空间应布局在儿童活动安全

的区域，应靠近社区儿童主要出行活动线路和节点，宜布局在公园或广场内；若毗邻城市干道，应采取相应的安全防护措施。"

儿童对环境的认知是通过感官或者经验，通过参与和观看有趣的事情与周围环境发生关系的方式来形成整体环境意向。儿童户外游戏空间布置应该注意儿童安全性、舒适度、便捷性以及儿童的社交、健康、心智等多方面发展的需求。

（1）儿童安全性应该考虑机动车出行影响。孩子们的活动流线无机动车进入，尽量做到与机动车道"零"重叠，同时需要保证孩子们不会无意识进入机动车区域。最优规划方法应该保证彻底人车分流；若不能彻底人车分流，可采用绿植、围栏等特殊装置进行隔离；既要考虑设置针对开车人的提醒标识，同时也要设置孩子能看懂的危险标识（见图 4-10）。

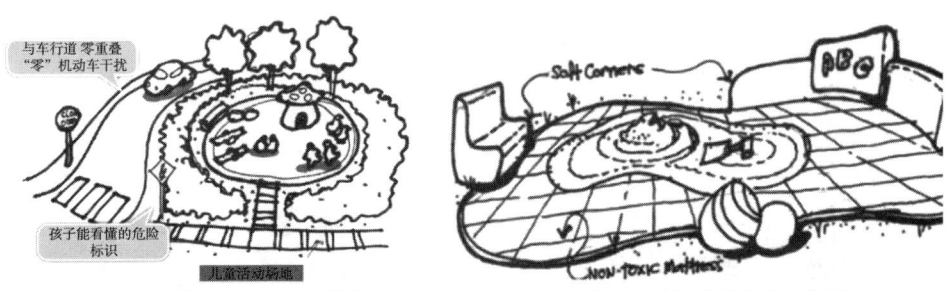

（a）儿童活动场地人车分流设计　　（b）儿童活动场地圆角安全设计

图 4-10　儿童活动场地安全性设计

（2）活动场地设置需保证孩子们活动范围不受电瓶车干扰。若电瓶车不得不进入小区，规划时需考虑电瓶车流线远离儿童活动场地，不与儿童流线交叉。

（3）对于社会方面因素，户外游戏场地需考虑陌生人安全问题，以及危险区远离，远离变电站、采光井、防风口等危险性较高因素（见图 4-11）。

（4）人行道路安全方面，应该保证道路平坦畅通无障碍，孩子蹦跳无顾虑（见图 4-12）。

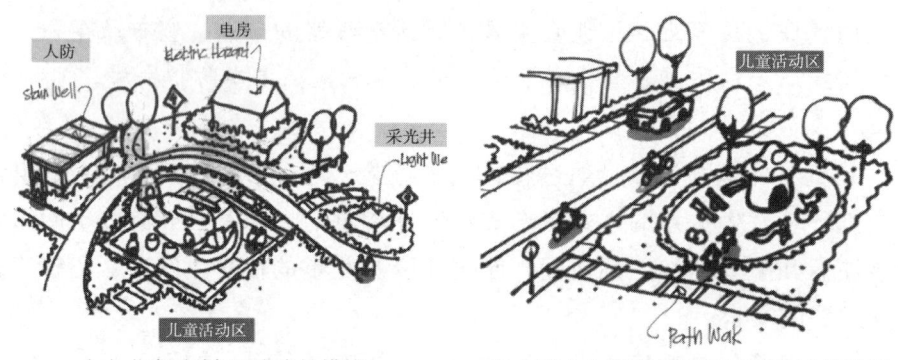

（a）儿童活动场地安全性措施　　　　（b）防止儿童冲撞的活动场地安全性措施

图4-11　儿童活动场地安全设计示意

（a）儿童活动场地空间视觉通达性设计示意

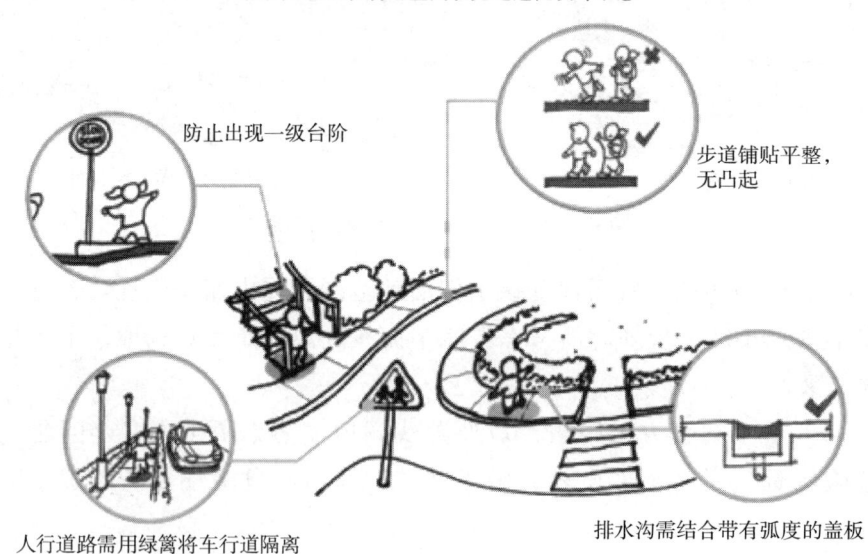

（b）儿童活动场地人行道路安全措施

图4-12　处于交通干道附近的儿童活动场地安全措施设计示意

第四章 儿童友好的空间营造

2.1.2 保证便捷性
2.1.2.1 "5分钟生活圈"儿童户外游戏场地设计

《规范》："6.2.3 5分钟生活圈内，配有1处适合12周岁及以下儿童户外游戏场地，宜提供沙坑、浅水池、滑滑梯、微地形等设施，游戏设施和铺地宜采用自然化、软质、柔性耐磨的环保材料。"

"5分钟生活圈"是根据正常成年人步行5分钟所及的范围，对应600×600米的空间尺度，一般为居民楼下或者居民楼中儿童户外游戏场地，应该在居民楼中间设置儿童活动场所。一般10万平方米以下的居住区应配备儿童活动场地1~2个。因此，"5分钟生活圈"儿童活动场地应注意充分利用楼间绿化，设置小型儿童活动场所，并以年龄为依据，对不同年龄段儿童活动场地，依据儿童人体功能学原理，进行不同的场地设施的安排。

社区儿童活动空间，包含全年龄段儿童户外活动的需求。

（1）幼儿活动空间：适合0~3岁幼龄儿童活动区以感知触觉为主，采用小型秋千、滑滑梯、草地等较为柔软和安全性较高的儿童活动设施；

（2）低龄儿童活动空间：适合4~6岁儿童，采用凹凸地形、蹦床、迷你跑道、沙坑、中型滑梯、攀爬墙等有一定挑战性活动设施；

（3）中龄儿童活动空间：适合6~10岁儿童活动场地，可以有一些具有刺激性以及挑战性的活动设施，单杠、大型滑梯、树屋等；大型滑梯可以考虑现代化游戏；

（4）高龄儿童活动空间：适合10~12岁儿童，考虑到儿童的运动能力，设置具有挑战性的大型游戏设施。

不同年龄段儿童活动空间不应该交叉设置，空间之间应该有专门的场地划分，通过不同年龄段儿童对不同颜色感知能力，用不同颜色和大小区分不同功能的儿童户外活动空间，同时儿童活动场地应该考虑地面安全性，采用柔软质地地面材料，一般为自然化、软质、柔性耐磨的环保材料，无毒彩色塑胶或者防腐性好的木质地板。

《儿童友好社区建设规范》操作手册

> **案例 4.5　江苏省苏州市太仓旭辉熹阅雅苑儿童活动区规划设计** ▶▶▶
>
> 　　苏州旭辉熹阅雅苑项目位于中国苏州太仓，设计公司为奥雅设计，于 2020 年建成，场地面积为 7400 平方米。
>
> 　　① 空间：主题为熊蜜公园的儿童活动区，利用白色廊架以及黄色小熊游戏装置设计了不同的活动空间。
>
> 　　② 色彩：色彩选取蜂蜜的黄色为主，白色作为休息廊架色彩，整体色调甜蜜而温馨，能够充分调动儿童活动积极性，开发、丰富儿童想象力。
>
> 　　③ 滑梯：滑梯设计好像小熊罐子里流出的蜂蜜，尺度适合幼儿儿童使用，后方滑梯下链接沙坑，能保证儿童在玩滑梯以及攀爬墙时安全舒适。
>
> 　　④ 铺地材料：铺地材料为软质彩色塑胶材料，在颜色变化的同时，保证活动区内充满儿童趣味性，小熊爪印的印记充满童趣性，同时又能保证儿童玩耍时安全舒适，不易受伤。

2.1.2.2 "15分钟生活圈"儿童户外游戏场地设计

　　《规范》："6.2.4　15 分钟生活圈内，配有 1 处适合 12 周岁及以上儿童户外游戏场地，宜提供攀爬架、篮球场、足球场等设施，游戏设施和铺地宜采用自然化、软质、柔性耐磨的环保材料。"

　　"15 分钟生活圈"是正常成年人步行 15 分钟所及的范围，对应的是居民走出家门行走 800~1200 米的距离范围内配齐的生活所需的基本服务和日常的公共活动空间，除了便利市场、文化活动中心、医疗服务机构和社区服务中心之外，还应建设能够为青少年儿童提供的游戏运动场地。一般来说，"15 分钟生活圈"为 12 周岁及以上儿童日常活动范围，需要通过设置符合其游戏运动需求的空间，满足其对环境认知需求以及日常活动需要。

　　12 周岁及以上儿童具备一定的认知能力、运动能力，活动设施应具备一定挑战性以及能够提供交流的参与性，攀爬架、篮球场以及足球场是为

第四章 儿童友好的空间营造

青少年提供相互交流以及与成年人交流的场所，考虑到青少年骨骼发育并未完全成熟，场地设计应考虑青少年活动安全性，设施以及铺地材料应该选用自然化、软质、柔性的耐磨环保材料。

案例4.6 广东省广州市白云区万科大鱼公园 ▶▶▶

广州大鱼公园位于广州市白云区黄石西路，距白云山西侧仅4公里，设计单位为上海张唐景观设计事务所，建成时间为2018年10月，占地面积2.6公顷，属于老城区中更新后的高品质儿童城市公园。

① 地形：地形起伏程度符合人休憩和儿童玩耍的需要，弯曲的曲线给人大自然亲切的感受，地形设计让环境富于变化，人可以在草坡上进行不同类型的活动。

② 植物：不同色叶地被的搭配让环境更亲近自然，绿植景观搭配有度，绿色系列植被色彩辅以紫色地被，保留原始地形中工业元素，景观更具有历史文化意义，能够在视觉上对儿童起到教育意义。

③ 儿童活动区设计：儿童活动区提取了"鱼"元素，设置白色屋顶游乐设施，整体造型类似于"鱼"的造型，儿童在白色屋顶下进行多种户外活动，沙坑、滑梯、木饰面组成的游戏装置更加贴近自然，更加舒适（见图4-13）。

图4-13 广州市万科大鱼公园俯瞰

(a) 微地形软质草皮 　　(b) 木质座椅与金属滑梯

图 4-14　广州市万科大鱼公园儿童友好的游憩设施与环境设计实景

案例 4.7　湖南省长沙市中航城国际社区中航"山水间"公园 ▶▶▶

湖南省长沙市中航城国际社区中"山水间"公园是一个典型的中国高密度社区里的公共绿地，它的四周被超高层住宅包围，将会为新搬迁来的几千名住户提供室外活动的空间。公园面积只有1.4万平方米，但是要满足各类人群的不同使用需求。场地本身标高比四周低，而且有大片的原有山林和一个池塘，内部高差显著（见图4-15）。

(a) "山水间"公园平面　　(b) 儿童戏水装置

图 4-15　长沙市中航"山水间"公园

"山水间"是张唐景观对规划设计的一种探索、尝试与回归，也是自然、生态、邻里互动生活理念的一种倡导。而"山水间"之名的由来具体体现在：山，东部保留山体、依山而建的景观；水，场地原有的坑塘、雨洪管理系统；间，人与自然之间的交流与接触，人与人之间的交流，即邻里关系、社区关系。

"山水间"社区公园是湖南长沙中航国际社区的公共绿地之一。该社区毗邻汽车南站，附近红星商圈可供游乐与采购，更有天际岭森林公园提供户外散心的好去处。而平常，位于社区内部的社区公园可以满足社区居民日常游赏的需求。

案例 4.8　河北省秦皇岛市昌黎县沿海公路以东阿那亚儿童农庄 ▶▶▶

河北省秦皇岛市昌黎县沿海公路以东阿那亚黄金海岸社区内部的阿那亚儿童农庄中，阿基米德螺旋式抽水器是张唐艺术工作室设计制作的儿童户外游戏设施，该抽水器连通下方水池，儿童可以在水池中以及岸上玩耍，阿那亚儿童农庄涉水池为地面凹陷形成，水深较浅，适合个子不高的小朋友踩水戏水（见图 4-16）。

（a）儿童在涉水池中玩耍　　　　（b）景区俯瞰

图 4-16　秦皇岛市昌黎县阿那亚儿童农庄

案例 4.9　日本儿童友好的校园和庭院草坪化 ▶▶▶

草坪可以使儿童在外面玩耍时变得更加活跃，体能测试价值增加。设计草坪时必须考虑到对草坪的破坏和弹性的平衡，例如每个儿童的草坪面积和使用频率。

将校园和花园变成草坪，能为使用其的儿童创造一个舒适的环境，也有助于改善城市的绿色基础设施功能，如减轻城市热岛效应。校园和花园变草坪技术的概念是"为城市提供耐用、蓬松的地毯，并具有绿色基础设施的功能"。

> 在校园、庭院草坪化中，使用耐压基层土壤和具有雨水储存功能的草坪/种植基层材料（草料）。这是一种在不引起压实的情况下确保耐压性和根部生长的空间的施工方法。在一般的土壤校园中，雨后地面变得泥泞，在一段时间内无法使用。草混合法具有很高的截留和渗透雨水的能力，因此在降雨后可以立即使用。
>
> 另外，草坪化可以通过抑制地面反射，降低儿童的感官温度。校园里的感官温度可以通过"（气温＋地表温度）/2"来计算。

2.1.3 切实满足儿童需求的户外游戏空间设计

《规范》："6.2.5 户外游戏空间设计应统筹考虑植物配置、标识系统和灯光照明等内容。"

儿童游戏空间植物配置应该考虑儿童自身的需求，从变化的地形、植物的配置、多元化水景、声音与灯光、标识系统等多个角度考虑儿童的需要。

（1）起伏的地形。儿童天性是天真活泼以及有强烈的好奇心，由于城市中人工要素的堆砌，缺少自然界高山、丘陵、瀑布、悬崖等自然地形地貌景观，儿童对于起伏的地形有强烈好奇心，在儿童户外活动空间中设置模拟自然界起伏地形有利于激发儿童探索欲望。

（2）植物配置。植物配置上应该首先以保护儿童安全为主，植物配置应该选用不带刺、无毒、少枝干、较为柔软的中层植物以及灌木、地被等，其次要考虑色彩绚丽的植物，芳香植物能够起到舒缓心情的作用，而柔软的草坪能够为儿童提供活动空间。

（3）多元化的水景。多元化的水景要素可以结合起伏的地形设置嬉水装置，制造小型洼地、生态滞留池或者儿童涉水池，为儿童提供多元化游戏体验。

（4）声音与灯光。在儿童户外游戏空间设计中加入声音元素，可以增加景观趣味性，同时对儿童个体发展起到一定积极作用，声音要素与不同园林要素的结合，在一定程度上可以激发儿童的音乐天赋；灯光可以结合植物或者水景形成多变的户外趣味活动空间，给儿童带来现代化的户外活动体验。

（5）标识系统设计。标识系统具有引导和教育功能，它能够教会儿童在户外空间中做出正确的行为，比如注意老年人行动迟缓、禁止带狗狗践踏花草、不能随意喧哗等，它们能够在儿童游戏的同时起到科普教育、规范儿童行为的作用。

> **案例 4.10　重庆市渝北区东原·湖山樾景观设计** ▶▶▶
>
> 　　重庆市渝北区东原·湖山樾景观设计旨在建设一个以自然生态为基础，满足使用需求的综合社区景观，同时与别墅居住区分隔开，是别墅景观的全新尝试。花月为观花赏月儿童活动多功能景观带，林月沿湖大草坪广场加白色浪漫的铁艺廊架是求婚或者办婚礼的好场所，湖月有沿湖小道也有沿湖别墅的主景观面，湖水与边景的自然衔接。充分体现人与自然、人与人的和谐共生，营造出心中的理想家园。遥望湖面廊桥，迎接每一位到访的客人。

> **案例 4.11　浙江省杭州市千岛鲁能胜地小黑鱼儿童乐园** ▶▶▶
>
> 　　小黑鱼儿童乐园位于千岛湖西区界首的鲁能胜地，是一个充满欢乐的亲子主题乐园、一个体验自然教育的户外课堂。乐园以千岛湖为背景，小黑鱼带领孩子们进行野外探险。整个场地分为两个活动板块："迷失岛屿"（探险游戏）和"岛屿奇迹"（互动科普）。"迷失岛屿"板块，设置了充分的空间和设施让孩子们蹦跳玩耍；"岛屿奇迹"板块，毗邻自然溪水边，让孩子们在游戏中了解到丰富的千岛湖生态知识。

2.1.4 儿童友好的校园开放时间

《规范》:"6.2.6 鼓励社区中小学内的校园、球场在非上学时间段内定时对外开放。"

一直以来,我国的中小学校与社区往往分属于不同管理部门独立运营与管理,除了现有的体育场所开放与寒暑假社会实践两部分内容外,彼此沟通与联系较为疏远。社区型中小学的复合化发展有利于学校与社区或社会文化机构之间的资源共享、协调共进,有利于社区居民享受功能和空间复合带来的便利,有利于一定程度上缓解社区中心可开发文化用地的缺乏与学校扩大运营发展的矛盾。

案例4.12 浙江省杭州市天长小学(东坡校区)体育场所向公众开放 ▶▶▶

为提升校园开放服务水平,更好地满足广大市民的健身需求,浙江省杭州市从2014年推进杭州市中小学校体育场地设施向社会开放,2020年结合公共场所服务大提升重点项目的推进,在疫情防控阶段继续推进学校体育场地向社会开放工作。

创办于1927年的杭州市天长小学(东坡校区),位于杭州市湖滨街道东坡社区,是最早的公办小学之一,也是作为社区中小学体育场馆在非上学时间段内定时对外开放试点之一,在满足疫情防控的要求下,逐步增加校园体育场所向公众开放的时间。

① 双休日、节假日(寒暑假)开放。自2020年10月25日起,各开放学校对周边市民实现与学生非接触式的开放(含场馆开放试点),开放时间延长2个小时,全天开放8个小时。

② 双休日、节假日(寒暑假)+工作日晚间开放。在疫情防控条件许可情况下,无住校生和学生晚自习的开放学校,在做好双休日、节假日(寒暑假)开放工作基础上,再增加工作日(周一至周五)晚间开放2~3个小时(含场馆开放试点)。

③ 双休日、节假日（寒暑假）+工作日早晚间开放。在疫情防控形势进一步缓解后，全面落实常态化校园开放工作。其中，双休日、节假日（寒暑假）开放时间延长2个小时，全天开放8个小时；无住校生和学生晚自习的开放学校，周一到周五开放时间延长1个小时，早晚共开放4个小时（见图4-17）。

图4-17 杭州市天长小学（东坡校区）开放给周边社区居民的操场

3 室内公共空间

3.1 社区儿童服务中心的设计建议

《规范》："6.3.1 每个社区宜至少设立1处儿童服务中心或儿童之家，每处应配备儿童专属的室内活动及游戏空间，面积宜大于20平方米；每周开放宜不少于4天，周末至少开放1天，每次开放不宜少于2个小时。"

《中国儿童发展纲要（2011—2020年）》提出到2020年"90%以上的城乡社区建设1所为儿童及其家庭提供游戏、娱乐、教育、卫生、社会心理支持和转介等服务的儿童之家"。但在社区空间建设领域的国家标准《城市居住区规划设计标准（GB50180-2018）》中，尚没有明确儿童专类社区服务设施控制要求；文化活动中心（文化活动站）的服务功能包含青少年活动场所，但不涉及全年龄段儿童，且没有明确配置要求，在实际利用过程中，青少年活动场所往往被作为棋牌室、舞蹈室等使用。根据联合国《儿童权利公约》第31条，儿童享有休息、游戏和开展文化娱乐活动的权利；儿童友好社区是致力于儿童权利全面实现的社区，在社区提供儿童服务中心（儿童之家），是打通儿童和家庭服务的"最后一公里"，让儿童能就近开展文化娱乐活动的有利举措；也是解决家庭养育和儿童健康成长的迫切需求，并将成为社区交流的纽带，促进社区和谐发展。

儿童服务中心（儿童之家）面积根据各地儿童之家已有实际情况，如浙江省市级示范型儿童之家室内面积不少于30平方米，综合考虑《托儿所、幼儿园建筑设计规范（JGJ39-2016）》（2019年修订版）中关于"托小班活动区最小面积35平方米"的规范要求，儿童服务中心（儿童之家）的面积建议宜大于20平方米，各地可结合实际情况适当扩大面积要求。

为保证儿童服务中心（儿童之家）有组织、有计划地开展服务，并保证服务效果和持续性，儿童服务中心（儿童之家）服务应保障一定时长，每周开放宜不少于4天；具体开放时间各社区可结合服务供给特色、学校上下学时间安排等因素灵活确定。

案例4.13　四川省成都市金牛区沙河源街道新桥社区儿童友好活动空间 ▶▶▶

新桥社区是2019年中国儿童友好社区建设首批16个试点之一，同时作为成都市的市级试点单位，一直在积极探索儿童友好社区建设新路径。社区依托"一社一站一园一街一馆"五大要素布局，设有服务大厅、儿童图书阅览角、儿童剧场、社区国学室、舞蹈室、儿童活动场所、四方匠艺馆等，并充分利用辖区内篮球场、熊猫驿站、府河摄影公园和当代影像馆等，一站式解决儿童的早教、娱乐、玩耍、运动等需求（见图4-18）。儿童可持续发展研究中心基于新桥社区"摄影"特色进行梳理，对于其优势展开调研，探索居民、儿童对于此的知晓度、参与度、感受度，结合社区现状、居民儿童需求的综合诊断、解析，为新桥社区的儿童友好社区建设进行规划定位，对于社区利用率较低的空间进行设计改造，并落地建成了成都首家"儿童友好社区影院"。

在服务层面，社区为辖区儿童提供讲座宣传、教育培训、特殊帮扶、权益维护等服务，常态化开展陶笛、书法绘画、街舞、电影鉴赏、儿童摄影等

课程培训，尤其是在暑期，常态化开展暑期"社区雏鹰"公益系列活动。

(a) 儿童图书阅览角　　(b) 儿童议事会空间

(c) 社区国学室　　(d) 社创之家

图 4-18　成都市新桥社区儿童友好室内活动空间

3.2　儿童活动室的设计建议

《规范》："6.3.2　倡导提供社区四点半课堂、儿童图书室、儿童综合活动室等空间。"

在儿童不同成长阶段，家庭和儿童在社区层面的迫切需求不同。婴幼儿家庭寻求的更多的是社区共同抚育支持，涉及就近可达的照护空间、家庭教育、婴幼儿爬行游戏空间等；对于学龄儿童家庭，孩子放学与父母下班之间的时间窗口，则需要一个相对安全的托管场所。通过在儿童服务中心设置普惠的四点半课堂、儿童图书室等空间，可以在保障儿童课后安全的同时，搭接基层组织或社会组织力量，拓展儿童课余生活，为儿童提供作业辅导、休闲娱乐、兴趣培养等服务。对于有条件地区，可设置小型儿童体验类文化设施空间，如《雄安新区社区生活圈规划建设指南（2020年）》在"街坊之家中，配置博物馆/故事馆"、《成都市社区综合体功能设置导则》中提出的特色社区文化功能"儿童博物馆、小剧场"等。

考虑到儿童的行动能力，建议儿童相关活动空间参考《托儿所、幼儿园建筑设计规范》（JGJ39-2016）（2019年版），布置在建筑三层及以下空间。

案例 4.14　湖南省长沙市丰泉古井社区丰泉书房儿童参与式设计项目 ▶▶▶

丰泉书房儿童参与式设计项目位于长沙市芙蓉区定王台街道丰泉古井社区，社区居民约5500人，70%为外来流动人口。是丰泉古井社区与长沙市共享家社区发展中心（注册社会组织）、居民共建的室内公共空间；面积约为200平方米，是由旧公安宿舍改造而成的公益书房，内部书籍和家具电器等大多由居民捐赠，并在里间设置了一间儿童书房，书房免费向社区儿童及社区居民开放，社会组织或高校青年志愿者团体组织的活动或公益课堂也往往会在书房举办。总之，丰泉书房已成为一个标志性的社区活动中心，并在一定程度上促进他们社区认同感的形成。

书房每天都会有社区志愿者进行值班，每周一到周五的值班时间是上午9点半至11点半，下午2点半至5点；每周末书房基本上都会开放并不定期举办活动，总之，能保证每天有不少于4个小时的开放时间，在开放时间内会有很多的儿童或者是社区家庭到书房进行阅读。

从2016年2月开始，丰泉书房开展了一系列的、连续的活动；从2017年6月开始，湖南大学建筑学院在丰泉古井社区开展了各种形式的活动，如工作坊、讲座、方案讨论说明会讨论方案进展等。

在丰泉社区一系列工作坊中，高校团队以其本身的特点，即流动人口（儿童）多为切入点，发现儿童作为社区的纽带的可能性，将社区儿童作为工作坊开展的支点性动力机制，通过儿童带动家长，进而激发社区核心家庭居民的参与（见表4-1）。

第四章　儿童友好的空间营造

表4-1　长沙市丰泉书房多方联动共建儿童友好空间物品清单

共建者	物品名称	物品分布位置
政府部门	绿植	前厅入口
社区居民	图书	书房、活动室
社区商铺	空调、安监系统	前厅、儿童房
HOME	书柜、绿植、灯具等	书房、活动室
社会个人	钢琴、字画	前厅、书法室
采购	门匾及软装	大门口、室内

案例4.15　四川省成都市锦城社区科创屋 ▶▶▶

　　西南地区首个社区天文馆，面积100多平方米，于2019年建成正式对外免费开放，包括科普阅览室、体感游戏体验、家庭电路科普、VR空间、3D打印等功能，是培养青少年及社会公众科学意识、科学兴趣和体验科学奥秘的重要科普场所（见图4-19）。

（a）游戏空间　　　　　　（b）宇航服和3D打印作品展示

图4-19　成都市锦城社区星辰天文馆展厅

3.3　儿童友好的室内公共空间设计建议

　　《规范》："6.3.3　室内公共空间应配有适合不同年龄段儿

童的桌椅、绘本图书、玩具、运动器材等设施，各类儿童活动物品的摆放安全、桌椅四周的安全围护、电源保护套等应定期检查。"

室内公共空间是指具有一定规模、面向儿童开放并提供休闲活动设施的建筑室内空间，即6.3.2条文中列出的四点半课堂、儿童图书室、儿童综合活动室等室内空间，不含建筑空间与室外公共空间保持连通的公共空间。

为保证室内公共空间的有效利用，需配置必要的活动物品和设施，并适应儿童身高、行动能力等差异性使用需求。具体设计和设施要求应符合《中小学校设计规范》（GB50099-2011）、《托儿所、幼儿园建筑设计规范》（JGJ39-2016）（2019年版）的相关规定。

案例4.16　四川省成都市成华区保和街道和美社区室内儿童服务空间 ▶▶▶

和美社区是2019年中国儿童友好社区建设首批试点之一。儿童之家位于和美社区党群中心二楼场馆，面积约470平方米，涵盖儿童游戏区域、儿童建构区域、儿童绘本阅读、430课堂、妈咪宝贝屋、心理咨询室等功能区（见图4-20）。

（a）儿童绘本阅读区　　　　　（b）儿童游戏区域

图4-20　成都市和美社区"儿童之家"儿童友好空间

第四章　儿童友好的空间营造

3.4 儿童友好社区服务中心的配套设计布局要求

《规范》："6.3.4　社区服务中心应配置（社区公共设施宜配置）儿童与家长休息室、母婴室、母子洗手台和儿童马桶等设施。"

3.4.1　儿童与家长休息室

由于儿童体力有限，进行活动后需要休息，且儿童活动需要家长看护，社区服务中心等社区公共服务设施内宜配置符合儿童与家长使用习惯的休息空间。

布局要求：儿童与家长休息室宜与儿童活动空间组合布置，宜为具备自然采光、通风良好的室内场所。可配置有适合成人与儿童身高的沙发、桌椅及部分绘本图书、玩具等。

3.4.2　母婴室

母婴室是专为孕期和哺乳期女性、婴幼儿及其护理者设置的，用于哺乳、集乳、护理及临时休憩的场所。中国发展研究基金会2019年公布的《中国母乳喂养影响因素调查报告》显示，公共场所设立的哺乳室远不能满足婴儿母亲们的哺乳需求。社区服务中心等社区公共服务设施作为居民常用的活动场所，应配置独立的母婴室，并确保母婴室的整洁卫生、功能正常。

布局要求：参考《深圳市公共场所母婴室设计规程》（SJG 54-2019）等各地实践指引，母婴室宜靠近社区服务中心的主要出入口或人流集散地，宜为具备自然采光、通风良好的室内场所，应符合母婴日常出行与活动的需求和习惯，靠近儿童活动区、儿童与家长休息室等场所。

具体母婴室配置规模和标准可参考国家卫健委《关于加快推进母婴设施建设的指导意见》（2016）以及《北京市母婴室设计指导性图集》（2018）、《深圳市公共场所母婴室设计规程》（SJG 54-2019）等地方指引规范。

3.4.3　母子洗手台、儿童马桶

由于儿童身材矮小，符合成年人使用习惯的洗手台与马桶并不适合儿童使用，依照儿童人体工程学配置数量充足、使用方便的母子洗手台、儿童马桶等适幼卫生设施，是尊重儿童、体现城市温度的有力举措。

布局要求：由于儿童如厕需要家长看护，且现实中父母带异性儿童如厕的情况时有发生，参考《城市公共厕所设计标准》（CJJ 14-2016）、《公共厕所规划和设计标准》（DG/TJ 08-401-2016），母子洗手台、儿童马桶等设施宜设置于第三卫生间、家庭卫生间或无障碍卫生间等独立空间内，确无条件单独设置的，宜在卫生间内设置具备隐私遮蔽的适幼卫生设施。

案例 4.17　广东省深圳市福永社区党群服务中心母婴室 ▶▶▶

为方便母婴群体办理业务，深圳福永社区党群服务中心在一楼会议室内开设了一间母婴室。母婴室分为哺乳区、休息等候区、护理区、设备区、清洁区、一孩儿童等待区；其中，哺乳区设有2个哺乳卡座沙发、脚踏凳、婴儿辅食凳、婴儿临时等待椅、护理台、空气净化器、温奶器、恒温电热水壶、冰箱等（见图4-21）。

图 4-21　深圳市福永社区党群服务中心母婴室

案例 4.18　儿童友好的母婴室和如厕设施设计 ▶▶▶

位于深圳市宝安区福海街道的大洋社区和上海市长宁区的天山社区为儿童设置了符合其人体工程学的母子洗手台、儿童马桶等，方便儿童使用（见图4-22、图4-23）。

第四章　儿童友好的空间营造

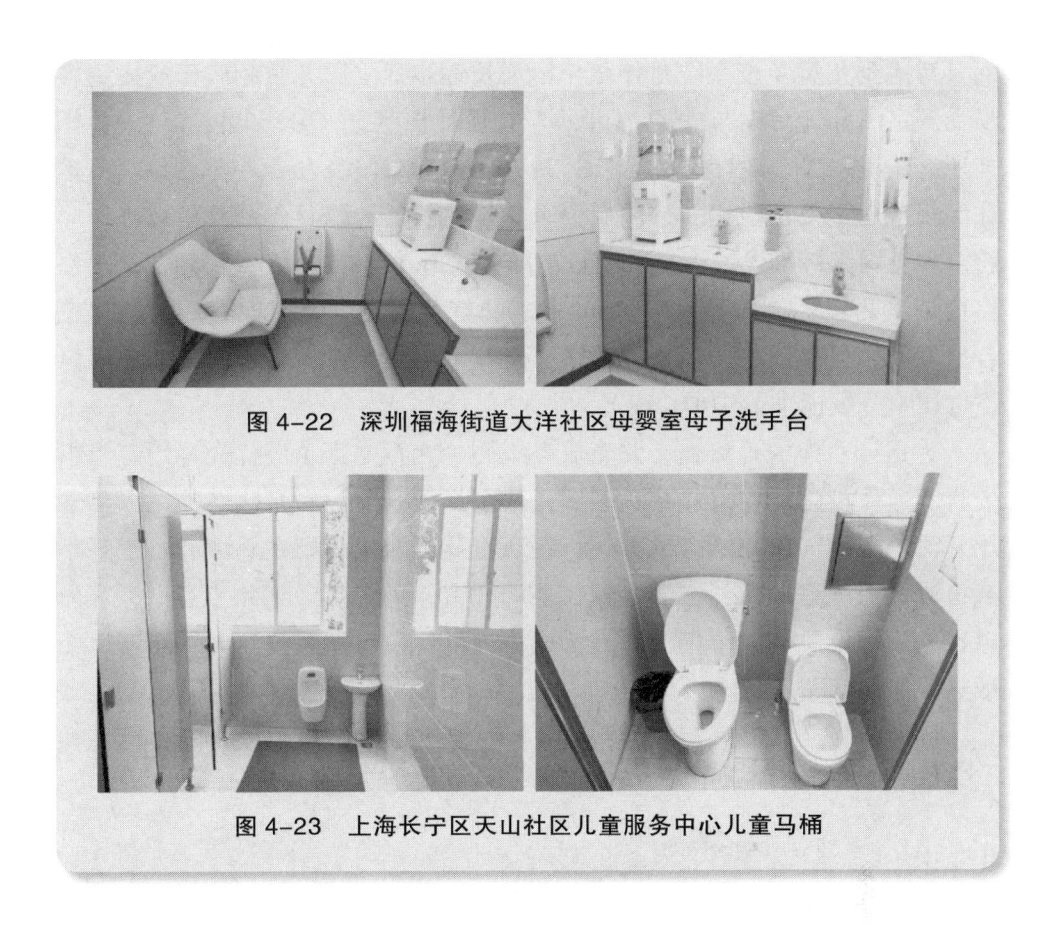

图 4-22　深圳福海街道大洋社区母婴室母子洗手台

图 4-23　上海长宁区天山社区儿童服务中心儿童马桶

3.5　儿童友好的室内环保要求

《规划》："6.3.5　室内游戏设施及物品应符合环保要求，严格保障室内公共空间空气质量，并定期检测。"

游戏设施及物品方面，儿童服务中心（儿童之家）内的游戏设施及物品通常包括地面/墙面铺装、游戏设施、儿童家具、儿童玩具等，常用材料包括木、织物、塑料、皮革等。这些与儿童直接接触的室内游戏设施及物品中可能会含有铅、镉、锑、砷、钡、铬、汞、硒、多环芳香烃等有害物质，因此，室内游戏设施及物品需严格符合环保要求。

空气质量方面，根据国外相关研究，儿童呼吸量按体重比要高于成人，

147

而且考虑到儿童免疫系统是伴随年龄增长逐步建立，儿童相较于成人更容易受到室内空气污染的危害。《中小学校设计规范》（GB50099-2011）、《托儿所、幼儿园建筑设计规范》（JGJ39-2016）（2019年版）中都将空气质量作为规范的重要组成之一，明确要求建筑材料、装修材料和室内设施等应符合现行国家标准《室内空气质量标准》（GB/T18883）及《民用建筑工程室内环境污染控制规范》（GB50325）的有关规定。室内空气质量的优良合格判断，可参照中国质量检验协会发布的国家级推荐标准《婴幼儿室内空气质量分级标准》（2016年）。

为保证室内空气流通，儿童服务中心（儿童之家）应优先采用有组织的自然通风设施。在夏热冬暖地区，四季都可开窗；在夏热冬冷地区可采用开窗与开小气窗相结合的方式；在寒冷及严寒地区则在外墙和走道开小气窗或做通风道的换气方式。如在外墙开窗，风直接吹到儿童身上，容易感冒，故以设风斗式小气窗为宜，或将进风口设在散热器后方，让新风经散热器加热后送入室内。

案例4.19　上海市打浦桥街道"童乐"儿童之家 ▶▶▶

上海黄浦区打浦桥街道是上海市首批创建儿童友好社区的示范点，辖区内为儿童规划了"一中心+多站点"的活动空间。"一中心"为儿童服务中心，建筑面积300多平方米，包括活动区、绘本阅读区、表演展示区、儿童美育区、书画传习室等；"多站点"为多个儿童之家。其中"童乐"儿童之家为社区儿童提供托育服务，室内自然采光充足、通风条件良好，大面积的采光窗将周边的自然景观引入室内，丰富了儿童的游戏体验。

4　其他空间的设计要求

4.1　儿童友好的步行系统

《规范》："6.4.1　沿社区儿童主要上下学道路，设置独立步行

第四章 儿童友好的空间营造

路权的连续路径,串联社区儿童主要的活动空间和社区公共服务设施。"

社区儿童主要上下学道路可以将儿童所在的学校、住家和日常活动场所串联起来,精细化设计的上下学道路不仅能促进儿童步行或骑自行车出行,实现锻炼儿童身体各项机能的目的,也能提高儿童独立出行、自主探索世界的能力,满足儿童在城市中健康成长的需求,是儿童友好型社区建设中非常重要的线性空间,应突出安全性和趣味性的特点。

(1)安全性

交通安全和环境安全是父母能否放心让儿童独立出行的最重要因素。从交通安全角度看,社区儿童主要上下学道路应最大限度地减少机动车对儿童安全的影响,对学区范围内不同等级道路进行功能划分,严格限制各功能道路的通行车速,对道路交叉口、行人过街设施、路边停车设施、标志标线等要素进行精细化设计。同时,完善非机动交通系统,合理增加步行通道的宽度、保障街道的平整度,使用围栏和绿化将步行空间与其他交通空间隔离开,并对步行通道进行严格管理,避免非机动车停放、杂物堆积等情况影响步行空间的通畅性,形成有独立步行路权的连续路径。从社会安全角度看,社区儿童主要上下学道路应通过成人安全员、监控设备、街道店铺、报警系统等"街道眼"的设置,来实时监测儿童出行的安全情况,以免受犯罪分子侵扰。

(2)趣味性

社区儿童主要上下学道路的多样性和趣味性是吸引儿童独立出行的关键因素,需要从儿童视角和不同年龄儿童的实际需求出发提升空间环境品质。通过行走路线的规划、标志地砖的设计、趣味元素的设置、公园绿地的拓展等手段打造趣味的通学路径。同时,结合周边环境中不同空间尺度的开放场所,运用多样化的功能设施打造满足儿童活动需求的交往空间,让儿童在这些空间中亲近自然,亲近社会。

此外,在社区儿童主要上下学道路的打造和品质提升过程中,应当让儿童全过程参与到路径选择和方案设计中来,根据他们的实际感受和活动需求对出行路径进行细化,从而建设真正体现儿童友好理念的社区道路空间。

案例4.20　荷兰代尔夫特市儿童友好出行路径街道设计 ▶▶▶

荷兰代尔夫特市的"儿童出行路径"（Kindlint，也称为"儿童丝带"）是一条条安全而有吸引力的廊道，包括充足的游玩和步行所需的空间、安全的交叉路口、"街道眼"、连接了儿童常去的各个地方的道路、被明显标识出来的为儿童喜爱并易于被机动车驾驶者识别的儿童出行路径（见图4-24）。

（a）儿童出行路径规划设计示意　　　　　（b）过街标识

图4-24　荷兰代尔夫特市儿童友好出行路径规划设计及效果

代尔夫特市的做法是，首先询问儿童的意见，让孩子们用不同颜色的线，在街区平面图上标示出他们各自常去的目的地、平时最喜欢走的路径、他们认为危险的地点等。此后，借助居民访谈和市政人员参与，规划人员将收集整理的结果绘制成儿童习惯的行走路线。然后着手改建可识别的儿童出行路径，在沿途添置水池、喷泉、平衡木、卵石和漂亮的儿童游戏器械，宽敞的公共空间、明亮的瓷砖图案及其他艺术品，增加了沿路的活动性和娱乐性，构成了活跃的街景，实现了儿童对于街区环境的愿望。

具体实施过程中，建设人员在预设路线上每隔3米铺设一块特殊图案的地砖，明显标识出行走路线；斑马线前后留出2米的减速带并配上警示牌；缩短个别道路的宽度以减少穿行马路的距离；在街区的北侧道路设有与独立自行车道分离的人行步道；在规划路径与活动场所附近设置"街道眼"，保证面对主要道路和活动场地的建筑有开阔的视线，从而保证儿童的安全。

第四章　儿童友好的空间营造

案例 4.21　湖南省长沙市丰泉古井社区儿童友好安全步道改造项目 ▶▶▶

　　湖南省长沙市芙蓉区丰泉古井社区儿童友好安全步道项目位于定王台街道，北临解放西路，东接蔡锷中路，南侧为人民西路，西侧为黄兴路步行街，辖区内有八大公沟遗迹、程潜公馆、湘江评论旧址等重要历史保护古迹。内部有东茅街小学，学龄儿童人数众多，且流动儿童居多。当前社区的儿童成长与发展需求越来越急迫，对社区环境提出了更高的要求。2020 年，丰泉古井社区联合湖南大学儿童友好城市研究室开展儿童友好安全步道建设项目，项目也正是从丰泉古井社区的街巷空间入手，按照儿童友好社区建设的要求，通过对社区街道环境的改善，为儿童塑造社区中的儿童友好安全步道。

　　这是孩子们上下学的必经之路，街道两侧以店铺和居民楼为主。在经过实地调研后发现东茅街街巷空间存在的主要问题便是非机动车的停放问题。因此确定了非机动车停车区域划分以及停车装置设计这一内容。改善步道交通环境，通过人车分流的设施安排和交通安宁化的路面设计，使步道更利于儿童安全、便捷地出行。除此之外，在儿童友好的理念下还增加了儿童友好标识系统，在街道中设置引导标志，将街巷名称、社区故事、设施、资源等进行系列化的标志设计。希望这条步道给社区的孩子们带来安全、友好的同时，也可以向大家讲述丰泉古井社区的故事。

　　建成后的步道在一定程度上解决了车辆乱停乱放的现象，同时也能够为居民提供临时休憩的场所以及小朋友的互动装置（见图 4-25）。

图 4-25　长沙市丰泉古井社区步道改造后现状

4.2 儿童友好的慢行系统

《规范》:"6.4.2 在社区校园周边开展慢行系统优化措施,保证儿童上下学的接送点、步行空间的交通安全,如专时通道。"

儿童从家到学校两点之间由街道进行衔接,使用空间会涉及交通、商业、公共服务、敞开空间、活动场地、公园等用地类型。社区、校园周边的慢行系统优化措施包括路权分配和设施布局两个方面。

4.2.1 路权分配

社区应优先保障儿童步行和骑行路权,合理压缩机动车空间。在居住区内部设计共享街道,在学校周边设置专时通道,将部分路面停车区域与步行道结合布置,有效实现道路窄化,提高道路的空间利用率,同时拓宽儿童活动的空间。采取人车分离的安全交通设计,设置人行道、自行车道、无障碍通道,以及公交车、校车和私家车停靠站点,避免儿童与正在行驶中的机动车直接接触;为减少机动车的影响,可将校门的双向车行道改为限速为 10 千米/小时的单行道。增设非机动车过街通道,实施人非流线分离,保证步行和骑行空间的连续性、连通性和可达性。

4.2.2 设施布局

社区应采用多种形式明晰学校管控区域、学生专属通道和非机动车专用道,提高儿童专属空间辨识度。通过设置减速带、减速丘、有纹理的路面等物理减速设施以及限速减速标识、测速仪等信号提示设施,实现对行车速度的控制。对于过宽的城市道路,儿童一次穿越很困难,可以考虑设置路中间安全岛、天桥等过街设施来减少儿童在交叉路口暴露在车流中的时间,还可以采取道路窄化、路口宽度缩减以拓宽步行道路缘等措施,适当提高对行车速度的限制。完善无障碍设施、人行过街信号设施,提高儿童出行便利度。增加学校周边集散空间配置,通过局部步行道拓宽或将学校出入口路段进行全铺装化处理,来满足儿童上下学时的人流集散需求。

(1)交通组织方面

鼓励组织学生家长、社会志愿者、学校保安开行"步行巴士"(也称步行校车），即儿童按规定时间、在规定地方集合，在成人轮流陪同下步行上下学，并设置沿途儿童加入步行巴士的"车站"和沿途经过各站点的"接站时间表"。合理安排步行、骑行、公交、校车、小汽车等临时接送等候区域，净化校门口出行秩序。

（2）公共空间

利用通学路径两侧立面及地面空间，配套能够提供最基础的健康保障和应对恶劣天气等突发状况的休闲设施、景观小品、照明设施、信息设施，增设寓教于乐设施，使儿童在其中可以安全玩耍、休息、等候。

通过添加壁画、艺术品和装置等元素，在人行道、广场和公交车站附近提供自由玩耍的机会。根据儿童群体的使用尺度和儿童的认知，小品造型注重设计感、艺术感，对临街建筑立面、地面铺装、街边绿化、场所营造、场地互动性等进行环境设计。

完善通学路径的照明、绿化、遮阳、座椅、标识系统、智能报警等设施，将自然体验和教育融入通学空间的景观设计中，提升儿童出行的安全性和环境质量。

选择健康、安全的材质，避免种植有毒有害、有刺激性气味、形状锋利、花粉类、飞絮类、浆果类植物；地面铺装应考虑在活动游戏区设置柔软、有延展性的表面以便于儿童跑步、翻滚等，避免儿童出现夹挤、磕碰，营造安全健康的环境。

案例4.22 欧洲城市道路安全解决方案 ▶▶▶

欧洲城市为提高接送学生的安全性设计了一种解决方案：禁止车辆在学校开课和放学时间停在校外街道。这一倡议始于意大利的博尔扎诺，已经在包括维也纳和爱丁堡在内的许多欧洲城市得到了推广。

街道上会有专门的路标提示驾驶员街道限制通行的时间，这一简单而有效的措施改善了道路交通安全，步行和骑自行车上学的儿童人数增加了，而开车送孩子上学的看护人减少了。同时学校周边的空气质量和噪声得以改善，这使得往返学校的旅途更加愉快（见图4-26）。

图 4-26　荷兰"学校街道"道路使用示意

案例 4.23　英国"玩出来"运动 ▶▶▶

"玩出来"是一项在英国范围内的、由家长主导的运动，目的是让孩子们有自由在自己居住的地方玩耍。2009 年，由南布里斯托尔（South Bristol）社区的家长们组织的第一次"玩出来"（Playing Out）活动取得了成功。2012 年，布里斯托尔市议会制定了一项"玩街"政策。有研究发现这一举措显著增加了孩子们在户外玩耍的时间。

截至 2019 年 4 月，全英 74 个地方政府辖区的 900 多个街道社区定期举办了户外活动，2.7 万名儿童直接受益。"玩出来"运动希望日益壮大的家长主导的"玩街"运动能引起广泛的文化和政策变化，使"玩街"成为所有孩子生活中正常的一部分（见图 4-27）。

图 4-27　英国儿童在封闭的街道上玩耍

第四章　儿童友好的空间营造

> **案例 4.24　湖南省长沙市"小区周边交通优化计划"** ▶▶▶
>
> 　　2016年，长沙在全市的5个城区选择10所具有较大影响力、学生规模较大、存在较为严重交通拥堵的学校开展了试点，实施"校区周边交通优化计划"，针对学校周边交通及公共空间进行改善，探索实践儿童友好型学校的规划建设。具体内容包括以下5个方面。
>
> 　　① 学校周边设置不低于2.5米宽的通学路径，人行道与机动车道通过绿化带进行隔离。
>
> 　　② 在重要的过街节点设置手动式人行过街信号灯、爱心斑马线、立体过街设施与人行道抬高等。
>
> 　　③ 校门口两侧新增临时非机动车停车位和临时接送小汽车停车位。
>
> 　　④ 建立步行巴士线路，组织学校、家长、志愿者等共同参与。
>
> 　　⑤ 优化沿线绿地、广场及其他公共活动场地的布置和设计，提升通学路径的空间环境和趣味性。

4.3　儿童友好的校园周边道路交通系统

　　《规范》："6.4.3　在儿童上学路段两端，应设置注意儿童标志以及车速限速标志；在儿童横向过街入口，应设置减速慢行标识和减速带，交叉口信号灯的灯控时间应考虑儿童过街步速。"

校园周边道路交通标志的设置应符合以下要求。

（1）进入校园周边道路和离开校园周边道路处，应设置限制速度标志及解除限制速度标志（限速值为千米/小时）或区域限制速度及解除标志。设置限制速度标志的，应附加"学校区域"辅助标志，设置注意儿童标志，路面可施划"注意儿童"路面文字或图形标记。

（2）交叉口、轨道及公交站点等道路关键节点，宜在醒目及方便儿童驻足观看的位置设置行人导向标识牌。行人导向标识牌宜简单、易懂，便于儿童理解。儿童主要活动场所周边道路关键节点，行人导向标识牌宜结合儿童视角进行趣味化设计。

（3）校园周边道路交叉路口应设置信号灯，可根据学生交通流情况分时段使用，人行横道信号灯的行人通行时间可适当延长。设置信号灯的路段，学生过街时可配合交通信号灯、使用栏杆等辅助拦停设施保障学生过街安全。

（4）无信号灯管制的路段，应在人行横道前配合设置注意行人标志、人行横道预告标识。儿童出行频次较高的路段，人行横道应设置注意儿童标志，并宜在人行横道上游机动车道上施划醒目的提示语，如"学校路段、礼让行人"等。幼儿园、小学等幼童主要活动场所周边道路的人行横道宜设置家长牵引幼童过街的提示标识。

儿童出行频次较高的生活性道路，人行横道可采用鲜明、醒目的彩绘斑马线，两端标绘"望左""望右"等提示语，配套设置车辆让行标志，并加大对机动车让行的管理力度（公安部，2014）。

案例4.25　美国纽约市"安全上学路计划" ▶▶▶

1997年，纽约开展实施"安全上学路计划"，重点改造交通事故率最高的学校周边地区，具体内容包括以下几个方面。

① 将学校周边1000英尺（约300米）划定为学区范围，通过标识、地面文字警告驾驶者即将进入学区。

② 通过标识明确步行道、自行车道和混行道，并扩大步行道的使用空间。

③ 增加路中安全岛、交叉口变截面设计、稳静化、无障碍化等物理改造措施，提高过街安全性。

④ 强化交通管制措施，学校周边500英尺（约150米）处设置20千米/小时的限速标识，并增加闪光信号标识、雷达测速反馈标识等（见图4-28）。

第四章　儿童友好的空间营造

图 4-28　美国学校周边儿童友好的限速和雷达测速反馈标识

案例 4.26　北京市儿童友好的交通空间 ▶▶▶

（1）昌平区回龙观街道自行车专用路儿童骑行车道

2019 年 5 月，北京市昌平区城管委联合北京市回天社区公益基金会，在北京自行车专用路上举办"让绿色出行，在下一代生根发芽"的首个亲子公益骑行体验活动，改善禁止 12 岁以下儿童禁止上路骑行的现状。在昌平区回龙观街道全长 6.5 公里的自行车专用路上划出 470 米设为儿童骑行路段，不定期限时封闭管理供儿童使用。在每个月的第一个周末上午 9~11 时举办儿童骑行体验活动，允许儿童在家长陪同下，佩戴好护具，在确保安全的前提下上路骑行。

儿童骑行将作为"回天众健社区"体育项目建设的儿童板块内容走进社区，实现以线带面，将自专路儿童骑行活动拓展延伸进社区，进行常态化运营。与此同时继续根据市民需求，整合自行车专用路上下空间，拓展服务功能，开展亲子骑行、公益跑、无车日、骑行趣味赛等多种主题活动（见图 4-29）。

（2）朝阳区大屯街道富成花园社区儿童道路安全体验中心

在北京市妇儿工委指导、中国妇女基金会和人民交通出版社支持下，北京博源拓智儿童公益发展中心负责儿童道路安全体验中心的整体运营，宣教儿童安全乘车和出行必备知识，倡导公众对儿童交通安全的认知、观念与行为的正向改变，帮助家庭和学校尽可能消除儿童出行安全隐患，为儿童友好

157

交通环境的建设做出贡献。自开馆至2021年底，共计开展近200场活动，范围覆盖超过北京7个区，总受益儿童及家庭超过2万人次，并于2020年成功申请成为交通运输部和科技部联合评选的"首批国家交通运输科普基地"十个基地之一。

图4-29 北京市回龙观街道自行车专用路儿童骑行车道建成后使用效果

场馆聘请专业设计师打造"儿童交通迷你城市"，场馆整体设计风格以暖色调为主，场馆内两大区域由一条车行流线连接起来。六大主题活动区也经车行流线联系起来，增强了空间整体性，打造成一个迷你城市。儿童可以在街区、道路情境中参加各种互动体验式游戏，如打卡闯关、交通标志记忆力大比拼、道路角色扮演等，帮助儿童从小养成遵守交通法规的安全出行习惯。

4.4 儿童友好的夜间照明设施

《规范》："6.4.4 合理布局灯光照明设施，在保障夜间出行安全的同时，应考虑灯光高度和方向对儿童视线的影响。"

第四章　儿童友好的空间营造

优先保障安全，充分考虑交通安全与安保要求，设置夜间照明系统，加强照明设施布局的秩序化，保障连续性与识别性，有效提示出入口和接驳路，照明设施不应占用通行空间。校园周边道路应设置人工照明设施，宜采用高光效光源和高效率灯具，安全问题突出的重点区域应加强照明。受条件限制无法设置照明设施的，应在校园出入口设置反光或发光交通设施。城市校园周边道路人工照明设施的设置应符合 CJJ45 的要求；公路校园周边道路人工照明设施的设置应符合 GB/T 24969 的要求。

考虑儿童需求，街道照明可以为儿童提供在外面玩耍和停留更长时间的机会，出于健康需求，应该使用完全屏蔽的（朝下的）照明装置，尽量减少上照和眩光，最好使用色温较低的暖色照明。出于趣味性考虑，应该提供各种不同的照明源，并纳入游戏元素，如灯笼、儿童高度的灯光和互动照明源。

案例 4.27　山西省长治市太行儿童公园灯光节 ▶▶▶

2020 年的冬天，太行公园西侧的田园主题式儿童公园花卉种植区被装饰一新。在寒冷的冬天，5 万枝仿真郁金香、玫瑰等营造出勃勃生机的景象。仿生小鸟灯、萤火虫灯营造出神秘奇幻森林，仿生果实灯悬挂在果树枝头营造夜间果实累累意境，动物灯配合园区整体氛围生动、奇幻，繁花步道、绽放生命之花等主题，将花卉游览区重新点亮，仿真花灯、变色球灯，营造灯光海洋。郁金香插地灯与真实花融为一体，白天亦真亦假，夜间营造风吹花海效果，在寒冷的冬季创造了"梦幻花海"。

第五章

儿童友好的服务提供

儿童友好服务是儿童友好社区建设中最为重要的一环，也许没有条件硬件改造，也许没有条件政府采购支持，但只要有家长及儿童面临的困难和需求存在，儿童友好服务就会持续存在解决问题（社会性）或满足需求（市场化）。也正因为此，《规范》在起草之初就将定位锁定在服务类行业标准。

儿童友好服务最为重要也异常复杂，从性质上划分为五类服务，即支持性服务、保护性服务、补充性服务、替代性服务和发展性服务。其中支持性服务、保护性服务的公益性更明显，补充性服务、替代性服务次之，发展性服务的市场特征则尤为突出。最早期的儿童友好服务划分没有这么多类别，更侧重公益性，《规范》主要起草人周惟彦女士从多年研究推动社会企业的经验以及从儿童友好事业可持续发展的长远考虑，重新梳理了分类，为有特殊需要的人群、为欠发达地区的儿童、为每一个中国的孩子及家庭应该享受的福利定制化提供了更为全面、更为详细的项目分类和解决方案，有助于落实具体的儿童友好服务。

如何判断一个服务项目的性质是公益性还是商业性？一般来说，有两个依据，服务对象的消费能力和服务产品的价格，为消费能力弱、有特殊需要的困境人群提供无偿的服务就越有可能是公益性服务（见图5-1）。以生命教育为例，如果面对的是消费能力弱的群体，公益性定价，且机构不分红或少量比例分红，这样的项目是社会公益性服务，如果面对的是消费能力强的群体，定价收费高，且机构利润股东分红，则这样的项目是商业性服务。然而，有的商业公司会成立社区民办非企业单位，用以提供看似无偿服务的公益项目，实质是将纳税人本应用于公共服务的钱花在购买商业公司的服务之上，为商业公司获客引流，直接或间接实现商业公司股东的利益最大化，这样的民办非企业不应是公益性质。另外，还需要注意的是，如何根据项目特点区分某个服务归属哪种儿童友好服务也是一个难点，但无论是公益性的生命教育项目还是商业性的生命教育项目，都属于发展类的儿童友好服务范畴。如果某个生命教育项目的对象是抑郁症少年儿童群体，那么这个项目同时兼具了支持性服务、保护性服务的特点。因此，从社区儿童及家长的实际困难或需求出发设计或引入项目更有实际的意义。

然而，绝大多数公益组织缺乏专业化，大多依靠捐赠和政府采购项目生存，只要没有儿童类服务的研发团队，就无法获得研发资金支持，往往陷入徒有抱负和理想，却无法提供专业服务的境地。因此，我们迫切期望，在国家由上至下关注儿童友好城市与社区建设的大环境下，可以孵化出一批同时具备社会价值和市场价值的社会企业，比传统商业更有温度和情怀，不把孩子家长当作提款机，比传统公益更有市场意识，在竞争中打磨产品及服务成为专业的品质服务商。

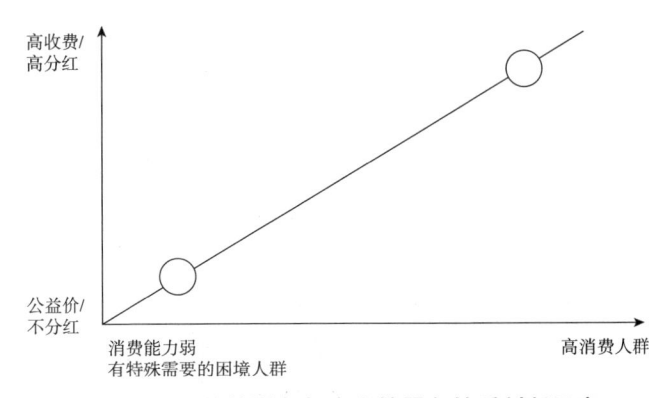

图 5-1　公益性服务与商业性服务性质判断示意

截至 2021 年底，我国的社区儿童友好服务案例成百上千，因篇幅限制，无法一一列出，本章节将集中选择有创新性、启发性、引导性、可持续发展潜力的案例进行示例说明，同时将具有可操作性、示范性案例集合成第八章的内容供读者参考。

1　支持性服务

支持性服务重视环境自身的力量，通过环境培育的方法，提高儿童所处环境的功能，完善针对儿童和家庭的支持性公共服务，改善儿童的家庭环境、教育环境、健康卫生环境、社会支持环境等。通过进行强化照料者的能力，增强家庭的亲职能力，促进儿童健康成长。

《规范》"7.1　支持性服务：在儿童家庭结构完整的情况下，为儿童和家庭育儿提供支持性的基础公共服务，增强家庭的亲职功能，促进儿童的健康成长。服务宜包括但不限于：
——开展家庭教育的宣传活动和公益讲座；
——儿童服务中心（儿童之家）有普惠性的常态化儿童养育及家庭课堂支持服务项目开展；
——儿童社会服务机构通过政府购买服务或筹措社会资源为儿童与家庭开展支持服务；
——儿童服务志愿者与社区服务中心或社区儿童服务中心（儿童之家）、驻地企业、学校、医院合作，定期开展家庭教育指导和支持服务或主题活动。"

1.1　开展家庭教育的宣传活动和公益讲座

家庭教育的目的是帮助家长了解儿童、知晓教育的目的，从而能够在育儿过程中更好地履行监护责任，引导儿童健康成长。家庭教育活动的有效开展取决于家长接受指导的意愿和积极性，尊重家长，充分了解家长需求，是有效开展家庭教育服务的基础。因此，社区开展家庭教育宣传活动应该针对家庭责任和育儿需求展开。一方面可以邀请相关专家开展家庭教育公益讲座，向家长介绍儿童不同年龄段的心理和生理特征，了解不同年龄段儿童家庭教育的重点，帮助家长树立正确的教养观念，介绍科学的家教方法，指导亲子有效沟通，形成互动良好的教养风格，营造良好的家庭氛围，提高家庭教育的质量；另一方面，可以开展家长沙龙活动，搭建家庭之间沟通交流的平台，舒缓育儿压力，分享育儿经验，厘清育儿目标，更好地贴近家庭需求；此外，可以组织丰富多彩的亲子活动，引导家长带着孩子走向自然和社会，为孩子创造更多的探索世界的机会，在活动中指导家长学会观察孩子，了解孩子发展的需求，以积极的视角去发现孩子，以儿童友好的方式和孩子沟通，帮助孩子更好地成长。丰富的家庭教育活动不仅可以帮助家庭舒缓育儿压力、促进亲子沟通，还可以增强社区居民的沟通交流，为儿童建构支持性的成长环境。

1.2 开展普惠性的常态化儿童养育及家庭课堂支持服务

这类服务通常依托社区资源建立的儿童公共活动空间，包括但不限于妇联体系的儿童之家，以保护儿童权利和促进儿童发展为宗旨，由驻地社区工作者或专业志愿者向不同年龄儿童及其家庭提供服务的社区综合服务体系。儿童服务中心的核心功能是为社区儿童提供综合性、一体化的服务，以满足不同年龄段、不同背景、不同特点儿童的发展需求，促进其身心健康发展。服务可以包括普惠性的婴幼儿托育、临时照料、课后托管、青少年俱乐部以及家庭学习平台等。内容可以有游戏和娱乐、健康和安全教育、生活和社会技能指导、品德教育与行为指导、社会心理支持、儿童保护以及转介服务等。社区通过社区服务机构、社工组织、家长自组织来整合资源，联动各方，开展多样化的服务。有条件的社区可以聘用专职儿童社工开展服务，也可以通过动员社区内的"五老"（老干部、老专家、老战士、老教师、老劳模）队伍及其他热心居民、引入社会组织等有计划、有规划地开展服务。

普惠性的常态化社区儿童服务需要回应社区居民的需求。服务可以包括：家长课堂、家长沙龙、亲子活动、课后托管、周末活动、寒暑假活动营、社区邻里节等。如果能充分调动家长参与的积极性，则可形成互惠互助的服务模式，家长不仅能获得服务，成为受益人，也能主动参与，成为服务的志愿者和提供者，既增强了归属感，又提高了社区主人翁意识。服务的具体开展可以有如下几点注意。

（1）室内空间的日常开放：每周至少全天开放5天，尤其是周末和节假日需要开放，包括图书阅览、家长交流、自由探索活动等。

（2）常态的有组织的活动：定期组织开展家长课堂、亲子活动、亲子阅读等免费的综合性活动。亲子类的活动每周建议开展2~3次，以0~9岁儿童及家庭为主。

（3）儿童社会服务机构通过政府购买服务或筹措社会资源为儿童与家庭开展支持服务，家长也可以形成社区自组织，与社区服务机构合作。

社区作为儿童从家庭走向社会的过渡区域，在儿童的发展中意义重大。社区一是可以通过组建社区志愿者队伍为居民开展相关服务，二是通过购买政府服务的方式，引入社会服务组织参与儿童和家庭的服务是积极而有效的方式。可以通过引进实体机构，如儿童绘本馆、儿童戏剧表演厅、儿童艺能馆、儿童美术馆、家庭在线学习图书馆等多种方式构筑丰富多元的、价格亲民的服务内容，方便儿童和家长能享受到便利高质的服务。引入机构提供的服务需在社区的指导下进行，引入的相关机构需了解并认同儿童友好的理念，能够有效配合社区的各项工作开展。

1.3 定期开展家庭教育指导和支持服务或主题活动

社区是儿童生活的主要场所之一，随着新时代社会治理要求的提升，政府的管理和服务重心下沉到社区。因此，社区成为开展儿童服务的重要平台。社区依托儿童服务中心（儿童之家）、整合驻地资源、组织和引导志愿者加入社区儿童服务中，是社区开展服务儿童和家庭的有效保证。在开展家庭教育指导的过程中，要注意两点。

（1）联合各方：家庭教育不仅仅是家长的事，家庭教育需要联合儿童成长相关的各方来支持家长，形成合力，尤其需要加强与医院、社区卫生服务中心、学校、幼儿园以及相关教育机构的互动。以近视已成为我国儿童的普遍现象这一情况为例，本节收录案例5.1和5.2两个视觉健康教育公益项目。近视既是最普通的儿童视觉健康问题，也是全球性公共卫生问题。我国儿童近视呈低龄化、重度化发展趋势，情况尤为严峻。视觉健康关爱服务的儿童友好文化与空间（健康教育、饮食习惯、照明亮度等）环境的营建、个体行为习惯与健康生活的改善等，对预防近视有重要影响，特别是每天2个小时以上的户外活动能预防近视的发生已形成专家共识，适宜全民参与。

（2）形式多样：家庭教育不仅仅是专家的课堂，家长既要工作又要照顾孩子，上有老下有小，压力很大，需要调研社区家长在育儿方面的实际问题，通过专家力量、专业机构力量介入帮助解决，同时要将儿童成长过程中遇到的常见问题梳理出来进行科普，提高家长的预防意识，确保儿童的身心健康，避免意外伤害。本节收录的案例5.3、5.4和5.5展现了社区可以通过专业机构的介入提高儿童在游戏中学习的乐趣、提高父母家庭教育的质量。

案例5.1　上海"看见爱"儿童早期视觉健康教育公益项目 ▶▶▶

中国青少年近视患病率已经高居世界第一位，特别是上海、北京地区小学阶段儿童视力不良率已经高达50%，其中高度近视的比例远远高于10年前的同龄水平。高度近视引发的近视性黄斑性病变、白内障、青光眼和视网膜脱落，可能导致永久性失明，这已经成为城市地区致盲的首要因素。"看见爱"从2015年起尝试从儿童早期阶段开展干预行动，遵循儿童发展早期"知—信—行"的认知教育理念，帮助低龄儿童与其家长纠正不良用眼行为，提升视力健康自我防护意识，降低未来因病致盲的概率。

上海"看见爱"志愿者服务中心于2016年底经上海市普陀区民政局批准设立，专注于儿童早期视觉健康教育领域，所推出的儿童早期视觉健康公益教育课程，先后荣获公益之申十大公益项目提名奖（2017）、欧莱雅女性公益创新奖（2017）、"慈善北京"公益项目（2018）、上海市妇联"公益创变客"（2018、2019）、行动者联盟十大公益创意（2020）等诸多社会荣誉的肯定，也获得政府采购项目支持。在上海、北京、武汉、郑州、成都、厦门等

17个省市的地方公益合作伙伴支持下，中心为幼儿园学前阶段、小学生9岁以下低龄阶段儿童提供"看见爱"儿童早期视觉健康教育公益课程，主要从光线、姿势、卫生习惯三方面入手，通过好玩有趣的科学小实验、简单易用的"一寸贴"、行为习惯连连看卡牌游戏，让儿童在游戏中通过动手学习，从知道到理解与视觉健康相关的知识技能（需配合"看见爱"版权课程与工具包使用）。可分为3个20分钟的短课程，分三周实施反复巩固，也可以组合为1次60分钟的宣教性质课程。目前服务超过200个社区，包括市级、区级图书馆。

通过与全国17省份公益伙伴开展合作，"看见爱"项目以志愿者讲师培训模式先后培训了来自企业、大学和中学志愿者超过20万名，包括青海、云南等偏远地区。"护眼专业课程+志愿者培训服务"的标准化模式为企事业单位、大学生与中学生志愿者团体参与社区服务，提供了标准化模板，帮助原本经验有限的志愿者群体能在接受培训后，能够更严谨周到的参与社区公益服务。合作单位包括福特汽车、汇丰银行、唯品会、依视路集团、北京培黎职业学院等。"看见爱"公益课程项目成为志愿者服务与社区之间的优质桥梁。

"看见爱"项目帮助低龄儿童通过动手游戏学习并掌握低年龄段须知的视觉健康知识，提升自我保护的意识与技能。在云南、青海等地所做的短期评估中，儿童理解率最高可提升29%（见图5-2）。

图5-2 "看见爱"儿童视觉健康知识课堂普及活动

案例 5.2　深圳市亮睛视觉研究所视觉健康儿童友好社区

深圳市亮睛视觉研究所自 2013 年受深圳市妇儿工委委托进行"儿童视力安全研究"。为达成预防儿童近视、降低儿童近视发生率的目标，机构历时八年，深入社区、校园、家庭持续进行探索实践，从视觉心理、亮睛饮食、视觉环境、行为习惯、户外活动、视觉检测评估、瞳伴有礼等七大模块，系统构建如表 5-1 所示的 V7 视觉健康公益服务模型，汇集社会爱心力量，为儿童提供"视觉健康关爱服务站""不宅花园""儿童友好科普路径"等特色服务。

表 5-1　深圳市亮睛视觉研究所 V7 视觉健康公益服务内容

阶段	主题	英文名称	服务内容
01	视觉心理养分	P for Phycology	真的重视吗？挑战你的真爱，不同程度的视力不良问题可能造成不同程度的心理健康问题，也反映出亲子沟通的误区。参与视觉健康关爱服务社区筛查那些小事儿，关注儿童视觉心理健康发展
02	亮睛乐食	A for Vitamin A	饮食也挑战，"亮睛乐食"帮助儿童养成有益于视觉健康的均衡饮食习惯，从生活体验中提升科学爱眼常识和自我保健技能
03	视觉健康行为习惯	H for Habit	关爱服务视觉健康，"家庭微干预"培养宝贝的视觉健康生活习惯，挑战从家里开始
04	视觉健康环境	E for Visual Environment	对儿童友好吗？家居视觉环境是不是对儿童的用眼习惯和眼睛健康具有友好性？参与视觉健康关爱服务站"家庭微干预"服务挑战家居视觉环境友好性
05	视觉健康运动	N for Nature	挑战晒太阳！每天 2 个小时以上晒够了吗？晒太阳是户外活动对眼睛有益的关键点。专家推测充足的户外阳光照射（每天 2 个小时以上）帮助人体获得足量多巴胺和维 D，抑制近视发生和发展
06	视觉检测与评估	T for Testing and Evaluation	在视力不良发生前介入，早预警早干预，是孩子拥有不戴眼镜的机会的有效手段。挑战大学生戴眼镜已成必然的现实，你准备好了吗？
07	瞳伴有理	F for Friends	团队在哪里？挑战你的凝聚力，培养儿童以团队合作的形式参与社区爱眼公益服务，激励他们不断进步和改变，共同营造有利于儿童身心健康发展的"儿童友好社区"

"不宅花园"搭建儿童参与、邻里互助、志愿者合力的儿童友好社区迷你平台，联动家庭、社区、学校，形成持续的社区营造动力机制，项目涵盖政策、文化、环境、社会与经济等多层次社区营造因素，以儿童视觉健康为核心，在儿童友好型城市建设实践中，强调儿童参与的广度、深度，从改善儿童及家庭的日常生活行为习惯和家居环境，到无缝衔接社区公共环境营建，儿童、家庭、社区的发展在项目中实现了共同创意、共建共管、共生共荣，同步推动视觉健康生活模式和儿童友好社区文化的可持续发展。

① 建设儿童友好文化。深入社区，通过田野调研、问卷调研、深度访谈等近一年的实地考察研究，了解儿童户外活动、家居环境、行为习惯等方面的现况，聆听儿童心声，发现儿童真实需求，针对过度"宅"问题，提出亲子共建"不宅花园"方案，探索有效预防儿童近视的行为干预与共建友好家园的公益服务模式。汇聚眼视光学、园林景观、健康管理等专业资源，实施得到香港中文大学（深圳）、深圳大学视光学院、深圳市眼科医院等高等院所、专业机构和专业人士的鼎力支持，更深挖在地力量，社会力量与在地社工、在地志愿者、在地儿童家庭，多方合力，探索多渠道改善儿童爱眼行为习惯的方法与途径，共同营造有利于儿童身心健康发展的儿童友好社区软环境。培养儿童不仅以团队合作的形式参与社区公益服务，也注重培养儿童的组织与凝聚力，采用"五星进阶"激励儿童不断进步，营造有利于儿童身心健康发展的文化机制。

② 营造儿童友好空间。"不宅花园"作为以预防儿童近视为目标的户外专题空间，占地面积不大，要处理的花事园务不少。项目用自然体验、不宅日课、瞳伴赋能等内容，从家庭"宅"生活中营建家居爱眼环境，到无缝衔接社区公共环境营建，提供儿童快乐成长专属空间，保障儿童安全健康成长。项目在深圳社区落地，从场地到资金，如民生微实事等小额政府资金支持、花园用途的合理合规性等，均得到所在社区的政策性支持。随着玉翠社区、吉祥社区的"不宅花园"项目落地，社区相关部门还在"不宅花园"旁配套建设了瞳乐园、儿童广场等，更大范围提升了儿童友好社区空间品质。

"不宅花园"经过长达三年的运维，形成了自身独特的营建原则。

① 环境生物多样性原则。为原场地带来更丰富的物种。如第一个不宅花园周边原来仅有20多种植物，通过儿童参与，新增植物品类近30种，丰富的生物多样性，提升了场所的户外适宜趣玩性。

② 社交性发展原则。混龄促进儿童社群交往，日常管理培养公共礼仪，重视增进个体间的合作机会。

③ 身心体发展原则。以预防近视为目标，关注MVPA，倡导每天2小时碎片化户外运动，提供社群打卡技术支持，增加户外活动频率。同时关注儿童情绪管理，从花事园务中即可享受劳动的喜悦，也可在因精心管养的草木花卉被人为破坏，或被各种幼虫吞噬的自然生态演化中，了解自然与社会，增强抗挫折能力。

④ 科学人文素养发展原则。自然、科学、健康，"不宅花园"学不完的知识，格物致知，四季交感，拓展学科实践，非正式学习和结构性学习的平衡，拓展了多元学习体验，促进有意义学习发生。

⑤ 儿童对环境建设的深度参与原则。赋予更大责任参与环境改造，儿童是不宅花园的全生命周期责任人，从选择、设计，到日常管养与各类活动，孩子们在参与中，可深入广泛的了解人和环境的关系，了解提升自己，发展可持续发展的思维和行动。

⑥ 践行儿童友好健康生活原则。"不宅花园"用花事园务365天不停歇的自然体验、不宅日课、瞳伴赋能等内容，形成家庭社群，促进受众去户外健康运动，家长和儿童做主播，不同时段和场所，贡献不宅生活内容，进行社群内科普知识传播，支持儿童健康成长，促进儿童社会化发展，以达成群体化防控儿童近视的目标。

在"不宅花园"，儿童、家庭、社区的发展，实现了共同创意、共建共管、共生共荣，从而推动视觉健康生活模式和儿童友好的社会文化的可持续发展。"借自然原力，享视觉健康生活"，在不宅花园实践中，播种、浇水、除草、拾捡垃圾、做游戏，"催自然原力，享视觉健康生活"。爱眼去户外，形成"这里有阳光+我的多巴胺"打造V7近视防控行为干预社区，结合迷你剧场、音乐会、写书总结、瞳伴沙龙……帮助社区家庭预防近视，同时完成亲子陪伴，让孩子与自然一起成长（见图5-3、图5-4）。

《儿童友好社区建设规范》操作手册

图 5-3 深圳"不宅花园"V7 近视防控行为干预社区地图

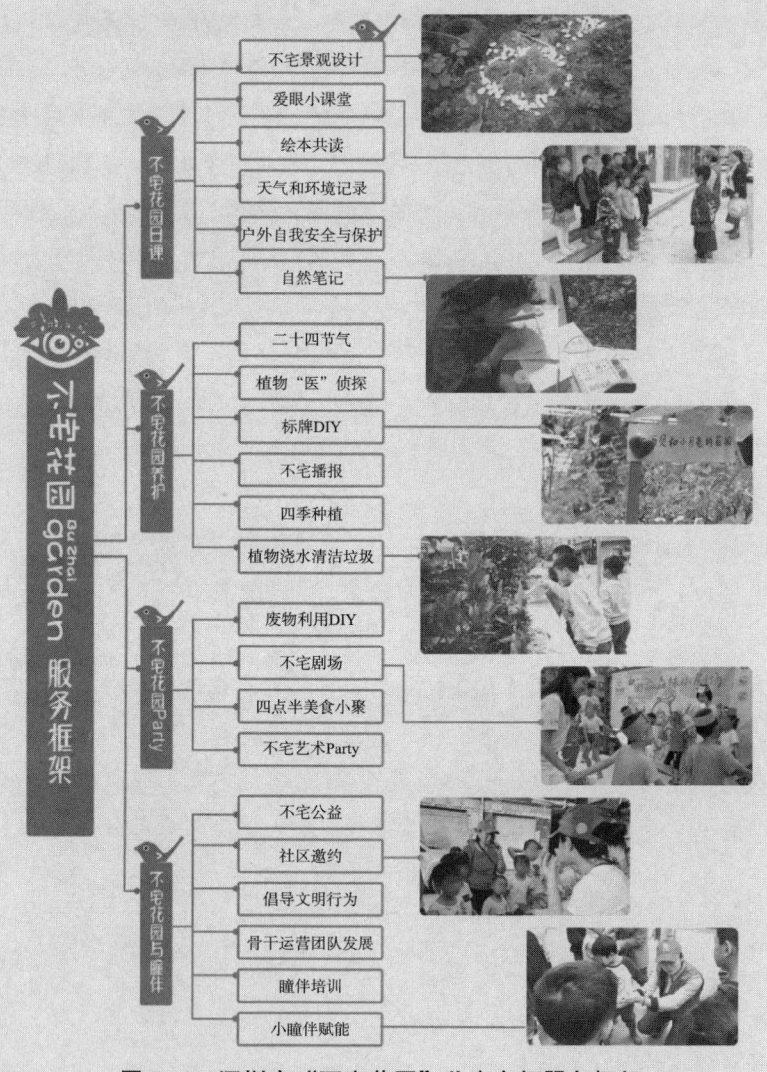

图 5-4 深圳市"不宅花园"儿童友好服务框架

案例 5.3　深圳市踏实 TAS 游戏化儿童友好社区项目 ▶▶▶

踏实 TAS 主要致力于为社会设计出能创造价值的游戏化产品、服务与体验，作为一家在社区一线参与设计和规划推动社区可持续发展的团队，团队在 2016 年在社区中开展儿童及青年可持续参与社区探索的游戏化项目开启了对于社区发展的行动和研究，社区游戏化的项目《接班人》于 2016 年被选入中国儿童友好社区促进计划全国典范项目库。在此之后，TAS 团队开始持续在社区领域推动儿童可持续参与社区发展的研究和实践。

（1）《接班人》项目

2016 年《接班人》项目的发起主要是因为发现社区中缺乏青年群体的参与，孩子活动及学习的空间也逐步转移。希望能通过一个有趣好玩的公共参与项目吸引和激活社区活力。该项目的整体设计理念是融合了《大富翁》游戏"集体创造财富最大化的反垄断"机制以及"设计思维"内核，撬动更多青年人持续参与社区发展为核心而开发的游戏化社区探索项目。《接班人》设计了共同创建价值的模式，让参与者共创一个类似《大富翁》的游戏，内容则是由探索社区的体验活动组成。

在整个游戏机制中，设计了 5 个步骤、2 种反馈机制，并基于社区群体身份的调研，为参与者设计了一套均有各自诉求的角色卡牌，参与者通过扮演游戏中的角色，从而用新身份新视角重新看待社区。这 5 个步骤不仅分别与共建社群的五个阶段对应，同时也是"设计思维"内核的体现：共情、定义问题、构思、做原型、测试和优化（见表 5-2）。

表 5-2　深圳市踏实 TAS《接班人》项目设计步骤

步骤	名称	工作内容
1	社区探索	建立一套游戏机制，让参与者用趣味的方式去寻找社区的问题，发现社区的美好事物。参与者领取 4 个方向的探索卡：宣传卡、餐饮卡、娱乐卡、空间卡，并分组进行探索，该四个方向也是基于社区真实的情况以及社区居民的出行行为而设计的。每个小组将带着不同的方向和不同身份重新探索社区，小组将会统计每位参与成员在过程中发现的系列问题。该环节的核心目标是建立共同愿景

续表

步骤	名称	工作内容
2	定义问题	将每个小组同一方向的多个问题进行梳理，基于参与者的真实身份，形成当下唯一一个感兴趣或是当下小组能解决的问题。问题筛选的过程需要表达为何提出该问题以及对该问题的认识。该环节是为了建立平等对话的机制，让每一位参与者都能更好地展现个人价值以及相关的特殊技能，形成参与者对彼此之间的能力互补和团队黏性，完成阶段性目标
3	解决问题	以设计思维工作坊为核心，建立一个连续2~3次的议题讨论，共同问题解决的过程，形成一个小组共享共创的经历。同时这也建立了持续参与的机制，如何让小组的每一位成员能更好通过自身擅长的领域共建解决方案。该环节是为了创建参与者的共同经历，构建每一位参与者的责任感和使命感，以便小组在过程中找到社会价值或是商业价值的可能性
4	落地测试	分为两次连续过程：第一次小组将会带着解决方案进入社区，与利益相关方进行测试。过程会被记录下来，从而集合不同参与者的观点。第二次将会带着优化方案以及设计路径，与大富翁的棋盘一同落地。在棋盘上将会呈现多个小组探索社区的相关议题，以及如何发现问题时候的行动方针，棋盘的体验者和围观者也将因为社区的问题形成现场小型议题讨论
5	持续升级	收集解决方案的测试结果以及居民的反馈意见，进行优化升级

《接班人》在第一期的项目开展过程中，参与者提出了不少有共性的社区问题，并提出了相关解决方案，其中有五个项目完成了落地测试和后续两三年的持续运营。

关于《接班人》项目的反思包括：儿童在参与的过程中如何能做到持续性，整体机制和内容设计让社区的学生开始对社区有了一定的认识，建立了基础的议事规则的认知，但是缺乏持续观察社区和持续表达自我观点的途径。在项目设计中让参与的孩子的观点成为部分落地项目的参考意见，缺少了儿童可直接参与的过程。

（2）《走读蛇口》项目

2017~2018年《走读蛇口》项目在《接班人》之后开启了社区公共教育

第五章 儿童友好的服务提供

体验的服务设计。踏实 TAS 开始走访蛇口社区,他们在与当地居民和前辈沟通的时候发现,当地有非常丰富的城市精神以及时代浪潮下的故事值得被记住和传承。不过,由于急切的城市更新,蛇口大量的旧厂房俱已不再,新的楼宇不断拔起,产业用地逐渐增多……城市的印记在逐步的消退。在这个背景下,《走读蛇口》诞生了(见图 5-5)。

最早该项目的设计原型参考了"最世界 City Walk"的思路。但很快,团队发现该思路有一个致命弱点,那就是持续参与的成本非常高,比如嘉宾和优质的导赏员,并不能长期地为大量体验者持续提供服务,那么能否建立一套新的机制,从而满足即使没有专业导赏员,也能将蛇口的本地故事和精神进行良好的传达?

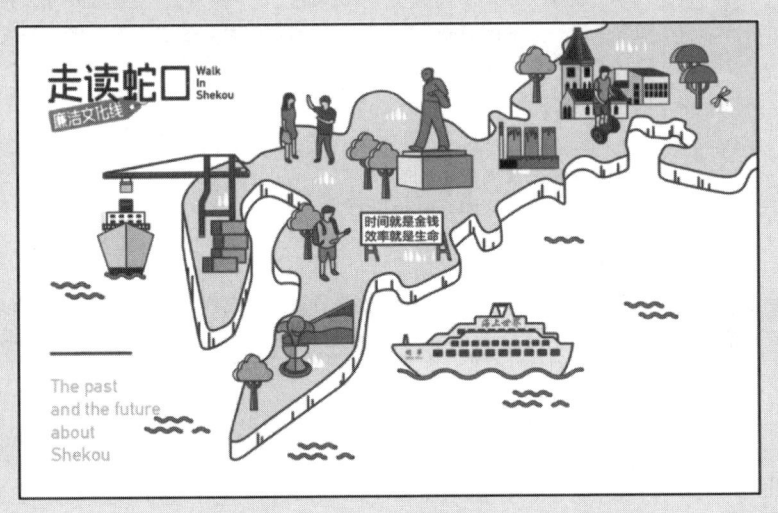

图 5-5 深圳市踏实 TAS《走读蛇口》项目地图设计

为此,《走读蛇口》建立了基础模式、小小讲解员模式、纯游戏化模式、自由探索模式四种不同模式,开启了踏实 TAS 对于游戏化应用于城市公共文化和公共教育的开端。

游戏化设计在《走读蛇口》的项目中不再单纯体现在增强体验上,而是应用游戏化思维与设计思维,考量所有的相关方(参与者、设计者、消费体验者、共建者、管理者)在过程中建立可持续的交互与发展的模式。整体项目通过与校园合作，形成了暑期的系列讲解员培训。也让整体的项目的资料进行了一次儿童内容的梳理，形成少儿版本的培训课程。在三年的运营中，因为没能完全建立起后续的内容运营及搭建起公共标识系统使得项目仅成为预约制体验，未在日常中实现大面积常规化体验（见表5-3）。

表5-3 《走读蛇口》项目四种模式

序号	模式名称	模式内容	运营特点
模式一	基础模式	建立分布式内容站点，将蛇口变成博物馆。参与者可根据时长和需求形成不同路线，每个站点上建立2~3层不同分类的故事内容，会随着参与者的路径体验而产生变化	与不同相关方共创分角色的持续运营机制。项目与本地招商街道、蛇口社区基金会共同开发，并以小程序为端口展开。据此，社区基金会收获了可持续获得捐赠的实体项目，本地居民和义工获得了回馈和保障机制，每个站点的故事内容成为导赏员的培训内容。建立了视觉化和游戏化的辅助工具。参与者会获得一套装备（渔夫帽、环保袋、历史故事卡）及服务工具（收听器、语音故事、游戏卡等）
模式二	小小讲解员模式	与校方合作，建立小小讲解员参与网络。此模式的核心是扩充项目的社会影响力，建立更多元主体的共同参与。该项目从暑期开展，并与蛇口的育才教育集团、海上世界艺术中心等机构共创互联合作，让学生完整学习讲解员的礼节，并通过讲解来深度接触蛇口历史，最终，小小讲解员可在周末的时候持续到博物馆进行讲解	项目在中期迭代升级时，也与校方的特色课程老师共同分享了调研的文本材料，也让更多学生的家长们重新了解蛇口
模式三	纯游戏化模式	踏实TAS希望在考虑游戏完整性、持续性与参与者收获感的基础上，让参与者更好地吸收和了解本地故事和历史，形成新的基于项目路线的社区商业和服务；降低体验成本，增加体验完整性；并带动周边商业空间的消费和宣传	此模式参考了好莱坞剧本的写作逻辑，并建立新消费的尝试。建立3层叙述关系，第一层是历史故事的主要脉络和分类。第二层是游戏化的故事剧本。第三层是体验感的设计，在脚本剧情的引导下，设计跟进剧情的突发事件，引起参与者的临时反馈，再形成游戏任务或体验内容。将在这点的基础上建立不同的体验路径，并且会在每一期体验结束后进入体验总结，持续优化迭代

第五章　儿童友好的服务提供

续表

序号	模式名称	模式内容	运营特点
模式四	自由探索模式	通过建立《走读蛇口》的公共标识，未来整条路径都不再需要工作人员和人工导赏员。将会通过公共标识读取本地的1~2条故事信息，便开启游戏化探索。在每一次信息选择中建立平行变量，让参与者因为不同的选项形成自己独特的探索路径，具体的故事内容转移至公共消费场所，可自行的与当地居民自由连接完成探索引导	比较遗憾的是公共标识的进度因为各种原因最终没有完全落成，不过最近又在重新推进中

（3）"玩转社区敢闯艺术营"课程

2019~2020年，在香港与青年广场及香港艺术发展促进局合作了2年"玩转社区敢闯艺术营"的课程设计。整体课程通过NACP（觉察、分析、创造、实践）的课程体系，让孩子可以全面的开始融入社区发现和探索。通过五感的方式与香港5家不同的艺术机构共

图5-6　深圳踏实TAS团队与香港社区合作的"玩转社区敢闯艺术营"课程活动

同合作，创建了五种感官体验课程，让全港600多位同学打开对于社区的环境、自然、本地文化有了更多的认知和链接。

（4）《蛇口教科书》项目

在 2016~2021 年，TAS 团队在社区一线与政府、社会组织、基金会、企业、做了不同的创新项目，5 年的一线工作带来了新的思考。

- 社区里如何持续获取优质的儿童可参与的项目和课程？
- 社区里"儿童议事会"项目结束之后，社区将会有怎样的变化？
- 社区里的孩子如何能长期学习和表达她们对于社区的观点？
- 如何能在社区中教会孩子更多校园里学习不到的知识？
- 相关的项目合作方在项目结束后又如何持续参与？
- 如何将公共空间的使用率提升，建立本地居民及儿童愿意参与的空间？
- 如何能吸引更多的优质的团队加入社区儿童的项目的建设？

……

以上的问题最终被归类为 4 个空缺点：缺少优质内容的生产者；缺少社区特定信息的精准传达；缺少公共教育与产业的链接；缺乏地域型的专项资金运作及管理。

因此踏实 TAS 团队开始探索在社区中如何通过多个项目逐步搭建公共教育体系。截至 2021 年底，TAS 团队通过搭建本地可体验和学习的城市教科书计划——《蛇口教科书》。该项目带动社区居民公共参与挖掘社区公共知识内容，串联本地居民及商户搭建临时性/半永久性的公共教育宣传渠道，游戏化和视觉化的呈现方式给社区带来了新的活力和希望。《蛇口教科书》项目运维路径如下。

① 从内容端建立生产系统，输入体系和输出体系。

输入体系：建立社区公共教育的方向大纲，以儿童可参与、可学习、可体验为标准；以科学性、跨学科、可持续为目标；建立社区参与群体的机制，从邀请制到跨学科的公共参与制度。建立社区公共内容收集系统，通过社区参与人群提问等方式，逐步建立社区如自然种类、地缘文化、社区故事、社区居民的历史、建筑、色彩、垃圾、物质流等多元信息网络，该内容将为内容创作团队建立源源不断的素材。

第五章　儿童友好的服务提供

输出体系：建立社区公共动态信息知识库，基于社区用户需求持续优化和迭代的知识网络（如同社区版本的维基百科）。建立居民行为可触达的信息传播网络，如社区商业空间、公共空间、消费娱乐点位上的信息传递。

② 从管理端建立公共教育专项管理机制（推动社区自治的专项模式）。

完善管理组织架构：包括项目议事会作为决策机构；项目设计方作为运营机构负责 3~5 年规划、体系搭建、核心项目策划及执行；社会组织和社会企业作为执行机构；运营机构负责筹资、管理及使用规划（见图 5-7）。

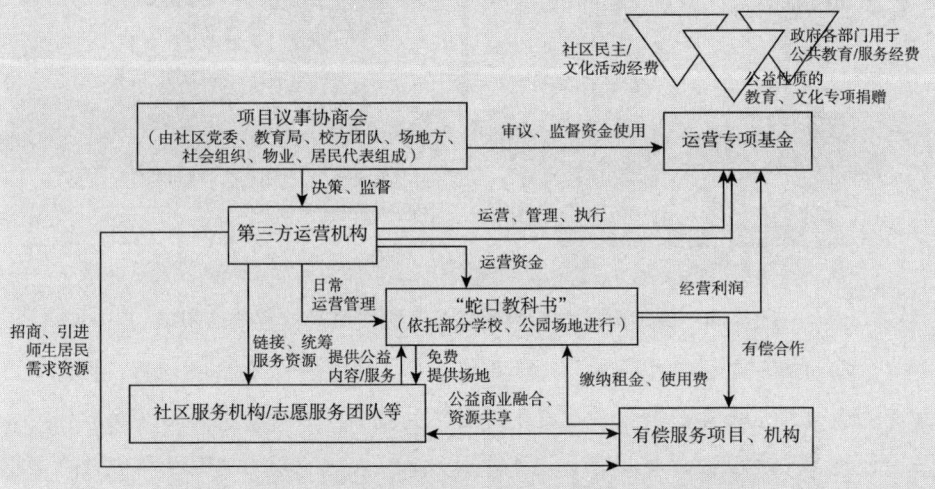

图 5-7　深圳市踏实 TAS《蛇口教科书》项目运维路径

《蛇口教科书》项目管理机制的设计目的有五点：第一，建立社区可持续发展的新模式，专项项目的议事会是由社区公共教育相关方共同组建，形成对其公共教育的赋能和社会资源的给予；第二，建立第三方运营机构，培育创新社会专业服务机构运营及建立未来 3~5 年的发展计划；第三，建立专项基金，将社会中已有的关于公共教育的相关资金引入社区公共教育发展，建立资金管理办法，推动和扶持本地教育机构的发展，形成公共教育的产业链；第四，创建特色的专项项目，形成本地公共教育 IP；第五，联动社区社会组织、专业机构、社会企业、社区特长居民形成共创和服务采购。最终项目搭建出一个社区可持续发展的平台机制。

③从参与端建立参与反馈机制。

逐步记录参与者的思考、感受以及对于项目的建议反馈。也将为社区项目建立一个良性的提升空间和方式。建立参与者的晋升机制培训，逐步让参与者成为社区内容的提供方。给予参与者更多的正向反馈（见图5-8）。

图5-8 深圳市《蛇口教科书》儿童友好游戏宣传海报墙

2021年，《蛇口教科书》项目开始开展儿童友好游戏发明行动，在蛇口招商街道沿山社区长期推动儿童友好社区的发展。通过将社区的公共空间进行改造，形成社区公共教育长期体验和互动。在这个项目中真的第一次开启了让小朋友们自由表达、自由创作的过程。作为踏实TAS团队《城市教科书》计划的组成部分之一，《蛇口教科书》是逐步完成公共教育体系搭建的一次践行之路。

案例5.4 成都市盐道街小学（528校区）儿童友好交通安全警校共育项目 ▶▶▶

成都市锦江区盐道街小学（528校区）门口处于交通要道，紧邻公交车站，周边居民小区人口众多，路口车流、人流量巨大。同时，路口周边存在三轮车"等候点"，拥堵严重，学校儿童上下学存在一定交通安全隐患。部分学校儿童和家长在上下学的道路上存在违反交通规则的行为，交通意识淡薄，

第五章 儿童友好的服务提供

对个人和公共安全存在一定隐患。

成都市锦江区快乐青少年成长服务中心在喜树路社区的指导下，协助盐道街小学（528校区）携手成都市交警三分局及各方资源，开展以交通为主题的项目式课程，致力于共同提升辖区儿童的交通安全意识、培养良好的交通习惯，并以儿童带动家庭，以家庭促进社区共建共享安全、文明的社会环境，为儿童健康成长营造友好环境。在开展好道德与法治、生命生态安全课程的基础上，通过整合和渗透的方式让交通项目课程更有针对性的培养社区儿童的规则意识。

项目总目标设置为倡导文明出行，助力平安生活，培养责任担当。同时，将交通与五育融合，设定了不同维度的目标。交通与德育：自律与公德；交通与智育：常识与思辨；交通与体育：体能与意志；交通与美育：鉴赏与创作；交通与劳动：体验与实践。

项目名称为"三·盐"两语说交通，"三"是成都市交警三分局，"盐"是盐道街小学。项目主要从两个板块展开，第一个板块是安全"童"行，立足儿童的日常出行，由"愚公移'三'"和"童言无忌说交通"两个子项目组成。第二个板块是安全"同"行，包括"幺儿出行记""小手大手安全走"两个常规子项目，意图在活动中培养儿童的交通安全意识，并带动其家庭自觉遵守交通规则，营造安全出行的氛围，弘扬安全出行的正能量。

多个项目于2019年11~12月启动，采取主题活动和常态化活动相结合的方式（见图5-9）。

图5-9　成都市盐道街小学（528校区）警校共育活动图集

常态化活动包括一日小交警、愚公移"三（轮车）"、童言无忌说交通、

179

幺儿出行记、小手大手安全走等方式，为彻底解决校门口的乱停乱放、堵塞交通的问题，组织接受交警叔叔的专业培训，"小交警"积极宣传交通规则和道路安全法，维护校园的安全秩序，与辖区交警叔叔一起在街头执勤，用标准的手势操指挥校园交通，积极带动更多儿童及其家庭成员共同遵守交通规则，营造安全出行的家庭氛围；儿童通过资料收集、方案设计、现场实践、专业求助等方式，为问题的解决提出了系统的解决方案，并将这些方法付诸行动，走出校门，走上街头尝试移"三"，创新儿童参与社区治理课程实践模式。采用让儿童畅谈"交通安全"、实地调查、提出建议、绘制交通规则绘本、拍摄交通微故事或制作小动画"抖音短视频"等方式，把交通安全知识以一种更加有趣、吸引人的方式传递给大家。而"规则连连看""现象消消乐""全家泡泡龙"，以游戏化的方式联动儿童与家长，共同参与交通规则的学习和践行。

项目实施后，取得了很好的效果。首先，校园周边乱象得到改善，上下学有秩序。儿童上下学的时间段，儿童可根据规定路线行进，学校周边井然有序，放学时各班平均一分钟即可完成放学工作，平均仅需1.3秒就能手把手将一个儿童交到家长手上，营造了儿童友好的交通环境。其次，儿童素养有提升，交通习惯初步养成。交通课程结合成都市规则意识课题已经立项开始研究，学校儿童参与率为100%。通过一系列活动的参与，社区儿童对于交通标志、交通规则有了更清晰的认识，基本养成了行人应该遵守的交通习惯。最后，儿童反馈真不错，立德树人见成效。通过调查和反馈，学校儿童家长参与度约有90%，其中安全"同"行的项目板块，家长明显观察到儿童的成长变化，对项目表示认同，居民参与度逐步增加，社区儿童的交通安全意识有了大幅度提升。

案例5.5 成都市成华区"笨爸爸工房"儿童友好社区项目 ▶▶▶

社区家庭需求调研发现：受经济、知识水平等因素影响，父亲在家庭教育中参与度较低。为了解决这个问题，成都市成华区爱芽妇女儿童社会服务中心设计了"笨爸爸工房"项目，以父爱教育为切入点，以"父爱教育模型"

指导下的父爱木工课为载体，通过参与式陪伴，倡导爸爸参与共同育儿，并为爸爸参与子女照护提供支持，使爸爸和孩子得到有效的双向深度陪伴。项目开创社区父爱空间，既能促进青少年的健康成长，又能缓解女性的育儿焦虑，推动婚姻中的性别平等，构建和谐家庭关系。项目共培育有6名社区父爱引导师，接受父爱教育系统培训，助力家庭教育尤其是父爱教育团队的建设，搭建父爱教育平台，为社区其他父亲提供父爱教育知识引导服务，支持男性成为更好的父亲和照顾者；父爱木工课、社区行走、我与爸爸的小时光展、个案等形式多样的服务，促进累计不少于100组社区家庭父子协作能力与沟通能力的增强；不少于100组家庭父亲与孩子互动次数增加，父亲与孩子相处能力提升，不少于两组个案家庭父亲陪护能力提升，增进亲子关系。

"笨爸爸工房"项目特色在于将木工课、父爱教育与专业社会工作服务相结合，通过为爸爸们赋能，促进了友好家庭环境的创设，参与式陪伴关系的形成，对于促进性别平等、构建儿童友好社区、生育友好型社会，提供了优质的服务和稳定的基础（见图5-10）。

图5-10 成都市成华区"笨爸爸工房"活动

2 保护性服务

社区应为困境儿童提供有针对性的服务。社区工作人员应特别关注家庭困难或者自身有残疾的儿童及其家庭，为特殊需要儿童建立档案。社区应注意识别高风险儿童，包括家庭关系紧张、辍学、无人照顾、留守或者有过被虐待经历的儿童。及时发现被拐卖、被忽视、遭受暴力侵害和剥削的儿童，并及时进行恰当的转介和联动应对。社区应建立特殊儿童保护的预警和报告制度。

当儿童在社区或家庭内遭受不正当对待（如虐待、疏忽等），导致身体、心理、社会、教育等权益受损时，开展以保护儿童为目的的服务项目。通过推动儿童友好社区建设，在社区建立完备的儿童保护工作机制和服务体系。儿童保护工作是社区服务不可或缺的组成部分。开展保护性服务，首先，要做好预防工作，在社区内开展广泛的儿童保护宣传和活动，使得儿童保护的理念深入人心，这是儿童友好社区建设的基础。其次，在社区切实落实儿童伤害的强制报告制度，确保儿童伤害事件早发现、早干预、早庇护。最后，整合专业机构资源，疏通转介渠道，使得受到暴力侵害的儿童能够获得及时专业的救助服务。

什么是虐待儿童？

根据世界卫生组织的定义，虐待儿童是指对18岁以下儿童实施的虐待和忽视行为。它指的是在一段本该充满信任、责任和影响力的关系中，施加给儿童的各种身体虐待、情感虐待、性虐待、照顾忽略及商业剥削等。这些虐待行为给儿童的健康、生存、发展和尊严造成了实际的或潜在的伤害。儿童虐待对儿童个体认知、行为等各方面造成不同程度的影响，除死亡、身体伤害和残疾以外，虐待引起的极度紧张会损害大脑发育，破坏神经和免疫系统。与这些伤害高度相关的是儿童认知发展迟缓、学习差、易辍学、精神问题、自杀倾向、危及健康的行为、反复沦为受虐者或成为施暴者。而这些后果又易在日后诱发心脏病、癌症、自杀、性病传染，继而产生社会、经济影响。

儿童保护工作的有效落实，建立完备的儿童保护工作机制是保证。社区儿童保护工作机制应集合基层民政、公安、卫生、医疗、教育、妇联等部门的力量，负责组织、计划、管理日常社区儿童保护事务；要建好儿童保护运行程序，建立社区儿童保护"监测预防、发现报告、调查评估、应急处置、帮扶干预"一体化的运行程序，明确相关部门的职责和协作程序，做好儿童保护工作各个环节的衔接，织密织牢社区儿童工作的保护网。

《规范》："7.2 保护性服务：

当儿童在社区或家庭内遭受不正当对待（如虐待、疏忽等），导致身体、心理、社会、教育等权益受损时，开展以保护儿童为目的的服务项目。服务宜包括但不限于：

——针对在校园里受到欺凌的儿童，开展预防与个案干预服务；

——针对困境儿童，包括遭受身体虐待、性虐待、心理虐待等暴力侵害及照顾疏忽的儿童，建立相关保护制度，及时发现、强制报告、评估取证、家庭辅导、提起诉讼、案件审理、回访考察；

——建立社区儿童档案，进行动态管理，及时发现和监测困境儿童的状况，及时掌握高风险的外部环境因素以及自身风险行为的信息，并采取相关措施消减风险因素，改变风险性行为；

——建立预警和举报制度，及时发现被拐卖、被忽视、遭受暴力侵害和被剥削的儿童，并进行适时恰当的转介和联动应对；

——为受伤害的儿童提供庇护和心理干预，提供咨询疏导服务。"

2.1 开展预防与个案干预服务

针对在校园里受到欺凌的儿童，开展预防与个案干预服务。社区应该以辖区学校和托幼机构为平台，联动儿童之家开展预防性的服务。面对儿童，可以以班（队）会或者课外活动的时间开展主题活动，主题包括儿童权利宣传、性别平等教育、性教育、普法活动、禁毒宣传等，引导儿童树立平等、无歧视的儿童观，帮助儿童识别欺凌、了解遇到欺凌时如何求助以及向谁求助，最大限度避免欺凌现象的发生。面对家长、教师以及其他的儿童工作者，以专家讲座或者工作坊的形式开展宣传教育活动，帮助他们树立科学的育儿观和儿童权利观，便于他们了解欺凌的表现和后果、熟悉儿童保护个案流程。

欺凌事件发生后，应及时启动个案流程，展开有针对性的服务。针对困境儿童，包括遭受身体虐待、性虐待、心理虐待等暴力侵害及照顾疏忽的儿童，建立相关保护制度，及时发现、强制报告、评估取证、家庭辅导、提起诉讼、案件审理、回访考察。

2.2 针对困境儿童建立儿童保护工作体系

儿童保护是指保护儿童免于被拐卖、遭受暴力、被忽视、被歧视、被剥削等伤害的一切制度安排和现实行动。困境儿童包括孤儿、留守儿童、单亲儿童、伤残儿童及其他困境儿童。国务院于2016年2月发布的《关于加强留守儿童关爱保护工作的意见》、2016年6月颁布的《关于加强困境儿童保障工作的意见》以及民政部于2019年5月颁布的《关于进一步健全农村留守儿童和困境儿童关爱服务体系的意见》，均指出要建立基层儿童关爱保护体系——县（市、区、旗）、乡镇（街道）、村（居）三级工作网络。其中，社区/村（居）一级起着基础性作用。

困境儿童

困境儿童包括孤儿、留守儿童、单亲儿童、伤残儿童及其他困境儿童。

孤儿：失去父母的儿童。留守儿童：指父母双方或一方到外地打工（生活），自己留在本地生活、上学的儿童。他们一般与自己的父亲或母亲中的一人，或者与祖辈，甚至父母亲的其他亲戚、朋友一起生活。

单亲儿童：因父母离异或病故等原因而失去其中一方的儿童。

伤、残儿童：在地震中或因其他原因造成身体上伤害、残疾或留下心理创伤的儿童。

其他困境儿童还包括遭受身体虐待、性虐待、心理虐待等暴力侵害及照顾疏忽的儿童。

第五章　儿童友好的服务提供

2019年12月国家卫健委等12部门印发了《健康中国行动——儿童青少年心理健康行动方案（2019—2022年）》，明确指出各级各类学校要建立心理服务平台或依托校医等人员开展学生心理健康服务，学前教育、特殊教育机构要配备专兼职心理健康教育教师。2021年7月，教育部办公厅印发《关于加强学生心理健康管理学习的通知》，提出从源头管理等四个方面进一步提高未成年人心理健康学习的针对性和有效性。这些行动方案和政策的颁布为未成年人心理健康素养提供了进一步的保护。

因此，综合性的儿童保护工作体系构建需要从三个核心领域着手：一是公众意识提升和家庭教育服务，包括向公众宣传教育有关意识和行为的改变，推动优良的父母抚育行为，倡导以儿童权利为本的家庭教育指导服务，促进父母的养育行为和意识的改变。二是健全完善社会福利体系，即建立有专职工作者和有效运作的儿童保护服务机构，建立预防和预警项目，提供转介和应对家庭、社区为本的服务，提供咨询和社会心理支持机制，建立和运作多部门跨界合作机制。三是构建儿童保护的立法和政策框架，即以政府为主导的预防机制，打下法律和政策基础，并且构建和强化政策实施所需要的协调机制。

2.3　建立社区儿童档案

建立社区儿童档案，进行动态管理，及时发现和监测困境儿童的状况，及时掌握高风险的外部环境因素以及自身风险行为的信息，并采取相关措施消减风险因素，改变风险性行为。建立社区儿童档案的目的在于及时了解社区儿童及其家庭状况，进行动态管理，及时甄别、发现和监测高风险家庭和困境儿童状况，并采取相应措施。社区儿童档案样表详见附录5。

建立社区儿童档案有利于监测预防儿童陷入困境。所谓的监测预防是指在平时的工作中，就对社区儿童及家庭的基本情况进行充分了解，做好摸底排查，及时发现他们的问题和需求，为每个儿童建立档案，特别是对孤儿（包括事实无人抚养儿童）、留守儿童、困境儿童和触法儿童情况的掌握，做到心中有数，使那些有可能发生的后续问题得到事先预防和控制。社区应该通过全面排查、定期走访及时掌握儿童家庭、监护、就学等基本情况；主动到学校、街道社区、社会组织、儿童家庭等走访，及时发现困境儿童，尤其是受到侵害的信息。社区也可以通过在组织儿童活动时，在活动中观察儿童的状况，发现有关问题。此外，儿童之家工作人员在平时的生活中，也利用散布、跳广场舞等时机观察、询问社区儿童的情况。

2.4 建立预警和举报制度

及时发现被拐卖、被忽视、遭受暴力侵害和被剥削的儿童，并进行适时恰当的转介和联动应对。包含以下工作内容。

2.4.1 发现报告工作

无论何时、无论何地，当发现儿童有受到侵害的可能或者正在受到侵害时，又或者儿童及其家庭处于困境中时，要及时将此事件报告给相关部门。儿童的父母或监护人、教师、医生，社区工作人员或其他儿童工作者等有责任将儿童受到侵害的情况报告给各级政府部门，比如街道、民政、妇联、司法机关、法律援助机构等。紧急情况下，应立即拨打110、119、120等热线电话或者报告给当地县级层面设立的未成年人救助保护中心。

2.4.2 应急处置和帮扶工作

当儿童的合法权益正在遭受侵害而面临危险时（如家庭暴力），或者困境儿童遇到紧急情况（突然辍学、无人看管、社区欺凌）时，需要进行应急处置使儿童脱离危险境地。当过了应急处置阶段或儿童处于其他困境中，社区工作人员在职责和能力范围内又是可以提供一定帮助的，则需进行帮扶干预。

2.4.3 研判转介工作

少年儿童是祖国的未来，是中华民族的希望，营造和谐健康的生活氛围需要社会各界一起行动起来。儿童友好城市和社区的建设，离不开与儿童健康息息相关的医院和基层卫生医疗机构。当儿童遭受暴力侵害需要得到保护，往往需要协调联动多部门的力量。对于社区协调资源解决不了的复杂问题或需上级部门或外界提供介入的案件发生时，社区可以召开联席会议，召集儿童工作者、各部门工作人员、社区居民、相关专家等，对案件初步研判，根据研判结果及时进行服务转介并提供力所能及的后续支持。社区转介服务包括医疗卫生转介服务、教育转介服务、福利保障转介服务、司法保护转介服务及其他转介服务。

2.4.3.1 医疗卫生转介服务

一方面，在参与儿童之家活动的儿童和家长中发现有儿童未参加预防保健、接种疫苗的，应当及时告知家长送儿童到当地医疗卫生机构接受相关服务；另一方面在儿童之家活动的过程中，发现儿童有明显的疾病征兆，应及时告知家长并提供当地相关卫生机构的信息，提醒家长及时就诊治疗。同时，卫生转介服务还包括发现儿童有心理行为问题且儿童之家不适合辅导的情况时，要及时提供转介服务。

2.4.3.2 福利保障转介

福利保障转介是指儿童之家作为社区儿童服务场所，比较容易接触并发现需要帮助的儿童及其家庭，应主动发挥平台优势，链接福利保障部门，及时提供相关转介服务。

2.4.3.3 司法转介

司法保护转介服务指当儿童之家发现儿童受到遗弃、家暴、性侵、校园暴力等不法侵害或者涉及儿童犯罪时，要及时转介相应司法部门，为需要司法保护或法律援助的儿童提供服务。

2.5 提供庇护和心理干预、咨询疏导服务

在为受到暴力伤害的儿童提供帮扶干预或者转介服务后，社区应该对相关情况做进一步的跟进，了解服务效果是否得以保持，儿童或家庭是否还面临其他新的问题和需求，以确保持续发挥效果。

2.6 开展儿童保护补救性和预防性医务社会工作实践

世界卫生组织的工作小组对中国的儿童虐待所做的系统分析发现，中国18岁以下的儿童中，有26.6%遭受过身体虐待，19.6%遭受过情感虐

待，8.7%遭受过性虐待，26.0%遭受过照顾忽略。由于我国儿童保护法律尚不健全，受传统文化观念及儿童保护强制报告制度薄弱的影响，加之儿童暴力伤害事件发生具有隐蔽性、施暴者身份具有特殊性，受害者反抗能力低、自我保护意识较弱，以及伤害方式的多样性和结果的隐蔽性，使得儿童暴力伤害事件的发现十分困难。即便是发现之后，由于针对儿童保护的相应服务体系及服务内容尚不成熟，专职和专业服务人才缺乏，且保护儿童的相关举措和制度文件基本上是纲领性的，因此对受伤害儿童的保护实践比较有限。此外，针对弱势儿童的民间服务机构管理失序，专业化服务程度低，难以发挥其应有作用。

儿童虐待是一个复杂的问题，受虐儿童往往在受伤严重的情况下才被送医就诊和被发现。因此，医院急诊部最有可能首先接触并甄别疑似受虐儿童。救助受虐儿童必须联合多部门的专业力量。因此，各级医院和基层卫生医疗体系应建立起具有可操作性和指南性的儿童保护补救性和预防性医务社会工作。本节以复旦大学附属儿科医院为例，对医疗场域中医务社会工作者介入的四个虐待儿童个案进行分析，总结提炼出干预过程中的实务技巧与实践智慧、个案服务对象的界定和工作内容以及院内危机干预流程，同时探讨针对儿童虐待的预防性服务以及社会工作者的替代性创伤问题，希望能为各级医疗社会工作者提供借鉴意义。

2.6.1 实践案例

医务社会工作在医疗体系中的介入尚处于新兴阶段，但对于在医疗场域中救治受虐儿童却发挥着重要作用。复旦大学附属儿科医院的医务社工通过对虐待儿童个案的专业介入，及时干预，整合社会资源，最大限度地为儿童提供救助保护服务，在实践过程中探索出一套行之有效的方式和流程，以及经验和技巧。

案例 5.6　复旦大学附属儿科医院医务社工介入母亲为施暴者的儿童虐待个案 ▶▶▶

案主 A 是一名外出打工的母亲，其留守的 5 岁女儿被诊断为肾衰竭。女儿住院后，A 向周围人埋怨婆婆，并对女儿有虐待行为，如在病房拧女儿大

第五章　儿童友好的服务提供

腿、扇耳光、扯头发，严重影响病区秩序和患儿家属休息。同病房家属劝说无效，向医护人员举报，遂转介给社会工作者。

接案后，社会工作者了解案主基本信息，预判案主面临的困难，做好专业准备，进行初次面谈。社会工作者了解到，A来自农村，自幼被遗弃，由养父母抚养成人。她与丈夫自由恋爱，育有一女一子，夫妻俩均外出打工，子女由公婆照料。自女儿确诊以来，A曾自残（扯头发、撞墙、挠手臂），也想过自杀。女儿在接受腹透治疗时，A想给女儿做肾移植，但因家境贫困难以实现。A与婆婆、丈夫大吵大闹，一次吵架后丈夫喝农药自杀身亡。A说看到女儿哭闹就会控制不住地打女儿，但事后又后悔。A的女儿自生病以来性情乖僻，很少说话，伴有自残行为，例如，曾几次在家将腹透管咬断，导致腹膜炎，送院抢救。

社会工作者梳理了A面临的问题，并在随后为期一年的个案管理中提供了如下服务：向A提供充足的同理和倾听支持；与A的女儿建立关系，即便她不予回应，也耐心地与她讲话和做游戏；向同病房患儿家属解释A的困境，并给他们提供一些共处建议。通过一段时间的认知行为干预，A逐渐接受了女儿患病的事实。每次面谈，社会工作者都向A传授一些控制情绪、转移注意力、放松心情的技巧和方法。同时，帮助A梳理可从何种渠道获得何种帮助，以增进其自我成长价值感，挖掘其解决问题的潜能，丰富其社会支持系统。

在社会工作者的鼓励下，A与自己的生身父母、丈夫生前的工友取得了联系，他们都在A的女儿住院期间前来探望。社会工作者还鼓励A向政府相关部门以及基金会申请大病援助，向医院申请租用透析仪器，由护士教她如何操作和消毒，使她的女儿在家也能接受腹透治疗。

出院后，A的亲姐姐给A租了一住处，社会工作者查询了住址所属街道，联系该街道的妇女干部告知详情，请其代为探望和监督A母女。结案后半年，A带女儿来医院随访，主动要求见社会工作者。届时A的精神状态和生活状态已大为不同，她表示"生活还要继续"。A的女儿见到社会工作者，笑着主动牵起社会工作者的手。

案例5.7　复旦大学附属儿科医院医务社工介入父亲为施暴者的儿童虐待个案 ▶▶▶

案主B对出生4个月的儿子施暴，导致儿子脑部挫伤、全身抽搐，在紧急送往当地医院救治途中，被爱心人士发现并报警。患儿病情垂危、愈后不好，当地医院救治无效，遂转院至上海。转院后，由发现虐待并报警的志愿者主动报告院内社工部，社会工作者向病房确认后接案。

由于B虐子的事件已被当地媒体曝光，社会工作者通过公安机关联系到B的岳父，并从多渠道了解了B的生活环境。B是从外地入赘，与妻子育有一女一子，其妻子和岳母均有精神疾病，家中由岳父主事。B入赘并非自愿，且因彩礼和经济问题与岳父关系紧张。B的岳父说B常打骂妻子和儿女。

社会工作者根据已有信息梳理了个案脉络，进行了以下介入：首先，了解患儿病情，向爱心志愿者传授陪伴、安抚患儿的技巧。其次，社会工作者（女性）佩戴口罩，且由院内实习社会工作者（男性）陪同，约见了案主，进行首次面谈。在建立信任关系的过程中，社会工作者通过量表评测及访谈，进一步了解信息，并确认服务重点为患儿出院后的安置问题。社会工作者了解到B即将被公安机关逮捕，B的兄弟姐妹无人愿意照顾患儿，且B的岳父明确表示无法负责患儿的照料和送医。因此，社会工作者整合多方资源，对接了一家具有提供医疗照护资质的慈善救助机构。该机构出面联系B和警方，获取了B及其岳父的授权签字，由该机构在患儿达到出院标准后进行安置，暂时担负一部分送医照料的职责。

患儿出院8个月后，社会工作者收到该机构消息，称患儿因病过世。

案例5.8　复旦大学附属儿科医院医务社工介入弃儿个案 ▶▶▶

一名6个月龄患有新生儿基础病的患儿，被父亲送入急诊后，疑似被遗弃。医护人员报警，警察将患儿父亲带回医院并将患儿送入重症监护室，患儿父亲在交了2万元治疗费后再次消失。因患儿病情危殆，需监护人签字，医院多次联系患儿父亲，患儿父亲均拒绝来院，并声称"孩子救回来，我一分钱不差；救不回来，我要找你们医院算账"。重症监护室医护人员遂请求社工部介入。

社会工作者了解基本情况后，尝试联系患儿父亲，未果。社会工作者又翻看病例，找到患儿母亲的联系方式。在几次电话沟通后，患儿母亲来院探望，成为本案案主C。社会工作者从C处了解到，患儿是C与男友的非婚生子，C职业不固定，男友有涉黑背景。患儿出生后，C和男友在当地医院及本院都求过医，前后花费10万元左右。男友家暴C，C便逃回老家。患儿入院前，C的男友已有12个小时未喂养患儿。

在接案前，社会工作者制定了两个干预目标：一是确保患儿住院期间有家属探视，医疗决策有家属签字；二是处理涉及医疗费用和患儿出院后安置的问题。根据干预目标，社会工作者做出如下努力：首先，帮助C梳理当前困境和可能的支持资源，鼓励C直面问题而非逃避。其次，帮助C和男友各自做好会面的准备，与医生共同帮助他们厘清现状，引导他们协商患儿照顾的分工。同时，社会工作者咨询街道、妇联等，确认非婚生子办理身份证明的手续及流程。最后，患儿生命体征平稳达到出院指标，社会工作者给C提供了患儿身份证明办理和医疗康复方面的信息支持。C与医院签订协议，承诺10年内偿还拖欠的医疗费。

C在患儿出院8个月后曾联系社会工作者，说她已离开男友，在姐妹的帮助下一边工作一边养育患儿。

案例5.9 复旦大学附属儿科医院医务社工介入任课教师为施暴者的儿童虐待个案 ▶▶▶

案主D是一名8岁的男孩，因眼部肿大失去光感辗转多家医院求医，后来儿科医院治疗，初期诊断不明，生命垂危。D在病房高度恐惧紧张，拒绝进食和睡觉，让身形魁梧的父亲寸步不离，一旦有医护人员接近操作就哀求不要伤害他。D发病起因疑似与教师体罚有关，因媒体披露引起社会关注，病房门外聚集了D家庭的亲友、便衣警察、教育局等当地政府相关工作人员。

血液科护士长因考虑到患儿焦虑紧张情绪、医患之间信任不足及病房秩序问题而请求社工部介入。

社会工作者从多渠道得知，D在课堂上被老师掌掴几十次，并被告知禁止报告家长，回家后梦魇，翌日眼部开始肿大。其父母从D的同学口中听闻掌掴事件，即上告校长及教育局，两者起初均无作为。D眼部情况日趋严重，在当地医院救治无果后，转诊到上海治疗。入院时，D的遭遇引起社会关注，多家媒体想要采访D家庭，而当地政府担心该事件影响招商引资，遂与D家庭沟通，D家庭的亲友都来上海支援。此时D病情危重、心理恐惧，直系亲属对外界戒备心重，医疗依从性不高。社会工作者靠近D的病床还未做自我介绍，就被D的奶奶呵斥离开。

在听取护士长的建议后，社会工作者从较容易沟通的D母亲开始介入。社会工作者首先告知D的母亲，自己是来帮患儿缓解焦虑紧张情绪以配合治疗的。在与D母亲长谈并建立信任关系后，D母亲将社会工作者引荐给其家人。社会工作者同理其家属的感受，随后建议召开家庭会议商讨分工：一部分人回老家与当地政府沟通；另一部分人在医院附近租房住，进行后勤支持；直系亲属则留院陪护，给予D安全感。随后，社会工作者请D母亲将自己引荐给D，并且向D澄清了医院安保措施和医护人员工作，增加D的安全感。最后，社会工作者告知D母亲，医院宣传科有媒体接待制度，通过正规流程接受采访，才可预防风险获得切实帮助。当晚，D自发病以来第一次安然入睡，D父母非常高兴。

在之后长达9个月的服务中，社会工作者主要通过绘本伴读、认知调整、亲子互动等，给D提供积极的心理暗示和社会支持。同时，在血液科服务的社会工作服务机构也加入D家庭的探访与干预中，并互通干预进展和反馈成效。后D确诊为横纹肌肉瘤，考虑到预后不好，社会工作者在服务中加入生命教育和临终关怀的内容。

几个疗程下来，虽然D状态好转，但最终肿瘤复发并多处转移，身体每况愈下。D表示想回老家。在社会工作者、医护团队共同与D家乡政府协调下，D最终返回老家。在当地医院，D病情恶化，身故离世。

2.6.2 初次接触的实务技巧与实践智慧

下面结合上述案例分析医务社工如何对儿童虐待问题进行具体的保护性干预。

医务社会工作者在医院内处理儿童虐待案例时，具有破冰的作用。除了在接案前收集信息构建案主家庭结构图和生态图以外，社会工作者还要掌握如何在第一次接触时找到突破口，与案主快速有效地建立信任关系。

案主A虽然在众目睽睽下打骂女儿，但每次打完都后悔。社会工作者与A初次接触时并未提及虐童，而是告知当病房有患者家庭遇到特殊困难时，医护人员会请社会工作者帮助该家庭应对困难，这使得案主更容易接纳社会工作者。在此之后，社会工作者通过与案主交谈收集更多信息，其间仍未向其提及虐童。由于A不修边幅、有体味，言辞激烈、打骂孩子，因而不受病房其他家属欢迎。当社会工作者对A表达同理并愿意倾听时，A打开话匣子，倾诉自己的辛酸委屈。在面谈最后，社会工作者同理A要承受那么大的生活压力非常不易，A便坦承压力大时控制不住会打孩子。此时，社会工作者回应："其实打孩子解决不了问题，反而让你后悔，对吗？后续我会跟你一起讨论如何面对困难，控制自己的情绪。"这时，A已经全然接受社会工作者，并且很期待下次见面。

案主C并非一开始就是服务对象，但考虑到家长探视可增进患儿安全感，医疗决策也更及时，所以社会工作者联系了C，首要目标是说服她来医院看孩子。由于此前医院已联系C说明欠款状况，因此社会工作者联系C时，她找借口说自己在老家养病。社会工作者表明自己的身份，表示自己不是来催她交治疗费的，只是告诉她患儿在重症监护室的情况。在后来的两次电话联系中，社会工作者向C描述患儿的长相、行为表现等，唤起了C作为母亲的照顾欲望。社会工作者告诉C，患儿一人在医院很可怜，希望她来探视和照顾，并且医院已授权暂时不用C负担现阶段医疗费。虽然"暂免"的医疗费仅适用于特定阶段，并非免除，但对于挂念患儿的C来说，已经打消了她来院探视患儿的主要顾虑。

2.6.3 服务对象的界定和工作内容
（1）服务对象是受虐儿童
当服务对象是受虐儿童，社会工作者要做的是为服务对象提供安全感。B个案和C个案中的患儿，入院后处于昏迷状态，与外界无互动，社会工作者在探视时给予抚触。社会工作者对陪伴志愿者也进行了相关专业培训。有交流能力的患儿，因受虐经历，也会对外界采取消极封闭的态度，拒绝交流。如A的女儿，在与社会工作者的前几次接触中沉默不语，一段时间后她虽不说话，却愿意接受游戏陪伴。8岁的案主D，一开始表现出极度的恐惧焦虑和抗拒情绪，但在D母亲的引荐和社会工作者给予其环境安全的承诺后，他在第一次面谈当晚终于能安然入睡。

（2）服务对象是受虐儿童的父母
父母往往是实施儿童虐待的直接施暴者，但这并不意味着他们不需要帮助。在A个案中，A虽然打骂女儿并给周围人造成困扰，但她寻求帮助的意愿和动机强烈。社会工作者提供服务后，A的改变直接提升了女儿的生存质量，也改善了病房的诊疗环境。

即使施虐父母因为刑事拘留、逃逸等情况，没有接受直接服务的可能，社会工作者也需协助警方和医院，妥善安排患儿治疗和出院安置。在此过程中，社会工作者既要保证自身安全，又要对施暴父母尽告知、协商的义务。在B个案和C个案中，施暴者都是父亲，因此，社会工作者在面谈时佩戴了口罩，且有男性工作人员陪同，一是为了防止服务过程中突发暴力行为，二是为了防止可能的移情。

当父母一方为施暴者另一方为受虐者时，社会工作者在协调各方沟通的同时，务必做好对受虐儿童和受虐方家长的保护。在C个案中，C的男友不仅长时间没有给孩子喂食，也曾对C进行家暴。因此，在让C及其男友同时到医院协商沟通时，社会工作者邀请男性医护人员陪同，并在环境上做了防护准备。在协商过程中，C的男友始终沉默不语，社会工作者则帮C及其男友厘清问题现状，并引导双方对话。

当父母双方都是受害者而不是施虐者时，社会工作者的服务存在复杂性与多种可能性。在D个案的前期，社会工作者告知D家庭根据医院流程理性地接受媒体采访。服务中期，社会工作者根据 D 家庭的宗教信仰背景，加入了灵性关怀、生命教育和临终关怀的服务，让 D 和家人为孩子可能的病逝做好心理准备。结案前，社会工作者又在院方支持下，与 D 家乡的政府工作人员多番沟通，请其尊重患儿意愿让患儿返回老家。

（3）服务对象是受虐儿童的周边人群，包括病友和非直系亲属

A 个案中，最先举报 A 的是同病房患儿家属。在对 A 第一次服务结束后，其同病房患儿家属还代为请求社会工作者常来服务，社会工作者也就 A 的情况指导病友家庭如何相处。在 D 个案中，社会工作者还需协助 D 的父母给陪同的亲友分配任务。在虐童案中，安置好案主家庭的周边人群，才能提高受虐儿童的安全感，改善病患家属的依从性，维护井然有序的就医环境。

2.6.4 医院内部危机干预流程

复旦大学附属儿科医院的医务社工部总结了受虐患儿入院后的危机干预流程（见图 5-11）。虐待的报告有 3 种渠道：医护人员、家庭成员、社会人员（包括志愿者、病房其他患儿家庭）。社会工作者确定接案后，首先要与案主建立专业关系，收集信息，分析和确定问题。在正式干预阶段，社会工作者要增进受虐儿童的安全感，对施暴者进行认知行为调整，强化施暴者原生家庭的支持，整合资源并提供帮助。在出院转介和后期跟进中，可对接社区居委会、学校等单位，加强对受虐家庭的外部监督。

当遇到监护权变更时，社会工作者需协助院内相关科室为受虐儿童寻求最适当的安置和治疗。若遇到类似于 C 个案中受虐儿童险些变为滞留儿童的情况，需按照《关于依法处理监护人侵害未成年人权益行为若干问题的意见》，由医院、公安部门、民政部门、法院等部门共同介入。医护人员首先需要报案，由公安部门展开查找和确认亲属、教育和劝说工作，在劝说无效的情况下对监护人做出行政处罚，构成犯罪的依法追究刑事责任。医院在此过程中对滞留儿童提供体检和基础治疗，同时报告民政部门。若收治医院无法救助患儿，需由民政部门指派转院至上级医院。待患儿健康状况稳定，民政部门与公安部门再通过会商或司法程序进行判后安置，对构成遗弃等刑事犯罪的依法追究刑事责任并剥夺监护人监护权，将患儿转送至儿童福利院。在此过程中，医务社会工作者可根据情况协助医院完成

患儿家庭调查和信息收集工作、虐待的初步评估、个案干预及转介、跟进安置处理等，包括儿童保护的政策倡导与呼吁。

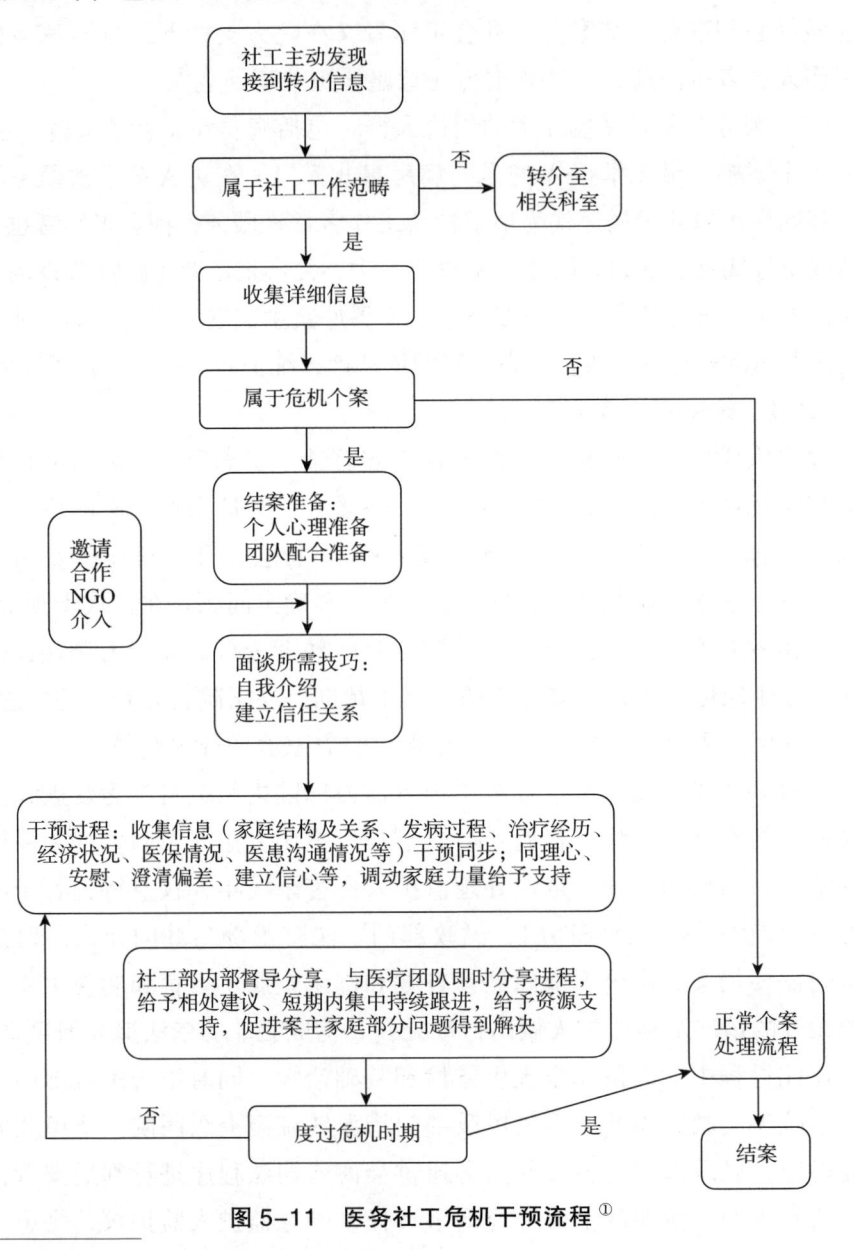

图 5-11 医务社工危机干预流程[①]

---

① 图片来源：复旦大学附属儿童医院医务社工部。

2.6.5 医疗场域儿童虐待的预防性服务

在医疗场域的儿童虐待介入中,医务社会工作者除了直接提供补救性服务,还可提供预防性服务,如组织医护人员进行甄别受虐患儿的专业培训。急诊室医生最容易接触到受虐患儿,有文献表明,医护人员在经过培训后,急诊室疑似虐童的个案甄别率提高了。此外,医务社会工作者可以协助临床科室完善院内针对儿童虐待的干预流程、工作机制、协调机制及评估机制。

医务社会工作者还可以培育致力于儿童保护的院内外志愿者团队,将儿童保护从被动干预前移到学校、社区的预防宣传和及时发现。特别要关注农村地区儿童保护的宣传教育,因为一方面农村地区对儿童的照护资源和监督体系有限;另一方面,受传统文化影响,农村的儿童照护者可能把儿童受虐尤其是性侵视为"家丑不可外扬"。在这样的环境中,提高大众的儿童保护意识尤为重要。

2.6.6 医疗场域医务社工干预虐待儿童项目成效及反思

在案例 5.6~5.9 这 4 例儿童保护个案中,社会工作者进行专业介入后,儿童受伤害行为和频次减少,患儿家庭更加配合治疗,患儿生命得到积极救治,促进了医患沟通,避免了医患关系恶化升级;通过整合社区资源,患儿获得了救助支持,做好了积极的出院准备,家庭抗逆力得到提高。同时,受害者及施暴者均获得情感支持和社会支持,在医院治疗后转介社区获得持续跟进。除两例患儿病情严重最终死亡外,其他患儿均得到妥善安置。

复旦大学附属儿科医院在这 4 例儿童保护个案中的创新之处在于:第一,医院重症急救室是儿童受虐待伤害事件的发现和报告场所;第二,以医务社会工作者的危机干预服务作为儿童保护介入的主要手段;第三,医院作为中枢机构,按照个案管理的服务模式,整合院内外社会资源对儿童权利最大化进行保护和跟进;第四,打通院内服务与社区转介和跟进的渠道,确保儿童保护社会工作服务的延续性;第五,把儿童保护从被动干预前移至学校和社区的预防宣传和主动筛查。

2.7 建立全面的未成年人保护工作机制

青少年心理健康问题已成我国严峻的社会问题。在儿童保护中,除了社区的工作之外，还需进行跨学科多团队的协作，如团队中医务人员、司法工作人员、民政工作人员、社会工作者、志愿者等相互协作。在多元合作过程中，较好的发现报告机制、准确的预估、恰当的转介时机、转介接收方的专业性等都是非常重要的因素。在儿童保护工作中，社会工作者扮演的角色是受害儿童及家庭成员的心理疏导者、医疗团队的参与者、资源整合者、儿童权益的倡导者。在临床工作中，社会工作者、医务人员等都会产生伤害事件的替代性创伤，因此也需关注社区儿童保护工作者的自我保护和放松减压，以预防专业及情感耗竭。

案例 5.10　上海市首例将儿童权益代表人制度引入撤销监护人资格案件 ▶▶▶

2014年11月，江某某将刚出生的女婴婷婷遗弃在医院长达近五年，孩子被送到上海市儿童临时看护中心。由于没有户籍和出生医学证明，孩子得不到有效的监护，也无法入学接受教育。上海市儿童临时看护中心向上海市闵行区法院提出撤销江某母亲监护权的申请，闵行区检察院支持起诉，闵行区妇联作为儿童权益代表人参与诉讼，案件第三人为上海市儿童福利院。闵行区妇联汇集了律师智囊团，通过查阅卷宗、调查走访、视频电话等，综合考量了解被申请人情况、婷婷本人的意愿及其直系亲属和案件第三人的监护条件等基本情况，与法院合议庭多次沟通，作为儿童权益代表人直接参与诉讼。上海闵行法院不公开开庭审理了该案件，经审理认为被申请人江某某遗弃未成年子女，拒不履行监护职责，严重损害了未成年子女身心健康，依法应当剥夺其监护人资格；考虑到婷婷年龄尚幼且面临即将入学就读，无人监护会影响其生活、学习和健康成长，鉴于其生父不明，外祖父母、兄长无抚养能力，从未成年人利益最大化原则出发，同意指定第三人上海市儿童福利院作为婷婷监护人的意见。

儿童权益代表人直接参与诉讼，充分弥补了未成年人话语权短板，最大限度地保护了儿童权益。该案是上海市闵行区首起撤销监护人资格的案件，也是上海市首例将儿童权益代表人制度引入撤销监护人资格的案件，为全面保护诉讼中未成年人的合法权益提供了新的工作思路。

第五章　儿童友好的服务提供

案例 5.11　深圳市春风应激干预服务中心未成年性侵遭遇者援助项目 ▶▶▶

秉承未成年人利益最大化的原则，深圳市春风应激干预服务中心（以下简称"春风"）依托 16 年专业心理援助经验积累，按照"春风未成年性侵遭遇者心理服务流程"（见图 5-12），运用"春风性侵遭遇者心理评估技术"和"春风性侵遭遇者心理创伤干预技术"，从"求助信息采集和对接"开始与公检法等相关部门联动，直至"结案"，并与社区联动加强科普宣传，呼吁对未成年人的人文关怀，建立了"春风性侵遭遇者社会心理干预模型"，为未成年性侵遭遇者和家庭提供服务对象利益最大化的专业服务。

某家大人发现 15 岁女孩小 A 遭遇熟人性侵后报警，警方接警后联动至某区"未成年人一站式援助中心"。春风接到援助需求后介入一站式服务，快速成立"个案小组"提供团队式精准支持。

春风个案小组在与警方对接信息后评估小 A 已经有较为明显的急性应激反应和自杀计划，建议尽快就医，并建议在小 A 就诊后身心处于较为稳定的状态时进行问询。在小 A 入院期间，个案小组在社区的协助下委派两位咨询师分别为小 A 父母提供心理支持，通过专业技术快速稳定父母状态以支持小 A 的精神康复。

半个月后，小 A 出院。个案小组委派春风咨询师陪同小 A 接受警方问询。问询前，咨询师向警方反馈小 A 的身心现状，并就问询流程提出专业建议。问询中充分考虑未成年小 A 的权益，在有需要时及时安抚稳定，或及时叫停对未成年人不友好的问询方式等。问询后继续运用"春风性侵遭遇者心理创伤干预技术"对小 A 和父母提供持续的心理援助，期间还联动民政、社区、学校等资源全方位支持小 A 和父母的心理康复。

在小 A 案的司法审判中，需要对小 A 和家庭因性侵事件带来的心理影响及未来心理康复所需的时长、专业要求及费用等进行评估。个案小组统合精神科医生、心理创伤专家对小 A 和家庭成员进行了综合评估，并出具了心理评估报告，在审判中为小 A 争取到数万元的心理康复支持费用。

案件发生 3 个月后小 A 重返校园，并在中考中取得优异成绩。案件发生 1 年后，春风个案小组回访小 A 父母，父母反馈小 A 一切稳定，并反馈春风的心理援助专业、及时且温暖，接纳了父母面对突发事件的不安，安抚了孩子的各种羞愧和慌乱,在受害者和家庭乱成一团时送来了春风般的关爱,带来了整个世界的暖意,让人有了迎接所有困难的勇气。父母还向个案小组展示了小A的一篇作文,文中写道:长大后,我也要学习心理学,成为一名有能力去帮助他人的人,让所有人在困境中都能遇到"春风"般的温暖……

因此,春风在结案后,还与社区联动开展科普教育、普法宣传和社区人文环境培育,防治未成年性侵的发生。

① 科普教育:分人群开展,例如密切接触未成年人的专业社工、妇干等进行"未成年人心智发育特点""如何识别与支持受侵害的未成年人"等相关主题培训。

② 普法宣传:针对社区安保人员、普通工作人员、街商铺店主直至所有成年人,宣传"未成年人保护法",呼吁所有成年人均有保护和支持未成年人的责任和义务,发现任何疑似未成年人受到伤害的可疑情况必须第一时间上报和报警等。针对未成年人,细分不同年龄段开展适龄"性安全教育"并传导"受到伤害绝不是孩子的错""受到伤害的人需要的是适当的帮助"等价值引导。

③ 社区人文环境培育:支持社区开展普及型"预防网络诈骗与侵害"等大型宣传活动,邀请未成年人欣赏春风绘本剧"我是身体好主人"并参与互动,通过朗朗上口和趣味性活动引导未成年人懂识别、会求助,远离伤害快乐成长。

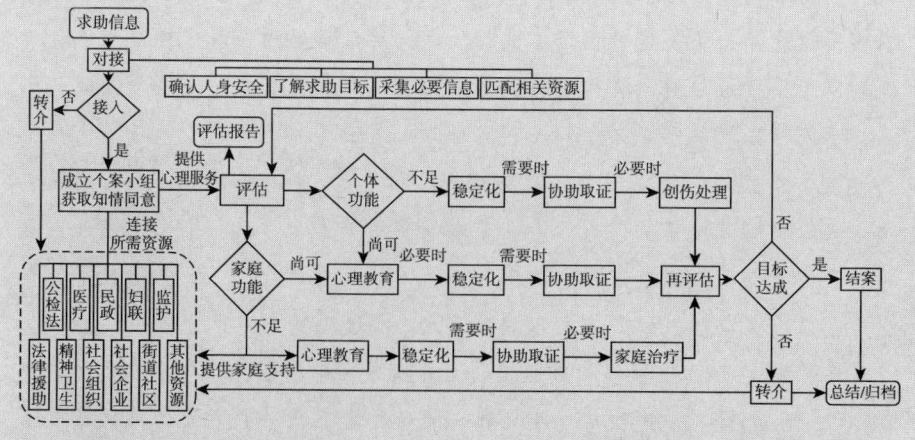

图 5-12 深圳市春风应激干预服务中心未成年性侵遭遇者心理服务流程

案例 5.12　成都市金牛区妇幼保健院未成年人"一站式"保护中心 ▶▶▶

成都市金牛区妇幼保健院作为儿童友好医院创建单位在保护女童权益上发挥着重要作用，成都市金牛区保健院联合妇联、公安、检察院、法院等多部门在保健院建立未成年人"一站式"保护中心，解决女童受侵害后因反复被询问而造成的多次伤害。

2021年1月成都市金牛区未成年人"一站式"保护中心在妇幼保健院建成投入使用，中心具备身体检查、体液提取、伤情应急处置、心理抚慰、同步录音录像等取证、救助功能，对困境儿童可提供24小时医疗保障和心理咨询师介入服务，实现了公安、检察院、法院、妇联、医务人员、心理咨询师对未成年人保护工作的无缝对接。截至2021年12月，中心已为25名被性侵害未成年人（年龄最小的7岁）提供了保护（见图5-13）。

图 5-13　成都市金牛区未成年人"一站式"保护中心

3　补充性服务

社区作为面向儿童和家庭提供儿童友好服务的载体和枢纽，能够及时发现各类需要帮助的儿童及其家庭，要充分发挥资源整合优势，为儿童及其家庭提供社会系统不能很好履行相关职责或存在缺位等情况下，进行必要补位支持。针对困境儿童及家庭开展经济、医疗、教育等救助服务。针对普惠服务中的特殊问题进行社区干预，对于儿童防走失、青少年欺凌等特殊问题在社区场域发生的可能性进行必要预防服务，对社区内特殊个案和家庭进行必要干预和支持。此外，做好社校联动，推动学校社会工作，建立儿童在学校外的补充和保护服务。

《规范》"7.3 补充性服务：

当儿童处于的社会系统（例如学校、家庭）不能履行相关的职责，造成儿童受到一定程度伤害的时候，需要从社区系统注入资源，为其提供补充性服务。服务宜包括但不限于：

——针对困境儿童的特殊服务，包括困境家庭儿童的救助服务、残疾儿童的康复服务、行为偏差儿童的矫治服务、辍学儿童的就学援助服务项目等；

——针对家庭教育普惠服务中遇到的问题，进行家庭个案、家庭治疗等服务；

——在儿童教育机构内聘用社会工作者，开展学校社会工作服务。"

3.1 针对困境儿童的特殊服务

针对困境儿童的特殊服务，包括困境家庭儿童的救助服务、残疾儿童的康复服务、行为偏差儿童的矫治服务、辍学儿童的就学援助服务项目等。应引进或孵化社会组织，参与儿童心理健康服务，便捷、及时干预和解决儿童心理问题。组织召集辖区范围内的专业人士，如心理医生、退休法官、退休教师等，为儿童提供心理健康服务。社区卫生服务中心可设置儿童心理健康的专家门诊，承接儿童和青少年心理健康的服务。

案例5.13 深圳壹基金"心智障碍者家庭支持计划" ▶▶▶

"心智障碍者家庭支持计划"由深圳壹基金公益基金会和水滴公司旗下水滴公益平台共同发起，聚焦城市及欠发达地区支持心智障碍者家庭资源中心和家长联络站的建设，服务对象是心智障碍者及其家庭照料者，围绕心智障碍者及其家庭困难议题，开创性借助互联网平台，整合公募基金会、互联网公募平台、互联网科技公司以及专业公益组织，多方资源联动，以"联合发起、联合倡导、联合行动"，支持同一议题领域公益组织网络运营发展和能力提升，开发并推广标准化项目，面对心智障碍群体全生涯周期需求，赋能家庭、提升家长社群自助能力及社区动员能力为核心策略，实现从受助到自助再到推动改变的公益倡导模式，开展信息提供、同伴支持、家长赋能、个性化支持和社区合作等服务，在全国和地方层面进行公众和政策倡导，促进社会认知改变，最终促进社会问题得到有效解决。

① 议题聚焦，赋能家庭支持体系

基于壹基金多年深耕的海洋天堂项目关注以自闭症为主的心智障碍者家庭支持议题，创建心智障碍者家庭支持计划，同时在之前海洋天堂家长加油站基础上进行深入支持，以赋能家庭、提升家长社群的自助能力及社区动员能力为核心策略，实现从受助到自助再到推动改变的公益倡导模式。

② 三层支持网络+空白地区的联络站培育

心智障碍者家庭支持计划将搭建形成从市县融合资源中心到区域或省域网络再到全国联合倡导网络枢纽一个倒立金字塔倡导支持模式。全国枢纽的功能在于工具包及相关赋能课程体系的研发、组织培训、建立项目整体督导评估支持机制，以及策划组织全国性的联合倡导。区域枢纽机构发挥在区域内进行区域内督导支持、建设区域内的交流学习实现带动性作用。资源中心在基于市、县一级，以家庭为主要服务对象，建立家庭社群链接，推动家庭互助小组，为家庭提供从个体赋能到群体赋能的支持体系。联络站则是在空白地区培育个体家长，在暂时无法组织化的地区通过这些个体家长传递一些融合理念、倡导思想、教养方式等，逐步使得项目覆盖更广的地区。

③ 资源中心发挥社区支持平台作用

资源中心是家长加油站的升级服务模式，从单纯的家长喘息和培训，扩延到家庭支持，提供包括信息提供、理念引导、家长培育、融合活动及社区动员到资源链接等功能。且资源中心将逐步发挥社区支持平台模式，会整合带动志愿者、社区，以及学校企业等利益相关方的合作互动。

> "心智障碍者家庭支持计划"已覆盖超 25 个市、县，服务了 53168 人次心智障碍者和 49918 人次家长，倡导活动线上线下受众近 1 亿人次。在项目发放《家庭满意度调查问卷》调查中，95% 以上的家长表示，资源中心的存在减轻了孤立无援的感觉，对子女有更加多元和深入的了解，提升了面对子女问题的能力，增加了寻找解决问题的方法和资源。项目已形成全国、区域、地方三级执行渠道，为 2020 年教育部发布的《关于加强残疾儿童少年义务教育阶段随班就读工作的指导意见》提供实质性政策建议。

3.2 提供普惠家庭服务之外的特定问题预防干预和家庭个案治疗等服务

社区可以利用辖区的商家资源，成立商家联盟，参与儿童防走失服务。发展每一个商家都成为儿童保护成员单位，成立儿童保护商家联盟。根据辖区的商家分布的不同空间位置，打造社区儿童防走失网络。商家一旦遇到有单独行动或者哭闹很厉害的儿童，主动上前了解情况，并通过社群网络快速发布有关信息，使儿童走失事件在社区内得到解决，防止更大的意外发生。

建立校内外联动的防护机制，杜绝校园欺凌。社区能够干预的更多的是校外发生的欺凌现象，可通过社区成立护校队，对学校周边的背街小巷进行巡逻，有效减少校外欺凌情况的出现。在校园内更多的是建立家长、学校和儿童的预警机制，让儿童知道向家长反映欺凌现象，搭建一个畅通校园欺凌的信息渠道，建立校内和校外的防护机制。

针对家庭教育普惠服务中遇到的问题，应整合专业机构和专业人员，为社区困难家庭提供家庭咨询，有特殊需求的家庭，社区可以为受伤害的儿童提供临时庇护，并转介到专业机构进行个案服务。同时重视对年轻父母和家庭成员开展公益课堂，包括家长学校、社区亲子教育活动等，帮助家长缓解社会压力，疏导家庭教养矛盾，掌握更好的教养方法，做好亲子沟通，杜绝家暴现象。

3.3 开展学校社会工作服务

儿童友好社区的打造，离不开专业社会工作者的支持。社区应在儿童教育机构内聘用社会工作者，开展学校社会工作服务。一方面，社区可以通过培训学校和校外机构老师，帮助老师了解儿童保护的相关知识和技能，面向学生和家长开展相关服务。也可以建议学校引入专业社工，开展相关服务。另一方面，社区可以通过社区儿童服务中心，指导专业社工开展服务，以补充学校社工的不足。

案例 5.14　北京渡过文化传播有限公司心理困境青少年综合支持体系 ▶▶▶

北京渡过文化传播有限公司（以下简称"渡过"）是由抑郁症科普畅销书《渡过》丛书作者、原财新传媒副总编辑张进于 2016 年发起设立的抑郁症互助社区和解决方案平台，秉承"知行合一，自渡渡人"理念，"渡过"以"生物—心理—社会"现代医疗模式为认知框架，创立"生态疗愈"模式，致力于探索一条"完全、实用、个性化、有温度"的心理健康之路。"渡过"自 2018 年 10 月开始专注心理困境青少年的支持工作，并形成以"药物—心理—社会"现代医疗模式为核心理念，遵循"个人—家庭—学校—环境"相结合的解决路径，在国内首创了针对青少年的综合支持模式（见图 5-14）。

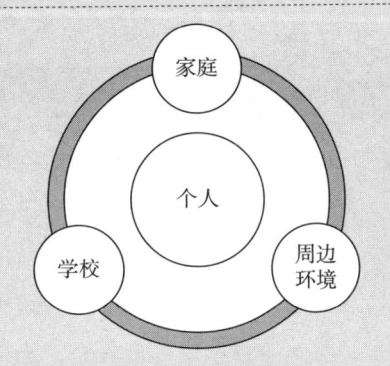

图 5-14　"渡过"困境青少年"个人—家庭—学校—环境"综合支持体系

（1）青少年线上同伴支持计划：为了改善青少年情绪低落、缺乏动力的生活状态，"渡过"推出了 21 天青少年线上营。通过连续 21 天以小组周会讨论，以及心理类、娱乐类、思辨类、分享类等不同的十六个主题的丰富多元活动设计（见图 5-15），在团体支持下，分阶段帮助有情绪或人际困扰的青少年群体更好地实现人际交往、自我觉察、动力提升。截至 2021 年底，线上营已走过了 11 期，来到这里的青少年近 400 人次，累计举办线上活动 250 多场，活动总时长 450 多个小时。

周日 小组讨论	周一 心理类	周二 娱乐类	周三 思辨类	周四 分享类	周五 心理类	周六 心理类
						10.23
						开营
10.24	10.25	10.26	10.27	10.28	10.29	10.30
小组周会	英雄之旅	人类高质量你画我猜	禅与摩托车维修艺术	宝藏up主大赏	我的生命树	陷入困境的精灵
10.31	11.1	11.2	11.3	11.4	11.5	11.6
小组周会	拇指兄弟的家庭聚会	K歌之王	人生坐标	YogaNidra 瑜伽放松术	一封葬礼邀请函	大树的祝福和大富翁的财富
11.7	11.8	11.9	11.10	11.11	11.12	
小组周会	未选择的路	海龟汤	奇葩大会	声音博物馆	结营	

图 5-15 "渡过"21 天青少年线上营同伴支持计划日程安排

（2）青少年之家：为了"让青少年们走出家门，聚在一起，找到一个支点，激活生命状态"，"渡过"在北京、杭州建立了青少年之家生活营试点。将 5 天 6 夜主题营的短程支持延伸为一个月的长程支持。秉承"在实践中成长，在体验中学习"的理念，生活营带领孩子们开读书会、看电影、逛博物馆、远足徒步、做手工，讨论生活情感等话题，让孩子们获得友谊与成长，成为休学孩子们从家庭到回归社会的中转站。

（3）家长成长中心：对于青少年心理困境，家庭的理解、接纳、改变至关重要。家长的行动和改变，往往能收到事半功倍的效果。"渡过"从一开始就注重整体家庭支持系统的改善。从早期的家长社群互助，到逐步开发深度解决方案。与一般家庭教育类课程不同，渡过家长支持中心注重"专业课程+同伴互助"相结合，并以精细化的小班为主，为家长提供专业温暖的长程支持。

① 家长社群：近 100 个家长线上支持社群，每年开展近 100 期公益讲座、主题沙龙、互助小组活动。助力家长用科学态度、彼此互助支持孩子康复。

② 公众号：专属家长学习公众号"渡过父母学堂"，针对心理困境青少

年家长普遍面临的问题，把握"渡过"家长社群上万名家长的需求，从药物治疗、心理咨询、家庭陪伴三方面，为家长提供实用、有温度的支持。

③ 线上营：已开发并深受好评的训练营包括：亲子沟通训练营、家长工作坊、复学支持营、亲子课堂、倾听训练营、正念疗愈营等。覆盖了近3000个家庭。

④ 线下活动：设立各地之家，如北京、深圳、厦门、郑州、成都（筹），成为家长线下支持"充电站"。并在全国34个省及行政区设立同城会，不定期开展活动。

（4）教师心育工作者赋能计划：2021年9月，"渡过"正式启动面向初高中学校老师的公益心育赋能计划。基于"渡过"对青少年抑郁群体解决方案持续探索，深入实践，对青少年发展阶段常见心理问题、卡点有了比较深刻的理解、洞察，在此基础上正在开发并不断完善一套可普适于学校老师的心育课程，以便帮助老师更快掌握心育工作核心要点，避开常见雷区，做好抑郁等心境障碍预防工作。

案例5.15　北京市晓更助残基金会"融合教育—友爱校园行"项目 ▶▶▶

自2008年我国签署联合国《残疾人权利公约》以来，政府推动了一系列政策完善工作促进残障人福祉的改善，而残障儿童教育权利的提升是其中一项非常重要的工作，包括大力支持发展融合教育、将特殊儿童优先安置在普通学校就读，如《残疾人教育条例》等政策都要求严禁歧视、要大力建设友好校园文化。北京市晓更助残基金会是一家于2018年7月在北京民政局登记注册的非公募基金会，以促进孤独症、智力障碍、发育迟缓等心智障碍者群体及家庭的福祉为目标，致力于提升各方能力以更好、更快的响应和支持心智障碍者及家庭的需求，改善心智障碍群体的生活品质、彰显其生命尊严，促进《残疾人权利公约》在我国的有效实施。

晓更助残基金会从2016年开始实施"融合教育—友爱校园行"项目，支持对象包括目前在校接受随班就读的特殊儿童及未来参加随班就读的特殊儿童。通过携手多个有特殊需要儿童随班就读的普通中小学共同合作，立足特殊需要儿童所在班级开展以儿童为主导的多元生动的融合德育课程及倡导实践活动，同时帮助提升学校教职人员的融合教育理念及实施能力，改善友好校园文化环境，搭建儿童伙伴关系建设，促进特殊儿童的校园融入以及所有儿童的身心成长，让所有孩子一起上学，成为同班同学。

项目致力于赋权及赋能儿童，让儿童成为真正的主导者，通过生动的理念引导，让孩子理解融合、多元的意义。寻找校园内的融合障碍，并成为行动者。培养支持融合小先锋，开发孩子的领导力，让小先锋带动更多的儿童伙伴，为儿童建立平等友好的自然支持。通过多元、互动的参与式课程，开展一系列的融合德育课程和实践活动，以儿童为主导，结合视觉、触觉、听觉等多感官的参与式授课，让儿童从实践中真实体验和感受生命多元。从课程的开发到实施秉承参与式工作方法，课程的设计研发基于需求调研，老师参与其中，并积极获得儿童的反馈。在课程和活动的实施过程中，确保所有儿童的平等参与及分享。项目对试点学校的骨干教师进行培训，同时通过在线和实地走访等形式进行督导和支持（见图5-16）。

图5-16 北京市晓更助残基金会"融合教育—友爱校园行"项目模式

与其他行动相比，友爱校园行项目以儿童为中心，重视所有儿童的平等参与，在此基础上，项目不仅仅会令特殊需要儿童受益，而且能助力全体儿童的德育提升（见图5-17）。试点学校会在项目基础上逐渐培养并形成老师及工作人员的融合教育理念及方法，从而不断惠及一批又一批儿童。

图5-17 北京市晓更助残基金会"融合教育—友爱校园行"项目活动现场

4 替代性服务

当家庭照顾功能缺失时，针对儿童的实际需要，将儿童安排到适当的居住场所，提供一部分或全部替代家庭照顾功能的服务。例如，家庭寄养、收养、儿童福利院和未成年人救助保护中心对儿童的安置服务等。社区可以提供的替代性服务主要包括替代家庭的部分照顾功能的正式照顾服务，如托儿托育服务，以及非正式照顾服务，即在个人、家庭遭遇突发或紧急事故时提供临时服务。

《规范》"7.4 替代性服务：

当家庭照顾功能部分缺失时，针对儿童的实际需要，在社区内安排适当的场所，为其提供部分照顾功能的服务。服务宜包括但不限于：

——在社区内为儿童提供日间照料中心，开展幼儿托育服务；

——为社区内遇到突发或紧急事故而缺乏父母照顾的儿童，提供即时短期的照顾服务。"

4.1 提供日间照料中心等幼儿托育服务

依托社区日间照料中心建设社区普惠性托育中心，开展便捷优质的托育服务。坚持以"家庭托育为主，社区街道为依托，借助托育机构力量，引入专业化的服务"的原则，在社区设立3岁以下婴幼儿公共托育服务中心。中心将采取成本分担机制，面向3岁以下婴幼儿开展包括全日制、半日制或计时制等照护服务。以全日制托育解决双职工家庭的"托育刚需"、半日制托育解决婴幼儿在机构的适应性问题、计时制托育解决婴幼儿家庭临时性照料为主要形式的社区普惠性托育项目，将全面满足社区居民多样化、多层次的需求。婴幼儿托育服务中心采用多种托育形式并存的格局，让社区的家庭能够实现就近入托，享受高质量、形式灵活的托育服务，有效减轻新手父母的压力，切实解决3岁以下婴幼儿家庭养育的难题。

案例5.16　四川省成都市成华区杉板桥社区引进专业托育服务机构模式 ▶▶▶

四川省成都市成华区跳蹬河街道杉板桥社区作为新兴的产业社区，辖区有近7万的人口，且35岁以下青年群体占比超过70%。年轻人组成的家庭数量较大，这些家庭的孩子托育服务一直是大家的刚需，特别是寒暑假照料困难，对幼儿托育的需求更为迫切。

为了解决辖区内年轻人家庭幼儿托育的需求，杉板桥社区利用党群服务中心宽敞的室内外空间打造了近400平方米的"0~3托育"服务平台，布置了阅读区、自由探索区、运动区和收纳区等多功能的空间（见图5-18），引进专业从事托育服务的机构进驻，以"公益＋低偿收费"的运营方式向辖区内有育儿服务需求的家庭提供多种类的高品质亲子家庭服务，包含提供每天不少于8小时的全日制托育及半日托、临时托等服务，并提供合理的膳食搭配，系统性、科学性的育儿体系和课程，通过不同主题的定制活动，搭建居民"家门口"的科学育儿交流平台，切实满足辖区内不同家长的托育需求。该托育服务中心不但能够满足杉板桥社区居民对托育服务的刚需，而且对邻近社区有很好的服务辐射作用。

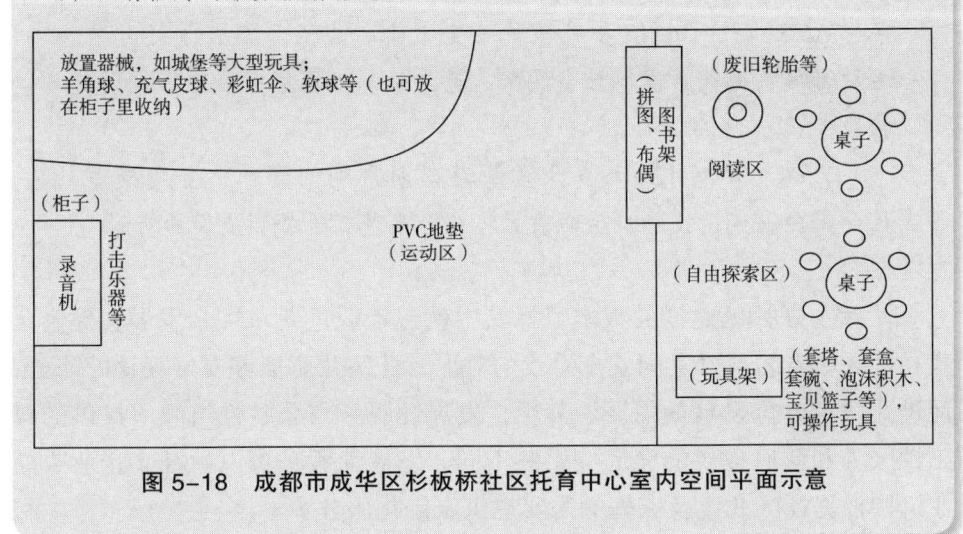

图5-18 成都市成华区杉板桥社区托育中心室内空间平面示意

4.2 提供即时短期的照顾服务

当家庭遇到紧急状态时，比如家庭暴力、大病等突发或紧急状况，儿童无人照料时，有条件的社区可以提供临时性照料服务，以及需要与家庭协商或签订监护权临时转移协议。

5 发展性服务

《规范》:"7.5 发展性服务:

7.5.1 针对0~3岁儿童,基于促进儿童早期综合发展的科学依据,开展家长教育和家庭科学养育指导、婴幼儿家庭照护及托育服务。

7.5.2 针对3~6岁儿童的体格发育、生活态度、行为习惯、语言发展、认知与学习、社会心理及情感发展等方面的综合培育支持,向家长提供和谐亲子关系及亲职教育的服务。

7.5.3 针对6~12岁儿童的安全教育、生活习惯、学习习惯、运动习惯、道德素养、社会实践、艺术素养以及家庭教育等提供支持服务。

7.5.4 针对12~18岁儿童的青春期常见问题、人生观梳理、社会实践、生活技能、生命教育等综合素养提升提供支持服务。"

儿童友好社区建设的根本目标其中就包括促进儿童综合发展,提供儿童在社区所需的友好空间安全游玩的需要、社区儿童能够友好互动的需要、促进儿童全方位发展的需要。其中,发展性服务与公益性组织所提供的普惠性服务和政府提供的兜底性服务不同,发展性服务可以由社会企业或商业机构根据社区儿童及家庭的需要提供定制化服务。

儿童各个阶段的身心、社会交往特征以及学习发展侧重存在不同差异,社区应配合和协同家庭教育、学校教育体系提供促进儿童生理、心理、社会交往系统发展的服务内容。为了帮助社区提供更好的服务,《规范》按照儿童的年龄划分出0~3岁、3~6岁、6~12岁、12~18岁四个阶段群体,对不同阶段的儿童提出了相应的发展性服务建议。除了在本节中涉及的内容外,还安排了第六章一整章的内容阐述针对0~3岁儿童的发展性服务的实施细节。

案例 5.17　成都市成华区"向日葵"青少年成长服务中心服务模式 ▶▶▶

培华路社区、建华社区曾属于老成都东郊生产生活聚集区，总人口约 6.2 万人，老旧院落比例较高，老龄化严重，隔代教育问题比较突出。随着家庭教育理念的普及，越来越多父母参与到亲子活动中来，但往往是参加完活动就离开，缺乏社区认同感。为此，成都市成华区"向日葵"青少年成长服务中心在猛追湾街道培华路社区、建华社区运营社区儿童之家，发掘家长骨干，组建起社区"故事妈妈"互助会，通过亲子阅读能力培训工作坊提升故事妈妈理论水平和活动组织能力，通过社区活动培育增能，带领"故事妈妈"互助会反哺社区，开展"小书虫亲子阅读""妈妈手作""阳光瑜伽"等丰富多彩、寓教于乐的公益服务，创建社区自媒体"小书虫晚安故事"。

2020 年初，在新冠肺炎疫情居家防疫的特殊时期，社区线下活动暂停，为配合社区做好居家防疫，在成华区妇联指导下，向日葵青少年成长服务中心依托培华路社区与建华社区儿童之家，通过"故事妈妈"互助会，结合实际开展亲子阅读线上活动，极大调动了社区居民参与积极性，缓解了社区居民的焦虑情绪，并于 2020 年世界读书日正式推出社区自创自营的多媒体"小书虫晚安故事"。

"小书虫晚安故事"由儿童及家长参与录制故事音频或视频，为社区家庭提供想讲、敢讲、喜欢讲和有机会讲的舞台，极受社区家庭的欢迎，并在社区中展现出较大影响。

培华路社区、建华社区的"故事妈妈"们还自制了以环境保护、卫生防护、人与自然等为主题的原创绘本，并根据原创绘本自编自创绘本情景剧，开发社区卫生防护课程，走出家庭、走进社区、走进院落开展院落公益服务，宣传个人卫生安全与防护知识，提升社区老旧院落居民卫生防护能力。

为配合社区开展垃圾分类工作，"故事妈妈"互助会的骨干们研发出"我爱我家"垃圾分类社区教育课程，依托儿童之家平台以小带大，带动社区家庭参与环保自治，自下而上提升社区环保意识。

通过"故事妈妈"互助会搭建的社区交流平台，让儿童和家庭深度参与社区公共事务，加深了社区人与人的黏度，凝聚了家庭，提高了社区幸福感，让更多的社区居民、更多的社区家庭感受到社区的温暖，提高了对社区的认同感和归属感。更值得点评的是，"小书虫晚安故事"和"故事妈妈"互助会以儿童服务为抓手，致力于家园共营，在社区搭建家庭教育研究交流示范平台，深入研究社区儿童成长需求，针对性开发满足社区儿童和家庭成长需求的一系列专业服务；以建设示范标杆点为目标，整理出成功经验，为全面开展社区儿童、青少年及其家庭服务提供了有益的借鉴。

案例5.18　上海市嘉定区"区—镇—社区"三级儿童议事会的实践 ▶▶▶

儿童议事会是推动儿童友好型城市建设的重要举措之一，通过建立儿童议事会，以儿童需求为导向，激发儿童主人翁意识，让儿童参与到家庭、学校、社区以及社会建设和治理当中，全面推动儿童友好型城市建设。上海市嘉定区妇联先后成立区级儿童议事会、南翔镇东社区儿童议事会、马陆镇陆家社区"新城小当家"儿童议事社团等涉及区、镇、社区三级儿童议事会19个，以"友好型城市发展中的儿童权利"为切入点，以儿童为主体，立足家庭与社区，开展"聆听儿童的声音"行动计划，探索建立儿童议事制度，促进儿童权利、儿童发展规划在城市发展规划中的重视与具体实践。儿童议事会以培训、讨论、调研等方式培养儿童综合能力；通过社会招募、民主推荐相结合的形式招募成员；通过召开理事会、会员大会等吸引儿童代表们进行自主管理、开展调研。在议事会活动期间，儿童代表们自定主题、自行分工、自发组织开展各项社会调研，组织讨论交流，提出自己的思考和看法。

嘉定区区级儿童议事会成立之初，议事会分成六大小组，每个小组都确定一个口号、一个议题，如第一小组的议题是"嘉定区垃圾分类的原因及推广性研究"。他们认真组织学习、议事、调研及汇报。每位代表在小组中找到了自己的定位，发挥出自己的优势和特长，相互间团结协作，最终出色地完成了社区调研，并以情景剧的方式完美的呈现调研结果，积极为城市建设发声。其他小组也各自围绕"家庭教育中如何给孩子减负、社区如何文明养犬、青少年参与兴趣班的现状"等议题开展调研（见图5-19）。

图 5-19　上海市嘉定区儿童议事会活动现场

"区—镇—社区"三级儿童议事会的成立使孩子们有更多的渠道和方式参与到社会发展和城市建设中来，从而进一步推动城市友好环境的改进。儿童议事会积极引导儿童发挥主观能动性，承担起为儿童发声的责任和权利，更为孩子们搭建交流与对话的平台，让家庭、学校、社会更多地倾听儿童心声。同时，儿童议事会的建立，既能提升儿童参与、发现、思考和探索的能力，又能增强儿童对社会的责任感和使命感；儿童在议事活动中，他们的语言表达、综合思考、自我管理、自我觉察、团队协作、社会交往等能力都得到了更好地锻炼和提升。

案例5.19　冠军基金"青少年快乐运动"社区项目 ▶▶▶

近年来，青少年体质下滑的现状越来越引起社会关注。根据《中国青少年体质健康行为调查》显示，因城市化的发展，60%以上学生的居住环境不具备进行体育运动的条件。在课余时间，学生最喜欢做的是：上网聊天游戏、听音乐、学唱歌和看电视，外出运动的不足30%。除了学校，社区和家庭作为青少年日常活动空间之一，对于推动青少年参与体育运动、促进青少年身心健康起到了重要作用。青少年参与社区活动也是提高身体素质的重要环节。体育生活化社区建设对于推动社会和谐、健康发展，提升社区居民健康生活水平能够发挥独特作用。

冠军基金是由中国首个冬奥会冠军、全国政协委员杨扬女士于2011年5月在北京发起成立的体育公益专项基金，旨在通过开展快乐运动项目推广体育教育，关注青少年体育教育和运动员职业发展。杨扬女士在全国人民代表大会中多次提及有关"促进社区青少年儿童体育发展"的提案，推动社会广泛关注青少年儿童体育运动环境。

冠军基金自成立伊始就在社区发起面向青少年儿童的快乐运动公益项目——小冠军俱乐部，通过为社区儿童青少年组织丰富多彩、寓教于乐的体育活动，充分发挥社区体育对青少年的教育功能，帮助孩子们快乐成长和全面发展，同时致力于催生、培育、孵化社区青少年儿童体育社团，营造和谐的社区氛围，通过政策倡导、人才培养和快乐运动促进社区体育事业的可持续发展。组织有关儿童运动指导、社区体育发展的能力提升培训、研讨工作坊、家长讲堂等活动，培养赋能服务于社区儿童体育运动指导的志愿者队伍。直接面向青少年儿童组织社区小冠军俱乐部运动课、运动训练营、体育赛事交流、亲子体育活动等，增强体质，促进全面发展。

截至2020年底，项目累计开展包括篮球、足球、武术、乒乓球、体能游戏、趣味运动会等各类形式700余场次快乐运动活动，覆盖青少年达到3500多人次，培训了包括家长在内的志愿者约200人次。项目初步形成了与政府部门、街道社区、学校、家长等多方合作，以培育、孵化社区青少年体育社团为导向，吸引带动社区青少年参与体育运动的项目模式。

案例5.20　上海市少儿体验非遗传承项目　▶▶▶

项目根据孩子不同阶段的成长特性，将孩子细分成0~6岁、6~12岁、12~18岁三个年龄层，为不同年龄段孩子定制适合体验的活动方案。项目以实地体验中国非遗传承技艺的方式来传播中国文化。在每个活动中安排民间专业达人，带领孩子体验民间技艺，提升孩子对于传统文化的学习兴趣，并且让父母与孩子共同参与，使他们从身到心获得文化的教育、美的传承，充分认识到中国传统文化的博大精深。

① 0~6岁组。随着时间的沉淀，剪纸、糖画、面人、陶艺等民间艺术虽然光彩依旧，但只有在特定的场合才能看到。学龄前幼儿的思维能力尚处于启蒙阶段，是培养艺术素养的重要时期，因此选择一些对他们有吸引力的内容，通过捏、剪、切、点等动作，锻炼他们耐心和精细动作的能力，再通过"开口说、用眼看、用耳听、动手做"等方法感知民间艺术的独特魅力，引导他们在自己的作品中一点一滴地赋予对生活、对身边事物的理解，创造出艺术之美（见图5-20）。

图5-20　上海市0~6岁儿童体验脸谱设计活动

② 6~12岁组。皮影是我国民间工艺美术与戏曲巧妙结合而成的独特艺术品种，通过变形、夸张、象征、造型等手法，演绎历史人物与故事。其中马氏皮影以"乐趣为主""知识导向""运用技巧""皮影表演""情商培养"的五大中心思想为主要教学内容，为6~12岁的孩子专门设计了皮影体验课程，在体验的过程中接受社会伦理的启蒙教育，由浅入深地去了解中华民间文化（见图5-21）。

③ 12~18岁组。项目让孩子们去探访一个非遗传承人，亲身体验本土的民间技艺，例如体验上海嘉定区的徐行黄草编。上海嘉定区徐行乡是著名的黄草之乡，所产的黄草光滑、柔软、坚韧，非常适合作为草编的原材料。黄草编是上海嘉定的传统手工艺品之一，织品种类达20个大类上千个品种。用

《儿童友好社区建设规范》操作手册

黄草编织而成的草编制品如草编包、草鞋等既美观大方，又轻巧适用。通过用黄草编织品，让孩子们更加深刻地了解上海本土的特产和乡间文化（见图5-22）。

图 5-21　上海市 6~12 岁儿童参与皮影体验课程

图 5-22　上海市嘉定区 12~18 岁儿童走进非遗传承技艺之草编活动

第六章

0~3 岁儿童早期发展服务

《规范》:"7.5 发展性服务:

7.5.1 针对0~3岁儿童,基于促进儿童早期综合发展的科学依据,开展家长教育和家庭科学养育指导、婴幼儿家庭照护及托育服务。"

儿童早期是人的生命周期最初的也是最重要的阶段,为人一生的发展奠定基础。养育照护是促进儿童早期发展的关键因素,实现养育照护需要来自家庭、社区和社会的支持。

1 儿童早期发展的相关认识

1.1 儿童早期发展(Early Childhood Development,ECD)

儿童早期发展是指从胎儿到8岁儿童在体格、运动、语言、认知、情绪与社会性方面的综合发展。尤其是0~3岁,是儿童成长和发展重要的"机会窗口期"。在这一时期,为儿童提供良好的营养、早期启蒙、疫苗接种和安全关爱的环境,可以促进大脑的充分发育,帮助儿童发挥他们的最大潜能。[1]

1.2 养育照护(Nurturing Care)

2016年,世界著名医学杂志《柳叶刀》在其出版的儿童早期发展特刊

---

[1] 资料来源:《儿童早期综合发展:0~3岁,我们的工作重点》,https://www.unicef.cn/reports/integrated-approaches-early-childhood-development-0-3-years。

中介绍了"养育照护框架"（Nurturing Care Framework，NCF，以下简称"框架"）。2018年，世界卫生组织（WHO）、联合国儿童基金会（UNICEF）、世界银行（The World Bank）等国际组织在第71届世界卫生大会上联合发布了这一"框架"，将"养育照护"定义为"一个由照护者创造的环境，旨在确保儿童身体健康、饮食营养，保护他们免受威胁，并通过互动给予情感上的支持和响应，为他们提供早期学习的机会"，由此明确"养育照护"中五个相互关联的组成部分，即良好的健康（Good Health）、充足的营养（Adequate Nutrition）、安全保障（Safety and Security）、回应性照护（Responsive Caregiving）及早期学习机会（Opportunities for Early Learning）（见图6-1）。该"框架"强调，家庭、社区和社会的支持将为实现"养育照护"创造一个必要的支持性环境。[1]

图6-1 国际儿童早期养育照护框架[2]

---

[1] 资料来源：https://nurturing-care.org/ncf-for-ecd。
[2] 图片来源：https://nurturing-care.org/what-is-nurturing-care/。

国务院办公厅于 2019 年 5 月下发《关于促进 3 岁以下婴幼儿照护服务发展的指导意见》，指明开展婴幼儿（养育）照护服务的重点是"为家庭提供科学养育指导"，"按照儿童优先的原则，最大限度地保护婴幼儿，确保婴幼儿的安全和健康。遵循婴幼儿成长特点和规律，促进婴幼儿在身体发育、动作、语言、认知、情感与社会性等方面的全面发展"。①

1.3 儿童、家庭与社区

对婴幼儿来说，出生的物理环境千差万别，但重要的是父母或主要照护人的养育，这是"任何国家、民族和地区都共通的第一人文生态环境"（周念丽，2014）。根据布朗芬布伦纳的儿童发展的社会生态学模型原理，人文生态环境结构（转引自周念丽，2014）分为三大板块：直接环境系统、间接环境系统和宏观环境系统（见图 6-2）。

（1）直接环境系统：包括家庭和托幼机构，婴幼儿在其中经历各种互动与体验，比如婴幼儿与父母（祖父母）之间的依恋关系，家庭教养方式及育儿态度等，由此形成与人际关系有关的早期经验。

（2）间接环境系统：和婴幼儿不直接发生关系，但会对婴幼儿生活环境的变化产生影响，从而间接引起婴幼儿的行为变化，如父母的工作单位、交友关系以及生活所在地、社区的服务设施、公共服务供给情况等。

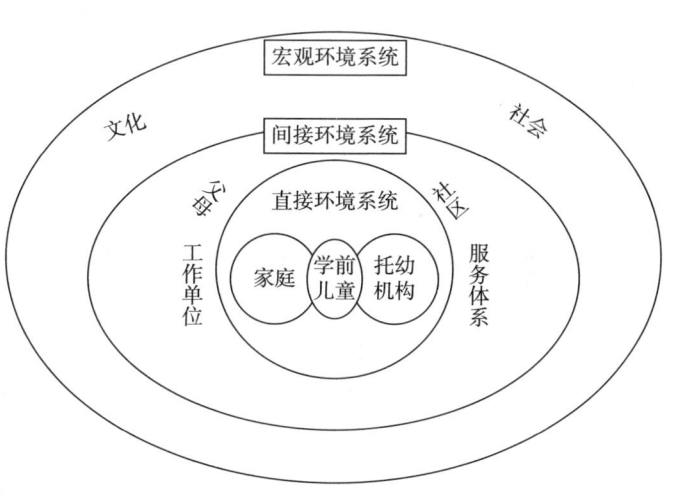

图 6-2 人文生态环境的构造

---

① 资料来源：http://www.gov.cn/zhengce/content/2019-05/09/content_5389983.htm。

（3）宏观环境系统：包含时代、文化和国家的经济体系。

在人文生态环境中，婴幼儿处于整个结构的中心，要推进婴幼儿早期发展，首要提升的是直接环境系统中家庭的科学养育能力，同时，可以利用间接环境系统中社区的人才资源、环境资源、文化资源为家庭提升养育能力提供必要的支持和服务。

2 儿童早期发展的重要性

脑科学研究证实，分娩前的4个月到分娩后40个月，是婴幼儿视觉听觉能力、语言能力、对符号和数字的认知能力、情感控制能力发展的敏感期，约80%的相关能力在此期间形成并发展。从出生到2岁的时候，在人脑重量不断增加的同时，每秒钟有100万个神经突触连接发生。0~3岁正是儿童发掘各种潜能的最佳时期，是最具低成本、高回报优势的时期。3岁幼儿的神经细胞突触连接是成人的2倍，此85%的脑重都已形成。充足的营养为大脑提供能源，刺激神经元连接，缓冲压力对大脑产生的不利影响。同时，安全和值得依赖的环境以及抚养人不断的语言和互动刺激，能为婴幼儿提供关爱和温暖的照顾，提供安全感和敏感的互动，促进亲子之间进行更多的探索。正确和积极的刺激、关爱、安全感等因素协同作用，就会积极影响神经通路的形成和结合，从而促进大脑正常发育，帮助儿童释放潜能（中国发展研究基金会，2018）。

0~3岁正是儿童发掘各种潜能的最佳时期，是最具低成本、高回报优势的时期。詹姆斯·赫克曼、阿玛蒂亚·森和罗伯特·福格尔等诺贝尔经济学奖获得者研究了投资儿童早期发展的经济学效应，结果都表明这种投资能够产生显著的经济回报。詹姆斯·赫克曼（Heckman，2008）的纵向跟踪研究表明，假定每个年龄段实施同样的投资，那么在"其余条件相同的情况下，早期人力资本的回报率始终高于晚期"（见图6-3）。早期营养和教育的生产率以及成本效益远远高于后期的补救性教育，儿童在早年学习到的社会和行为技能为他们以后学习积极的生活技能设定基本模式。

图 6-3 赫克曼曲线

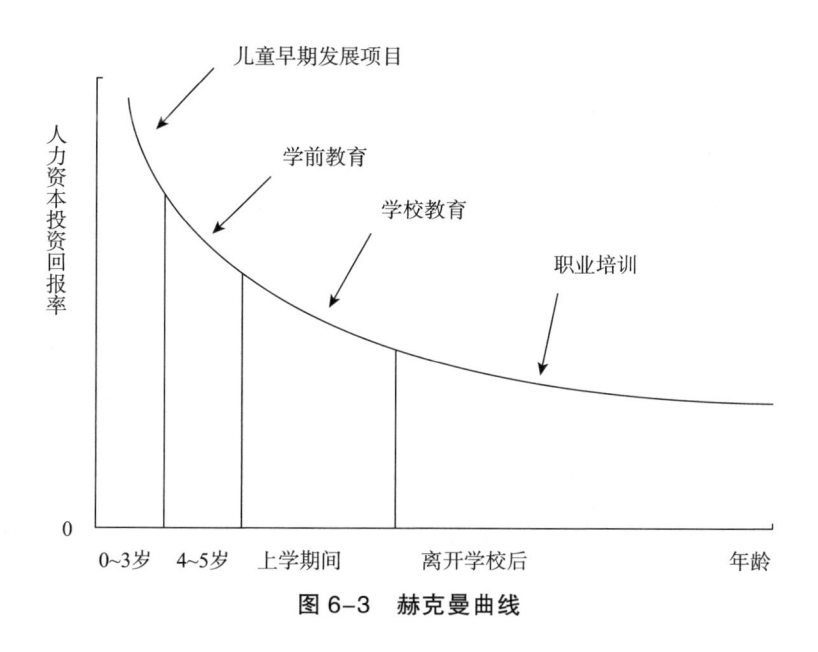

因此,投资儿童早期发展既可以提升儿童的发展水平,又对促进国家人力资本的形成和积累至关重要,能有效提高人口素质,减少社会差距,为经济持续增长、社会稳定和公平奠定坚实基础。

3 促进儿童早期发展的国际经验

家庭是促进儿童早期发展最直接、最重要的环境,而家庭则离不开其居住和生活的社区。许多国际经验表明,在社区层面为 0~3 岁婴幼儿及其家庭提供支持性育儿服务,是一种有效改善儿童早期生命质量的服务方式,同时也有利于提高儿童在未来的教育成就、健康水平、获得更公平的经济与社会机会。

3.1 美国"开端(Head Start)计划"和"早期开端(Early Head Start)计划"

"开端计划"发起于 1965 年,是由美国联邦政府主导实施的、迄今为止规模最大的早期儿童发展项目。该项目主要关注 3~5 岁贫困家庭儿童的教育、医疗与身体健康发展，旨在通过关注儿童早期发展来扩大弱势群体受教育的机会，以消除贫困。至 2005 年，"开端计划"已为 2300 多万名儿童提供了营养、健康、早期教育等方面的综合性服务，创立了包括学前教育、健康保健、家长参与、社区支持为内容的服务模式，被誉为美国早期教育的"国家实验室"，对美国的早期教育产生了非常重要的影响。

项目进一步扩展到 1994 年，把服务对象延伸到 3 岁之前的婴儿、学步儿及怀孕妇女，从而形成了"早期开端计划"。项目仍由美国联邦政府资助，以促进怀孕妇女的产前健康、婴幼儿家庭的健康发展以及社区的良好建设为目标，通过亲子中心、儿童全面发展中心为婴幼儿及其父母提供服务，服务内容包括儿童发展、家庭发展、社区建设和工作人员发展四个部分。项目非常重视各种良好关系的建立，积极鼓励社区和服务提供商合作，支持孩子和家庭充分参与社区活动，改善社区的服务系统，增加家庭获得社区支持的机会。评估结果显示，接受该项目服务的儿童在认知、语言、社会情感发展等方面的得分明显高于对照组，并且他们的父母在许多方面如家庭环境和养育行为的得分也显著高于对照组的父母。

3.2 英国"确保开端（Sure Start）"项目

英国政府借鉴美国"开端计划"的服务模式，于 1998 年开始投资实施"确保开端"项目，这是一项以家庭为切入口、以社区为依托，面向处境不利地区的学前儿童及其父母的综合服务项目，旨在通过医疗保健、免费学前教育、儿童保育、家庭支持等服务为儿童及其父母创造更好的生活，重建社区，改良社会。项目打破了原有的部门领域界限，通过整合医院、小学、图书馆、卫生健康机构等社会资源，构建了一个以儿童为核心的综合服务网络。项目纵深向地方发展时，由志愿者和社区组织、保健工作者、地方政府、教育者以及家长共同合作管理实施，做到了家庭、幼儿园与社区之间的合作。

3.3 巴西"幸福儿童（Happy Child）计划"

"幸福儿童计划"由巴西政府公民和社会行动部牵头，医疗卫生、社会援助、教育、司法和文化等多部门合作，通过促进 0~3 岁儿童早期发展，达到提高一代人及人类发展水平的目标。项目于 2016 年 10 月正式启动，计划覆盖全国 1/3（大约 300 万名）0~3 岁儿童，为他们提供促进其认知、情感和社会心理发展的关键训练，以期改善家庭教养环境。同时建立跨地域的社会服务协调机制，以帮助更多处在困境的孕妇和婴幼儿。在社区层面，项目通过儿童和青少年综合教育中心支持 6 岁及以下儿童的教育活动，通过社区组织提供基于群体的活动来激发儿童的潜能，并鼓励家人参与到孩子的教育过程中。

3.4 其他国家的行动

日本以 20 世纪 90 年代开始的社会福利基础结构改革为背景，推行社区儿童服务。几乎每一个县、市都会有各种免费的福利设施，儿童馆是其中之一。日本《儿童福利法》规定，儿童馆面向社区 0~18 岁儿童，以"提供健全游戏，促进健康，培养丰富的情操"为目的提供育儿支持、社区交流、儿童文化活动等服务。儿童馆从 2004 年开始逐步实施"指定管理者制度"，推行政府购买，开放 NPO、社区团体、民营企业等多元运营主体参与社区儿童服务供给。

拉丁美洲国家自 20 世纪 80 年代以来致力于解决儿童早期发展问题。牙买加"家访计划"项目对 70 名儿童进行了社会心理刺激和营养补充方面的干预，评估结果表明，接受过家访项目的儿童（无论是否接受营养补充）在成长至 22 岁时相比对照组在成年后拥有更高的智力水平、更高的数学和语言成绩、更长的受教育年限、更低的抑郁患病率、更低的犯罪率和更高的工资，其中工资甚至比对照组高出 25%。2012 年，基于牙买加项目的成功经验，秘鲁国家发展与社会融合部门在全国推广"规模化早教（SAF）"项目，通过提高贫困地区家庭照养人的养育知识和技能、加强照养人和儿童的关系，以此促进 0~3 岁儿童的多元发展。评估结果同样证实效果非常显著。

非洲肯尼亚、乌干达、加纳、南非、赞比亚，中东欧国家及亚洲孟加拉国、蒙古、越南等国在国际组织、基金会的资助下相继实施了儿童早期发展项目，为低幼儿童提供免疫、营养、健康和早期教育等方面的服务，依托社区进行组织动员，对家长进行教育，改变育儿习俗，促进儿童发展。

根据世界卫生组织统计数据，拥有多部门协作的儿童早期发展政策的国家数量，从 2000 年的 7 个增加到 2014 年的 68 个。2015 年联合国通过的《2030 年可持续发展议程》将儿童早期发展列为重要目标。

可以从各国实践经验中看到的是，行之有效的儿童早期发展项目均以儿童为中心，支持儿童实现全面发展；重视父母参与和家庭支持，通过宣传、指导、培训等方式提升父母的养育知识和技能，强化他们作为养育者的责任，使儿童早期发展活动融入儿童的日常生活；立足社区，为家庭养育提供额外资源比如人力、物力支持，推动企业、非营利机构和政府部门合作及多元参与，增强项目可持续发展，加强社区管理儿童早期发展活动的能力。

4 儿童早期发展方面的政策和实践

4.1 相关政策法规

我国政府正积极借鉴各国有益经验和成果，探索符合国情的儿童早期发展之路。在宏观政策方面，自"十二五"以来，国家制定和实施了一系列与儿童发展相关的政策文件，涵盖早教、学前教育、学前教育机构发展等多项内容，并提出"促进儿童早期综合发展"这一目标，正式与国际接轨。

2017 年党的十九大报告明确将"幼有所育"列为民生"七有"之一，上升到"坚持在发展中保障和改善民生"的基本方略中。

2019 年 5 月，国务院办公厅下发《关于促进 3 岁以下婴幼儿照护发展的指导意见》（本章以下简称《意见》），这是国家落实"幼有所育"的重大部署，为婴幼儿照护服务明确了目标、原则、任务和实施保障，其核心要点包括以下四点：①建立并完善促进婴幼儿照护服务发展的政策法规体系、标准规范体系和服务供给体系，体现政府引导、普惠优先、部门协同。《意见》明确了政府是婴幼儿照护服务规范发展和安全监管的主体。到2020年，婴幼儿照护服务的政策法规体系和标准规范体系初步建立，建成一批具有示范效应的婴幼儿照护服务机构；到2025年，婴幼儿照护服务的政策法规体系和标准规范体系基本健全，多元化、多样化、覆盖城乡的婴幼儿照护服务体系基本形成，婴幼儿照护服务水平明显提升。婴幼儿照护服务发展工作由卫生健康部门牵头，国家发改委、教育部、民政部、财政部、住房和城乡建设部等部门各负其责，工会、共青团、妇联等群团组织积极发挥作用，共同推动婴幼儿照护服务的健康发展。②明确家庭对婴幼儿照护负主体责任，加强对家庭婴幼儿照护的支持和指导。《意见》指出，发展婴幼儿照护服务的重点是为家庭提供科学养育指导，对确有照护困难的家庭或婴幼儿提供必要的服务。通过入户指导、亲子活动、家长课堂等方式，利用互联网等信息化手段，为家长及婴幼儿照护者提供婴幼儿早期发展指导服务，增强家庭的科学育儿能力。③加大对社区婴幼儿照护服务的支持力度，实行属地管理，落实用地保障。《意见》指出，地方各级政府要按照标准和规范在新建居住区规划和建设、在无婴幼儿照护服务设施的老城区和已建成居住区要购置、置换、租赁婴幼儿照护服务设施及配套安全设施；鼓励公办民营、民办公助等市场化方式完善婴幼儿照护服务设施；加强社区婴幼儿照护服务设施与社区服务中心（站）及社区卫生、文化、体育等设施的功能衔接。④规范发展多种形式的婴幼儿照护服务机构，支持和引导社会力量依托社区提供婴幼儿照护服务。《意见》指出，各类婴幼儿照护服务机构可根据家庭的实际需求，提供多样化的婴幼儿照护服务，比如全日托，孩子白天入托，晚上回家；半日托、计时托，给家庭照护者提供"喘息"服务，缓解家庭照顾负担，满足家庭对专业化照护服务的需求；临时托，为部分家庭提供短期、集中或周期性的照护服务，因地制宜，形式多样，包括以社区为平台的服务中心和单位托儿所提供的灵活服务等（杨菊华，2019）。同时，要大力推动资源、服务、管理下沉到社区，使基层各类机构、组织在服务保障婴幼儿照护需求上有更大作为。

2021年3月,《中华人民共和国国民经济和社会发展第十四个五年规划和2035年远景目标纲要》进一步要求"发展普惠托育服务体系,健全支持婴幼儿照护服务和早期发展的政策体系"。

2021年9月,国务院印发《中国儿童发展纲要(2021—2030)》,该儿童发展纲要在"儿童与福利"领域明确提出加快普惠托育服务体系建设,并制定相应策略措施。

2021年10月,《中华人民共和国家庭教育促进法》公布并指出,父母或者其他监护人应负责承担家庭教育的主体责任;婴幼儿照护服务机构、早期教育服务机构应当为未成年人的父母或者其他监护人提供科学养育指导等家庭教育指导服务;未成年人的父母或者其他监护人应当与中小学校、幼儿园、婴幼儿照护服务机构、社区密切配合,积极参加其提供的公益性家庭教育指导和实践活动,共同促进未成年人健康成长。

这些相继出台的政策立法为推进儿童早期发展工作提供了切实保障,充分体现了党和国家"谋民生之利、解民生之忧,在发展中补齐民生短板、促进社会公平正义"的情怀和决心,对增进民生福祉、提升父母及家庭的获得感、幸福感意义重大。

4.2 社区探索与实践(以城市社区为例)

随着我国婴幼儿照护相关政策法规的出台,地方政府鼓励开展多种形式的婴幼儿照护服务,在社区层面,不同主导单位、运营主体相继进行了探索和实践。

4.2.1 主要服务模式

婴幼儿照护服务供给模式主要有四种,由政府部门、基金会、社会服务机构、社会企业/企业分别主导,其运营主体、资金来源及场地、服务对象、人员培训、管理和监测评估等要求各具特色(见表6-1),具体的实践可参见案例6.1~6.5。

第六章 0~3岁儿童早期发展服务

表6-1 我国城市社区婴幼儿照护服务供给四大模式

模式	主导单位	运营主体	资金来源	场地提供	服务对象	服务内容	人员培训	管理工具	监测评估
A（案例6.1）	政府部门	社会服务机构；社会企业	政府拨款 政府购买 普惠收费	政府公共服务空间	社区婴幼儿家庭	以促进儿童发展和提升家庭养育能力为总目标，开展科学、专业的服务内容，包括亲子游戏、阅读活动、家长沙龙、专家讲座、社区宣传活动等。每一种模式根据主导单位的服务理念、资源、实施目标的不同，服务内容的设计和开展方式相应各有侧重	入职培训；在职培训（线上和线下）	信息化管理工具如APP、微信小程序	第三方评估
B（案例6.2）	基金会	基金会；社会服务机构；社会企业	社会筹资 公益筹款 普惠收费	政府公共服务空间；个人或企业单位提供免费场地	社区婴幼儿家庭		入职培训；在岗实践；阶段性赋能培训	信息化管理工具如APP、微信小程序、微信群	机构自评 第三方评估
C（案例6.3）	社会服务机构	社会服务机构	政府购买 社会筹资 普惠收费	政府公共服务空间；个人或企业单位提供免费场地；租赁	社区婴幼儿家庭		入职培训；在岗实践；阶段性赋能培训	微信群	机构自评 政府购买项目评估
D（案例6.4、6.5）	社会企业/企业	社会企业；社会服务机构（企业法人注册）	政府购买 社会筹资 以普惠收费（免费+低偿）为主	政府公共服务空间；租赁；个人或企业单位提供	社区婴幼儿及家庭		上岗培训；在岗实践；技能培训	信息化管理工具如APP、微信小程序、微信群	社会企业一般通过地方政府相关规定进行认定和定期评审，其政府购买项目通过政府指定第三方评估

229

案例6.1　北京市社区儿童中心（A模式，政府主导）▶▶▶

北京市社区儿童中心（以下简称"中心"）是北京市计划生育协会打造的立足社区、服务家庭的公益性儿童早期发展公共服务平台。"中心"坚持建在社区"最后一公里"，确保低龄婴幼儿家庭就近可及，场地由属地政府或派出机构提供，资金主要通过财政拨款、政府购买、社会捐赠和普惠性收费筹集。运营方面会委托符合条件的第三方（包括企业和社会组织等）组成运营团队实施，"中心"设有儿童活动区、阅读区、艺术创作区、母婴室。

"中心"运用互联网思维打造品牌，建立了一套包括用户管理、课程管理、绘本管理和统计分析等多个模块的数据系统，通过打造线上知识推送、视频公开课和线下公益亲子课、阅读开放活动、家长大课堂两个服务场景提供育儿综合服务。

"中心"通过做好顶层设计、规范运营、品牌打造，形成了系统化、标准化、可复制的科学育儿解决方案。自2018年以来，依靠输出平台和规范，已经成功复制出东城区体育馆路社区儿童中心、朝阳区半壁店村社区儿童中心和海淀区西三旗街道"i家园"社区儿童中心等多个社区服务点。

案例6.2　益未来社区共育家园（B模式，基金会主导）▶▶▶

益未来社区共育家园项目由中国儿童友好社区发起，简称"益未来"，倡导以社区为单位，鼓励街道社区、用人单位、托幼机构、家庭个人等联动参与，为婴幼儿及家庭打造友好、多元、综合、共建共享的成长环境。该项目于2021年在青岛市南区八大湖街道建立了全国示范样板，其服务内容主要有以下几项。

① 家庭养育支持盒：在女性怀孕期建档及新生儿出生后，即生命早期1000天向家庭发放，通过支持盒，帮助婴幼儿照护人掌握科学育儿基础技能，并实现一键学习、线上咨询、预约到家、出行导航等功能（见图6-4）。

第六章　0~3 岁儿童早期发展服务

图 6-4　"益未来"准妈妈见面礼和宝宝新生礼

② 0~3 岁儿童和 3~6 岁儿童发展专业测评：根据婴幼儿各阶段体格发育与五大智能（大运动、精细动作、语言交流能力、认知能力、社交行为）的发展状况提供专业测评，帮助父母科学全面了解孩子的发育现状和发育趋势。项目与联合国"母爱 10 平方 & 贝亲妈妈小屋"联建育儿支持室，供妈妈哺乳、一对一婴幼儿测评，同时引入心理咨询团队，定期开展心理话题的论坛、沙龙，为产后抑郁女性、特殊儿童家庭提供服务。

③ 推拿体系：专业调理婴幼儿脾胃虚寒、积食腹泻、感冒咳嗽、免疫力低下等问题，同时教给家长二十四节气中医保健，家长可以定期给孩子在家抚触按摩，提高其自身免疫力。

④ 早教室：定期开展亲子活动，接受婴幼儿临时托管照护，设置家长友好区域，配备宽敞明亮的办公环境及设施，帮助有需要的家长解决紧要工作，同时孩子在活动空间玩耍游戏，"工作+照护"两不误。

"益未来"项目坚持以"幼儿为本"的设计理念，倡导公益普惠服务配套，运用"一个平台——婴幼儿家庭云端守护；三项定制——提供居家支持、托育照护、友好出行组合方案；四方共育——支持社区内政府、企业、学校、个人参与其中"的创新模式促进婴幼儿照护服务发展；通过试点实践，为促进婴幼儿照护服务发展提供具有启发性、针对性、可操作性的方案，以达到"益家三代，共育未来"的美好愿景。这一案例在第八章典型案例中有更详细、更综合的介绍（见图 6-5）。

图 6-5 "益未来"亲子活动和绿色教室

案例6.3　上海市活力亲子园（C模式，社会服务机构主导）▶▶▶

活力亲子园项目由上海闵行区活力社区服务中心（以下简称：活力社区）自2011年开始运营，通过开展亲子活动和家长活动，为0~3岁流动、留守儿童及家庭提供早期亲子教育的机会，以促进儿童及家庭教养环境的有效改变。

项目场地由社区提供或市场租赁，资金主要来源于公益筹款，仅对师资投入重并且参与人数需要控制的亲子课进行普惠性收费（根据城市不同，约比市场价低1/8~1/6），自由活动空间、亲子活动和家长活动免费开放。项目通过在服务中赋能家长，培训家长具备成为早教从业者的能力，让家长逐步从活动的参与者成为项目的执行者、带领人，解决在地人才问题，实现可持续发展。

活力亲子园从2017年开始尝试规模化复制，核心策略是在更多地方提供门槛低、见效快、高赋能的早期亲子教育服务，通过提供资金、物资，专业培训、运营指导和监测评估，支持合作伙伴开展同类服务，使更多的儿童及其家庭受益，已携手多家机构、社团或公益个人为北京、上海、广州等地的流动儿童以及河北、河南、云南、贵州等省的留守儿童提供服务（见图6-6）。

图 6-6 上海市活力社区家长早期教育指导活动和音乐亲子课

案例 6.4 四川省成都市童萌亲子园（D 模式，社会企业主导）▶▶▶

成都童萌社会工作服务中心（以下简称"童萌"）自 2018 年开启社会企业的探索。"童萌亲子园"项目通过社区提供场地、招募社区全职妈妈共同创业、培训全职妈妈成为社区早教老师、分龄亲子课程普惠性收费（免费＋低偿收费，服务费用约为市场价的 30%）以及持续的线上社群育儿服务，摸索出可落地、可复制、可持续的普惠性社区早教服务模式。其核心策略是通过资源共享、优势互补、相互促进，盘活社区闲置空间，赋能当地妇女，构建"共建共享共治"社区育儿新局面。

"童萌"的商业模式探索回应工薪阶层或低收入婴幼儿家庭早期教育的发展需求，已在全国范围内运作了多所社区亲子园（见图 6-7）。

图 6-7 成都市童萌社会工作服务中心亲子早教课与社区早教老师

233

案例6.5　四川省成都市锦江区东光街道树基儿童生活馆（D模式，企业主导） ▶▶▶

"树基儿童生活馆"是成都市锦江区东光街道为贯彻《成都市社区教育发展促进条例》实施的社区落地项目，是由树基教育提供服务内容和运营支持，以东光街道为主要实施地域，以"森林教育"和"艺术教育"为亮点，以0~3岁儿童早期教育为目标的四川省早教示范基地。

项目实行早期教育双模式：将幼儿园作为树基家长支持中心，对所属幼儿园周边社区0~3岁家庭实施早期教育指导课程服务；将社区儿童生活馆作为树基家庭教育服务中心，为0~3岁儿童和家庭开展亲子半日环境探索体验服务、亲子个性化早期教育指导服务、婴幼儿个性化精品托班服务以及亲子周末特色沙龙服务（社区日、父母日、主题日、庆典日、户外日）。项目把科学系统的儿童教育培训内容及专业机构引入社区家庭生活，实现社区儿童教育的品质化、多元化、专业化、公益化和便民化，提升了社区学前教育品质。

4.2.2　创新服务模式

案例6.6是在上述四类模式外，由学前教育专家主导的社区儿童早期发展创新服务模式。"四室一馆"是华东师范大学周念丽教授为上海市政府设计的社区儿童早期发展服务方案。方案中的亮点在于其提供特需儿童早期筛查和早期发展干预服务的"特殊教育室"，由周教授联合国内儿童早期发展和特殊教育领域专家实施开展，可为社区提供建设和运营指导以及儿童早期发展和特殊教育的专业培训，以促成"四室一馆"在社区的建设和推广。

案例6.6　上海市"四室一馆"社区儿童早期发展服务创新模式（专家主导） ▶▶▶

"四室一馆"是周念丽教授为上海市政府设计的社区儿童早期发展服务方案（见表6-2），"四室"包括托儿室、0~3岁儿童早期启蒙机构活动室、特殊教育室、科学育儿咨询室，"一馆"是指儿童图书馆。

表 6-2　上海市 0~3 岁儿童发展支持社区"四室一馆"建立模式

地点	职责	服务人员	服务内容	服务对象	收费机制
托儿室	负责临时性日托及提供育儿支持	教育局配备育婴员或组织社区成员及志愿者参与	常规性保育内容、玩具及图书使用、户外沙水游戏	家人因故无法照看的儿童，父母提供书面证明	根据家长家庭收入确定政府、社团、家庭的付费比例
0~3 岁儿童早期启蒙机构活动室	负责提供 0~3 岁儿童早期教育	教育局配备专有育婴师；与幼儿园协调 0~3 岁儿童早期启蒙机构老师进社区服务；大学生志愿者	提供玩具、图书；提供户外游戏场所（沙水）	社区 0~3 岁儿童	根据家长家庭收入确定政府、社团、家庭的付费比例
特殊教育室	负责特殊儿童的早期教育	特殊学校教师或特殊教育系大学生志愿者	早期筛查、早期干预、早期评估	经过首轮筛查，确定为特殊儿童的社区儿童	根据家长家庭收入确定政府、社团、家庭的付费比例
科学育儿咨询室	接待家长咨询组织宣传活动、入户指导	幼师、育婴师、大学生志愿者、儿科保健医生、营养师	开展 0~3 岁儿童早期教育、营养、健康的宣传、培训、讲座里提供入户指导、咨询、解答	登记、注册，社区儿童家长	免费

"四室一馆"面向社区 0~3 岁儿童及家长提供早期教育、临时性日托服务、特需儿童早期筛查、干预、评估、家长咨询、宣传活动、入户指导等综合服务。该模式根据项目课程内容、师资、家长工作、物理环境、人际环境和运营管理，制定了评估体系，并由第三方评估机构开展监测与评估（见表 6-3），确保项目服务质量（见图 6-8）。

表 6-3　上海市 0~3 岁儿童发展支持社区"四室"评估维度

内容	内容维度
课程	课程设置与实施、教学目标、教学评价、师幼互动

续表

内容	内容维度
师资	培训形式、内容、效果、困难、需求
	师资力量
家长工作	家长参与方式、交流频率、内容及困难
	亲子课程内容、讲座频率及内容；咨询方式
物理环境	面积、位置、空间安全质量状况、基本设备、卫生消毒、基本用品及环境的适宜性
	区域数量、明确性、合理性、标记、教师监管、材料标记及使用频率
	墙饰设计
人际环境	办公时间、空间、条件满意度；与同事及上级关系；参与活动；晋升制度
运营管理	分工明确、组织能力、管理方式
	培训形式、内容、效果、频率

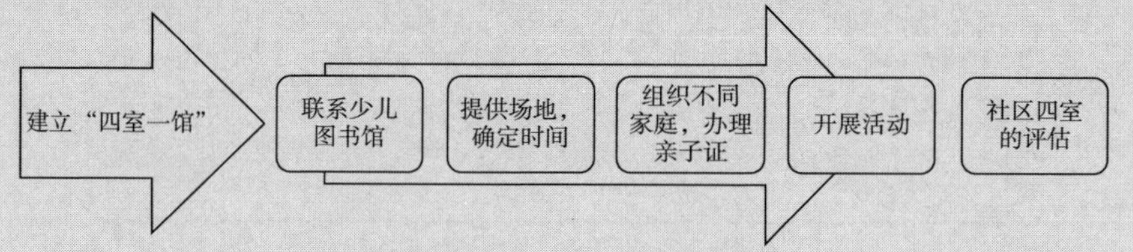

建立"四室一馆" → 联系少儿图书馆 → 提供场地，确定时间 → 组织不同家庭，办理亲子证 → 开展活动 → 社区四室的评估

图6-8 上海市0~3岁儿童发展支持社区"四室一馆"工作流程

5 儿童早期发展服务提供模式总结

以上几种社区服务模式因实施主体不同形成了各自的特色亮点，同时具备以下共同的运营特征。

5.1 普惠公益

以普惠公益为基础，以社区为依托，整合政府、企业、公益和社会组织等多方资源，为婴幼儿及家庭提供早期教育活动、家庭科学养育指导等综合服务，各项课程和社区活动为公益非营利类或者普惠收费（有偿、低偿）。

5.2 就近便利

牢牢把握立足社区、强调就近的原则，服务场地选址尽可能保证婴幼儿及父母（看护人）能够在行程 15 分钟内方便到达。目前已建成的社区儿童早期发展指导中心多以社区公共服务空间为主，如社区居委会、社区文化广场、党群服务中心、社区图书馆等。

5.3 专业规范

以提升家庭养育能力为重点，重视服务内容的科学性、规范性以及工作人员的管理与培训。入职指导、在岗实践以及专业技能培训基本贯穿在每个项目的执行之中，可能会因为人员基础及培训资源的不同使得效果有所差别。所有模式的实施主体都力求将实践经验形成运营管理制度、规范，及评估考核体系，以促进规模化复制。

总的来看，婴幼儿照护社区服务模式以家庭养育支持为主，其运营尚在起步阶段，运营主体不同程度地面临资金筹措的压力和可持续发展的挑战；人员管理和专业培训需要不断加强；服务内容需要将儿童早期发展相关理论与实际结合进行完善和迭代；社区活动及家长教育更要以儿童实际需求为本、融入当地文化及资源进行调整和设计。社区服务模式的探索和完善仍然需要地方政府及社会力量更多的扶持和资助。

第七章

儿童友好的人员管理

本章从"人的角度"出发，阐述儿童友好社区儿童工作者及志愿者的基本类型、资质要求、管理制度等。

谁是儿童友好社区的儿童工作者？广义上说，凡是在社区内以儿童为主要服务对象或经常与儿童打交道、密切接触儿童的人，都可以称为社区儿童工作者，具体包括社区内与儿童工作相关的政策制定者和统筹者，儿童主任或儿童督导员等民政干部、妇联干部、共青团干部，为儿童提供公共服务的社工，社区内各类中小学、幼儿园老师，社区中经常与儿童打交道或密切接触儿童的单位中的工作人员，育儿嫂、保姆等家政人员，以及其他临时来社区开展儿童服务的人员等。

除了专职工作人员外，儿童服务志愿者也是社区儿童工作的重要人力资源。儿童服务志愿者来源广泛，既有社区居民、家长、儿童等个体，也有依托辖区企事业单位的团体志愿者，他们利用业余时间，发挥专业所长，奉献爱心，服务儿童。儿童自身，既是社区服务的接受者，也可以通过参与志愿服务的方式，成为服务的提供者。儿童担任志愿者本身就是儿童参与社区生活，参与社会实践的有效方式。

第七章 儿童友好的人员管理

1 儿童友好社区儿童工作者

1.1 儿童友好社区工作者的种类

社区儿童工作者的组成包括：社区党委书记、社区负责人等统筹者；中小学、幼儿园老师；各类密切接触儿童单位的工作人员；育儿嫂、保姆等家政人员；其他临时来社区开展儿童服务的人员；儿童社工等其他社区服务人员；儿童主任/儿童督导员等民政、妇联、共青团干部。

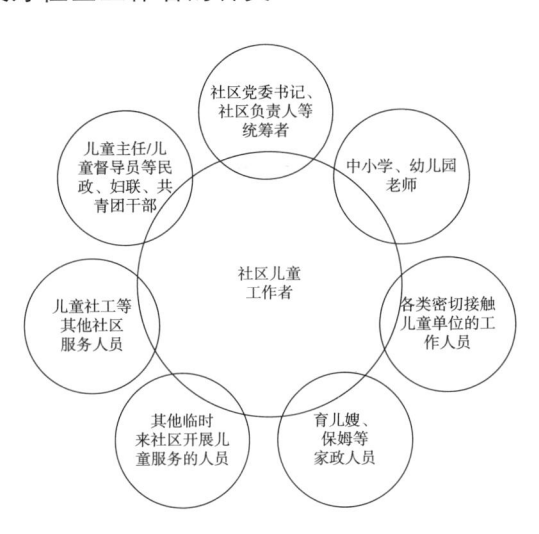

图 7-1 社区儿童工作者的种类构成

1.1.1 社区内与儿童工作相关的政策制定者和统筹者

社区内与儿童工作相关的政策制定者和统筹者一般是社区党委书记等社区负责人。社区党委书记的工作内容多，涉及面广，儿童工作只是其诸多工作内容之一。但一个社区若想开展儿童友好型社区建设，一定离不开社区党委书记等社区负责人的支持。没有社区书记的支持，必然阻力重重，难以推进。国内儿童友好社区建设卓有成效的社区，都离不开社区党委书记的大力支持和推进。例如，成都市武侯区簇桥街道锦城社区的党委书记李鑫就是辖区儿童友好社区的第一推动者。

> **案例7.1 四川省成都市花照壁社区党政班子主导的友好儿童社区服务队伍** ▶▶▶
>
> 四川省成都市金牛区营门口街道花照壁社区党委高度重视友好儿童社区建设工作，建立花照壁社区友好儿童社区领导小组，由社区党委书记、妇联

主席任组长，社区党委副书记、社区两委委员、妇联常务副主席任副组长，驻区单位代表及社区相关人员任儿童友好社区成员。

①架构及职责：

项目组长：李*蓉（花照壁社区党委书记，居委会主任）负责儿童友好社区建设的全面工作。

项目副组长：刘*洪（社区党委副书记，居委会副主任）负责儿友好统筹工作，内外工作的对接、人员协调安排，工作进度督导。

主干事：李*负责事项落实、活动策划实施。

干事组：负责各项工作的具体落实及上级交代的各项工作。

网格组：负责儿童实际情况走访，设施设备巡查，群众意见、建议的处理及反馈。

协作组：辖区内儿童相关的产业、资源整合指导。

②具体实施情况：

社区坚持党建引领、多方参与、协商共治、良性互动、全民共享的社区自治模式，创新社区发展理念，深化"绿色共创 祥和花照"的社区发展目标，结合社区实际和资源优势，以国际儿童友好社区为切入点，链接社会企业，对社区居民、儿童、外围企业进行深入调研，通过现状解读、问题诊断，为社区进行精准定位及建设规划，秉承"让儿童友好社区成为孩子有爱的家"理念，落实花照壁社区儿童友好"九大行动伴四季童行"计划，系统地、科学地实现对儿童成长全周期的覆盖。将儿童视角融入社区发展治理，通过理念引领、政策供给、资源投入等多个维度，涵盖儿童托育、儿童健康、儿童发展、儿童特需等内容，努力实现全纳性的供给服务，打造国际儿童友好示范社区。

1.1.2 儿童主任或儿童督导员等民政干部、妇联干部、共青团干部

民政部2019年4月发布了《关于进一步健全农村留守儿童和困境儿童关爱服务体系的意见》（民发〔2019〕34号），对农村留守儿童和困境儿童服务的基层儿童工作队伍提出要求，提出配备"儿童主任"和"儿童督导员"。"儿童主任"是指在村（居）民委员会中由村（居）民委员会委员、

大学生村官或者专业社会工作者等人员负责儿童关爱保护服务工作的工作人员;"儿童督导员"是乡镇人民政府(街道办事处)负责儿童关爱保护服务工作的工作人员。根据这一要求,全国很多省市已实现"儿童主任"和"儿童督导员"全覆盖。之后,部分城市也在社区推广"儿童主任",在街道推广"儿童督导员"。根据目前的政策,社区的儿童主任和街道的儿童督导员主要负责辖区各类困境儿童的保护工作。社区的妇联干部、共青团干部等,也是社区儿童工作队伍。在部分社区,可能一人身兼数职,但都与儿童服务有关。

案例7.2　广东省深圳市儿童主任和儿童督导员制度 ▶▶▶

深圳市在《深圳市困境儿童分类保障工作指引(试行)》(深民〔2021〕6号)第八条对儿童主任和儿童督导员提出明确要求:"各区要按要求配齐基层儿童工作专(兼)职人员,街道办事处设立专(兼)职儿童督导员,社区设立专(兼)职儿童主任。支持各区购买专业社工等社会力量,充实基层儿童队伍。儿童督导员和儿童主任应当选用熟悉未成年人相关法律法规和政策、具备未成年人工作服务经验、热爱未成年人保护事业、具有较强工作责任心和奉献精神的人员担任。儿童督导员和儿童主任的工作职责分别依据《儿童督导员工作指南》和《儿童主任工作指南》履行。市、区按照'分层级、多样化、可操作、全覆盖'的原则组织开展儿童工作培训,每年至少轮训一次。""儿童督导员和儿童主任可以逐步采用专业认证的方式,根据资质、实际开展个案数量和效果、开展辖区各类困境儿童保护整体成效等指标,建立分级资质认证,逐步实现持证上岗,并根据专业分级实行分级待遇保障。"

深圳的儿童督导员和儿童主任主要聚焦于儿童领域中民政部门的主责主业,即困境儿童和未成年人保护工作。全市10个区(新区)均已挂牌建立了未成年人救助保护中心,构建了市、区、街道、社区"四级"儿童关爱服务网络,全市74个街道均配有一名从事儿童关爱服务工作的儿童督导员,662个社区均各配备有一名从事儿童关爱服务工作的儿童主任。但儿童督导员和儿童主任以兼职居多。

> 市区民政局要求儿童主任和儿童督导员每年要进行培训，培训内容为儿童保护、《未成年人保护法》、儿童友好城市建设等相关内容。例如，2021年11月，深圳市宝安区10个街道儿童督导员、124个社区儿童主任以及区未成年人救助保护中心工作人员等约160人参加了培训，培训围绕困境儿童的保护现状、国家亲权、新修订的《未成年人保护法》中民政部门职责、儿童工作政策、儿童督导员、儿童主任职责等内容，还有资深律师结合《中华人民共和国法典》及自身工作经历分享困境儿童典型案例。这些培训加深了基层工作人员对儿童保护政策的了解，进一步压实了儿童督导员、儿童主任的各项职责，提升了基层儿童保护人员的法律素养和业务能力，为扎实做好困境儿童关爱服务工作、提升基层人员对未成年人的保护能力打下了良好基础。

1.1.3 为儿童提供公共服务的社工

上述儿童主任和儿童督导员中，有部分是专业社会工作者，同时，社区中还有专门为各类群体提供服务的持证社工。以深圳为例，每个社区党群服务中心都配有4~5名注册社工，他们为社区内的老人、妇女、儿童、残疾人等提供各项服务。其中，儿童社工是以儿童为主要服务对象的社工，他们直接为辖区儿童提供相关服务或链接资源间接提供服务，他们是建设儿童友好型社区的主力之一。他们所提供的服务包括但不限于掌握辖区困境儿童动态，了解辖区儿童的各类需求，在社区内组织各类儿童活动，如四点半课堂、夏（冬）令营、兴趣拓展、亲子活动、心理疏导等。

案例7.3 广东省深圳市宝安区石岩街道困境儿童社会支持体系建设 ▶▶▶

> 2020年，由深圳市宝安区海同社会工作服务中心运营的深圳市宝安区石岩街道社工站通过摸底、申请补贴、提供针对性服务、拓展资源、个案管理和建立线上平台等方法帮助困境儿童家庭提升其获得社会支持的能力。具体做法如下。

① 摸清底数：社工站通过街道社会事务办向各社区下发困境儿童信息摸排通知；再由社区组织社区网格员、社区儿童主任、民政员、妇联专干、残联专干、精防社工、社区党群服务中心上报各系统的（疑似）困境儿童信息；随后街道社工站联合社区相关工作人员和志愿者开展入户摸底和需求调研。此外，社区、志愿者和社会组织在随访中对困境儿童信息定期更新，如特教康复机构向街道社工站补充上报（疑似）困境儿童信息。从上报的81名（疑似）困境儿童中，通过入户走访核对最终排查出44名真实困境儿童，并完成了44名困境儿童需求调研报告。

② 申请补贴：社工站联合社区各功能组，为符合条件的困境儿童家庭申请团市委帮困助弱基金、街道妇联"康乃馨"关爱基金、精防监护人补贴、残疾人补贴、临时救济金等各种经济救助，提升困境儿童家庭对社会救助政策资源的运用能力。

③ 提供服务：根据困境儿童需求调研结果积极研发与申报困境儿童服务项目，为辖区困境儿童关爱服务引入项目资金与服务。例如，对有需要的困境儿童家庭开展居家改造，协助打扫卫生、改善布局、收纳整顿等，并指导居家环境维护与清洁。

④ 拓展资源：组建并培育困境儿童爱心帮扶义工队伍，对接辖区内外社会组织、公益慈善资源，帮扶困境儿童家庭，拓展困境儿童家庭非正式社会支持网。

⑤ 个案管理：探索困境儿童分类分级管理机制，落实跟进责任，联合社区、调动辖区内外社会组织和公益慈善资源开展高危个案管理与介入。

⑥ 建立平台：筹建街道未保资源库，开发"岩暖"石岩街道困难群体社会支持平台小程序，实现困难群体线上求助，相关人员线上报告，爱心商企和个人线上登记帮扶意向、认领求助信息。借此充分调动社会力量，助力民生兜底。

1.1.4 社区内各类中小学、幼儿园老师

在校老师是接触儿童时间最长的专业工作人员，通常具有相关的专业背景和教师资格。教师的儿童观，教师的一言一行，对儿童有重大影

响。若社区内的中小学、幼儿园要打造儿童友好型学校（校园），离不开在校老师的大力支持和配合。尽管中小学、幼儿园老师都已经具备了相应的执教资格，但现实中并非所有老师都具有儿童友好的观念，在条件允许的情况下，建议教育部门把儿童友好的理念、做法、案例等内容纳入教师培训范围，提升辖区各级各类在校老师对儿童友好的认可度和普及度。

1.1.5 社区中经常与儿童打交道或密切接触儿童的单位中的工作人员

此部分着眼于社区内学校以外，其他密切接触儿童的单位的工作人员，如社康中心的医生（特别是接种疫苗的医生或护士）、游乐设施的工作人员、运动场馆的教练、各类兴趣班辅导班的老师、0~3岁早教机构的老师等。此外，儿童文具玩具商铺、面包店、饮料店等，虽然不属于密切接触儿童的单位，但是儿童经常光顾的场所，其售卖的商品与儿童健康直接相关，因此，建议在创建儿童友好社区时也予以关注。上述单位的工作人员虽然未必意识到自己属于社区儿童工作人员，但不可否认他们的日常工作与儿童接触密切，他们的行为会对儿童产生影响。他们在本职工作中可能具有相关资质（如医师资格、护士执业资格、体育教练资格等），但不一定接受过与儿童友好相关的教育和培训，不一定真正了解儿童。在条件允许的情况下，建议社区组织这些人员开展相关培训，让他们在自身工作中贯彻儿童友好理念，明确自身行为的边界，保障儿童在医疗、运动、玩耍、购物、饮食中的安全。

1.1.6 育儿嫂、保姆等家政人员

育儿嫂、保姆等以照看儿童为主要工作的家政人员，同样是密切接触儿童的人，他们以个人的方式从事儿童相关工作，也属于社区儿童工作人员。他们的综合素质、能力水平等直接影响到所照看儿童的发展。近年来，我国家政服务业快速发展，但仍存在有效供给不足、行业发展不规范、群众满意度不高等问题，部分照看儿童的家政服务人员没有进行过系统培训，即便是参加过岗前培训的家政人员，通常也只学习了一些照看、烹饪、保洁的基本技能，缺乏儿童友好的理念。因此，建议在有条件的社区，逐步组织辖区内的育儿嫂、保姆等家政人员学习儿童友好理念，把儿童友好普及至千家万户。

1.1.7　其他临时来社区开展儿童服务的人员

上述人员大多数是长期固定在社区的工作人员，还有一些人平时不在社区工作或居住，而是因某项活动或服务临时性地来到社区为儿童提供服务。例如，儿童议事会中的成人支持者（见《规范》4.3 儿童参与机制部分）、周末在社区开展阅读服务的故事妈妈、社区大型活动中给孩子展现传统文化的表演者……他们往往因其某项专业能力而得到社区负责人或社工的邀请，来到社区，为辖区儿童提供一次性或常态化的某项服务。虽然他们平时并不在社区，但活动中与儿童的接触是密切而深入的。让这些服务人员了解本社区正在建设儿童友好型社区，并把社区相关理念和服务介绍给他们，有助于他们在开展服务时贯彻儿童友好理念。同时，他们所提供的专业服务本身也是儿童友好社区建设的重要组成部分。

1.2　社区儿童工作者的资质要求

《规范》："8.1　社区儿童工作者：

儿童友好社区工作者必需热爱儿童服务工作，且无与儿童犯罪相关的前科及伤害儿童的行为。同时，儿童友好社区的工作者宜具备以下资质之一：

——获得国家颁发的社会工作或儿童教育、儿童健康、家庭教育领域的职业水平证书；

——获得高等院校与儿童服务相关专业的大专及以上学历；

——接受过儿童权利和儿童发展的相关培训。"

1.2.1　热爱儿童服务工作

热爱儿童服务工作是一个儿童工作者长期从事这项工作的心理基础。只有从事儿童服务的儿童工作者是一个从内心真正热爱儿童、喜欢儿童服务工作的人，才能善于观察与发现儿童真正的需要，并为儿童提供服务和解决儿童的问题，这样才能够真正胜任社区儿童的工作。

1.2.2　无与儿童犯罪相关的前科及伤害儿童的行为

根据 2021 年 6 月 1 日实施的《中华人民共和国未成年人保护法》，无前科、无伤害儿童行为是儿童工作的法律要求。随着最新的《中华人民共和国未成年人保护法》的实施，密切接触未成年人的单位要做好人员招聘和管理时的查询工作，保障儿童权益。社区的儿童工作者属于密切接触未成年人的工作人员，要严格遵守法律规定。

> **2021 年新修订《未成年人保护法》对密切接触未成年人工作人员相关要求**
>
> "第六十二条　密切接触未成年人的单位招聘工作人员时，应当向公安机关、人民检察院查询应聘者是否具有性侵害、虐待、拐卖、暴力伤害等违法犯罪记录；发现其具有前述行为记录的，不得录用。
>
> 密切接触未成年人的单位应当每年定期对工作人员是否具有上述违法犯罪记录进行查询。通过查询或者其他方式发现其工作人员具有上述行为的，应当及时解聘。"
>
> "第九十八条　国家建立性侵害、虐待、拐卖、暴力伤害等违法犯罪人员信息查询系统，向密切接触未成年人的单位提供免费查询服务。"
>
> "第一百三十条　密切接触未成年人的单位，是指学校、幼儿园等教育机构；校外培训机构；未成年人救助保护机构、儿童福利机构等未成年人安置、救助机构；婴幼儿照护服务机构、早期教育服务机构；校外托管、临时看护机构；家政服务机构；为未成年人提供医疗服务的医疗机构；其他对未成年人负有教育、培训、监护、救助、看护、医疗等职责的企业事业单位、社会组织等。"
>
> ——《中华人民共和国未成年人保护法》，自 2021 年 6 月 1 日起实施

1.2.3 相关资质要求

1.2.3.1 拥有相关证书

儿童工作者应具有"国家颁发的社会工作或儿童教育、儿童健康、家庭教育领域的职业水平证书"或"获得高等院校与儿童服务相关专业的大专及以上学历"。

这两条资质要求针对相关人员的学历、职业资格等。这些资质往往是其从事相关工作的前提资质条件，只要从事此项工作就必须具有此资质。例如，社康中心的医生、护士，中小学幼儿园的老师，社区服务的社会工作者，等等。用人单位通常会在招聘时对这些资质提出要求，因此社区并不需要特别审查。

同时，社区可以鼓励那些密切接触儿童的其他非持证工作人员主动考取社会工作或儿童教育、儿童健康、家庭教育领域的职业水平证书，或继续进行相关学历深造及专业培训，以便更专业地为儿童提供服务。

1.2.3.2 接受过相关培训

如果儿童工作者无法提供以上两种证书之一，则至少要接受过儿童权利和儿童发展的相关培训。

社区儿童工作者，无论是否有资质或学历，都建议持续学习有关儿童权利和儿童发展的相关知识。社区尽可能为上述工作人员提供相关短期培训，帮助各类社区儿童工作者树立儿童友好理念，了解最新政策，提升相关能力。例如，对保姆等家政人员可以提供儿童健康、儿童安全、家庭照顾方面的能力培训；对游乐场的工作人员可以提供儿童保护、儿童发展等方面的培训；对辖区内个体商户如药店、玩具文具店、服装店、餐馆等的老板可以提供儿童食品药品用品安全的标准和识别方法等方面的培训。社区可组织培训，亦可建议密切接触儿童的单位开展相关培训。

> **案例7.4　四川省成都市新桥社区开展儿童服务相关培训** ▶▶▶
>
> 四川省成都市金牛区沙河源街道新桥社区工作人员先后参加"成都市妇联儿童友好城市建设及儿童友好社区实践主体会""成都市妇儿工委办2020

年市级儿童之家示范点位运营管理能力提升专题培训会""成都市党建带妇建助力城乡社区发展治理专题培训"等行业交流，不断提升基层人员的儿童友好社区发展理念。同时社区联合金牛区社区教育学院开展"儿童友好社区人员培训课程"，对辖区儿童友好社区建设工作人员、幼儿老师、早教从业人员、早教机构进行相关培训，强化儿童友好的概念，提高其服务能力。

案例7.5 北京博源拓智儿童公益发展中心《一线儿童工作者能力素养与行为准则指南》▶▶▶

2017年11月20日北京博源拓智儿童公益发展中心发布了《一线儿童工作者能力素养与行为准则指南》（以下简称《指南》），该《指南》基于联合国《儿童权利公约》的基本原则制订，适用于各儿童公益组织内所有从事与儿童直接接触工作的员工，具体包括但不限于机构的全职和兼职员工、机构志愿者、顾问和可能参与项目活动的捐赠方和供应商代表。《指南》共包括三个重要部分，即一线儿童工作者十大核心素养、十大专业能力以及具体的行为准则。

一线儿童工作者十大核心素养

认同、责任、正直、协作、沟通、表达、恒心、专业、抗压、发展

一线儿童工作者十大专业能力

• 明确理念：明确儿童的定义及其所拥有的权利，并持以儿童为中心的工作原则。

• 熟悉政策：了解当前国家及地区与儿童相关的政策法规，及时跟进了解新出台的政策。

• 管理项目：熟悉项目管理周期中的各环节，掌握必要的项目管理技能。

• 评估需求：能够与儿童及日常和儿童接触频繁的成人（老师、家长等）进行良好沟通，并能在与儿童接触及服务中积极观察儿童，有效掌握他们对于专业服务的需求与期望。

• 了解儿童：对不同年龄段儿童的主要发展特征及发展目标有一定的了

解，例如儿童与成人的异同，儿童的渐进发展，青春期身心变化等。

·建立关系：拥有较为丰富的与儿童互动交流的经验与儿童及其监护人维系良好稳固的关系。

·引导行为：对于儿童出现的心理行为等问题，保持高度的敏感度，能够理解儿童的行为及行为背后的心理需求，能以适当方式处理和应对，降低这些行为对儿童本身及其他儿童可能造成的不良影响。

·顺应变化：理解与认同儿童鉴定能力的发展，关注儿童及儿童权利的各利益相关方在不同阶段的突出需求，并在设计儿童活动的过程中有所考虑和侧重。

·支持参与：重视发挥儿童的主观能动性，能够设计和组织参与度较高的儿童游戏与活动，为儿童发表观点、参与组织提供良好条件。

·树立榜样：在工作中做到以身作则，善待他人，积极营造友好尊重的氛围，为儿童及其监护人树立正面榜样。

一线儿童工作者的行为准则

·始终考虑儿童的最大利益

·遵循非歧视原则

·最大限度地保护儿童，促进身心发展

·倾听与尊重儿童的意见

其中，"最大限度地保护儿童，促进身心发展"准则，提出很多具有操作性细节内容，特别值得儿童工作者注意，《指南》对此做了如下详细介绍。

"应避免与儿童发生不适当的接触，包括避免在远离他人的情况下与儿童独处，避免与儿童有过于亲密的肢体接触，禁止触摸儿童身体敏感部位，禁止对儿童有任何性挑逗嫌疑的行为。发现儿童遭到或疑似遭到任何形式的暴力，应及时了解儿童情况并及时向机构负责人汇报，同时应按照《中华人民共和国未成年人保护法》《中华人民共和国反家庭暴力法》等相关法律要求，第一时间向公安机关、社区儿童保护办公室或其他相关责任机构进行强制报告，并配合相关部门进行案件的跟进与协调，如超出所在组织服务范围或能

> 力的去做好转介工作。"
>
> "在向儿童服务或组织儿童活动时，需要充分考虑潜在风险和应对措施，预先与儿童法定监护人达成书面承诺，如知情同意书，并对儿童进行必要的活动安全规则和知识普及。"
>
> "外出活动时应根据儿童的实际情况配备足够的成人协助者及相应的保障措施，如购买保险、掌握每名外出儿童的身心健康状况、准备应急药物等，保障儿童安全。如遇需要外出住宿的情况，工作人员不得单独与一名或多名儿童同住，如果情况特殊，必须提前获得机构负责人及儿童法定监护人的知情同意。"
>
> "尊重与保护儿童隐私，在获得儿童及其监护人同意后方可收集儿童信息，妥善保存服务活动中获取的儿童资料；除非获得儿童及其监护人的同意，不向第三方提供儿童的信息。"
>
> "在拍摄与使用儿童照片时，需征求儿童及其监护人的同意。"

2　儿童服务志愿者

儿童服务的志愿者是在社区中那些具有志愿精神、不计报酬、主动为儿童开展服务的人，是上述专业专职社区儿童工作者的有力补充，是社区儿童服务的重要人力资源。

2.1　儿童服务志愿者的来源

《规范》："8.2.1　儿童服务志愿者的来源：社区居民、辖区单位成员、家长志愿者等。"

社区中儿童服务志愿者的来源是非常广泛的，所有的社区居民、辖区单位成员、家长等都可以成为儿童服务的志愿者。因此，社区要注重发现并动员社区居民参与到儿童服务中，人人都可以成为儿童服务的参与者和提供者。

例如，社区居民中的退休老教师等"五老"同志，可以成为儿童"四点半课堂"等社区服务的志愿者教师。社区中一些有专长，如书法、绘画、乐器等专长的人，可志愿为儿童提供相关兴趣辅导。

辖区相关单位，例如口腔诊所、中医馆、运动场馆、培训班等，都可以为儿童提供公益性讲座、宣传或指导。这些单位可以发挥专业优势，作为儿童服务志愿者，无偿为儿童提供相关服务。此外，除了发挥专业优势，辖区相关单位还可以发挥常住社区、熟悉社区的优势，成为社区儿童安全守护的志愿者。

案例7.6　广东省深圳市龙岗区多个社区的"五老"志愿者 ▶▶▶

在广东省深圳市，有3万多名登记在册的"五老"（老干部、老专家、老战士、老教师、老劳模）志愿者，他们的经验和智慧是关心下一代工作的重要支持。近年来，深圳市龙岗区关工委在全区范围内开展创建专业化"五老"工作室活动，组织动员专家型、工匠型"五老"，利用社区党群服务中心等公益场所，为青少年提供专业化的精准关爱服务，打通了服务青少年的"最后一公里"。

①"五老"志愿者设立工作室，带领儿童传承传统文化

平湖纸龙舞是深圳平湖居民在春节期间表演的一种民间舞蹈，在年过六旬的平湖社区关工委主任刘旦华的挖掘和发扬下，正成为平湖的一张文化名片。

2015年，刘旦华在平湖凤凰新村党群服务中心一楼成立了纸龙舞专业工作室。工作室成立后，刘旦华把传承平湖纸龙舞作为一项重要的青少年教育工作在社区展开，不仅带领孩子们了解有关平湖纸龙舞的历史故事，还指导他们近距离接触这项传统文化的手工制作过程。他还组建了平湖社区龙队，其中分设了少年男子和少年女子龙队，通过组织青少年集训和排练，逐步将这一队伍打造成社区文化品牌。

②"五老"志愿者守护儿童心理健康

在深圳市龙岗区四季花城社区，曾担任中学心理辅导室负责人的李世超，

10 多年来一直致力于呵护孩子的心理健康。

2008 年以来，李世超在社区关工委委派下担任花城小学心理健康教育顾问。多年的教育经验让他认识到，孩子的心理健康与老师、家长的正确引导密不可分。于是，他积极参与培训教师，建立心理教育骨干队伍，指导开展心理辅导活动课，编写《花城少年心灵成长记录册》和教师培训资料，全面推开心理健康教育活动。同时义务为海丽达幼儿园家长做"家庭教育和幼儿心理咨询"90 多次，参与人数达 1200 多人次。

2015 年年初，他牵头在社区创办了"心益轩"公益心理咨询工作室，通过开展一对一咨询、心理沙龙、父母读书会等特色项目，联通学校、家庭、社区三方，助力社区青少年心理健康成长。在李世超的努力下，工作室累计接待咨询 19900 人次，举办家庭教育讲座、心理健康沙龙等活动 69 场，受益民众 6000 余人次。

案例 7.7　四川省成都市锦城社区优质志愿者服务模式 ▶▶▶

成都市锦城社区通过资源整合、积分兑换、组建商家联盟的方式开展优质的志愿者服务。

首先，进行资源整合提供服务。通过党建引领与辖区内的卫生服务中心、龙江路小学等单位签订党建共建协议，以党建结队共建的方式签约，同时传达锦城社区创建"国际儿童友好型社区"重要服务信息，在这个过程中，社区搭建平台，各单位通过联席会议机制，实现资源共享。例如，社区在每年暑期会开展"双十个一"活动，为社区儿童提供科普、运动体育、安全教育、传统文化等各类活动、服务或培训。这些活动是社区与辖区各类专业单位联合开展，由辖区单位提供专业师资，以志愿服务的方式为辖区儿童提供服务。

锦城社区的"双十个一"暑期活动曾与纹锦艺术培训学校、瓦力空间青少年机器人编程俱乐部、武侯新桥口腔门诊部、教投集团、奥斯特教育、华武教育集团、中国建设银行中海锦城支行、优博广场等合作开展。这些机构为孩子们提供了"中国舞""机器人编程""小小牙医""武术""小小银行家"

等丰富多彩的暑期活动。另外，各板块的专业人士定期会在社区开展专业板块的知识普及、公益课程等。

其次，采用积分兑换的方式鼓励社区内各方的参与。社区内的志愿者参与社区组织的服务活动的时长可获得对应的积分，1小时的服务活动可兑换志愿者积分1分。这些积分可用于兑换社区的课程、饮品、糕点、盆栽植物等。同时志愿者服务积分与辖区内龙江路小学的"新城币"相互联通，可通兑使用，志愿者积分可兑换学校的活动、课程，学校学生的"新城币"也可兑换社区的活动、课程等。通过辖区资源的整合，儿童友好型服务队伍得以建立，助力实现儿童友好。同时，社区建立志愿积分兑换制度，这些机构可以通过志愿服务换取在社区大型活动中展示的机会。

最后，组建商家联盟。社区的日常工作会涉及消防、安全检查、流动人口数据采集、经济普查等。在这些基础上，社区对商家及从业人员已有一个基本的了解。部分商家在经营过程中，存在油烟扰民、噪音扰民、火灾等安全隐患及事故等情况，针对这些问题，社区通过商家自治原则，召集辖区内的商家，制定商家联盟自治公约，在公约中制定关于油烟、噪音、卫生、安全等内容，达到商家的自我约束、自我管理、自我服务。商家联盟也会定期通过会议选举出轮值的理事长，理事长定期定时组织成员代表，负责整个街区安全健康巡查，从根源杜绝隐患。

锦城社区在建设儿童友好社区的过程中，通过各种服务的开设，以儿童影响家庭，家庭影响社区，使居民认可社区、信任社区。社区在组织各类工作时，居民是非常乐意参与的，所以社区也针对这点，将居民的消费及生活习惯引导至辖区内的商户，给商户也带来了经济效益，实现多方共赢。商家也自然愿意配合参与社区的各类服务活动，参与商家自治，给居民带来便利。

商家在提供便民服务的基础上，积极响应社区的儿童友好建设，当街区有独行儿童时，就近的商家会主动上前询问是否迷路或者需要帮助；针对迷路儿童，商家会帮助报警或联系父母且提供食物与饮用水，保证儿童的安全（见图7-2、图7-3）。

图7-2 成都市锦城社区携手口腔门诊部开展"小小牙医"体验活动

图7-3 成都市锦城社区联合银行支行举办"小小银行家"活动

案例7.8 四川省成都市锦江区三圣街道栀子街社区商居联盟的建立模式

栀子街社区分析商户、居民需求清单，寻求企业、商户和居民、儿童之间的利益、情感、价值结合点，建立商圈协会与小区自治组织（小区业委会、志愿者服务队等）商居联盟，已有30余户商家加入联盟。商居联盟作为栀子街社区商圈企业及周边的居民自治组织，是社会组织、企业事业单位的交流、互助和资源共享平台，以"创新、创造、优雅、时尚、乐观、包容、友善、公益"天府文化十六字为精神指引，为联盟成员提供全方位的信息资讯、互助交流、资源共享。

① 如何组建商居联盟？

社区通过网格反馈、网络投诉信息及现场收集的意见，充分了解到社区商业及周边的居民自治组织、社会组织、企业事业单位的痛点。针对大家的痛点，在街道党工委的指导下，成立商居联盟，把大家组成一家人，大家的问题大家议，大家的矛盾大家化，大家的事情大家做。发挥党员、居民、志愿者服务队等多元主体作用，搭建关怀、对话、服务共治平台，组织妈妈志愿者服务队、文明劝导服务队、帮帮团等队伍，常态化开展特色街区安全监督、秩序维护和"小手拉大手"环保志愿服务等活动。坚持社区发展治理多元协商共治原则，着力打造"组织共建、工作共推、活动共办"的区域协调发展工作格局。

② 商居联盟如何发挥作用？

通过驿站平台，解决了大家的需求；建立包括逐级处置、问题研判、多方联动、处理回应四个层级的商居联盟工作机制，要求做到"精准发现联盟成员需求，精准研判需求，精准回应需求"的三个精准，以确保联盟成员的需求和问题无疏漏、有着落、有回音、有结果。

商居联盟根据社区及周边企业、居民需求，充分挖掘企业、商户和居民的利益、情感、价值结合点，通过开展商业回馈周、公益集市、文化交流、联合招聘会，设立社区公益基金账户，广泛开展志愿服务活动等针对性强、聚合力足的活动，把商圈商家、社会组织、居民群众凝聚起来，推动联盟与商圈发展融汇、互促、共进，实现了大家的共赢，让居民和儿童享受优质贴心的福利和实惠。

案例 7.9　成都市龙泉驿区龙泉街道魏家街社区的商居联盟模式 ▶▶▶

2019 年魏家街社区的"博悟儿童友好商家"的项目是从筛选商家入手。首先树立"魏家人、儿友好"服务理念，链接四川省红十字基金会建立了"川红公益 博爱魏家"魏家街社区人道服务专项基金，在 2020 年社区启动两次公益计划，线上线下筹款筹物，为留守儿童、困境儿童送去爱心礼包。通过公益活动的开展，涌现了许多公益商家。同时，选派社区儿童，建立儿童社区治理队伍，收集社区儿童的生活、学习方面的服务需求，再将这些需求反馈给辖区商家，与商家进行交流，了解商家提供的商品服务能否满足儿童需求。这些活动搭建了商家和居民交流互动和展现平台，让店铺爱心值直线上升，同时提高辖区居民的参与意识，盘活了辖区内的各类资源。截至 2021 年底，共计开展商居联盟活动 5 场，为公益基金筹集善款 5000 余元，为 300 余名居民提供了便民服务。

博悟儿童友好商家以自愿参与、团结协作、互助共荣为理念，广泛链接辖区内外资源，为居民提供便民服务。通过社区与商家的交流，了解了商家提供的服务，筛选出能为儿童提供生活、学习等方面服务的优质商家。

博悟儿童友好商家提供以下服务。

①社区居民通过参与社区志愿者服务获得积分，这些积分可在友好商家处进行现金抵扣或兑换其他服务；

②商家结合自身实际情况提供公益服务，居民可自愿、随缘捐赠公益基金。

为形成可持续发展的商居联盟机制，采用为优秀商家"挂牌"的模式进行鼓励。根据社区活动开展商家参与度与群众满意度抽样调查结果，遴选出7家参与度高、群众反映好的博悟儿童友好商家进行授予"博悟儿童友好商家"挂牌，成为社区儿童购买生活学习物品的指定地点。

在社区中小学中，家长志愿者则更为普遍，很多学校都会组织家长志愿者在校园周边从事交通疏导等工作。

儿童自身亦可成为儿童服务志愿者。儿童既是服务的受益者，也可以成为服务的提供者。在儿童的社区服务中，要特别注重发挥儿童的自主性，引导小学高年级以上的儿童参与力所能及的志愿服务工作。在儿童服务项目中，儿童志愿者可以担任活动签到、秩序引导、拍照、撰写活动总结等工作。儿童志愿服务本身也是儿童参与的重要体现。

案例7.10　中国儿童中心"童乐汇"儿童志愿服务活动 ▶▶▶

位于北京隶属于中华全国妇女联合会的中国儿童中心不定期举办的"童乐汇"儿童志愿服务活动，引导儿童关注社会现实、关心身边他人、乐于进行分享、善于互动合作。鼓励和帮助儿童加入志愿者群体中，主动践行"儿童支持儿童""儿童服务儿童"，体验"与他人分享，为社会服务"的公益精神已成为儿童成长过程中的必修课。

活动方式一：小小宣讲人

儿童经过培训和准备，成为《关爱生命 文明养犬》小小宣讲人，来到幼儿园为弟弟妹妹提供志愿服务。在这个过程中，他们感受到人和人之间的情感互动和信息交流,在真实环境中体验被需要、被认同。

活动方式二:组织活动,提供咨询服务

在中秋主题活动和"国庆月"主题教育活动中,儿童志愿者与大学生志愿者一起,承担起活动组织与咨询服务等工作。儿童志愿者可以亲身感受到每个志愿工作的环节,向一起工作的大学生志愿者学习。在解释活动内容、分发参与奖励的过程中,儿童与他人进行沟通,带着微笑服务他人,理解志愿服务理念的同时,学会接纳,学会奉献。

参与志愿服务,让儿童收获很多。一位儿童志愿者说:"我在'小小中国通'百科知识挑战活动中介绍活动内容,给小朋友发放纸笔,为答题成功的小朋友发放贴纸。我体验了与小朋友交流、和家长们沟通的服务活动,最开始的介绍很生涩,到最后可以熟练地介绍我们的活动。在过程中也感受到了帮助他人的快乐,希望以后有机会还能来参加。"

2.2 儿童服务志愿者的资质

《规范》:"8.2.2 儿童服务志愿者应接受过儿童权利和儿童发展的相关培训。"

社区及学校要对儿童服务志愿者进行相关培训。培训内容包括但不限于志愿服务精神、儿童权利和儿童发展理念、本社区建设儿童友好型社区的情况以及相关岗位的专项培训等。

对于儿童服务的志愿者,要特别注意与儿童权利相关的培训内容,可借鉴参考国内其他儿童服务机构的相关指引,结合本社区实际情况,进行培训。与儿童服务理念和注意事项相关的培训内容可参考第五章的案例。

2.3 儿童服务志愿者的管理制度的建立

《规范》:"8.2.3 建立志愿者服务管理制度,做好志愿者的登记、培训、记录、激励、评价等工作。"

社区可将儿童服务志愿者纳入社区志愿者服务队统一管理，可以根据志愿者的服务内容和类型分为不同的服务队，如故事妈妈志愿服务队、兴趣辅导志愿队等。如没有常态化服务或固定的志愿者，也可不进行分组管理。

若社区所在的市、县（区），有统一的志愿服务系统（义工系统），可以把社区志愿者纳入全市（区）志愿服务系统（义工系统）统一管理，进行志愿者注册登记、服务时长记录、志愿者奖励等。

同时社区亦可根据本社区的具体情况，以积分兑换、爱心商家优惠等方式，对儿童服务志愿者进行激励。

儿童服务志愿者的登记、记录、激励和评价，本质上与其他类型志愿者并无不同，可参照其他志愿者的管理。亦可把儿童服务志愿者的管理方式推及其他志愿者。

案例7.11　广东省深圳市龙岗区龙岗街道愉园社区志愿者管理制度 ▶▶▶

为弘扬社会主义道德风尚，促进社会和谐发展，鼓励和规范社区志愿者参与志愿服务，保障志愿者、服务对象的权益，依据相关条例，深圳市龙岗区龙岗街道结合愉园社区的实际情况，制定愉园社区党群服务中心志愿者管理制度（以下简称志愿者管理制度）。

第一条 志愿者申请

社区居民可经过面谈程序，明确志愿者服务准则及了解中心安排的志愿服务岗位后，填写中心志愿者申请表，即可申请成为愉园社区党群服务中心志愿者。

第二条 志愿者注册

志愿者注册需满足以下条件：

① 自愿从事义工服务；

② 承认和遵守《深圳市义工服务条例》和本会章程；

③ 年满10周岁，具有相应的民事行为能力；

④ 符合从事义工服务所要求的身体条件、服务技能或资格。

个人可通过两种方式申请注册：一是在"深圳志愿服务信息平台"申请，二是在微信公众号"志愿深圳"上报名。对于60周岁以上的老人，如有需要且符合注册条件，中心工作人员帮其提交申请资料。

第三条 志愿者服务准则

① 志愿者上岗时应按照统一标准穿戴志愿者服装，服从中心工作人员的安排；

② 遵守活动场所的工作制度，按照志愿者岗位职责要求，文明服务；

③ 服务时要了解所在岗位职责，热情周到，讲解耐心细致。

第四条 志愿者服务记录、查询与管理

① 建立完备的志愿者档案，规范志愿服务记录。对于参加服务的志愿者，每场活动将做好义工签到；对于需要录入义工时的志愿者，将会记录服务时长，中心定期统一将服务时长上传至义工联，并将上传时间告知志愿者本人；

② 做好每场志愿服务记录，以证明志愿服务的真实性。

第五条 志愿者能力建设

① 链接相关专业人士、专家学者及资深志愿者等资源担任志愿者培训导师，不定期开展志愿者培训，以提升社区志愿者能力；

② 针对单场服务活动，中心工作人员需在活动前对志愿者进行针对性的培训。

第六条 志愿者回馈激励与惩罚机制

举行表彰大会和不定期的小型表彰会，对志愿者进行奖励表彰。社区党群服务中心招募的志愿者将实行"义工银行"管理办法，计算累计志愿者服务时长，按照有关制度给予表彰，同时，在义工自己或家人或朋友有需要的时候，中心将尽可能地安排其他符合要求的义工为其服务。另外对于在参与志愿活动中，目的不单纯如企图推销或贩卖产品者，予以口头警告、劝退，情节严重者，作除名处理。

案例7.12 广东省深圳市盐田区"善行银行" ▶▶▶

深圳市盐田区海山街道有一家"善行银行"，它跟钱没关系，只储存善行。在这个社区，居民的每一次善行义举、公益行为，都可以折算成积分，并被记录在一个存折上。积累的善行积分可以兑换相应的服务和物品。这本小小的"存折",既是一个居民善行的轨迹,也是激励人们聚爱行善的平台。这个传播链条,迅速地把爱心、善念扩展到全社区,打造了一个人人乐于参与其中、享受其中的社区公益"幸福家园"。

海山街道的善行银行并不是通过简单的捐赠来达到帮助人的目的,而是通过积极倡导、推广善行来改变人的思维方式,鼓励居民崇德向善。善行银行走出了一条"倡导、推崇、激活"善行理念的社区公益探索创新之路。

海山街道的"善行银行"源自"时间银行"的启发。在美国,有一种特殊的银行形式,也即时间银行——它不交易货币,只交易时间,志愿者将参与公益的时间存入这间银行里,当他遭遇急事或困难时,他可以从时间银行里支取"被服务时间"。在这个时间银行系统中,个体的公益行动被放入一个链条中,赋予它长效的存在价值和回报互助元素,把点变成了面。在海山街道办的大力支持下,经选址、组织架构、运营方式等多次讨论研究,2012年12月2日,盐田区海山街道"善行银行"挂牌成立。善行银行成立了第一届理事会,理事都是社区热心公益的居民。理事会制定了《善行银行章程》《善行银行规章制度》等,从制度上保证了"善行银行"的良性运作。

在运营方式上,"善行银行"采用银行运营机制,总行下设分行,每个社区都有一个分行。所有社区居民都可以在善行银行开户,善行银行里的储户被称作"爱心储户"。银行业务以"存""取"为主要手段,但内容上与实际生活中的银行有别。

银行有三种储蓄内容:第一种是时间储蓄,把自己做公益的时间累积存到善行银行。第二种是物资储蓄,把多余的、闲置的书、衣服、电器等存到善行银行。第三种是款项储蓄,把自己想捐的款存到善行银行。取,可以是取"服务时间",也可以取物品,取的时候,从自己的善行存折上减掉相应的积分即可。

比如个人会员认购爱心物品或捐赠现金每满100元或志愿服务1小时,可获得2个积分;参与义务献血,可获得10个积分。另外,辖区爱心单位还可以申请成为单位会员,认购一件爱心物品或捐赠满100元,积1分;安排一名人员就业,积10分。当个人或单位会员积满10分后,就可以申请用积分兑换义务服务或资金援助；会员也可以把积分转赠给辖区的困难人群、残疾人及年老体弱者。

为了鼓励会员存储善行，"善行银行"还组建了教育服务队、健康服务队、生态服务队、家庭服务队、心理咨询服务队等8支队伍，从不同的角度立体地为社区居民服务，通过服务让会员真切地感受到善行带来的好处。

2.4 双工联动机制的建立

《规范》："8.2.4 建立社会工作者和志愿者联动机制，根据服务需要统一管理志愿者。"

双工联动（社工+义工），甚至是三工联动（社工+关工+义工）等方式，要成为社区儿童服务的重要联动机制。社区中的专职专业儿童社会工作者与其他各类志愿者各取所长、优势互补、共同合作，从儿童的需求出发，共同提供专业服务，以提升儿童福祉。

社会工作者是社区内志愿者管理的主要人员，要做好各类志愿者（含儿童服务志愿者）的招募、培训、记录、激励和评价等工作。同时，注意挖掘社区各种专业能人，引导他们成为专业志愿者，为他们有效发挥作用提供条件、搭建平台。早在2014年，深圳市社会工作者协会就发起成立了深圳社区志愿服务总队，依托各社区党群服务中心平台，由社工在各社区中组建社区志愿者组织，一方面进行志愿者招募与培训、制度制定、服务设计、时数记录与表彰激励等志愿者管理工作；另一方面引导志愿者为社区居民开展助困扶弱、知识科普、环境提升、慈善服务等种类多样的志愿服务，有效地满足了居民的多样化需求。

案例7.13 广东省东莞市儿童友好双工联动案例 ▶▶▶

截至2020年10月，广东省东莞市建成142个社区综合服务中心，为涵盖外来人员的城乡社区居民提供各类公益性、福利性的便民利民服务。社工搭建平台，村（居）民成为志愿者，贴合社区需求的多形式志愿服务为居民参与社区治理提供了新路径，也为共同打造美好社区注入了新动力。2020年，东莞市民政局评选出东莞市十大优秀双工联动案例，其中有两个案例，与儿童有关。

①樟罗社区"爱心小天使"小义工培养与成长计划

樟罗社区"爱心小天使"小义工培养与成长计划，结合社区青少年儿童的成长需求和社区弱势群体的社会支持需求，于2015年开始，通过"群团干部＋社工＋义工"的互动模式，组织青少年儿童成立爱心小天使志愿服务队。队伍为社区高龄孤寡老人、困难残障人士等提供探访、慰问型服务，并开展发展性活动及针对爱心小天使群体年龄的特点进行能力提升的培训活动。截至2020年10月，共有150多名青少年儿童加入爱心小天使服务队，共走访200余次，直接受益人数300余人，间接受益人数500余人。

②"爱青助学"困难学生助学项

在石龙镇，双工联动模式则运用到"爱青助学"困难学生助学项目，以"专业社工、全民义工"为基础，解决镇内贫困家庭青少年的教育资源问题。2012年，在石龙当地志愿组织——石龙家乐部志愿团队的资源协作下，东莞鹏星驻石龙社工爱青服务中心开展了针对居住在石龙镇的贫困家庭青少年的助学项目。项目除了善款资助外，更注重社工专业的介入服务，关注贫困青少年的心理、学业、才能及家庭环境等方面的全方位成长，通过拉动、链接多样化的资源，协助他们缓解因贫困造成教育资源缺失的问题。

为推动项目更好的发展，项目明确了社工与志愿者的责任与义务，社工提供专业服务，并维持项目系统化运作，而志愿者则提供人力和资源。随着项目的不断成熟及完善，服务日渐向多元化发展，越来越多的社会热心人士加入项目中，大量多元化的资源也投入项目当中。这些资源经由志愿者带动到项目中，并经由社工有效利用后，进一步提升项目服务质量。本土化的慈善公益项目等因素也提升了居民归属感。

第七章 儿童友好的人员管理

自 2012 年到 2020 年,"爱青助学"项目资助学生 100 名,共 557 人次。在这期间,项目筹集 537405 元社会资金,整合非现金资源折合 60 多万元,拉动个人、商家、企业、单位等资助支持者逾 98 个,共有 49 名学生因顺利完成学业或家庭经济情况好转而结束资助。

第八章

儿童友好社区服务类典型案例

在整理本书资料的过程中，我们惊喜地发现了很多逻辑清晰、社会意义重大且非常具有启发性和示范性的案例素材。儿童友好社区服务类的案例尤其突出，特别是很多服务类案例有多重延展的特点。例如，按年龄划分的0~3岁社区婴幼儿综合发展类服务可以分为普惠服务、兜底服务、发展类服务等，"益未来"的案例就兼具这三类服务特点；按聚焦内容还可分为自然教育、食育和自由游戏类等，同时还具有上述普惠类、发展类服务的特点。为此，我们特别从这些案例中摘选了10个集中在第八章呈现。受到编写时间和篇幅限制，还有很多案例未来将在"中国儿童友好社区"官方微信公众号或通过在线交流的方式与读者持续分享。

1 社区婴幼儿照护："益未来社区共育家园"创新模式

1.1 引用说明

《儿童友好社区建设规范》对低龄儿童的友好是重中之重，它提道："针对0~3岁儿童，基于促进儿童早期综合发展的科学依据，开展家长教育和家庭科学养育指导、婴幼儿家庭照护及托育服务……5分钟生活圈内，配有1处适合12周岁及以下儿童户外游戏场地，宜提供沙坑、浅水池、滑滑梯、微地形等设施，游戏设施和铺地宜采用自然化、软质、柔性耐磨的环保材料。"这与2019年至今国家发布的多项促进婴幼儿照护服务发展的政策内容不谋而合。在国务院指导意见中，基本原则的首条是"家庭为主、托育补充"，在加强社会支持中也提及"友好社会环境的营造"。由此可见，发展婴幼儿照护应该是一套组合拳，至少不应该狭隘地理解成托育机构的兴建。在当前3岁以下婴幼儿绝大多数在家照护的实际情况下，应基于市场需求和政策引导建立"孕期—新生儿—婴幼儿"的全孕育周期居家照护体系，包括日常托育业务、临时托业务、入户指导服务等。同时，0~3岁婴幼儿照护服务既需要专业性又要求公益性，社会企业应该成为该领域的主流，传统的公益组织专业能力不足，纯粹的商业机构社会性不充分，都不能同时满足专业加公益的要求。

1.2 案例背景

"益未来"是中国儿童友好社区的婴幼儿板块，原品牌名为"亿未来"，是2010年由北京永真基金会发起的专注0~3岁儿童及家长，扎根社区的普惠型、倡导型、扶持型儿童早期发展社区服务项目。"亿未来"从南京雨花台社区起步，用5年的时间覆盖了35个城市，近300个社区，服务3万家庭，过千万人次；主要面向婴幼儿家庭，帮助家长（尤其是弱势群体家庭家长）建立正确的早期健康养育观点，并从"知道"到"做到"。具体方式包括：建立社区婴幼儿健康养育指导站，定期开展运动游戏、亲子阅读示范活动、主题公益讲座、家长互助沙龙等，普发健康养育知识册，长期持续跟踪指导，传递科学的养育观念，还有扶持妈妈创业、培养社会企业从事儿童早期专业普惠服务等内容。2015年随着北京永真公益基金会将工作重点放在了面向0~18岁未成年人的儿童友好社区政策推动，"亿未来"项目暂停，2020年重新启动，转型为社会性企业，更名"益未来"，旨在为更多的社区妈妈赋能，让她们带娃、工作两不误。

1.3 案例介绍

"益未来社区共育家园"作为儿童友好特色的婴幼儿社区服务典范，倡导公益普惠服务配套，运用创新模式促进婴幼儿照护服务发展，以达到

"益家三代，共育未来"的美好愿景。

孩子从呱呱坠地的婴儿期到少年期，其活动范围基本在社区，例如，家在社区，防疫站、医院在社区，托儿所及各年龄段的学校、托管班在社区，还有常去的超市、公园也在社区。优先打造适宜儿童的"15分钟社区生活圈"是优选项。在这直径15分钟可达的范围里，没有一个儿童生活在真空里，也没有哪对父母天生就是优秀的家长，家庭需要被支持、父母需要被鼓励。"益未来"希望从凝聚与支持最小的社会单位开始，构建儿童成长的美好家园。"益未来社区共育家园"项目倡导以社区为单位，鼓励街道社区、用人单位、托幼机构、家庭及个人新建婴幼儿照护相关机构或有效联动参与已建共育项目，从而为婴幼儿及家庭打造友好、多元、综合、共建共享的成长环境。"益未来社区共育家园"所指的婴幼儿照护相关机构范围广泛，只要是基于婴幼儿的成长需求的，无论是家庭教育项目、社区儿童养育护项目（绘本、早教、儿推保健、感统……）、托育项目等都可以申请加入"益未来社区共育家园"项目（见表8-1）。无论是在社区内新建或是改造婴幼儿照护服务的伙伴机构，"益未来"都将提供持续三年的评估及技术指导，落实公益普惠建设。

表 8-1　中国儿童友好社区"益未来共育家园"新建/已建试点申请表填写方式

新建试点申请表格二维码	已建试点申请表格二维码
(二维码)	(二维码)

首个"益未来社区共育家园"项目于2021年11月由青岛市市南区八大湖街道引入并启动，成为全国第一个示范样板。2022年项目开始面向全国社区分享传播成熟经验，复制体系，培养当地团队。服务模块由以下内容构成（见图8-1）。

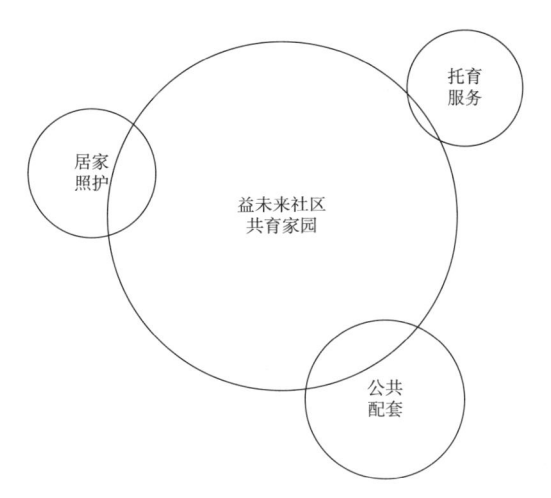

第八章 儿童友好社区服务类典型案例

图 8-1 "益未来社区共育家园"样板（政府联建版）

1.3.1 线上云端支持

"益未来社区共育家园"联动样板所在的街道社区，分别在女性怀孕期建档及新生儿出生后，即生命早期1000天向家庭发放"中国儿童友好社区家庭养育支持盒"，通过支持盒，帮助婴幼儿照护人掌握科学育儿基础技能，并实现一键学习、线上咨询、预约到家、出行导航等功能。为居家照护提供云端守护，开启数字时代婴幼儿照护新体验。

1.3.2 专业的成长测评

不少婴幼儿照护人不知道如何进行科学照护，以为就是给孩子吃饱穿暖，教他/她认物、数数。科学育儿的第一步是全面了解儿童，"益未来社区共育家园"设置0~3岁、3~6岁专业测评，根据婴幼儿各阶段体格发育与五大智能（大运动、精细动作、语言交流能力、认知能力、社交行为）发展状况，帮助父母科学全面了解孩子的发育现状和发育趋势，辅助父母成为宝宝最早和最好的启蒙老师，从而帮助孩子更好成长。

1.3.3 多元的空间服务

① 母婴小屋：妈妈与孩子的专属小屋

与联合国"母爱10平方 & 贝亲妈妈小屋"联建育儿支持室，支持室内可供妈妈哺乳、一对一交流及开展婴幼儿测评等。同时引入心理咨询团队，定期开展相关心理话题的论坛、沙龙。为产后抑郁产妇、特殊儿童家庭提供及时、贴心的服务。

② 儿推保健：让儿童保健进入百姓家庭

"益未来社区共育家园"引入盲校派小儿推拿体系，专业调理脾胃虚寒、积食腹泻、感冒咳嗽等问题，同时教给家长二十四节气中医保健方法，家长可以定期在家给孩子抚触按摩。

1.3.4 运动天地：跑跑跳跳欢乐长大

最新的研究表明，儿童运动不足将影响到他们的发育，增加成年后的一些患病风险，甚至对心理健康、行为方式以及学习能力等都可能产生不利影响。

"益未来社区共育家园"内提供足够安全的运动空间，同时配有婴幼儿感统测评、感统训练及注意力专注力练习。场地严格按照托育环境标准设环保型婴幼儿大型游乐设施，满足功能性运动需求及娱乐需要，让孩子玩得开心，家长安心（见图8-2）。

1.3.5 妈妈厨房：食健康，育未来

"益未来社区共育家园"内设置妈妈厨房空间（见图8-3），涵盖辅食课堂、膳食宝塔、节气饮食、亲子活动等共育主题教育。不仅针对家长，更在孩子启蒙时期，向他们开设形式多样的食育课程。所谓"食育"，就是良好饮食习惯的培养教育，是从孩子们幼儿期起，给予他们关于食物、食品相关知识的教育，如感官实验室、食物图书馆、餐桌礼仪与文明、烘焙厨艺、城市食物地图等，并将这种饮食教育，延伸到艺术想象力和人格

图8-2 "益未来社区共育家园"运动天地　　图8-3 "益未来社区共育家园"妈妈厨房

培养上。食育旨在建立孩子们对自身、对食物、对自然环境及社会的良好认知，进一步培养他们良好的行为习惯，从而达到以食育人、以勤立人的目的。

1.3.6 家门口的早教：儿童友好室内成长空间

宝宝诞生之后，需要父母无微不至的关心和照顾，那么在父母忙碌之余，还能得到哪方面的帮助呢？答案是：社区大家庭。秉持尊重天性、培养灵性，坚持"幼儿为本"的设计理念，儿童友好室内成长空间关注婴幼儿成长，为父母排解照护烦恼，整个环境的设计满足不同年龄段幼儿的需求。"益未来"希望这个空间能够给孩子带去家一样的包容、轻松和温暖，回归照护本心，让父母放心。在儿童友好室内成长空间里会定期开展亲子活动，接受婴幼儿临时托管照护等。

1.3.7 共享办公：工作带娃两不误

对儿童友好的同时，空间内设置家长友好区域，有宽敞明亮的办公环境、功能齐全的办公设施。若家长确实有一些要紧的工作，可以让孩子在办公室外的运动空间游乐，家长安心处理工作。满足家长工作和照护两不误的需求（见图8-4）。

1.3.8 学习中心：专业赋能，助力成长

学习中心是开展专家讲座、师资培训、教研会议及创业辅助的多

图8-4 "益未来社区共育家园"家长友好共享办公空间

功能教室，能满足20人以内的培训交流要求。学习中心的培训内容重点涉及家庭科学养、育、护。

营养膳食：各年龄段婴幼儿的生长发育特点、合理膳食结构、常见过敏食物、患病期间的饮食禁忌。

科学育儿：如何与孩子交流互动，如何选择适龄的玩具，美育、体育和劳育对孩子的重要性。

身心护理：新生儿护理、婴幼儿常见疾病防治、自闭症的早期判断。

1.3.9 亲子的集体主题活动与家长再就业

孩子的成长需要同伴群体，随着三胎的放开，虽然不少家庭拥有 2~3 个孩子，但同龄孩子的互动游戏具有不同的成长意义。"益未来社区共育家园"借助实体空间，开展不同年龄段孩子的同龄活动，如爬爬比赛、易物集市、集体生日 Party 等。同时，鼓励社区内的大孩子来教弟弟妹妹，如教数数、搭积木……教学相长，共同进步。不仅如此，"益未来社区共育家园"优先录用本社区的有志家长参与其中，经过"益未来"的系统培训，可在共育家园内实现兼职及全职就业。同时，隔代长辈也是邀约的重点人群，在青岛的样板建设中，"益未来"征集到优秀的"捏面人"爷爷、特别会编辫子的奶奶、会剪小动物的姥姥、会做木质玩具的姥爷参与其中……让教育融入生活，让社区内的家长协同照护社区里的孩子，并尽力照顾到每一个家庭就是"共育家园"普惠公益的核心价值之一（见图8-5）。

图 8-5 "益未来社区共育家园"亲子活动

1.4 案例成效

"益未来"项目立足本土实际，拟打破资源限制，构建协同模式，将政府、社会、商业、社区等力量集结输出，帮助家庭走出育儿孤岛。通过试点实践，为促进婴幼儿照护服务发展提供具有启发性、针对性、可操作性的贡献。

2 儿童友好学校：成都市七中育才学校水井坊校区

2.1 引用说明

很多儿童友好社区在建设中积极开展与社区内幼儿园、小学、中学的资源共享与合作，如社区内溜冰场、电影院等商业机构常态化固定时间段免费向社区内的学校师生开放；如学校内操场、图书馆固定时间段向社区居民免费开放，儿童友好的理念推动着社区资源更加充分的共享。学校一直是除了家庭以外对少年儿童来讲最重要的存在，从某种角度来说，学校对孩子的影响不亚于甚至超过家庭的影响，孩子在9岁之后受到同伴的影响远远大于受到父母的影响。随着孩子年龄增加，这种影响会越来越明显。如何让儿童社会工作与儿童教育工作结合是非常值得思考和探索的方向。尤其在当下，整个社会环境对孩子学习成绩过于强调，对孩子的身心发展、性格品德等方面的重视不足，这个背景之下开展实践，从社会工作的视角连接学校、社区和家庭为儿童提供完整的社会支持系统更加具有现实的意义。充分链接整合学校与社区的人力、硬件等资源，建立社会化的支持体系帮助老师和家长，最终帮助儿童拥有健全的身心，是儿童发展中最重要的基础。

2.2 案例背景

"青少年事务社工站"是由共青团成都市委牵头，锦江区教育局、民政局、团委大力支持，社会服务机构共同推进青少年事务工作社会化、专业化的重要尝试，更是区域统筹，实现学校、家庭、社会共同育人的落地试验。成都市七中育才学校水井坊校区一直致力于每一个学生的全面发展。让学校社工进驻校园，是为了更好地整合社会资源，形成教育合力，最终实现教育效益的最大化，使更多的家庭和学生受益。

2.3 案例介绍

2.3.1 需求调研

为了更好地服务学生、家长以及老师，摸清需求，由学校社工牵头拟定了《七中育才社工服务需求调查问卷》。

通过调查发现，家长希望社工为学生提供的服务中排在前三的是：学习方法（占比55.04%）、自信心训练（占比45.06%）、情绪情商（占比44.07%）；老师希望学校社工为学生提供支持中排在前四的是：个体心理辅导（占比65.71%）、行为习惯改进（占比65.71%）、学困生帮扶（占比54.29%）、公益志愿活动（占比31.43%）；学生希望学校社工为其提供的服务中排在前三的是：学习方法（占比50.48%）、压力释放（占比43.21%）、趣味活动（占比40.34%）。由此可见家长、老师、学生以及学校对社工服务的需求是多元化的，在某些方面还可能不是社工所擅长的，比如学习方法。但是社工的优势在于协调、整合各种专业力量，促进学校、家庭与社区三者直接连接，为学生创造更好的学习生活环境，协助学生更好地适应现在的环境。

2.3.2 宣传普及

学校社会工作无论对于学校、老师，还是学生都是全新而陌生的服务，对学生有什么帮助，对教育工作有什么作用，大家都不清楚。学校社工鉴于此现状，通过采取自上而下、全面覆盖、标示区隔、嵌入为主的宣传和服务策略，把学校社会工作推介给学生、老师及家长。通过社工站建设、教职工大会推介、班主任会议、学校《心晴》报宣传等方式实现学校社会工作宣传的全覆盖。同时对学校社会工作也进行文字梳理，将"什么是学校社会工作""我们能为学生提供什么""如何使用社工服务"等问题的解答制作成服务手册，方便学生、家长和老师阅读和使用。

2.3.3 个案工作

个案工作，即心理辅导、家校沟通、资源链接、家庭访视等多位一体的服务。学校心理老师由于自身老师的角色、授课的压力、日常行政性事务等原因根本没有精力和时间能够为班主任、家长以及学生提供更多的辅导服务。恰好学校社工在这个方面能够做很好的补充，时间相对灵活，能够主动进行干预。

对于具有特殊需求的学生，个别化教育和辅导显得尤其重要。

重点个案：学生SY，厌学恐学无法正常到校。SY曾因学习压力与亲子关系紧张导致厌学而休学留级。2016年9月份复学，然而整个9月多次迟到，未能正常到校上课。10月国庆假期后一周未到校，班主任老师转介给学校社工。经过学校社工多次与家长、学生以及班主任的会谈后，社工初步判断是SY因学习困难、亲子关系紧张、个性易感、新班级融入问题、不擅处理师生关系等导致对学校恐惧，其行为表现为害怕进学校，不敢进教室，害怕见到老师，回避同学等不同程度的焦虑和紧张。

社工根据评估的结果制定了初步干预方案：首先，社工运用系统脱敏与认知疗法，协助该生应对处理对学校的恐惧情绪；其次，与班主任沟通，反馈该生的特殊情况，希望老师能在学习要求、家庭作业布置、班级活动等方面进行适当的关心和照顾；最后，与家长进行沟通，希望家长能管理好自己的情绪，以减少亲子间冲突。在学校社工、班主任、家长等各方努力下，SY重新回到了学校，走进了教室。

但好景不长，不到一周SY再次不正常到校学习。因晚上做作业、早晨起床等问题，父母还是不免失控而指责和批评，控制不住自身情绪，亲子关系矛盾再次不断升级，同时SY也拒绝和社工继续进行辅导（包括电话不接听和短信不回复），也更加害怕到学校。SY父母也反馈SY觉得在班级中还是格格不入，没有熟悉的同学和老师，有很多不懂的问题也难以启齿，坐在教室简直就是听天书，根本没法适应。在此情况下社工协助家长先改善自身情绪和沟通方式，为SY营造良好的家庭环境。家长也接受了社工的建议不逼迫SY到校，不强迫他必须学习，而让他在家做一些力所能及的家务。逐渐的SY在家开始做家务，高兴的时候甚至给家人做晚餐，亲子关系有所缓和，情况开始好转，他主动向家人提出希望在校外寻求课外补习。社工与家长商议沟通后，建议家长在课业辅导方面可以适当进行补习，要注意补习的难度和强度不能太高。

通过校外的补习，SY逐渐对学习有了信心。在社工的协助下，2017年3月，他开始间断返校，上午在校学习，下午离校进行校外辅导。虽然中途还是出现多次情况的反复，甚至在中考前都要放弃考试，但是通过社工持续与家长、学生以及老师的沟通和跟进服务，最后该个案成功完成学业并参加中考。

在现有的学校管理体系中学校社工辅导和干预具有学习行为障碍、心理障碍的学生的资源非常有限，往往心有余而力不足，难以进行系统性的介入与干预。然而"特殊学生"需要个别化、全方面、生态性的方法改善他们的处境与心理问题。通过主动干预，学校社工发现，家校沟通、家庭治疗、资源链接是常用且行之有效的工作方法。

2.3.4 嵌入服务

学校社工进行驻校嵌入式服务就是尽一切可能融入学生的教育中去，与学校教育相配合，寻找学校社工宣传和提供服务的恰当机会，促进学校、家庭、社会的对接，实现整合育人的落地服务。

第一，以学校生命教育短课为契机，提升学生生命意识。

策划公益宣传"LOVE LIFE"主题视频，学校社工直接为学生进行授课；策划"社区公益故事进校园"主题活动，学校社工链接社区资源，由社区社工为同学分享发生在社区里的公益行为促进人生改变的感人故事。

通过生命课程的嵌入，不仅可以促进学校社会工作的宣传和普及，体现社工自身的专业性；也促进了同学对不同生命的理解，从而更好地珍惜生命、热爱生命；同时，生命课程覆盖初一、初二全年级，基本实现了社会社工课程与学校课程的有机对接。

第二，以学校选修课为契机，助力学生成长规划。

学校的选修课、活动课由学生基于自我兴趣特长、未来发展自行选择。学校社工与心理老师携手，为学生提供趣味心理学课程。这也是在学校社工组织基于服务学生、面向未来教育的需要，也是在 3+3 高考改革背景下的中学生职业生涯教育的初步探索和重要尝试。

第三，以学校社团建设为契机，培育学生核心素养。

学校社工通过整合资源，针对学校社团成员开展不同主题的户外拓展培训活动，联动校外资源，帮助学生提升核心素养，协助老师发现学生潜力与特长。

第四，以参与社区公益活动为平台，打下厚重公民底色。

在学校社工的协助下，七中育才学校水井坊校区、青少年社会事务工作站联合水井坊街道办事处、成都市爱有戏社区发展中心参与社区公益活动。如组织学生看望社区特殊家庭，为老人们送去节日的问候，同时组织全校学生的家庭捐赠生活物资。七中育才学校水井坊校区不仅有志愿者协会同学鼎力支持，也有学生文艺社团的全程参与，还有各个班级热心公益的同学及家庭积极全心投入。基于社区公益活动与平台，学校教育不仅走出去，还走入社区，走进家庭，为学生创造更多展现、实践和服务的机会。

第五，开展关爱教师主题活动，提升教师心理资本。

根据前期社工服务需求调研的结果，80%的老师需要压力与情绪疏解服务，而且该需求排在所有服务中的首位。学校社工联合校德育处、心理成长中心针对班主任开展心理关爱讲座，邀请专家前往学校讲座并与老师深度互动交流。

2.4 案例成效

学校社会工作逐渐形成以加强家校社连接为导向，整合教育资源进行匹配为基础，融合教育式个案辅导和个别化教育为重心，面向未来进行预防、促进发展为核心的学校社会工作特色的"1236模式"，即1名驻校社工，2类课程（预防与面向未来），3项服务（点：个案工作，目的扶危济困；线：课程嵌入，目的预防与发展；面：助力活动，目的搭建平台，面向未来），6种手法（个案管理、心理辅导、家庭治疗、家校沟通、资源链接、小组工作）。

学校社会工作模式更好地链接整合多方资源，为学生（儿童）提供了一个良好的支持体系，最大限度地促进学生（儿童）的身心健康成长。

3 社区食育模式探索：成都妮妮环球食育

3.1 引用说明

日本在20世纪90年代就颁布了食育法案，中国很多民间的教育工作者和教育先锋者也早在一二十年前就开始了本土的食育教育，北京、成都等地不乏先行者。食育的有趣之处在于把"健康饮食"和"自然教育"结合在了一起，孩子们在既好玩又好吃的体验中，不知不觉就接受了科学的饮食方式，使其融入生活，影响一生。成都的妮妮环球食育由一位年轻的海外留学归国女士所创办，特点是把食育这个严肃的议题用活泼的形态成体系地展示出来，达到了孩子们喜欢，社区也容易接受的效果。妮妮环球食育从众多的儿童友好社区服务项目中脱颖而出，成为独特的存在。

3.2 案例背景

联合国的一项来自 65 个国家 35000 名儿童和青少年的网上调查结果显示，在儿童友好社区的建设中，儿童需要的不仅仅是空间友好、服务友好的玩耍场地，还需要获得健康、保护和教育方面的服务。就此，国家卫健委出台了《健康中国行动——儿童青少年心理健康行动方案（2019—2022年）》。[①]

不良膳食事关儿童和青少年的健康，在全球范围内数以亿计的儿童对所需的食物摄入偏低，对其不需要的食物却摄入过量。一方面儿童的营养摄入不均或过剩导致健康问题，2021年我国 6~17 岁的儿童青少年超重肥胖率近 20%；[②] 另一方面，食物浪费却非常严重，2020年，我国针对食物浪费问题颁布了《反食品浪费法》。后疫情时代的食品安全教育问题凸显，如何低碳和健康生活将成为新一代儿童及每一个家庭需要学习的一门功课。良好的饮食生活不仅有利于儿童的身体健康，更有利于儿童的精神和

---

① 数据来源：联合国儿童基金会驻华办事处，《儿童健康体重：联合国儿童基金会 2021~2025 工作重点》，2021 年 6 月，联合国儿童基金会中国，https://www.unicef.cn/reports/healthy-weight-among-children，最后访问日期：2021 年 11 月 10 日；国家卫生健康委等，《关于印发健康中国行动——儿童青少年心理健康行动方案（2019—2022 年）的通知》，2019 年 12 月 27 日，中央人民政府网，http://www.gov.cn/xinwen/2019-12/27/content_5464437.htm，最后访问日期：2021 年 11 月 10 日。

② 数据来源：史迎春、顾小慈，2021 年 7 月 13 日，《中国疾控中心：我国 6~17 岁的儿童青少年超重肥胖率近 20%》，http://m.news.cctv.com/2021/07/13/ARTI461XTXOXNmicj4s5gmC2210713.shtml，最后访问日期：2021 年 11 月 10 日。

心理发展。营养健康教育一直以来多以传统的认知宣讲为主，儿童及家庭的可持续行为有待落到实处，这也是从国际到我国社区基层的一个公共难题。儿童健康饮食生活是当代社会与儿童的迫切需求，也是建立儿童友好型社区的必要保障。

3.3 案例介绍

为推动中国儿童友好社区的建设，着力改善儿童不健康饮食问题，妮妮环球食育聚焦儿童友好社区建设中的短板，以儿童为主体，探索打造儿童健康友好的服务场景，开创性地将"儿童自主健康管理"和"儿童参与社区健康饮食环境"相结合，撬动全龄段参与儿童友好的建设，为创建儿童友好型社区增添坚实的力量。

妮妮环球食育是成都智慧源教育咨询社会企业有限公司的核心品牌，该机构是中国首家体系化食育研发机构，机构由资深食育研究者、社会企业家孟芊杉发起，由中外食育专家、社会工作领域专家共同组成了中国"社校企"全面实践团队。团队将团队成员在英国食育的实践经验与撬动的国际专家和资源结合中国特色的丰富饮食文化，创建了儿童食物营养教育专业品牌，填补中国专业食育机构的空白。并在实践中从针对儿童的专业食育课程研发入手，结合成都超大城市治理的发展要求，将国际化的先进理念融入儿童健康友好的社区食育平台创设，创新性地提出城市社区食育平台新标准。通过专业食育理念、专业运营管理、专业人才队伍，打造专业的社区食育综合体平台，是妮妮环球食育提出的自我要求。机构成立以来服务儿童及家庭70000余人次，培育海内外食育志愿者400余人，国际食育大使10余人，成为联合国儿童基金会支持的儿童健康领域专业机构。2021年被授予国家食物营养教育示范基地称号。

3.3.1 围绕两个"需求"，聚焦社区打造儿童饮食健康教育平台

（1）儿童友好社区建设中健康友好建设的需要

在儿童健康友好的营造方面，社区不仅需要营造有利于儿童饮食健康的公共场景，更需要让儿童参与制定基于其特定需求的儿童健康饮食环境的共建方案，形成社区的儿童自组织队伍，真正成为制定行动的参与者。

儿童友好社区的规划提到了《儿童权利公约》四种基本的儿童权利包括生存权、发展权、受保护权、参与权，社区是儿童健康教育的最佳平台，是链接家庭、学校、社会多方资源的最好公共平台，能让城市儿童低门槛地参与社区营造。妮妮环球社区食将机制和成效梳理成可量化的指标，以"儿童参与、儿童做主、儿童发声、儿童负责"为核心思想，为生产者与消费者在社区层面提供交流平台，助力儿童友好社区中的儿童饮食环境的建设，形成推进社区儿童健康饮食方法的工作方法草案，推动社区儿童可持续健康生活（见图8-6、图8-7）。

（2）儿童可持续饮食环境建设的需要

随着现代城市的发展，城市儿童不健康的饮食方式导致社区儿童肥胖和亚健康问题日益严峻，社区成为"食物沼泽"，儿童所在学校和其他公共空间内部及周围也越来越多地出现不健康食品。构建家庭、社区、市场和供应商四位一体的健康饮食系统，改变社区饮食环境，是十分需要而且紧迫的。

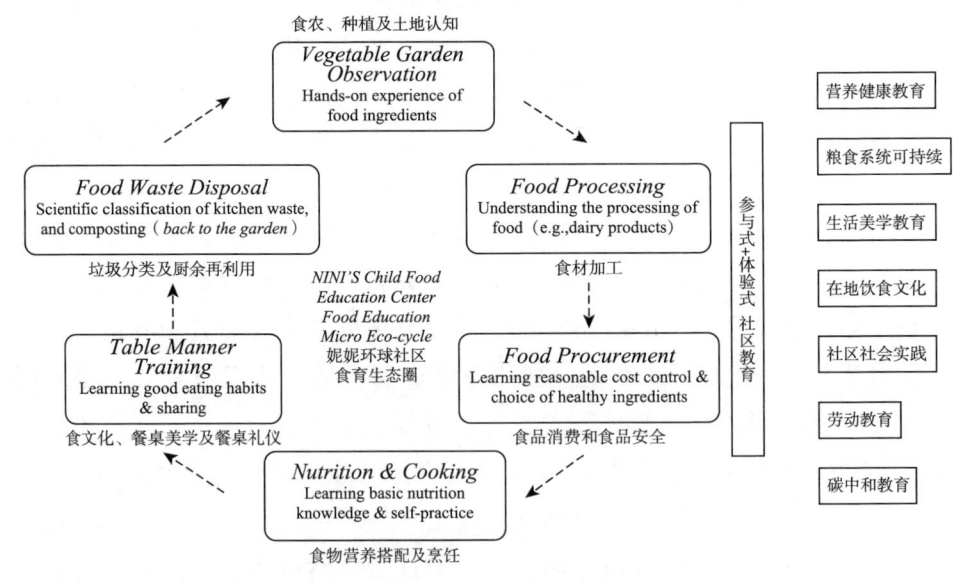

图8-6 妮妮环球社区食育生态圈示意

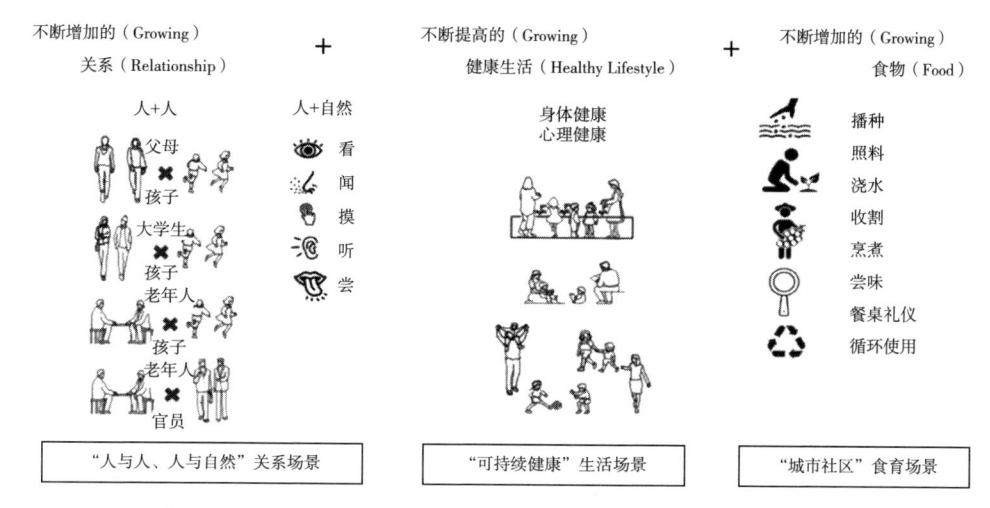

图 8-7　妮妮环球社区 15 分钟饮食健康社区食育 "3G" 场景

3.3.2　以食育空间为载体，联动三大教育场景

妮妮环球食育充分利用社区在地资源，以社区为单位，为城市社区"最后一公里"的健康教育提供解决方案和产品，助力儿童友好社区建设中儿童健康友好板块在社区可持续发展中发挥核心作用。以儿童为重点，以食育中心为空间载体，一方面通过为儿童提供触手可及的食物教育和健康教育，使其建立食物与环境的关联，家庭与社区的关联；另一方面通过创建儿童服务机制、儿童可持续饮食手册的方式，推动儿童参与的可持续、儿童健康饮食的可持续、儿童友好社区中健康友好推广的可持续，使儿童在体验中养成健康、环保、可持续的饮食方式，让儿童生活在健康、安全、包容、绿色和繁荣的社区中（见图 8-8）。

（1）为儿童营造友好的健康教育空间：居民可以便利体验的九里堤社区儿童食育体验馆位于成都市金牛区九里堤北路社区，由社区食育教室与社区食育花园构成了小型社区食育体验与学习平台，为社区及周边地区提供妮妮环球食育独立研究开发的针对儿童、亲子等多种形式的食育体验课程。

（2）打造食育多元化场景的锦城社区综合食育中心：这一食育中心位于成都市武侯区簇桥街道锦城社区，总面积 1000 平方米，包含食育教室、食育餐厅、食育花园三大食育空间，以及食物安全实验室、家长课堂、食

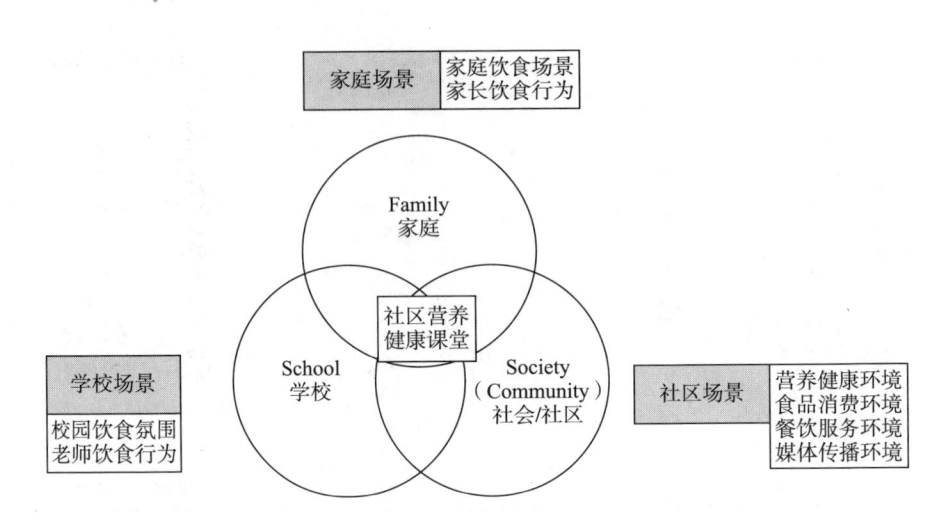

家庭场景 | 家庭饮食场景 家长饮食行为

Family 家庭

School 学校

Society (Community) 社会/社区

社区营养健康课堂

学校场景 | 校园饮食氛围 老师饮食行为

社区场景 | 营养健康环境 食品消费环境 餐饮服务环境 媒体传播环境

图 8-8 妮妮环球社区食育健康课堂家庭、学校、社会三大教育场景联动

物图书馆等覆盖生活中食育学习的多元化场景，包括了食物生产、食物营养、食品加工与烹饪、食品安全、膳食搭配、健康饮食习惯培养等知识与技能教育，以及食物意识培养、饮食文化教育、农耕文化教育、识农认农等多种多样的食育相关学习内容。对于社区及周边地区的儿童与家庭来说，他们可以通过食育中心实现不出社区就能体验、参与、学习到多元、系统、科学的食育教育（见图 8-9）。

（3）儿童健康议事大厅：以"儿童参与、儿童做主、儿童发声、儿童负责"为核心思想，为儿童在社区层面提供交流平台，助力儿童友好社区中的儿童饮食环境的建设，形成推进社区儿童健康饮食方法的工作方法草案，推动社区儿童可持续健康生活（见图 8-10）。

（4）儿童营养彩虹厨房：融合食物烹饪、食物搭配于一体的彩虹厨房，每一个环节都结合中外的饮食文化和历史进行细致的设计，并适合公众生活的需要，让公众意识到我们的饮食与我们个人的成长与发展是息息相关的（见图 8-11）。

（5）零废弃美味花园：倡导可持续饮食健康生活与碳中和，包括了融合厨余堆肥、土壤检测、气候监测、食物种子、食物种植、种植灌溉、食物采摘于一体的可食地景，每一个环节都拥有独立的科普内容及相应的设备，让公众真正实践并体会到食物来自自然与人共同的努力。

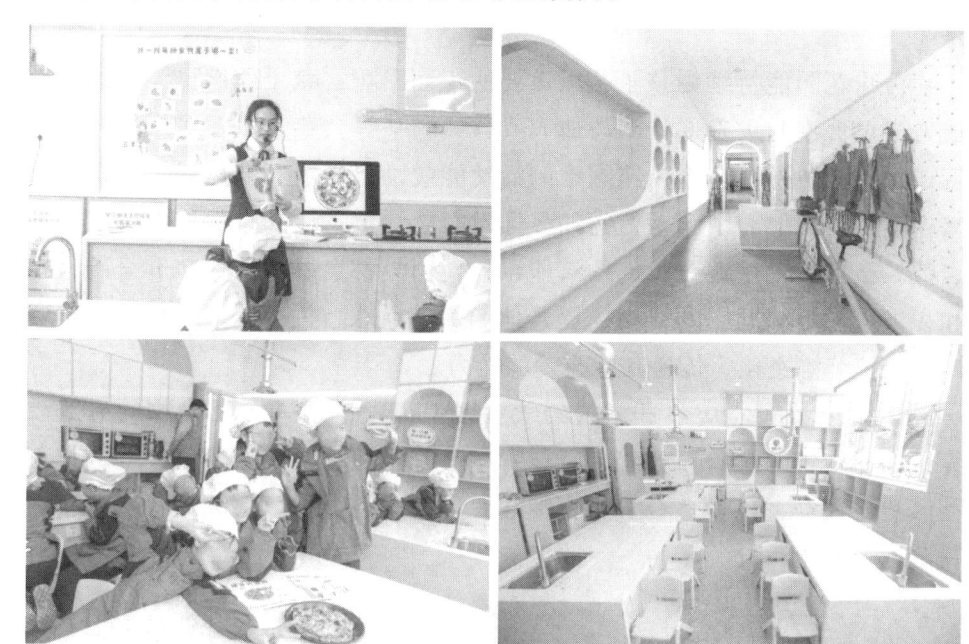

图 8-9　妮妮环球社区多元化综合食育中心

图 8-10　妮妮环球社区儿童健康议事大厅　图 8-11　妮妮环球社区儿童营养彩虹厨房

美味花园进行可持续健康生活的科普教育，以提高公众对食物的认知，从而关注食品安全、食物浪费、食育营养等社会问题，采取探索式的学习与互动的方式进行富于想象力的游戏创设，针对参与者的个体发展制定方案，探讨与食物相关的国际化议题等，将科学知识融入日常的生活行动中，形成"爱科学、学科学、讲科学、用科学"的可持续健康生活科普推进路线。

美味花园能持续为孩子施以重要的正面影响，赋予他们更为丰富的创造力，对食物的正确选择，与他人或自然的平等共荣，以及对自然环境的责任意识和敬畏心。美味花园中的活动能鼓励青少年对自然保持好奇心和兴趣点，帮助他们了解动植物的多样性与生活史，认知自然生命的成长与衰败。在自然中挖掘孩子们的潜能，让他们具备良好的体格，健全的人格和积极应对解决问题的能力，提升他们关心地球、关心人类、保护自然资源、保护传统文化、传递和平与爱的能力。

美味花园从公众一日三餐的饮食习惯出发，切入关于食物的科普教育，以青少年的三餐为食育科普教育核心，吸引社区核心家庭参与，扩大社区覆盖人群，以食育科普教育促居民与空间活化，以活动促食育科普教育（见图8-12）。

图8-12 妮妮环球社区儿童身心健康食育劳动课堂

3.4 案例成效

妮妮环球食育在当地范围内建立了可持续和有复原力的食物供应系统。

第一，利用社区闲置公共空间，转变为儿童健康食物的基础设施，让孩子们可以在温室、校园和屋顶种植、收获和烹饪健康食品。

第二，促进在儿童公共场所中健康和可持续食品环境的相互影响，以帮助儿童及其照顾者获得知识并接触健康的食品。

第三，开展公共食物教育活动，让学校、家庭和社区了解健康和可持续饮食的好处；营养教育，为儿童提供健康和可持续饮食所需的知识和技能。

妮妮环球食育在成都的社区儿童饮食健康友好探索通过"饮食教育、体验空间、多方共建"，营造"儿童健康友好"的可持续社区生活。

4 自然教育与儿童参与：成都和美社区公园共建

4.1 引用说明

曾经有一本书风靡一时，书的扉页上写道"老爸，为什么你小时候比我们现在要有趣得多"，这是作者的孩子向他发出的疑问。为此，作者提出了一个理念——"自然缺失症"，指出与自然的直接接触是一个孩子身心健康发展的必然因素，书中引用了大量的数据证明儿童与自然的断裂是导致儿童肥胖症、儿童注意力缺陷、儿童抑郁症等问题的重要因素。城市的生活剥夺了孩子们亲近大自然的权利，哪怕在如今的农村，也有孩子沉迷手机和网络游戏的问题，导致他们远离了自然。这本书由国内著名的环保公益机构自然之友参与翻译并于2014年出版，时隔8年之后，经历了新冠肺炎疫情的孩子们和大人们都会对拥抱大自然有着更加殷切的期盼。接触自然对人的身心健康的重大意义被更多人认同和重视。儿童友好社区服务项目中就有自然教育这一类内容，虽然不是所有的社区都具备本案例中成都和美社区得天独厚的自然环境，但每个城市都有的公园绿地、植物园，乃至每个小区的土地绿植都让儿童与自然的亲密接触变成可能。

4.2 案例背景

和美社区有8万多人口，以儿童、中青年居多，拥有多所学校、培训机构，教育资源丰富，是成都网红式的新型城市社区。和美社区自然环境优美，但传统方式的公园利用率低，居民参与度低。其中，纳帕公园地处和美社区和美东路与万科北街交接处，紧靠社区树德小学，是孩子们上学放学必经之路。附近有蓝光富丽东方、首创国际城一二期3个小区，居民体量共计6084户约3万人。居民对公共配套需求巨大，但以公园为中心500米范围内并无公共活动场地。纳帕公园作为房地产公司售房时违规建设的绿化地，在售楼部撤出后并未向政府进行移交，使得该公园无相关主体单位进行管理，公园出现景观破败、卫生环境差、垃圾成堆、逢雨必积水，被周围的居民们戏称为"邋遢公园"，已不具备对外开放的能力，这与居民对公共活动场地的需求相悖。

4.3 案例介绍

本来一个走向破败的传统街头小公园，但是在成都市成华区和美社区孩子们和家长们的共同建设与维护下越发美丽。半年的时间，孩子和家长们形成了一支100余人的"春泥志愿者队伍"，给公园安装了400米竹围栏，打造了一个树屋，开辟了1000平方米的"幸福花田"。孩子们当上了"小地主"，做起了巡逻队，维护公园的美丽环境，并且给公园取了一个好听的名字——"和美云栖自然馆"。

4.3.1 规划设计"我"能想

通过自然教育课程设计，以儿童视角收集、整理、规划设计意见，参与者们对公园要整改的地方进行了儿童视角的设计和规划，整个过程变成了一堂规划设计课程。孩子们不仅仅可以学会测量、自然笔记、动植物观察等课程，还结合了实际分析绘图，将和美云栖自然馆的地理位置、用户需求和自然环境等要素结合起来，设计了"幸福花田"、堆肥箱等不同场域，这让大家切身体会到原来儿童也可以有效参与社区的建设。在整理儿童家长和居民的规划设计后，专业的设计师进行规划、设计出最后公园改建的效果图（见图8-13）。

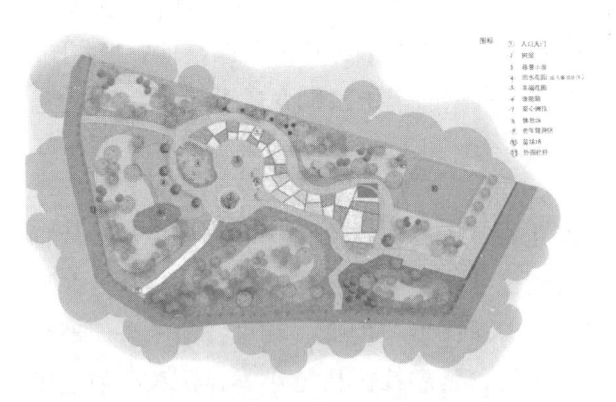

图8-13 成都和美社区"幸福花田"公园规划设计

4.3.2 志愿服务"我"能行

通过打造"幸福花田",孩子们带动家长参与,大家在成都志愿者平台积极注册为"春泥志愿者",截至2021年底已注册100多人。在家长的助力下,和美社区形成一支独特的年轻人自组织团队,他们按照考核制度每天对公园进行巡视和打卡。志愿者内部选举出队长副队长,对志愿者进行管理和监督。孩子们参与每一次的公园管理和总结会议,提出他们独有的见解。

同时,每个志愿者团队都有负责的孩子及家长,不仅仅进行志愿服务,还举办聚会、义卖等活动,既专业又接地气、既丰富又可行可用,得到了所有参与者的支持。微信管理群每天都有孩子们打卡和分享收获的照片视频,让人非常感动。

4.3.3 公园建设"我"能做

公园无人管理的空地,被孩子们认领成为需用心打理的土地,被种植了不同的蔬菜、花卉和植物,孩子们将其打造成了"幸福花田"和"食物森林"。不同于传统的圈地种菜,每次种植都是孩子们带着家长出现,他们不以种植为目的,而以让孩子们进行科普学习为目

图 8-14 成都和美社区儿童参与公园建设

的,这是家长们的共识。不仅如此,孩子们还开启了公园的建设与维护,他们自愿参与建设围栏、搭建树屋、种植荒地、巡逻维护、除草堆肥等工作,并且都做得非常好,让大家体会到儿童的能力也不可小视(见图8-14)。

4.3.4 生态环保"我"能推

公园的动植物由原来的几种变成了现在的几十种,增加了城市生物多样性,这些都是孩子们努力的动力。更值得欣慰的是,公园紧邻学校,是

孩子们的上学放学必经路，以前卫生差，家长孩子们都是绕道走。现在孩子们每天都会在菜地穿行，家长们说孩子们学习到了很多的知识、认识了很多的蔬菜、结交了很多的朋友。在志愿者小朋友们的讲解帮助下，又带动了社区无数的孩子每天放学路过时去认识不同的蔬菜，真正做到把自然教育融入生活，让更多人参与。

4.4 案例成效

4.4.1 助力社区营造与治理

和美云栖自然馆为辖区居民提供了科普教育、社会实践、邻里交流场地，也让孩子们在参与过程中收获社会实践知识；让家长们一起参与社区建设，让社区建设人人参与，收获了大家对社区一花一草一木的认识与感情，打造出了一个有温度有温情的公共空间。活动由孩子带动了家长，更带动了各个群体的参与，如居民小组长、商家、"960先锋会"、党员、社会组织和社会企业从业者等不同群体，促发了党组织队伍也开始投入参与公园的日常维护，助力社区营造与治理。

4.4.2 促进自然教育的发展

城市公园是非常好的自然教育的场所。通过公园的建设，孩子们融入当中，教育自然发生。自然教育不用走进森林，更不用走进景区，家门口就可以完成深度的学习。自然教育不仅仅是认识动物或者植物，还可以让课本上的数理化，变成公园里的树屋建设、幸福花田打造；让课本上的动植物，变成公园里的蘑菇和蚂蚱；让在家只能被照顾的孩子，到在公园里照顾自己认领的田地，这是一份责任，更是一份能力的训练。

种植管理中的一个个故事对孩子本身来说也是意义非凡的，其中"一个萝卜引发的思考"记录了一位小女孩种的萝卜成熟后被偷，因而引发她很多的思考，孩子爸爸更是感叹不已的故事。家长们多次反馈孩子们增长了自然知识、体验了劳动、收获了友情、培养了团队合作意识、丰富了精神文明实践，也遇到了一次一次困难，他们不但能慢慢学着靠自己解决，还学会了情绪自控及宽恕他人，从中积累美德（见图8-15）。

图 8-15　成都和美社区自然教育:"一个萝卜引发的思考"故事

社区的自然教育应该是全面的、综合的,这就是"和美云栖自然馆"的云栖自然教育,同时因为孩子们的参与,也不断推动社区自然教育的发展。

4.4.3　推动科普场景的打造

活动以自然科普教育为切入点,让无人管理的公园有效活化,让孩子的自然科普来撬动居民参与,一起动手修建围栏、装饰树屋、打造幸福花田,将"邋遢公园"打造为具有自然科普教育意义的自然馆。建成的树屋种子博物馆、食物森林等成为该社区的热门景点,而且在建设过程中植入了多场自然科普课程。孩子们的努力也为周边学校提供了社会实践的场地和居民参与活动与休闲的场地(见图 8-16)。

图 8-16　成都和美社区孩子们在打造科普场景

4.4.4　助推"美丽宜居公园城市"的建设

活动调动辖区居民家长带领孩子们一起参与科普图、物、语言的制作,参与幸福花田、动植物科普屋、种子博物馆树屋的建设，让家长和孩子们在建设过程中不仅仅增加了自然科普学习的机会，还参与了公园的建设和维护。每次活动参与家庭多达40组，每次父母和孩子们都会积极参与。志愿者团队一起设计出了专业的管理制度，让孩子们有效管理自己的小小田地，让公园从最开始只有几种生物到后来的60多种，大大丰富了公园的生物多样性，为建设美丽宜居公园城市助力（见图8-17）。

图8-17 成都和美社区生物多样性调研

4.5 案例经验总结

4.5.1 以儿童身心发展规律为基础

儿童是完整的个体，他们的身体和心理要得到共同的发展。当然，发展不仅仅在于知识的积累，还要关注情绪、兴趣、审美、道德、努力等品质的发展。儿童的发展是面向未来的、广阔的，我们不应过早地为儿童的发展定向，把儿童的未来发展纳入一个狭窄的领域。我们要培养的是一个知识与能力、审美与道德、身体与心理等方面全面发展的儿童。需要注意的是，一个全面发展的儿童，不是各方面发展平均化，而是在个性化的基础上得以全面发展。每个儿童都是独一无二的，每个儿童都有自己的发展潜力和特点，我们要在儿童现有的发展水平上，培养出个性化全面发展的儿童，每个阶段的儿童也是不同的，我们要以遵循儿童身心发展的规律为基础持续影响儿童的未来进步，我们对儿童进行的整体教育也应系统化并层层推进。

4.5.2 以城市公园为场景

随着城市公园数量日益增多，社区微空间更多，硬件越来越好的同时应增加软件的植入，带动孩子们参与建设的同时应将教育融入其中，让他们学到综合性的知识，也收获对社区一花一草一木的认识与感情，才能打造出更多更有温度的地方。公园无人管理的空地，是非常好的学习场景，可以结合不同孩子的身心特质，针对个性化的发展原则，让孩子们打造食物森林，种植不同蔬菜花卉。这种方式不同于传统圈地种菜，每次种植都是孩子们带着家长出现，不以种植为目的，而是以让孩子们科普学习为目的。城市公园就这样成为孩子们参与学习和劳动，以及认识社区的起点。

4.5.3 以自然教育为方法

儿童是城市可持续发展的基础和核心，是城市发展的未来和希望。城市对儿童友好，儿童就能更好地成长为未来的人才，同时增强城市对人才的整体吸引力，形成近悦远来的有利局面，为城市高质量可持续发展提供源源动力。和美社区以自然教育为方法，结合公园建设、动植物生长、生物多样性等问题，更多地考虑社会、经济与环境的可持续发展效应，不仅仅是维护好环境，更让孩子们通过管理自己的小小田地，把公园变身为教室，全面提升儿童综合能力与素养，将课本知识在公园里进行社会实践，真正培养全面的未来人才，促进人与人、人与自然、人与社会的和谐发展。

4.5.4 以儿童视角为核心

儿童是一个有机的整体。儿童的整体全面发展包括智力、道德、情绪、社会以及体育等多方面的生长；儿童的生活是一个有机的整体，在各种生活场景的转换中，他所感兴趣的事物构成了他的整个世界；儿童是未来公民，应该把每一位儿童当作未来公民来培养，树立其社会责任感和道德感，使其成为一个"有用的好人"。建设儿童友好社区，让儿童参与社区治理，从社区建设、规划、参与开始，从儿童视角出发，打造一个真正儿童友好的社区，从小培养孩子们对于社区的爱，才会有对于家乡的爱、国家的爱。把儿童发展视角深度融入城市治理，能够激发儿童主人翁意识，培育儿童的自立能力、探索精神和创新意识。在此过程中，儿童的潜能将被激活，儿童的未来将被点亮，这是城市应有的远见与担当，也是儿童应得的关注与关爱。

4.5.5 丰富社区公园"生物多样性"，助力建设美丽宜居公园城市

城市是各种生物共同的家，但现实是许多的城市中只有树木和草坪。殊不知生物多样性为我们提供了珍贵的原材料、健康的食物、干净的饮用

水，而温室气体大量排放引发的气候变化，也在很大程度上需要通过生物多样性才能得到缓解。因此，打造一套永续的生活方式以及新的城市发展模式才是未来宜居城市的正确运转模式，而将生物多样性纳入城市规划，将是解决问题的方式之一。城市公园结合自然教育的引导，会让更多的孩子、家庭以及这个社会看到生物多样性的重要，以提升公众的环境保护意识，促进城市生物多样性保护，助力建设美丽宜居公园城市。

5 乡土教育与儿童友好社区："三亲"乡土教育实践

5.1 引用说明

儿童友好城市面对的是较为发达的城市地区，儿童友好社区体量小，投入少，受到的限制较少，可以在城市和农村开展，尤其在教育资源匮乏的三、四线城市和农村，开展儿童友好的项目更有特殊的意义和价值。中国乡村文明研究中心与21世纪教育研究院、北京永青农村发展基金、春之谷华德福教育、北京凤凰耕读书院等机构共同发起了"华夏乡村儿童启蒙教育项目"，该项目针对目前中国教育存在的问题，启动了以"亲情、亲乡土、亲自然"为内容的"三亲教育"，并在山西永济蒲韩乡村社区、河南兰考胡寨村、山西长治关头村进行试点。"三亲"乡土教育提出"乡村是儿童教育的天堂"，从乡音、乡风、乡味、乡艺到食育、手工、传统游戏，"三亲"乡土教育探索的是一条在地乡土文化融入儿童生活的创新教育模式。有了文化的滋养，加上丰富的乡土资源，有助于提升孩子们的幸福感。尤其是经过了探索实践提炼出的很多方法和路径非常容易学习和复制，对乡村儿童社工和乡村教师的工作有实际的启发和帮助。

5.2 案例背景：乡村——儿童教育的天堂

中国农村有句老话"三岁看大，七岁知老"。大脑由脑神经网络组成，每一个神经突触在受到相应刺激之后会形成连接，无数的连接构成了大脑网络，足够多的正向链接直接可以影响到一个孩子的反应能力、记忆能力、性情等。那应该怎么样为我们的孩子构建人生之基呢？应在孩子眼所及、耳所至、身所到之处，都保证给予正向的引导和刺激信号。

我们的乡村是祖辈休养生息之所，更是中华民族千百年来播种希望之基。适合孩子成长的地方，一定是和其生命有着根邸链接的乡土。乡土教育从听觉、味觉、视觉、手工乃至情感都可以给孩子最直观的体验，与其说是一种教育方式，不如说是生命的顺应。

5.3 案例介绍

5.3.1 乡音主题：乡师教乡音，安养身心的良药

（1）校园授课：提前与村里会唱说书的爷爷奶奶约好授课时间。提前一天通知孩子们第二天授课的时间，老师和孩子们共同整理教室卫生、装饰教室、准备礼物，迎接乡音老师。授课时先欣赏乡音老师表演，之后听老师介绍这个曲目，然后一句一句跟唱，最后一起合唱。老师做好录音，之后播放给孩子们复习曲目。授课结束后，老师带领孩子们鞠躬致谢，孩子们可以给授课老师捶腿捶背表示感谢。

（2）造门学艺：提前与村里会唱说书的爷爷奶奶约好授课时间，通知孩子们第二天授课的时间及要拜访的爷爷奶奶。请孩子们将个人卫生做好，干干净净地去拜访乡音老师，提前一天老师和孩子们准备一些小礼物，到时候赠送给乡音老师。

（3）乡音分类：分为乡风民俗类、蔬菜类、纺织手工类等。

① 乡风民俗类：

以乡音老师喜兰奶奶教唱的《赵村公社样样红》歌词为例，"赵村公社样样红，电灯照得明又明。出来门子往外看，饭店的人儿都坐满。赵村有个编造厂，编了箩筐编补篮。北山的花椒北宋的梨，花红桃枣十八掌。南掌的苇西掌的米东掌的煤，南宋有个自来水。太义掌米粮仓，潭头就把电灯安，关头白草堆成山。直罗沟里出煤炭，南北苍和多牛羊。太义的土地真丰产，北坡西沟最朝阳"，一首歌将赵村本地的风土人情包括自然资源、基础设施等特点都唱了出来。

"东有中条山，西有黄河滩，南临风陵渡，北望鹳雀楼和普救寺。"

"出南门走六步，看见六叔和六舅，好六叔好六舅，借我六斗六升好绿豆，收了秋打了豆，再还六叔六舅六斗六升好绿豆。"

② 蔬菜类：

《十二月菜》："正月的菠菜遍地青，二月闪出羊角葱，三月韭菜成街卖，四月莴笋拌小葱，五月黄瓜搭起架，六月胡子（即瓠子）一张弓，七月茄子一包籽，八月辣椒血点红，九月萝卜拿秤称，十月白菜白生生，十一欠莲遍地滚，腊月韭菜拿粪拥。"

③ 纺织手工类：

《织布机》："十亩地八亩宽，中间坐个女儿官，脚一踏，手一搬，十个莲花都动端。棉花生得无限宝，种到地里长秋苗，连锄带跸（音）两三遍，棉花开的赛雪片，老婆子摘了一护单，老汉子摘了一背单，枣木弓子牛皮弦，弹一斤棉花八块钱，你把棉花弹成绒，我把棉花搓成筒，叫王婆来纺线，一天纺了七斤半，接棉子的跑长杆，引棉子的把腰弯，搓得搓，染得染，先给我妈纳个黑背衫。"

5.3.2 乡味：舌尖上的家乡味

（1）乡味主题："三亲"乡土食育课程分享

① 食育取材以本地区的节日风俗以及二十四节气为时间节点，围绕当时、当地、当季的食材（野菜、季节果蔬、干果粮油等）开展食物制作、食材储存、食材传统加工、食材挑选等食育课程。培养孩子正确的饮食观念——亲近自然、均衡营养、合理取用、生态有机，远离垃圾食品。孩子们通过食育课程掌握每个季节常用的吃菜搭配做法及功用。

② 食育流程食材准备、食物制作、美食分享、礼貌用餐。

（2）乡土食育主题：彩色小汤圆

① 课程解读：

食材1 密蒙花，侗族称其为染饭花，有明目的功效，花开时节，孩子们合作采集了花朵，拿回学校煮熟后的水就能作为花色天然染料。

食材2 紫薯，将本地特产的紫薯清洗干净后，蒸熟捣烂备用。

食材3 糯米粉，老师和孩子们用本地传统工具脚踏舂加工而成。

② 操作流程：经过几天的食材准备，齐全之后，在食育课堂上老师示

范和面团和搓汤圆流程，之后让孩子们完成汤圆的搓制工作（见图8-18）。在学校食堂煮熟彩色汤圆之后，由孩子们送给学校附近的老人先用餐，之后孩子们行完感恩礼后再共同用餐。

图8-18 三亲乡土教育贵州归根部落归根学堂食育课程：做汤圆

（3）乡土食育主题：端午节粽子

① 课程解读：

食材1粽叶，端午节前一天，在自然课的时候领着孩子们采集好粽叶——箬竹（粽叶），之后进行清洗。箬竹叶可用作食品包装物，还可以用来制作各种防雨用品，如，斗笠。箬竹性味归经是甘、寒，清热解毒，止血，消肿。箬竹叶、笋及产品，药用价值高。

食材2自制碱粉，将干的粽叶或者粽米的稻草，用明火烧成灰烬。其功效是能使粽子味道更香浓，保存的时间更长。

食材3糯米，需要提前一天浸泡，制作当天取提前泡好的10斤粽米，加1汤匙碱粉，搅拌均匀。

② 制作流程：

食材备好之后，老师示范包粽子方法，之后指导孩子们完成包粽子（见图 8-19）。包好的粽子需用清水浸泡 40 分钟，之后用明火煮 50 分钟至 1 小时即可出锅。煮粽子过程可以带领孩子们制作祝福卡片，之后将卡片绑到粽子上，挨家挨户送给全村每一位长辈。

图 8-19　三亲乡土教育贵州归根部落归根学堂食育课程：包粽子

（4）乡土食育主题：生日花馍

① 课程解读：

食材 1 蔬菜汁，采集农耕园时令蔬菜，清洗干净榨汁备用。

食材 2 坚果，请孩子们剥掉坚果的壳，留果仁备用。当花馍定型之后用坚果装饰表面。

食材 3 杂粮面粉，优选本地有机石磨面粉。带领孩子使用石磨磨面粉。

② 操作流程：

邀请过生日的孩子的长辈，提前一天来学校协助老师指导孩子完成生日花馍制作。生日当天，邀请孩子的家长参与，讲述孩子的成长故事，让过生日的孩子与在座的老师、家长和小朋友分享生日花馍（见图 8-20）。

图 8-20　三亲乡土教育山西永济试点北郑学堂食育课程：做生日花馍

5.3.3　乡艺：娃娃与自然最美的相遇

（1）乡艺主题：三亲乡土手工课程分享

① 乡土手工取材：

孩子亲自去本地的自然田野、农户山间专门找寻的特定天然材料，例如，泥巴、石头、树枝、本草、浆果、种子、蛋壳、毛线等；在自然开慧、四季农耕过程中偶然获得或专门存储的手工材料，例如，种子、嫩苗、萝卜头、蜂巢等；取材天然、手工作品可降解；常规手工作品也可本着重复用、耗材少、在地化、实用的原则选择材料。

② 乡土手工分类：

手工分为常规手工、主题手工和妈妈手工。

常规手工，适用于不同季节可重复进行，锻炼孩子基础的手指灵活能力。例如，橡皮泥草棍构型、纸三角堆叠、彩绘纸蝴蝶、毛线手指编等。

主题手工，以节日节气为主线，在不同时空环境下采集当下的材料储备，在合适的时间条件下完成手工作品，在合适的时机赠送作品给社区亲人们或者为作品找一个合适的位置。这是一种家庭式、在地化的生活体验实践课程。让孩子在该时空下具备相应情感后生发出主观能动性，通过不同的空间、时间完成作品，在合适的时间空间下呈现作品、分享作品，达到内心的升华。例如端午艾草课程、酵素系列课程、种子系列课程、玉米皮系列课程、风车系列课程等。

妈妈手工，以陪读妈妈和老师为创作主力，邀请村内的手工艺能人来学校授课。手工艺内容围绕孩子们的生活，例如玩偶、鞋子、手帕、风车、坐垫、书包等。妈妈和老师的学习态度、学习氛围会直接在孩子内心播下种子。

（2）乡土手工主题：泥塑系列手工课课程解析

① 关键词：泥块采挖、搬运、清洗、晾晒、粉碎、筛分、调和、构型、捏制、晾晒、装饰。

② 时间：自然课集体组织去树林采泥巴，之后由孩子们运回泥巴，课间由孩子自主组织洗泥巴、晾晒泥巴、碎泥巴、过滤成泥巴粉末，心灵手巧课程上进行捏泥巴、插花，耗时约两周。

③ 地点：采泥的树林、运泥的乡间小道、碎泥的校园、放泥塑的教室。

④ 事件：孩子们以接力的方式运泥回校园；孩子们以自主分工的方式清洗、筛泥土；孩子们在碎泥块的过程中尝试过很多方式如用石块木头砸，用长木棍擀，用体重压；在和泥的过程中有过失败，因为水加多了所以又多晒了几天；洗泥巴的过程中衣服被染污了，老师帮助清理干净了；泥塑过程中的行为养正引导（见图8-21）。

（3）乡土手工主题：端午布偶戏《五毒的故事》

① 道具准备：艾草香包、五毒布偶、五彩绳。

② 孩子手作艾草香包：五月初一自然课带领孩子们去山里采集艾草、拿回学校摘拣（去枯烂叶、去根、去茎）、晾晒、储存；用去年的陈艾制作端午香囊（剪刀、彩布、针线、珠子、挂绳）；制作好的香囊作为端午节当天的道具使用；使用过后请孩子们送给自己的长辈，祝福长辈们"端午节安康"。

图 8-21　三亲乡土教育山西长治试点关头村乡土手工课堂：泥塑

③家长手作五毒布偶：端午节之前邀请家长帮忙制作五毒布偶，老师提供相关材料（彩色不织布、艾草、棉絮、布偶眼睛、胶枪、毛根毛绒条、针线等），并画好图纸，家长协助裁剪缝制；制作好留作端午节当天偶戏使用；使用过后作为教室装饰安放（见图 8-22）。

5.3.4　乡趣：有玩伴的童年

（1）乡趣主题：三亲乡土游戏课程分享

①乡土游戏类型：

自主游戏：幼儿期间自主游戏占儿童游戏 80% 之多，为儿童时期主要的活动也是最喜爱的活动。自主游戏是由儿童自发自主发起，无时间、空间限制，随时随地且长时间投入精力进行的游戏。可由一人或多人共同参与，教师主要做好环境创设和安全护理工作即可，切勿过多干预。例如，过家家是经久不衰的儿童时期经典自主游戏，种类繁杂、场景颇多、素材无数，参与其中的儿童可以角色扮演、可以奇思妙想、可以因地制宜、可以旁观，在此活动中孩子身心灵一体投入，消化、吸收、再现自己的所学所思。此过程中，老师切勿过多干预，以护好儿童安全而不影响儿童游戏为最佳。

图 8-22 三亲乡土教育山西长治试点关头村乡土手工课堂：制作五毒布偶

节日游戏：针对二十四节气以及传统节日展开的集体游戏。游戏的参与者会由孩子、家长、村内老人组成，为老中少一起互动的游戏。例如，春分立蛋，立秋贴秋膘，立夏撞蛋。

组织游戏：对参与人数有一定要求，室内室外均可，适合临近放学时大家一起玩耍。需要有领头人组织游戏讲解规则，领头人可以是老师也可以是大一点的孩子。例如，丢手绢、老狼老狼几点了、三个字、木头人等。

② 乡土游戏场地：

孩子会自己寻找合适的地方，沙坑上、讲台上、村委会大院中、乡村舞台下、寨子泉水边、村口的石狮子旁、某个孩子的家中、草坪上、大树下、土坡上、田地中……玩自己的游戏。

所以请允许孩子们移动一些家具，只要他们能摆放回原地，并擦拭干净，请一定好好支持他们。我们也可以在室内外准备一些素材和场地供孩子选择。例如，教室里平铺的垫子；几张凳子几个轮胎围成的"院子"；一块清洗干净的门帘；一个纸箱垒的娃娃屋；一堆新收割的麦垛等。

③ 乡土游戏器具：

手工工具箱（剪刀、针线、锤子、铁锹、米尺、毯子、花布、跳绳等）；自然材料箱（石头、松果、毛线、种子、树叶等）；校园游戏设备（沙坑、秋千、积木、木桩、爬网等）；老师和家长制作的各类娃娃布偶；各种不同材料的制品（玻璃、纸、木棍、塑料等）；儿童自制手工作品；废弃用品（瓶子、轮胎、管子、盆等）等，以上素材请放于方便儿童自主取用的地方（见图8-23）。

5.4 案例经验总结

三亲教育结合了师教与家教、学校与社区教育、课堂与自然教育、乡村与城市教育。

① 师教与家教相结合：形成"上所施，下所效"的德育环境。
② 学校与社区教育相结合：形成仁爱礼仪的教育合作机制。
③ 课堂与自然教育相结合：创造传道授业的开慧教育条件。
④ 乡村与城市教育相结合：实现传统与现代对接的教育创新。

图 8-23 三亲乡土教育河南兰考胡寨哥哥儿童习乐中心试点乡土游戏课堂

三亲教育提倡"八心法",即以善心与儿童相通,以敬语与儿童交流,以上行教儿童下效,以母爱陪儿童成长,以忌语护儿童心灵,以底线让儿童知礼,以不语观儿童自乐,以平等让儿童共进。

6 家校共育:北京市南山艺术学园

6.1 引用说明

很多人为了解决自己孩子的问题开始进入教育领域。这些年来,出现了很多创新型的学校,校长也许就是学校的第一个学生的家长,家长也许就是学校的兼职老师和志愿者,南山艺术学园就是这样的一个缘起。

以学校为核心的社区模式不仅仅只有南山艺术学园，如一土学校和华德福学校等学校也都具备了家校共育、家长与孩子与老师共同成长的社区模型，这与引入了资本的商业化民办学校有了天然的不同，这类学校不是强调学校的名气和老师专业，而是强调家长、老师和孩子共同形成"最好的环境"，强调环境育人的重要性。因为教育孩子的共同目标和价值观，不同的家庭从四面八方汇聚起来，形成了一个儿童友好的非传统意义的新"社区"。

6.2 案例背景

南山艺术学园（以下简称"南山学校"）是一家非营利机构，汇集了一群立志自我教育成熟的教师，以"敬天爱人"为教育理念，以儿童整体发展观为指导思想，以德智体美劳五育并举的全人教育体系，培养有道德和社会责任感的践行者，以热情和创造力服务社会。南山学校相信所有的教育，其实都是自我教育。孩子在环境中教育自己，成人只是孩子所处环境的一部分。成人必须尽可能成为最好的环境，因此孩子可以教育自己，协调自己的命运，这是成人面对孩子所应持的态度。要树立这种态度，只有通过不断增长对此事实的认识。

6.3 案例介绍

6.3.1 一个村庄养育一个孩子

南山是一个坐落在京北燕山脚下的村庄，一些认同儿童整体发展观及五育并举的全人教育理念的家庭逐步加入其中，十余年间这种教育模式慢慢生长，浸润和改变着这个小村。教师、家长、村民、来自五湖四海的志愿者等相互融合，渐渐形成了以成人不断自我教育，来引领儿童成长的南山社区，实现"一个村庄养育一个孩子"的共同成长环境。

小村于2016年启动"垃圾不落地"项目，开展"净塑"活动，彻底改变了村庄面貌，此举比全北京市垃圾分类提早3年。儿童在这个环境中，耳濡目染地感受到村庄环境的改变和人们的努力，天然地养成了环保的意识。社区里的家长还与村民共建开展中医、太极、古琴、环保等相关活动，以自身的积极成长、家庭节奏的调整，带动儿童进入健康的成长环境。

6.3.2 所有的教育都是自我教育

在南山社区里，学生家长带着一个基本的共识——"所有的教育都是自我教育"。这就意味着成人需要"成为"合适孩子成长的环境，在这个过程中，成人在观察和学习中成长自己，同时积极地参与学校的建设。

南山学校特别重视仪式感和在仪式中社区成员的参与。每年学校会在节气和传统节日时举办庆典活动。比如，每年的冬至庆典包括高年级学生会为低年级孩子布置"深冬花园"，家长也会参与进来一起包饺子；在一年最黑暗的冬夜，用蜡烛一起点亮"光之树"。这是社区里生活的所有个体，对于精神家园的共同建设（见图8-24）。

图8-24 北京市南山艺术学园冬至庆典上的"光之树"

南山学校对于节气的重视，也是全人教育中对于儿童与自然之关系的重视，让儿童通过了解四季更迭的韵律变动，找到与各种关系和谐的共振。在学校里，高年级和低年级的关系是和谐的。开学典礼时，一年级新入学的孩子，会被十二年级毕业班的学生领进鲜花门；毕业典礼时，即将高中毕业的十二年级学生，会被一年级的孩子带出玫瑰门……

儿童能够在一个温暖和谐的环境中成长，自由地探索，得益于学校和家庭的"保护"，而这种"保护"，并不只是纸上的口号，而是对于全人教育理论实践的真实经验。全人教育的种种安排，不仅得到了家长的广泛认可，对于儿童而言，也是一种感官的保护，一种对儿童成长"真实的需要"的理解和尊重。

四年级的地理课，孩子们分工协作，用双脚丈量学校各个教学设施的比例和大小，再通过手绘的方式，把学校及社区描绘出来。接着，学生跟随老师走进社区，走进班上每个同学的家——家长们以一种开放的姿态迎接孩子们的到来，并把这当成一次隆重又愉快的社区活动，早早地为师生们准备美食、文化体验等趣味活动，孩子们切身体会到了社区这一概念的本质，产生了一种对家庭对社区的认同，整个社区也在这样友好的氛围中，实现了家庭与家庭、家庭与学校之间的纽带的加深。

社区共生基金会实现家庭互助，理事会家长成员积极贡献资源，学校的建设装修，都有热心家长的踊跃参与。南山学校新校区的改造，从建筑、设计，到施工、会计，以及最后的审计，都是由学生家长深入参与，并和学校老师共同完成的（见图8-25）。

学生家长能够自发地参与学校的建设，一方面是基于对于自己孩子教育的关注，另一方面还有对于"儿童真实的需要"这一问题的持续性探索。社区里有"关注全人教育的家长成长，分享儿童发展指导下的教学实践"的南山培训中心，也有家长老师自发的学习小组、共读会等。这些培训和学习活动，为社区的成人提供深入学习的可能性，使得我们对于教育的共识更加清晰。

在自我学习的道路上成长，更重要的是，孩子们还在这个社区真实地生活。每天早上，校门口都能迎来骑车来到校园的各个年级的孩子们，在跟老师相互问候后走进班级；在课堂上，孩子们可以自由地发言和讨论；课间休息时，孩子们可以在操场上自由地奔跑、玩耍，课后高年级的孩子有各种社团活动，低年级的孩子就自发地相约在社区里，在那片被他们称为"日子"的日字形区域玩耍，或去同学家串门（见图8-26）。

晚上，孩子在一家人的陪伴下，吃饭、休息、完成作业，互相分享一天工作和学习的收获……这就是

图8-25 北京市南山艺术学园学校教学楼的走廊

图8-26 北京市南山艺术学园端午节庆上高年级和低年级孩子的舞龙

在这个社区生活的孩子与家长真实生活图景。一个儿童的成长,倚赖这个社区里所有人共同地持续性创造——这也正回应了南山社区"一个社区养育一个孩子"的理念。

在南山社区,老师和家长们不仅从孩子的身体发育的科学角度,还从儿童的心灵成长和意识状态发展方面去关注和支持儿童的发展,而且整个社区也在以集体共识的力量去塑造孩子。

6.3.3 像树一样共生的社区

南山学校的教学楼前的广场上,有一棵椿树,孩子们下课就喜欢围着它玩耍。这颗椿树是社区里的爸爸们合力从社区里某个家庭的院子移来的。南山社区里这种自然生长的力量,让这颗椿树再次焕发了绿色的生机(见图 8-27)。

图 8-27 北京市南山艺术学园在椿树广场上玩耍的孩子们

6.4 案例成效

一方面,南山社区的家长们对学校的教学、活动非常关心并热情地给予支持,使得学校有更长远的发展;另一方面,学校的教学节奏、教育理念和对儿童的持续关注,也贯彻在每个社区家庭的日常生活中,家长也借此对全人教育有更全更深的理解。

事实上,这种互动不仅是家庭和学校双向的,更是社区里不同身份的每个人的参与,营造了一个互相影响、共同生活的环境——社区以儿童的成长为出发点,成为一个有机整体,使得每个社区成员互相学习、共同成长。

7 游戏力与儿童天性：PARS 自由游戏

7.1 引用说明

玩是孩子的天性，也是儿童的权利。然而，现代社会里的孩子却越来越不会玩了，电子游戏、电影、电子玩具成为孩子们所玩游戏的主角，屏幕里碎片化的重复刺激替代了有创造力的面对面的快乐。事实上，游戏是一种能力，是一种拥有幸福感、获得快乐的能力，其重要性不亚于知识的获得。换个角度说，这样的能力会助力孩子成为更全面发展的个体，让孩子多了一种通过游戏在生活中学习的可能。我们不能完全寄望于学校提供这样的路径，但可以在社区中实现，家长、社工和志愿者通过简单的培训就可以初步掌握方法，让孩子们在放学后的时间里就在社区里开展自由游戏的活动，这也是儿童友好理念的体现和实践。

7.2 案例背景

游戏是儿童生活中不可或缺的部分。联合国《儿童权利公约》第 31 条规定了儿童有游戏的权利；儿童友好城市的行动框架里，也强调了儿童有权享受游戏和娱乐。在我国儿童友好社区促进计划中，也提出了儿童成长空间要营造适宜游憩的良好环境，在最贴近儿童生活的社区公共空间，打造适合儿童游戏的空间。

对于儿童游戏的理解有多种角度。相对于由成人组织与主导的规则性游戏，"PARS 自由游戏"致力于研究并推广儿童自由、自主、自发的游戏，让儿童和青少年根据他们的天性、想法和兴趣，用他们自己的方式，出于他们自己的理由，来自行决定并掌控他们游戏的内容和目的。简而言之，就是以儿童为中心，由儿童自己决定玩什么、怎么玩、和谁玩，而成人要做的就是为他们提供可以自由游戏的时间和空间。

为什么儿童需要自由游戏？现代的儿童，正经历着"机构化的童年"。他们从一个机构到另一个机构，他们需要去遵守每个机构里成人和老师制定的规则。然而学习的发生不仅仅在课堂里，他们更需要自由的时间和空间去主动输出他们的所学，去动手创造他们的所想，去体验和实践在真实环境里如何与人相处和解决问题。他们需要去思考并实践他们自己想做的，而不只是成人认为他们应该做的。

自由游戏提供了这样的契机，让孩子们的社交、智能、体能、情绪都在这个自由、自主、自发的过程中获得成长和发展，并且在自由的氛围里，他们的好奇心、创造力和冒险精神也能得到充分的生长。

同时，自由游戏的状态对孩子们的心理健康也至关重要。一项长达40年的儿童心理研究成果表示：如果在儿童时代不能自由玩耍，孩子长大后更容易产生心理问题，难以适应新环境。我们成人眼中的"瞎闹腾"，往往是孩子的"治愈剂"，因为自由玩耍对培养孩子应对环境的压力、提升人际交往的技能和解决实际问题的能力都有着重要的帮助。

此外，儿童参与也是衡量儿童友好社区的一个重要指标。儿童的自由游戏也是儿童参与的重要表现形式，是儿童主动但非正式的参与社会生活的一种方式。相对于在正式场合表达自己的想法，由儿童主导的游戏是他们无声的表达。自由游戏让儿童暂时能够掌控自己的生活环境，让他们有机会让事物以他们想要的方式变得不同或变得更好。这也就是为什么通过观察和研究儿童自由游戏，我们可以更好地了解儿童和儿童的需求。

7.3 案例介绍

"PARS自由游戏"秉承"PARS游戏工作模型"来开展实践。游戏工作（playwork）是成人与儿童打交道的一种特别的方式，强调成人为儿童创设自由游戏环境，提供适当的监管，在时间和空间的利用上，优先考虑儿童自己的意志。游戏工作起源于二战后欧洲的冒险游戏场，在全球已经有70年的发展历史，职业化地实践游戏工作的成人也被称为游戏工作师（playworker）。"PARS游戏工作模型"是一套指导成人实践游戏工作的理念、理论、方法和技巧，已在全球多个国家和地区包括英国、荷兰、比利时、澳大利亚、美国、日本、中国香港等地开展，指导当地游戏工作的实践，并被运用于不同的场景，包括社区项目、自然学校、课后班、教育机构、儿童医院、家庭，甚至图书馆。

截至2021年底，"PARS自由游戏"在国内通过PARS自由游戏场、社区自由游戏、游戏工作师培训等多种形式，将儿童自由游戏的理论和实践带给与孩子打交道的成人，使儿童能够享有更多自由、自主、自发的游戏时间和空间。

7.3.1 上海创智农园"欢乐游戏场"

2021年初，"PARS自由游戏"与四叶草堂团队，将首个PARS自由游戏场落地于上海杨浦区大学路创智农园。孩子们参与搭建和更新这个游戏场里的装置，并为这个游戏场取名"欢乐游戏场"。不同于游戏装置固定的游乐场，这里的指示牌上写着：这是一个儿童自主创造的乐园。每一天，它都会被重塑、被更新。成人眼中的无序，是孩子眼中的无限乐趣。游戏鼓励冒险，但也希望孩子在玩耍时学会远离危险，更懂得自我保护（见图8-28）。

图8-28　上海创智农园"欢乐游戏场"

每隔半年，孩子们会在冬令营和夏令营里重新改建这里的游戏场。他们想要个树屋，想要个海盗船，想要个秘密基地……于是，在木工师傅的指导下，他们开始一起量尺寸、锯木头、钉钉子，一起实现他们的设想。

一个游戏空间时常更新并允许儿童参与改造，会让他们更能玩出创意并增强他们在这个空间的归属感。在游戏场的周末营和冬夏令营里，游戏工作师为孩子们创设可以自由利用各种游戏材料的环境。这些游戏材料里有各种想得到和想不到的零散物材，有些甚至是可回收的废弃材料，让孩子们自己发明玩法，自己制定规则。而且物材的种类越丰富，随意组合的可能性越大，孩子们的创造力也更容易被激发。在这里，没有必须完成的"任务"，没有别人的"评判"，只需要跟随自己的想法和节奏（见图8-29至图8-33）。

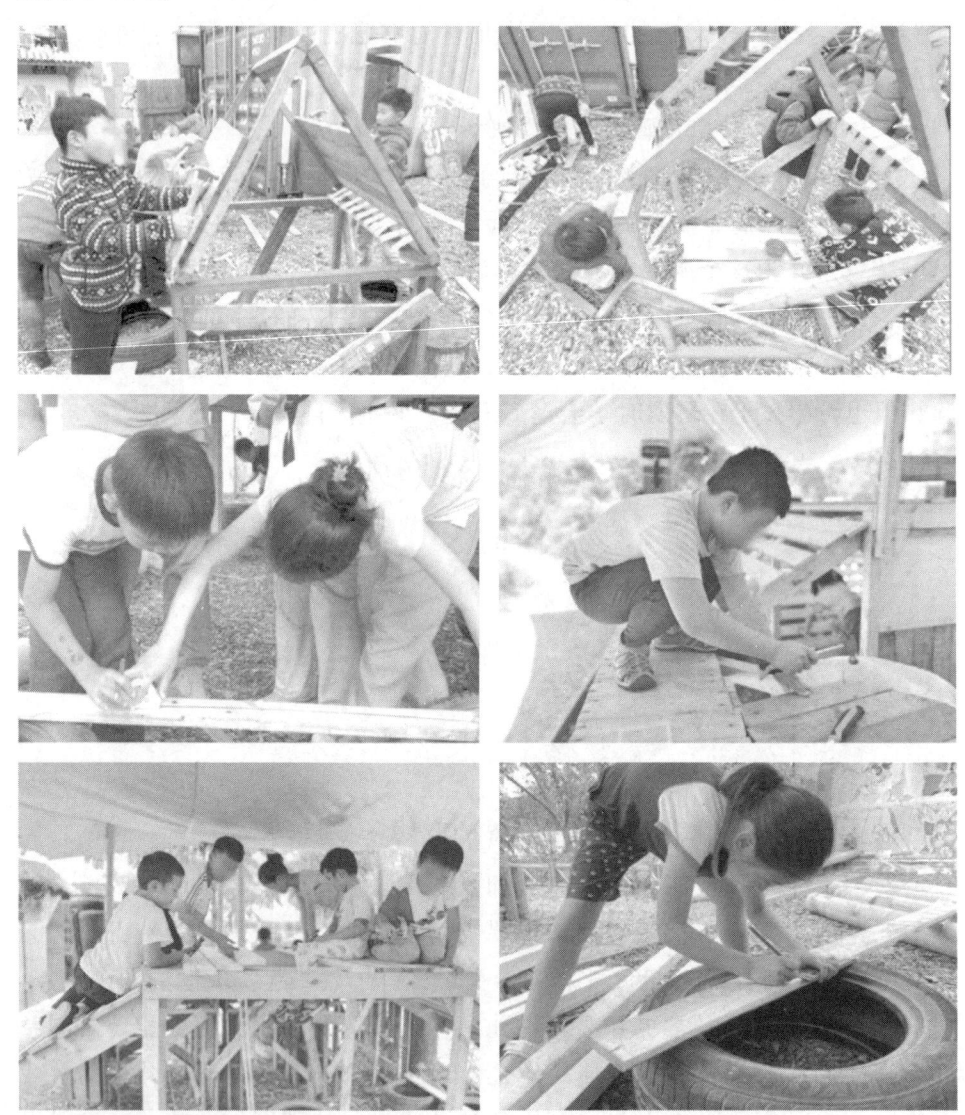

图8-29 上海创智农园里孩子们在木工师傅的指导下搭建游戏场

第八章 儿童友好社区服务类典型案例

（1）冬令营里孩子们搭建的游戏场　　（2）夏令营里改建的游戏场

图 8-30　上海创智农园不同季节时儿童改建的游乐场空间

图 8-31　上海创智农园里孩子们用卸货的滚轮改装成不同形状的滑梯

图 8-32　上海创智农园里孩子们拆卸废弃的木托盘搭建小木屋

图 8-33　上海创智农园里孩子们用废弃的滑板做成秋千

　　创智农园也鼓励孩子们使用生活中真实的物材来玩耍，比如用榔头、锯子、手摇钻等来做木工；手工物材非常丰富，包括各种布料、串珠、装饰片、陶泥、胶枪、涂鸦材料等，鼓励孩子们大胆的想象和设计；让孩子们自己起锅，自己切肉切菜，自己炒菜做饭，也让孩子们自己生火、自己烧烤、自己灭火。这些可能被视为儿童禁忌的工具和活动，其实正是儿童需要去面对的真实世界。他们在这种劳作游戏的过程中，既体验到了乐趣，又感受到了成功使用这些工具的成就感，在面对真实世界的各种挑战中，也会更加自信（见图 8-34 至图 8-37）。

图 8-34　上海创智农园手工改造课堂

图 8-35　上海创智农园手工改造课堂上做木工、玩冰块

关于儿童在自由游戏过程中的安全问题，游戏工作师会用各种实例来向孩子们强调如何保护自己、保护他人、保护环境。然而，在去除潜在危险的情况下（比如维修松动的秋千、测试游戏装置结构的稳定性等），我们鼓励孩子们冒险，因为真实的世界没有绝对的安全，孩子们无法只从书本上

图 8-36　上海创智农园儿童厨师课堂

学会自我保护和远离风险，他们需要在真实的环境里去操练，去习得这些能力。而游戏工作师并不是要去打磨掉所有的风险，而是要创设条件，让孩子们与风险相处，学会自我保护。

图 8-37　上海创智农园手工课堂上用各种木材尝试生火

7.3.2　上海东明路街道永泰花苑自由游戏花园

在上海东明路街道的支持下，作为四叶草堂参与设计的社区花园的一部分，永泰花苑的自由游戏花园成为"PARS 自由游戏"第一个在社区/小区内部的自由游戏场。这个游戏场由社区居民志愿者担任游戏工作师，参与管理和准备游戏物材，在小区儿童自由游戏时提供协助。同时，PARS 自由游戏团队向社区居民和儿童介绍儿童友好社区中儿童游戏空间的案例，为社区家长开设自由游戏讲座，培训社区居民成为游戏工作师（见图 8-38 至图 8-41）。

图 8-38　上海东明路街道永泰花苑自由游戏花园儿童搭建小滑梯

图 8-39　上海东明路街道永泰花苑自由游戏花园家长和儿童一起做木工

图 8-40　上海东明路街道永泰花苑自由游戏花园家长和儿童一起收拾游戏材料

图 8-41　"PARS 自由游戏"团队向社区居民和儿童进行游戏培训

7.4　案例成效

负责"PARS 自由游戏"的教师和工作人员均需具备 PARS 游戏工作国际认证培训师的资质，该课程是针对成人的培训课程，让游戏工作师在任何孩子玩耍的场景中都能清晰地阐述、开发和评估自己的游戏工作。在已开展的 PARS 游戏工作课程中（见图 8-42），参与的学员来自各行各业，有幼教老师，有家长，有景观设计师，有高校老师，也有心理咨询师、儿童游乐场开发人员等。"PARS 自由游戏"以儿童为中心，由儿童自己决定玩什么、怎么玩、和谁玩，孩子们得以在自由的、没有成人干涉的氛围里，通过游戏让好奇心和创造力自由萌芽，自由生长。

图 8-42　PARS 游戏工作课程课堂

313

8 社区阅读：浙江微笑明天慈善基金会的"明天书屋"

8.1 案例背景

"十四五"规划提到，要促进满足人民文化需求和增强人民精神力量相统一，推进社会主义文化强国建设，提高社会文明程度、提升公共文化服务水平、健全现代文化产业体系。要深入推进全民阅读，建设"书香中国"，创新公共文化服务运行机制，鼓励社会力量参与公共文化服务供给和设施建设运营。正是在这样的政策背景下，"明天书屋"应运而生，执行机构为浙江微笑明天慈善基金会与各地公益伙伴机构。

8.2 案例介绍

"明天书屋"是微笑明天慈善基金会重点投入的教育类公益项目。通过打造社区阅读生态，项目旨在助力社区公益、链接更多资源，共创美好、阅读未来。为了实现"重新定义社区图书馆，发挥阅读原有价值"的愿景，"明天书屋"在北京、上海、深圳、杭州、成都、重庆等城市已经落地20多个项目点。项目目标以三年为大周期，第一年将使阅读活动成为社区活动的常态，先营造阅读氛围，传递正向的价值观，建立初期的阅读互助小组；第二年要稳固阅读互助小组，希望参与阅读活动的伙伴影响周边的人，形成良性循环，并开展一些服务社区的实践活动；第三年进行价值观输出，让阅读互助小组进入其他场景影响周边人，倡导友善社区的服务理念（见图8-43）。

图8-43 浙江微笑明天慈善基金会的"明天书屋"社区活动

8.2.1 镇江中南御锦城"一厘米温暖·明天书屋"

这是由中南置地苏皖战区资助捐赠的公益项目。以基于阅读，传递友善，服务社区为理念，支持参与者能够通过阅读建立志愿服务文化，服务自己所在社区。这是"全民阅读"文化工程建设的实践，也是公共文化服务体系社区化运营的一次探索。

镇江中南御锦城是江苏省镇江市京口区中南御锦城三期项目，该小区交付5年以上，业主群体大部分以三口之家、四口之家为主。周边有中南配套建设的3所幼儿园、香江花城小学、八叉巷小学等，因此小区儿童、青少年群体占比较高。这也为"明天书屋"阅读项目奠定了良好的基础。小区周边缺少社区公共空间，尤其是缺少休闲娱乐共享空间，居民相互沟通聚点少，影响社区人与人之间的交流。

微笑明天慈善基金会选择镇江市童乐乐青少年公益服务中心作为"明天书屋"的公益伙伴。镇江市童乐乐青少年公益服务中心，成立于2014年12月，是在镇江市民政局注册的从事非营利事业的4A级民办非企业单位，旨在为广大青少年尤其是弱势、困境青少年群体提供有效帮助和服务。该机构拥有完善的组织结构，并下设童乐乐书影会，定期开展读书会以及线上线下的"微课堂"读书分享，以营造良好的家庭读书的社会氛围，在宣传终身学习的教育理念，分享教育心得和经验的同时以组织公益类读书活动为己任，这几年来有5000人次的家长和孩子以不同形式参加了读书会的相关活动。通过参加书影会的活动，家长意识到自身教育的重要性，培养了阅读兴趣，扩展了阅读领域，形成了阅读理念（见图8-44、图8-45）。

图8-44 浙江微笑明天慈善基金会的"明天书屋"家长读书会活动

项目开展明天书屋培训会，分享各地社区运营经验。为了进一步推进明天书屋公益项目，让伙伴们更加了解"明天书屋"项目模块，更好传达

"基于阅读、传递友善、服务社区"的美好理念，微笑明天慈善基金会邀请致力于"构建美好阅读社区"的伙伴们，从五湖四海聚集到上海浦东，开展为期三天的"明天书屋"社区图书馆项目集中式培训。

图8-45 浙江微笑明天慈善基金会的"明天书屋"儿童读书会活动

项目在运作中还建立明天书屋阅读群体，持续发力开展项目活动。在镇江中南御锦城"一厘米温暖·明天书屋"中，一边是家长读书会，一边是孩子们的绘本读书会。在"一厘米温暖·明天书屋"中不仅为孩子们提供阅读公益活动，还要让孩子们聚在一起听故事、讲故事、演绎故事时，感受到终身学习的力量，通过父母上台发言的方式，让孩子和父母同台发言、互动，孩子们也能看到自己的父母在不断学习。父母和孩子都被这样的阅读空间温暖着，潜移默化地产生积极改变。

8.2.2 上海雅仕汇都

上海雅仕汇都"明天书屋"是由微笑明天慈善基金会自投的项目点。雅仕汇都位于普陀区泸定路"国浩·长风汇都"。该小区属于学区房，周边有丰富的学校资源。由于小区内青少年儿童群体占比高，家长们对公益、对阅读都有很强烈的需求。小区业主经济能力、文化素养等各方面相对较高。这也为"明天书屋"项目奠定了良好的基础。

针对很多家长向居委会反映学生需要参与社区公益活动的诉求，微笑明天慈善基金会"明天书屋"打通了居民参与社区志愿服务的通道，书屋场地设立于雅仕汇都居委会的阅读空间。

首先，基金会资金支持，助力居委会打通居民参与社区志愿服务的渠道。居委会有能力开展丰富多彩的社区阅读活动，但一直缺少资金支持。微笑明天慈善基金会自投经费助力居委会打造明天书屋社区居民志愿服务样板。

其次，利用周边学校资源，建立学生志愿者团队。雅仕汇都居委会邀请华东师范大学附属第四中学（小学部）三年级 2 班的同学为社区亲子活动带来一场自编自演的精彩绘本舞台剧。角色扮演、即兴对话、乐器敲奏等创作式的体验充分调动了孩子的主观能动性，启发孩子想象力和创造力，带给孩子立体化的阅读体验。

同时，与星光中学的学生、家长志愿者建立了联系，家长和孩子们来到雅仕汇都居委会志愿者服务站，帮助图书馆建立图书档案，完善的图书借阅机制。大小朋友们用实际行动践行了"奉献、友爱、互助、进步"的志愿服务精神，为营造全民阅读氛围，构建文明和谐社区贡献了自己的力量（见图 8-46）。

8-46　上海市普陀区雅仕汇都社区"明天书屋"活动

雅仕汇都居委会积极整合社会资源，以社区妈妈志愿服务队为主干力量，依托共建单位等平台资源，搭建儿童青少年阅读、赏析、共享、交流的平台，为辖区未成年人营造浓厚的社区书香氛围，并组织开展了"学生志愿者进社区、整理图书室"志愿服务活动，进一步培养居民阅读习惯和兴趣，提高全民文明素养，助力城市文明建设。

8.3　案例成效

"明天书屋"让阅读成为一个桥梁和手段，打造全民阅读的氛围，传递正能量，让儿童青少年在这样的环境中健康成长，让良好的社区环境成为孩子们最适合的接受其他教育的背景。

社区是邻里互动的空间，通过"明天书屋"公益项目，让居民真正有归属感。通过阅读分享会、多元化主题活动，居民实现社区参与，最终居民能够自发组织公益活动服务社区，形成良性循环。

9 "医学+人文+公共交通"联合社区：复旦大学附属儿科医院及共建单位的实践

9.1 引用说明

对于孩子来讲，健康是一切的基础。成年后的很多疾病都与从小养成的习惯有关，比如爱吃肉又不爱运动的孩子，长大后罹患心脑血管疾病的风险更高，肥胖的概率也更大。但社区里的儿童项目大部分都是和教育相关的，健康类的少之又少，大众会期待更多专业医疗机构和人员可以进入社区，普及相关知识，帮助家长掌握预防疾病的方法。对于这样的期待，或许只有那些具备了儿童友好人文理念的专业机构可以满足，复旦大学附属儿科医院就是这样的代表。他们进入社区进行的普及活动不仅提供简单的医治，而且通过一系列的行动和项目使得医治的过程变得有趣，让有特殊需要的儿童和家长得到医治以外的帮助，并把预防工作下沉到社区。这就是过去所说的"大医精神"，不仅治愈疾病，更是温暖人心。

9.2 案例背景

复旦大学附属儿科医院（以下简称"儿科医院"）及共建单位联合社区是中国儿童友好社区首批试点单位。作为一家联合社区的医疗单位，儿科医院及共建单位紧紧围绕儿童友好理念，在儿科医院诊室、病房、院区全方位展示儿童友好建设和儿童友好服务，与多个部门机构、周边街道共同开展儿童友好社区建设，在医学看护和社区发展方面进行创新，将医院、学校、媒体、街道、公司这些原本无交集的单位通过一条共建联盟的"金色纽带"，打造出优势资源互补的儿童友好的"医学+人文+公共交通"联合社区。

9.3 案例介绍

儿科医院加入闵行区、徐汇区区域党建,与梅陇镇党委、古美街道、枫林街道、虹梅街道结对共建。儿科医院设立健康咨询讲座,推荐优秀的医务人员为联盟单位职工普及儿童健康常识,提供疾病防治、急救知识、日常护理等方面的知识培训、讲座和沙龙活动,并定期举办社区义诊,包括体检、现场健康咨询、专家坐诊、宣传儿童健康知识等活动。在医院、社区等开展志愿服务工作,各联盟单位职工积极配合并共同参与,双方互帮互助、资源共享、共同发展。

2008年起,古美街道四名院外监督员每月都会为儿科医院做患者满意度测评。

2014年起,儿科医院与上海戏剧学院结对共建,上海戏剧学院木偶专业的同学在儿童病房表演孩子们喜欢的"孙悟空""黑猫警长"等形象的木偶剧,还会手把手教患儿学会操作木偶。在每年儿科医院为患儿举办的新春音乐会上,上海戏剧学院的学生还为患儿送上木偶剧、音乐剧等节目,为患儿们带来欢乐。

2016年6月,儿科医院与上海音乐学院结对共建,上海音乐学院捐赠了一架三角钢琴摆放在儿科医院候诊大厅,形成能够为候诊患儿带来心灵抚慰和文化大餐的候诊大厅钢琴角。

儿科医院与复旦大学国际关系与公共事务学院、化学系、学工部以及上海支部生活杂志社结对共建,将联盟单位优质的人文教学资源引入儿科医院,支持"儿科道德讲堂"的顺利开展。

儿科医院与华东师范大学出版社通过共建,在院内设立了"七色花"图书馆,营造温馨候诊环境。

儿科医院与上海市志趣公益基金会、上海地铁第四运营有限公司达成共建合作,借助地理优势和空间优势,在与儿科医院相邻的上海地铁12号线顾戴路站打造了国内首个地铁儿童医学体验馆——"梦想医学院"(见图8-47)。

"梦想医学院"由一个50多平方米的互动体验区和一条30多米长的

图 8-47　上海市地铁 12 号线顾戴路站通道"梦想医学院"改造前后对比

医学展示长廊构成，由上海马利画材股份有限公司捐赠的七彩儿童艺术长廊内融入了梦想医学院的介绍、儿科医院的就诊信息、住院患儿绘画比赛作品、慈善捐赠等主题展示，吸引了很多往来的人们。孩子们在去看病就诊的路上，既可以欣赏到艺术长廊，还可以体验医学科普游戏，了解医学常识，让孩子在活泼有趣的娱乐体验中了解医院。通过医疗游戏，儿童感受和体验健康科普、临床治疗、疾病接纳、回归康复等全程照护过程，由此消除对医院的恐惧，培养和激发孩子对医学的兴趣和想象，实现了儿童友好理念在医疗场域中的融入与契合。

2016 年 12 月 30 日，儿科医院与上海音乐学院、上海戏剧学院、上海地铁第四运营有限公司、华东师范大学出版社、上海支部生活杂志社、光明乳业股份有限公司、梅陇镇党委、古美街道、枫林街道、虹梅街道、复旦大学国际关系与公共事务学院、复旦大学化学系、复旦大学学工部共同建立"精神文明同创共建联盟"，由此搭建起跨领域、多区域医疗党建联盟的精神文明同创共建活动大平台，进一步整合社会资源，做到精神文明建设上互相促进，物质文明建设上相互帮助，努力打造文明示范窗口。

2019 年 11 月 27 日在上海举办的第三届儿科医学人文建设与发展论坛开幕式上，儿科医院与北京永真公益基金会就共创"儿童友好型医院打造及指标体系建设"签订了战略合作伙伴协议，双方强强共建、专家领衔，高标准推动在医疗场域中儿童友好的理念推广、指标体系建设、工作人员培训、审核标准建设、评价工具研发、学术研究等。

9.4 案例成效

复旦大学附属儿科医院及共建单位坚持"开放学习、志愿引领、积极探索"的原则，不断探索更有效的联建共享机制，发挥全国文明单位在践行社会主义核心价值观、参与各联盟精神文明建设等方面的积极作用，将医院、学校、媒体、街道、公司打造成联盟，共建共享、跨界跨越，形成了我国首个儿童友好的"医学+人文+公共交通"联合社区。

10 儿童友好生活社区：上海市浦东新区森兰社区儿童友好家园

10.1 案例背景

浦东新区高行镇森兰国际社区是一个年轻的社区，也是一个充满活力与可能性的社区。在这里，住着一群有理想、有情怀、有作为的年轻父母，他们用爱和坚持、专业与探索将自己对儿童友好社区生活的向往落实在了一个个具体的行动上，用全民实践的决心共建共享共成长。

10.2 案例介绍

10.2.1 多条线共建的共享空间搭建儿童友好活动平台

从 2014 年森兰社区第一个妈妈群成立开始，一群居住在地理定义上的同一社区里的人们，每一天与孩子们一起在空间里发生交集，在交往中产生联结，在联结中体验信任与归属感，各类能人爸爸、领袖妈妈开始涌现。经过几年的培育，森兰这个年轻的社区形成了大家在儿童共育中互帮互助的良好氛围，社区里的各类妈妈群、社区自组织丰富多彩，大家对于活动空间的需求也越来越凸显。2015 年，由社区合伙人共同建设的 380 平方米、坐落在森兰社区阳光天地的"再见上海咖啡生活馆"正式打造完成，空间里设立了家庭成长沙龙空间、社区共享教室、儿童阅读空间、社区家庭心理室等多个公益空间，年投入近 20 万元。建设社区儿童友好实践行动的社区志愿团队也被组织了起来，社区里志愿活动、公益种子逐渐生根发芽，为社区里许多来自五湖四海的"海漂"家庭中的全职妈妈、热心奶爸、老人孩子营造了一个精神家园。大家也在生活上、育儿育己的道路上彼此扶持温暖前行。

2020年9月，高行镇政府通过发现、考察、了解这个平台的社区凝聚力，正式在此挂牌设立"阳光新时代文明实践点"，在多线联结、信任、共建的意识基础上，社区居民、社区商户、政府支持、学校关系建设全线融合，为社区儿童友好环境的打造奠定了坚实基础。

10.2.2 在实践中挖掘儿童友好社区服务需求，建立长效规划

通过这群儿童友好社区共建者的努力，在共享空间成立了儿童友好自组织营地，大家相互学习成长，互助营造儿童友好社区氛围，立足社区，服务社区家庭。基于高行镇森兰社区自身特点和资源，共建者通过开发、设计和组织与儿童家庭教育、儿童友好项目相关的儿童友好社区活动，充分链接和整合社区内外资源，积极发展社区潜能。

① 儿童友好父母成长计划：支持父母实现"自我成长"。

② 儿童友好家庭支持计划：帮助家庭构建"支持系统"。

③ 儿童友好项目实践计划：陪伴孩子实现"全人发展"。

共建者认为，儿童友好社区建设，一定是基于儿童成长发展全周期的整体社区环境和家庭系统的全方位赋能工作。经过不懈的努力，森兰社区有了浓厚的社区共建共育氛围，在各项活动打造中，大家调动了更多社区居委、社区热心人、周边社区商户的积极性，将活动"日常化""在地化""生活化"三方面紧密联系，做到日日有内容，周周有精彩。

10.2.3 儿童友好项目的全周期行动探索

要实现让每个儿童和青年都能拥有愉快的童年和青年时光，在城市和社区中，平等享有自身权利，充分发挥自身潜力这一愿景，需要儿童成长全周期的行动，也是一项需要整个家庭、社区与城市共同赋能的工作。为了实现这一愿景，森兰社区的儿童友好社区建设团队进行了适合森兰社区儿童全周期发展的项目探索。

（1）0~5岁儿童友好公益早教项目

早期教育的核心在于为儿童的成长提供一个友好、健康、丰富、积极的家庭与社区环境，让孩子在玩耍与游戏中学习成长，他们每天的生活中

都应该有各种有益身心发展的活动——唱歌跳舞、户外运动、聆听故事、绘画手工、拼敲搭建、集体游戏等。森兰社区是一个年轻的社区，新上海人特别多，年轻人工作忙碌，从全国各地来的"海漂"老人、保姆成了陪伴儿童的主力。优质商业早教机构提供的服务动辄收费一小时200元以上，提前进入托班在时间和经济上也都需要家庭大量投入，而老人与保姆的陪伴方式单一、能力相对薄弱，科学教育的理念也比较落后，如何满足孩子在成长过程中心智与社会性发展的需求是社区儿童友好工作中非常重要的内容。高行镇森兰社区的儿童友好志愿服务小组公益早教活动自2017年启动，借助社区共享中心的公益场地，在社区能人妈妈、爸爸的共同探索后，由社区公益老师张辰宇女士带课，每周四次为社区学龄前儿童提供丰富多彩的早教课程，让孩子在游戏与活动中打下身心健康发展的基础，并为家长提供早期教育的支持、示范与指导。截至2021年11月，森兰社区的儿童友好志愿服务小组项目已经累计开展公益早教课程活动超过500课时，累计参加公益早教活动的孩子达到近6000人次，为200多个不同家庭提供了早教的资源与服务。2021年，此项目被评为2021年度上海浦东新区十佳公益项目。

（2）5~10岁小米粒守护卫士训练营

"小米粒"里藏着"大民生"，勤俭节约不仅是中华民族的传统美德，更是权衡当今青少年儿童品德操守的重要标尺。在波谲云诡的国际形势下，在自然灾害频发的年岁里，厉行节约对于国家粮食安全和人民生活都具有重大战略意义。"小米粒"守护卫士训练营主题项目，共举办相关主题活动11场，延伸活动7场，融入PBL设计，通过营地氛围营造、社会调查、自然观察、生活体验、宣传活动、社区家庭文明实践等系列活动，并在每一场活动后进行线上或线下工作总结，打造成立专项儿童志愿团队，让儿童学习自然所蕴含的智慧和深藏的文化，引导儿童发现自然和生活的关系，加深对周围环境的体会和认知，在项目过程中探索自然和思考环境问题，不仅了解自己身处的社区与城市，更锻炼着拥有全球化视野。孩子们从科学认知每一粒粮食的重要性，自觉节约爱惜粮食，自觉地加入珍惜粮食资源、保护生态环境的行动中来，成为生态环境小卫士。

在整个活动中，20人的专项社区家庭儿童友好工作小组自发组建了起来，社区内有80余户家庭、30余位志愿服务家长积极参与，并通过"小米粒"守护卫士团队发起、号召，从社区家庭到学校、机关单位、社区商圈、高行镇全民参与"小米粒"守护行动。"小米粒守护卫士"小手拉大手，联合镇机关单位、区域文明单位、共建单位、社区居民、阳光天地各餐饮商户共同打造"小米粒成长营"，成立"小米粒守护宣导队"，将厉行节约、反对浪费作为社会责任，走在前、做表率，做"勤俭节约"的践行者、示范者和传播者。

（3）10~18岁青少年职业体验项目

在社区共建共育中，社区家庭发现，当下教育环境中，青少年的学业繁重，生活轨迹单调，丰富见闻、经历、实践的社会资源都极其匮乏。大多数青少年在社会生存力、自我保护能力、动手实践能力、沟通表达能力、想象力、创造力、责任感、自信心等方面都表现欠佳。面对青少年社会生活和自我了解的缺失，如何提高青少年生涯规划的能力、全面提升综合素养以适应未来社会对人才的需求或为大家的重要考量。众多学校、家庭正积极寻找有效的教育方式方法，推进生涯规划教育工作，开设职业生涯规划指导课，开展职业体验实践活动，但缺少真实有效、专业安全、有意义的实践平台成为各方开展实现此类活动的关键问题。

森兰社区儿童友好项目共建者打造的"阳光生活青少年职业体验实践活动"，自2021年3月开始筹建，联合阳光天地商管公司打造社区周边商圈作为首批青少年实践基地。活动收到30家社区商户报名、46个职位参与审核，经过近2个月的专业考察评审，最终选定安全、有特色、有意义、可执行、可延续的职业类型22个。其中包括"社区厨房共建人招募"、社区共享读书馆智能管理员招募、社会职业岗位招募等。此项目在2021年浦东新区青少年暑假活动项目评选中荣获一等奖。

2021年5月，首批青少年职业体验实践活动正式开展，对外发布了10个试点岗位，共收到应聘简历249封，线上线下共面试青少年195位，经过筛选后录取23位。职业包括面包师、医护助理、宠物店员、园艺师、国学馆市场销售、牙医助理、餐饮服务员等类别。职业体验实践内容包括职位设定、发布简历、择选简历、线上线下面试、岗前培训、实地实践、实践述职等过程，全程都有商家保驾护航，大量志愿者老师全程跟队。最后进行综合评分，由各个环节老师、职位管理人员公平公正地进行考核打分。通过内容丰富、形式多样、真实的实践体验，让青少年身临其境地认识各行各业，体验与人交往、动手实践、动脑思考的职场工作条件和环境，从而不断挑战自我，获得真正的成长。

为了丰富青少年职业体验实践活动内容的多样性，经过考察评审，体验活动增加宝马4S店售前售后岗位为新增职位，所涉21个职位在6月正式开放。2个月内体验活动共开展活动21批，收到简历1214封，参与体验青少年521位。高行中学、浦东模范实验中学、进才外国语学校、上海致远中学、民办洋泾外国语学校等十余所学校的青少年积极参与。

活动配备专业心理咨询师，全项目实行运用PBL、SEL模式，系统有意识地培养青少年关心、参与、公平的学习环境和以实证为基础的实践，积极地让青少年参与他们的社会、情感和学业成长。用这种体验实践形式将社交和情感学习融入青少年日常生活的每一部分，提升他们的社会能力并促进情感发展，帮助青少年理解和管理情绪、设定并实现积极目标、对他人感同身受表现出同理心、建立和维持积极关系、在工作体验中做出负责任的决定。

实践后开展述职活动，帮助参与者及时总结沟通，引导学生用心感受、用心领悟，择己所爱，择己所能，择世所需。学生们通过职业实践充分了解自身的特点与职业目标之间的关系，比较自己目前的个性、能力等现状与对应群体平均水平的差异程度，分析自己与对应职业所要求的个性和能力内涵，找出不足、弥补差距，为实现职业目标而储备知识。体验活动鼓励学生们将当前的学习与未来发展联系起来，在不断完善自我的过程中体验学习和成长的快乐。

通过有目标有系统有意义的工作，体验项目通过设计参与过程，激发增进青少年更好地了解社区，加深对社区的认知与观察，增强青少年对社区的人文关怀与社区公益精神，提升其社区服务创新能力，该项目受到了合作学校、学生、家长的高度评价。家长认为，在职业实践过程中学习，青少年能感受生活更多的意义与价值，有机会把课内所学的知识与现实社会连接，有助于提高学习效果，能为未来在高中、大学、工作和生活中培养"成功素养"。

学校认为，项目在整体实现中，符合现今前沿教育的评估标准，更包括了在学校中很难学到的批判性思维、解决问题的能力、团队协作的能力、沟通交流的能力和公开展现自己的能力。学生们在实践中，通过专业人员的带领，进行项目式学习，这种学习形式为学习和应用技术工具提供了机会，将学生、学校、社会和真实世界联系起来，推进教育公平。

在实践述职中，参与实践的青少年们表示，通过自身辛苦工作，职业实践过程中的工作成果让他们对真实世界产生了影响，并激发他们内在的使命感和目标感。通过本次实践，他们相信自己所在的城市，甚至是城市外的整个世界会在未来因为他们的努力而发生改变。

10.3 案例成效

共治共享，共建共育。在基于儿童成长发展全周期的整体社区环境和家庭系统的全方位赋能打造中，森兰儿童友好社区正在温暖又健康地建设成长。当前已有促进家庭友好与社区友好的妈妈合唱团、儿童合唱团、青少年管弦乐团、家庭心理话剧社、森兰社区读书会、内家拳俱乐部、森兰诵读社等各类社团 14 个，3 年以上的公益项目 6 个，服务年限 3 年以上的志愿者 80 余位、公益老师 8 位。

在 2022 年的儿童议事会中，大家共同筹划要将森兰社区建设成为一个开放着的社区生活艺术博物馆，并在 2022 年 1 月开放了首次社区生活市集。这场名为"书画未来'邻距离'社区露台迎新市集"的活动，为社区的新年拉开了精彩序幕。在这里，可以用一场市集，温暖一个社区；也可以让一个社区，惊艳一座城市。

参考文献

北京博源拓智儿童公益发展中心，2017，《一线儿童工作者能力素养与行为准则指南》。

长沙万科，2017，《长沙万科儿童活动设计原则》。

陈天、王佳煜、石川森，2020，《儿童友好导向的生态社区公共空间设计策略研究——以中新天津生态城为例》，《上海城市规划》第 3 期：20-28。

高亚琼、王慧芳，2020，《长沙建设儿童友好型城市的规划策略与实施路径探索》，《北京规划建设》第 3 期：54-57。

杭州市教育局、杭州市体育局，2020，《杭州市常态化疫情防控阶段学校体育场地向社会开放工作方案》。

何灏宇、谭俊杰、廖绮晶、袁媛，2021，《基于儿童友好的健康社区营造策略研究》，《上海城市规划》第 1 期：7-15。

黄进，2016，《儿童的空间和空间中的儿童——多学科的研究及启示》，《教育研究与实验》第 3 期：21-26。

蒋洁梅，2021，《试析"儿童友好观念"的逻辑演进与现实张力》，《文化创新比较研究》第 5 卷第 16 期：5-8。

雷越昌、魏立华、刘磊，2021，《城市规划"儿童参与"的机制探索——以雷根斯堡市和深圳市为例》，《城市发展研究》第 28 卷第 5 期：52-59。

李小云，2019，《包容性设计——面向全龄社区目标的公共空间更新策略》，《城市发展研究》第 26 卷第 11 期：27-31。

李迎生、袁小平，2014，《新时期儿童社会保护体系建设：背景、挑战与展望》，《社会建设》第 1 卷第 1 期：33-46。

梁思思、黄冰冰、宿佳境、张鹤鸣，2020，《儿童友好视角下街道空间安全设计策略实证探索——以北京老城片区为例》，《上海城市规划》第 3 期：29-37。

刘磊、雷越昌，2018，《社区规划中的儿童友好政策探索与思路——以深圳市儿童友好型社区试点经验为例》，《城市建筑》第 12 期：22-25。

刘梦寒，2020，《城市儿童的社区空间意象特征研究》，硕士学位论文，湖南大学。

彭珊妮、周晨、周雅昕，2020，《儿童友好社区营造中参与者社会网络构建与分析——以湖南省长沙市育才三小"娃娃农园"营造实践为例》，《景观设计学》第 4 期：36-51。

上海市妇联，《推进儿童友好型城市建设》，《联合时报》2018 年 3 月 6 日，第 006 版。

谭鹏、史钰、魏勇刚，2021，《我国儿童友好城市建设的现状与展望——基于四个城市的经验分析》，《陕西学前师范学院学报》第 37 卷第 1 期：111-119。

王楠、周建华、李旭，2017，《儿童友好型社区户外活动空间设计策略》，《西南师范大学学报（自然科学版）》第 42 卷第 7 期：118-125。

魏婷、鄢超云，2021，《"儿童的视角"研究的价值取向、方法原则与伦理思考》，《学前教育研究》第 3 期：3-14。

肖文明、张剑锋、叶青、曹洪洛、程铮，2018，《儿童友好型学校周边交通改善策略研究》，中国城市规划学会城市交通规划学术委员会主编《创新驱动与智慧发展——2018 年中国城市交通规划年会论文集》。

辛治洋，2021，《提升少年儿童社会参与能力的挑战与应对》，《中国德育》第 24 期。

徐梦一、沈瑶、廖堉珲、海伦·伍利，2020，《基于国外文献综述的社区环境儿童出行安全评价指标》，《景观设计学》第 8 卷第 2 期：10-25。

杨帆，2018，《社区型中小学开放空间的复合性设计策略研究》，硕士学位论文，浙江大学。

杨菊华，《婴幼儿照护服务体系需做好四个"服务"》，《健康报》2019年6月13日，第003版。

曾鹏、蔡良娃，2018，《儿童友好城市理念下安全街区与出行路径研究——以荷兰为例》，《城市规划》第42卷第11期：103-110。

〔美〕詹姆斯·赫克曼、罗斯高，2019，《世界经验对中国儿童早期发展的启示——罗斯高（Scott Rozelle）与詹姆斯·赫克曼（James Heckman）的问答录》，《华东师范大学学报（教育科学版）》第3期：129-133。

张会平，2021，《儿童友好型城市建设：发展中国家经验及其启示》，《社会建设》第8卷第2期：64-74。

赵亚夫，2012，《品德与社会课伸张儿童权利的课程意义》，《中国教育学刊》第10期：58-62。

浙江省海宁市委社工办，2018，《红船精神，共享友好，浙江海宁儿童友好社区建设现状调查及发展研究》，《社会与公益》第7期：61-70。

中国发展研究基金会，2018，《中国儿童发展报告2017》，中国发展出版社。

中华人民共和国公安部，2014，《中小学与幼儿园校园周边道路交通设施设置规范》。

周念丽，2014，《学前儿童发展心理学》，华东师范大学出版社。

朱卫健，2021，《打造"儿童友好社区"的成华样本》，《中国民政》第2期：34-35。

宗丽娜、文爱平，2020，《儿童友好型城市的中国特色之路》，《北京规划建设》第3期：193-196。

宗丽娜、赵雪君、杨彩霞、石晶，2020，《创新儿童友好型城市建设的中国方案——中国儿童中心儿童友好型教育综合体的生态建构》，《北京规划建设》第3期：38-42。

邹润涛、戚晓璇、何宗玲、付邦等，武汉市土地利用和城市空间规划研究中心主编《武汉市建设儿童友好型城市空间规划技术导则》研究成果。

Alison Clark. *Transforming Children Space: Children and Adult's Participation in Designing Learning Environments.* New York: Routledge, 2010.

Goldfarb, Kathryn E."Food, Affect, and Experiments in Care: Constituting a 'Household-like' Child Welfare Institution in Japan." *Child's Play: Multi-Sensory Histories of Children and Childhood in Japan,* edited by Sabine Frühstück and Anne Walthall, 1st ed., University of California Press, Oakland, California,2017, pp. 243–263.

Hart, Roger A. Children's Participation: From Tokenism to Citizenship. Innocenti Essay No. 4, International Child Development Centre, Florence, 1992.

Heckman, James J., The Case for Investing in Disadvantaged Young Children, *CESifo DICE Report*，in First Focus, Big Ideas for Children: Investing in Our Nation's Future，2008: 49-58.

Hugh Matthews,Melanie Limb.Defining An Agenda for the Feography of Children: Review And Prospect. *Progress in Human Geography*，1999,(23):61-90.

Marjolein Sprado. Kindvriendelijke Looproutes.*The Netherland: Delft University of Technology,* 2011.

National Association of City Transportation Officials，*Designing Streets for Kids*. Island Press, 2020.

Sarah L.Holloway, Gill Vallentine.Spatiality and the New Social Studies of Childhood，*Sociology*，2000,(04):763-783.

Sudeshna Chatter Jee. Children's Friendship with Place: A Conceptual Inquiry，*Children, Youth and Environments*, 2015,(1): 1-26.

网络资源

国际健康组织、联合国儿童基金会、世界银行集团，2018，The Nurturing Care for Early Childhood Development: A Framework for Helping Children Survive and Thrive to Transform Health and Human Potential，https://nurturing-care.org/ncf-for-ecd，最后访问日期：2021-11-26。

国家发展和改革委员会等23个部门，2021，《关于推进儿童友好城市建设的指导意见（发改社会〔2021〕1380号）》，http://www.gov.cn/zhengce/

zhengceku/2021-10/21/content_5643976.htm，最后访问日期：2021-11-26。

国家卫生健康委、国家发展改革委，2021，《关于开展全国婴幼儿照护服务示范城市创建活动的通知》，http://www.nhc.gov.cn/rkjcyjtfzs/s7786/202105/104f4c62c7024584b98dcf1510fd8e1b.shtml，最后访问日期：2021-11-26。

国家卫生健康委员会等12个部门，2019，《关于印发健康中国行动——儿童青少年心理健康行动方案（2019—2022年）的通知(国卫疾控发〔2019〕63号)》，http://www.nhc.gov.cn/jkj/tggg1/201912/6c810a8141374adfb3a16a6d919c0dd7.shtml，最后访问日期：2022-1-18。

国务院，2009，《国家人权行动计划（2009—2010）》，http://www.gov.cn/jrzg/2009-04/13/content_1283983_4.htm，最后访问日期：2022-03-10。

国务院，2012，《国家人权行动计划（2012—2015）》，http://www.gov.cn/xinwen/2016-06/14/content_5082026.htm，最后访问日期：2022-03-10。

国务院，2016，《国家人权行动计划（2016—2020）》，http://www.gov.cn/xinwen/2016-09/29/content_5113376.htm，最后访问日期：2022-03-10。

国务院，2017，《九十年代中国儿童发展规划纲要》，http://www.nwccw.gov.cn/2017-04/19/content_157196.htm，最后访问日期：2022-03-10。

国务院，2001，《中国儿童发展纲要（2001—2010年）》，http://www.nwccw.gov.cn/2017-04/05/content_149164.htm，最后访问日期：2022-03-10。

国务院，2011，《中国儿童发展纲要（2011—2020年）》，http://www.nwccw.gov.cn/2017-04/05/content_149166.htm，最后访问日期：2022-03-10。

国务院，2021，《国家人权行动计划（2021—2025）》，http://www.gov.cn/xinwen/2021-09/09/content_5636384.htm，最后访问日期：2022-03-10。

国务院，2021，《中国儿童发展纲要（2021—2030年）》，http://www.nwccw.gov.cn/2021-09/27/content_295249.htm，最后访问日期：2022-03-10。

国务院办公厅，2019，《关于促进3岁以下婴幼儿照护服务发展的指导意见（国办发〔2019〕15号）》，http://www.gov.cn/zhengce/content/2019-05/09/content_5389983.htm，最后访问日期：2021-11-26。

联合国，1989，《儿童权利公约》，https://www.un.org/zh/documents/treaty/files/A-RES-44-25.shtml，最后访问日期：2022-03-10。

联合国儿童基金会，《什么是一个儿童友好城市》https://childfriendlycities.org/what-is-a-child-friendly-city/，最后访问日期：2022-03-10。

联合国儿童基金会，2012，《2012年世界儿童状况：城市化世界中的儿童》，https://www.unicef.cn/media/7556/file/2012年世界儿童状况：城市化世界中的儿童.pdf，最后访问日期：2022-03-10。

联合国儿童基金会，2017，《儿童早期综合发展：0~3岁，我们的工作重点》，https://www.unicef.cn/reports/integrated-approaches-early-childhood-development-0-3-years，最后访问日期：2022-03-10。

联合国儿童基金会，2018，《儿童友好家园》，https://www.unicef.cn/child-friendly-spaces-factsheet，最后访问日期：2022-03-10。

联合国儿童基金会，2019，《儿童友好型城市规划手册：为孩子营造美好城市》，https://www.unicef.cn/reports/shaping-urbanization-children，最后访问日期：2022-03-10。

联合国儿童基金会，2019，《构建儿童友好型城市和社区手册》，联合国儿童基金会官方网站，https://www.unicef.cn/reports/cfci-handbook，最后访问日期：2022-03-10。

联合国儿童基金会，2021，《联合国儿童基金会2021-2025工作重点：儿童健康体重》，https://www.unicef.cn/reports/healthy-weight-among-children，最后访问日期：2022-03-10。

澎湃政务、性别研究视界，2021，《中国共产党百年与儿童工作的变迁与发展》，https://m.thepaper.cn/baijiahao_14483138，最后访问日期：2021-12-8。

上海人大，2017，《上海市未成年人保护条例》，http://www.spcsc.sh.cn/n1939/n1948/n1949/n2329/u1ai146504.html，最后访问日期：2021-12-8。

深圳市妇女儿童工作委员会办公室，2021，《深圳市建设儿童友好型城市行动计划（2021—2025年）》，http://www.szfegw.cn/gzdt/tzgg/content/post_728549.html，最后访问日期：2021-11-26。

深圳市人民政府，2016，《深圳市国民经济和社会发展第十三个五年规划纲要》，http://www.sz.gov.cn/zfgb/2016/gb955/content/post_4987965.html，最后访问日期：2021-11-26。

深圳市委员会，2017，《关于积极推动深圳率先成为中国首个儿童友好型城市的提案及答复》，http://www1.szzx.gov.cn/content/2017-01/04/content_14735820.htm，最后访问日期：2021-11-26。

张云荻，2019，《国内第一本！〈长沙市"儿童友好型城市"建设白皮书〉发布》，https://news.changsha.cn/xctt/html/110187/20191227/64208.shtml，最后访问日期：2021-11-26。

长沙市人民政府，2016，《2016政府工作报告》，http://www.changsha.gov.cn/szf/zfgzbg/201601/t20160125_5685907.html，最后访问日期：2021-12-8。

中国人大网，2021，《家庭教育促进法》，http://www.npc.gov.cn/npc/c30834/202110/8d266f0320b74e17b02cd43722eeb413.shtml，最后访问日期：2021-10-23。

中国文明网，2019，《2019四个100最美志愿服务社区：四川省成都市武侯区簇桥街道锦城社区》，http://www.wenming.cn/specials/zyfw/2019sg100/zjzyfwsq/201912/t20191204_5339155.shtml，最后访问日期：2021-11-26。

中华人民共和国教育部办公厅，2021，《关于加强学生心理健康管理工作的通知》，http://www.moe.gov.cn/srcsite/A12/moe_1407/s3020/202107/t20210720_545789.html，最后访问日期：2022-1-18。

中央人民政府，2021，《中华人民共和国国民经济和社会发展第十四个五年规划和2035年远景目标纲要》，http://www.gov.cn/xinwen/2021-03-13/content_5592681.htm，最后访问日期：2022-03-10。

案例目录

案例 2.1	江苏省南京市雨花台区雨花街道儿童友好社区组织架构	43
案例 2.2	湖北省武汉市儿童友好型城市发展现状	47
案例 2.3	江苏省南京市莫愁湖西路儿童·家庭友好街区多部门联动建设	48
案例 2.4	四川省成都市锦城社区引入社会企业为社区儿童教育提供支持模式	52
案例 2.5	安徽省合肥市包河区万年埠街道儿童议事制度的实践	56
案例 2.6	广东省深圳市景龙社区、北站社区儿童提出的公共议题	57
案例 2.7	深圳市龙华区社区儿童议事会的实践	58
案例 2.8	深圳市龙华区儿童参与式"交通友好"调研实践	60
案例 2.9	江苏省南京市翠竹园社区儿童参与建造的明志书屋	62
案例 2.10	北京市紫竹院街道儿童参与魏公街口袋公园设计改造	63
案例 2.11	北京市海淀区紫竹院街道儿童参与小学周边步行环境改善	66
案例 2.12	江苏省苏州市淀山湖镇儿童友好社区建设考评标准的建立	69
案例 3.1	中国儿童友好社区微信公众号	75
案例 3.2	江苏省靖江市北大街社区多媒介多媒体儿童友好理念传播模式	81
案例 3.3	四川省成都市成华区"互联网+"儿童友好理念传播模式	81
案例 3.4	上海市新安社区线下线上混合式儿童友好理念传播模式	82
案例 3.5	湖南省长沙市育才三小"娃娃农园"儿童友好社区营造模式	82

案例 3.6	浙江省海宁市政府主导的儿童友好社会舆论营造模式	83
案例 3.7	广东省深圳市儿童参与城市规划治理 PBL 模式	85
案例 3.8	广东省深圳市大水田社区 PBL 式儿童友好社区建设模式	85
案例 3.9	广东省深圳市盐田外国语学校儿童参与学校治理模式	86
案例 3.10	广东省深圳市儿童参与的关爱特殊儿童公益活动模式	87
案例 3.11	上海市儿童友好的"家长 KOL"社区发展模式	89
案例 3.12	四川省成都市玉林东路社区多方共建共营的儿童友好社区模式	91
案例 3.13	广东省深圳市福田区园岭街道跨地域儿童友好社区联合活动模式	95
案例 3.14	广东省深圳市罗湖区跨境儿童友好社区示范模式	98
案例 3.15	四川省成都市魏家街社区"1+3+N"儿童友好社区治理模式	99
案例 3.16	江苏省南京市雨花台区雨花街道雨花社区红色儿童友好社区的建设	103
案例 3.17	四川省成都市锦城社区儿童友好的"中国梦"主题实践	103
案例 3.18	四川省成都市栀子街社区儿童友好的爱国主义教育活动	104
案例 3.19	江苏省南京市雨花台区雨花街道雨花社区儿童友好的"游走南京"系列活动	105
案例 3.20	山东省威海市环翠区竹岛街道观海社区儿童友好的非遗文化传播	107
案例 3.21	儿童可持续发展研究中心（童筑明天）	108
案例 3.22	广东省深圳市和平社区多部门合作的儿童友好特色教育基地	109
案例 3.23	四川省成都市锦城社区整合多方资源建设儿童友好的科普模式	109
案例 3.24	江苏省泰州市靖北大街社区家社校联动儿童友好社区建设模式	111

案例3.25	四川省成都市锦城社区家社校儿童友好社区活动	111
案例3.26	安徽省合肥市家家景园社区家社联动的儿童友好社区建设	112
案例3.27	湖南省长沙市丰泉古井社区校社合作流动儿童友好创意社区	113
案例3.28	四川省成都市锦城社区家校社儿童友好环保文化活动实践	114
案例3.29	四川省成都市蜀汉街社区儿童友好多元文化活动实践	114
案例4.1	四川省成都市金牛区营门口街道花照壁社区儿童友好空间提升改造	121
案例4.2	广东省深圳市宝安区凤凰山人才林公园童趣园规划设计	123
案例4.3	湖南省长沙市儿童友好的"万科树屋"设计	124
案例4.4	北京市社区规划师发起的儿童城市规划科普培训	127
案例4.5	江苏省苏州市太仓旭辉熹阅雅苑儿童活动区规划设计	132
案例4.6	广东省广州市白云区万科大鱼公园	133
案例4.7	湖南省长沙市中航城国际社区中航"山水间"公园	134
案例4.8	河北省秦皇岛市昌黎县沿海公路以东阿那亚儿童农庄	135
案例4.9	日本儿童友好的校园和庭院草坪化	135
案例4.10	重庆市渝北区东原·湖山樾景观设计	137
案例4.11	浙江省杭州市千岛鲁能胜地小黑鱼儿童乐园	137
案例4.12	浙江省杭州市天长小学(东坡校区)体育场所向公众开放	138
案例4.13	四川省成都市金牛区沙河源街道新桥社区儿童友好活动空间	140
案例4.14	湖南省长沙市丰泉古井社区丰泉书房儿童参与式设计项目	142
案例4.15	四川省成都市锦城社区科创屋	143
案例4.16	四川省成都市成华区保和街道和美社区室内儿童服务空间	144
案例4.17	广东省深圳市福永社区党群服务中心母婴室	146
案例4.18	儿童友好的母婴室和如厕设施设计	146
案例4.19	上海市打浦桥街道"童乐"儿童之家	148

案例 4.20	荷兰代尔夫特市儿童友好出行路径街道设计	150
案例 4.21	湖南省长沙市丰泉古井社区儿童友好安全步道改造项目	151
案例 4.22	欧洲城市道路安全解决方案	153
案例 4.23	英国"玩出来"运动	154
案例 4.24	湖南省长沙市"小区周边交通优化计划"	155
案例 4.25	美国纽约市"安全上学路计划"	156
案例 4.26	北京市儿童友好的交通空间	157
案例 4.27	山西省长治市太行儿童公园灯光节	159
案例 5.1	上海"看见爱"儿童早期视觉健康教育公益项目	165
案例 5.2	深圳市亮睛视觉研究所视觉健康儿童友好社区	167
案例 5.3	深圳市踏实 TAS 游戏化儿童友好社区项目	171
案例 5.4	成都市盐道街小学（528 校区）儿童友好交通安全警校共育项目	178
案例 5.5	成都市成华区"笨爸爸工房"儿童友好社区项目	180
案例 5.6	复旦大学附属儿科医院医务社工介入母亲为施暴者的儿童虐待个案	188
案例 5.7	复旦大学附属儿科医院医务社工介入父亲为施暴者的儿童虐待个案	190
案例 5.8	复旦大学附属儿科医院医务社工介入弃儿个案	190
案例 5.9	复旦大学附属儿科医院医务社工介入任课教师为施暴者的儿童虐待个案	191
案例 5.10	上海市首例将儿童权益代表人制度引入撤销监护人资格案件	198
案例 5.11	深圳市春风应激干预服务中心未成年性侵遭遇者援助项目	199
案例 5.12	成都市金牛区妇幼保健院未成年人"一站式"保护中心	201
案例 5.13	深圳壹基金"心智障碍者家庭支持计划"	202
案例 5.14	北京渡过文化传播有限公司心理困境青少年综合支持体系	205
案例 5.15	北京市晓更助残基金会"融合教育—友爱校园行"项目	207

案例 5.16	四川省成都市成华区杉板桥社区引进专业托育服务机构模式	210
案例 5.17	成都市成华区"向日葵"青少年成长服务中心服务模式	213
案例 5.18	上海市嘉定区"区—镇—社区"三级儿童议事会的实践	214
案例 5.19	冠军基金"青少年快乐运动"社区项目	215
案例 5.20	上海市少儿体验非遗传承项目	216
案例 6.1	北京市社区儿童中心（A模式，政府主导）	230
案例 6.2	益未来社区共育家园（B模式，基金会主导）	230
案例 6.3	上海市活力亲子园（C模式，社会服务机构主导）	232
案例 6.4	四川省成都市童萌亲子园（D模式，社会企业主导）	233
案例 6.5	四川省成都市锦江区东光街道树基儿童生活馆（D模式，企业主导）	234
案例 6.6	上海市"四室一馆"社区儿童早期发展服务创新模式（专家主导）	234
案例 7.1	四川省成都市花照壁社区党政班子主导的友好儿童社区服务队伍	239
案例 7.2	广东省深圳市儿童主任和儿童督导员制度	241
案例 7.3	广东省深圳市宝安区石岩街道困境儿童社会支持体系建设	242
案例 7.4	四川省成都市新桥社区开展儿童服务相关培训	247
案例 7.5	北京博源拓智儿童公益发展中心《一线儿童工作者能力素养与行为准则指南》	248
案例 7.6	广东省深圳市龙岗区多个社区的"五老"志愿者	251
案例 7.7	四川省成都市锦城社区优质志愿者服务模式	252
案例 7.8	四川省成都市锦江区三圣街道栀子街社区商居联盟的建立模式	254
案例 7.9	成都市龙泉驿区龙泉街道魏家街社区的商居联盟模式	255
案例 7.10	中国儿童中心"童乐汇"儿童志愿服务活动	256

案例 7.11　广东省深圳市龙岗区龙岗街道愉园社区志愿者管理制度　　258
案例 7.12　广东省深圳市盐田区"善行银行"　　259
案例 7.13　广东省东莞市儿童友好双工联动案例　　261

案例来源

[案例 2.1] 马伦郁，江苏省南京市雨花区翠竹社区互助中心，《南京市雨花街道省级儿童友好项目梳理》，2020 年。

[案例 2.2] 华中科技大学建筑与城市规划学院，《武汉市儿童友好城市发展现状评估问卷设计》，2019 年。

[案例 2.3] 吴楠，江苏省南京市互助社区发展中心，《南京市莫愁湖西路儿童家庭友好国际街区规划》，2020 年。

[案例 2.4] 李鑫，四川省成都市武侯区锦城社区，《成都市武侯区锦城社区儿童友好社区建设成果》，2020 年。

[案例 2.5] 永真基金会，安徽省合肥市包河区万年埠街道，中国儿童友好社区官网，中国儿童友好社区微信公众号。

[案例 2.6] 广东省深圳市龙华区龙华街道景龙社区、龙华区民治街道北站社区，《深圳市龙华区儿童议事会》，2018 年。（参考部分内容）

[案例 2.7] 广东省深圳市龙华区妇女儿童工作委员会办公室、龙华区群团工作部，《龙华区儿童议事会实践活动》，2018 年。（参考部分内容）

[案例 2.8] 广东省深圳市龙华区妇女儿童工作委员会办公室、龙华区群团工作部、深圳市龙华区社工、龙华区家庭服务协会，《龙华区儿童议事会"交通友好"调研实践》，2018 年。（参考部分内容）

[案例 2.9] 吴楠，江苏省南京市互助社区发展中心，南京市雨花台区翠竹园社区明志书屋，2020 年。

[案例 2.10] 唐燕，《设计分享 | 让孩子动手设计：魏公街口袋公园儿童参与式

设计》，(2019-09-03)[2021-02-20]，https://mp.weixin.qq.com/s/NxUvc7N4Fms8qBSZRecYEg。

[案例 2.11] 北京市城市规划设计研究院规划研究室儿童友好城市工作营、北京市妇女儿童工作委员会办公室、城市规划云平台、北京市紫竹院街道，《儿童友好城市建设｜我身边的儿童友好空间第 Ⅳ 弹——交通空间》，(2021-10-13)[2021-11-30]，https://mp.weixin.qq.com/s/kky3QZElrOZ3nMkdhAshnQ。（参考部分内容）

[案例 2.12] 俞燕娜，江苏省苏州市淀山湖镇政府，《苏州市淀山湖镇儿童友好社区建设考评标准》，2021 年。

[案例 3.1] 永真基金会，中国儿童友好社区官网，中国儿童友好社区微信公众号。

[案例 3.2] 永真基金会、江苏省泰州市靖江市靖城街道北大街社区，《北大街社区儿童友好社区创建工作总结》，2019 年。

[案例 3.3] 朱卫健，《打造"儿童友好社区"的成华样本》，《中国民政》，2021 年第 2 期：34-35。（参考部分内容）

[案例 3.4] 上海市嘉定区安亭镇新安社区，《新安社区儿童友好社区创建工作总结》，2019 年。

[案例 3.5] 彭珊妮、周晨、周雅昕，《儿童友好社区营造中参与者社会网络构建与分析——以湖南省长沙市育才三小"娃娃农园"营造实践为例》《景观设计学》，2020 年第 4 期：36-51。（参考部分内容）

[案例 3.6] 浙江省海宁市委社工办，《红船精神共享友好：浙江海宁儿童友好社区建设现状调查及发展研究》，《社会与公益（清华社会工作评论）》，2018 年第 7 期：61-70。（参考部分内容）

[案例 3.7] 深圳市妇女儿童发展基金会，《2018 深圳童创大会成功举办，全城共鉴儿童盛会》，（2018-11-19）[2022-04-26]，http://www.sznews.com/news/content/2018-11/19/content_21224233.htm。（参考部分内容）

[案例 3.8] 深圳市"龙华区家庭服务协会"微信公众号、龙华区妇女联和会官方微信公众号"龙华她声音"，《妇儿之家：只用 1 元钱，他们打卡了整条观澜街……》，（2019-06-26）[2021-02-20]，https://mp.weixin.qq.com/

341

s/04m0GQEOf7DgAsnHG9u8ww。（参考部分内容）

[案例 3.9] 深圳市妇女儿童发展基金会；深圳大课堂，《学校也有基金和银行？存款多的学生可当"一日校长"，真相是……》，（2018-07-18）[2021-02-20], http://static.nfapp.southcn.com/content/201807/18/c1319742.html。（参考部分内容）

[案例 3.10] 深圳市妇女儿童发展基金会；深圳晚报，《深晚报道 | 3 万名少先队员"云"义演，为特殊儿童募集 2500 只爱心口罩》，(2020-03-24) [2022-04-30], https://www.szwcdf.org.cn/News/List/Detail/?ID=305&Category=PublicNews。（参考部分内容）

[案例 3.11] 主编根据"社区发展与社区营造"公众号文章《讲座实录 | 虎爸黄锴：从石头汤到儿童友好社区》修改，(2020-05-18)[2021-05-30], https://mp.weixin.qq.com/s/XoyTBlOqZ1_4nIhpLVfjIA。

[案例 3.12] 永真基金会，成都市武侯区玉林东路社区，《武侯区玉林东路"玉林路上我的家"儿童友好社区参与式共建共营模式项目报告》，2020 年 6 月。

[案例 3.13] 深圳市妇女儿童发展基金会，深圳卫视，深视新闻，2020 年 12 月。（参考部分内容）

[案例 3.14] 深圳市妇联，《为什么它们能成为"儿童友好示范社区"？深姐姐现在就带你研究》，（2021-05-07）[2021-11-30], https://m.thepaper.cn/baijiahao_12571606。（参考部分内容）

[案例 3.15] 永真基金会、成都市龙泉驿区龙泉街道魏家街社区，《魏家街社区 2020 年儿童友好社区建设总结报告》，2021 年 6 月。

[案例 3.16] 永真基金会、江苏省南京市雨花台区雨花街道雨花社区，《雨花社区儿童友好社区创建工作总结》，2019 年。

[案例 3.17] 永真基金会、四川省成都市武侯区簇桥街道锦城社区，《锦城社区儿童友好社区创建工作总结》，2019 年。

[案例 3.18] 永真基金会、四川省成都市锦江区三圣街道栀子街社区，《栀子街社区儿童友好社区创建工作总结》，2019 年。

[案例 3.19] 永真基金会，南京市雨花台区雨花街道，雨花街道社服中心微信

公众号，2019 年 12 月。

[案例 3.20] 永真基金会，山东省威海市环翠区竹岛街道观海社区，《观海社区儿童友好社区创建工作总结》，2019 年。

[案例 3.21] 永真基金会，儿童可持续发展研究中心（童筑明天），2021 年。

[案例 3.22] 永真基金会，深圳市罗湖区南湖街道和平社区，《和平社区儿童友好社区创建工作总结》，2019 年。

[案例 3.23] 永真基金会，四川省成都市武侯区簇桥街道锦城社区，《锦城社区儿童友好社区创建工作总结》，2019 年。

[案例 3.24] 永真基金会，江苏省泰州市靖江市靖城街道北大街社区，《北大街社区儿童友好社区创建工作总结》，2019 年。

[案例 3.25] 永真基金会，四川省成都市武侯区簇桥街道锦城社区，《锦城社区儿童友好社区创建工作总结》，2019 年。

[案例 3.26] 永真基金会，安徽省合肥市蜀山区五里墩街道家家景园社区，《家家景园社区儿童友好社区创建工作总结》，2019 年。

[案例 3.27] 永真基金会，长沙市芙蓉区定王台街道丰泉古井社区，《丰泉古井社区儿童友好社区创建工作总结》，2019 年。

[案例 3.28] 永真基金会，四川省成都市武侯区簇桥街道锦城社区，《锦城社区儿童友好社区创建工作总结》，2019 年。

[案例 3.29] 永真基金会，四川省成都市武侯区浆洗街街道蜀汉街社区，《蜀汉街社区儿童友好社区创建工作总结》，2019 年。

[案例 4.1] 永真基金会，四川省成都市金牛区营门口街道花照壁社区，2021 年 11 月。

[案例 4.2] 刘磊；深圳百事通，《深圳又新开一高颜值公园！占地 254000 ㎡，风景美如画！》，（2020-11-03）[2021-06-08]，https://www.sohu.com/a/429300881_355744。

[案例 4.3] 林德设计，《ARCHINA｜儿童设计大数据》；景观中国网站，《广东万科儿童自然互动模块研发｜林德设计》，（2021-11-09）[2022-04-20], http://www.landscape.cn/landscape/12036.html。

[案例 4.4] 北京规划自然资源委员会，《我们的城市｜播撒城市规划的种子，

"我们的城市·规划课程盒子"初亮相》，光明网，（2020-09-27）[2021-05-25]，https://m.gmw.cn/baijia/2020/09/27/34227212.html。（参考部分内容）

[案例 4.5] 奥雅设计，《ARCHINA ｜ 苏州旭辉熹阅雅苑》，（2020-11-23）[2021-06-11]，http://www.aoya-hk.com/html/2020/p1-1_1123/791.html。（参考部分内容）

[案例 4.6] 谷德设计网，《ARCHINA ｜ 大鱼公园，广州 / 张唐景观》，（2019-12-16）[2021-06-11]，https://www.gooood.cn/dayu-park-china-by-zt-studio.htm。

[案例 4.7] 景观中国网站，《张唐景观 ｜ 长沙中航"山水间"公园》，（2020-12-12）[2021-06-11].http://www.landscape.cn/landscape/10550.html。

[案例 4.8] 谷德设计网，《张唐景观 ｜ 阿那亚儿童农庄》，（2018-8-6）[2021-06-11]. https://www.gooood.cn/aranya-childrens-farm-china-by-z-t-studio.htm。

[案例 4.9] 日本东邦利昂官网，《校庭·园庭芝生》，[2021-06-16]. https://greeninfrastructure.jp/solution/schoolyard/。（参考部分内容）

[案例 4.10] 谷德设计网，《重庆东原·湖山樾景观设计 / 盒子设计》，（2017-8-17）[2021-06-11]. https://www.gooood.cn/hushanyue-landscape-design-by-box-design.htm?lang=zh_CN。（参考部分内容）

[案例 4.11] 奥雅香港官网，《杭州千岛鲁能胜地小黑鱼儿童乐园》，（2021-1-4）[2021-06-11]，http://www.aoya-hk.com/html/2021/p1-6_0114/803.html。

[案例 4.12] 杭州市教育局，杭州市体育局;《学校体育场地重新对外开放了，来分享你家门口开放的学校吧》，（2020-11-1）[2021-06-16]，http://www.thehour.cn/news/408234.html。（参考部分内容）

[案例 4.13]《幸福美好生活十大工程⑤｜成都的"儿童友好社区"长这样，来就被种草啦~》，（2021-02-24）[2021-06-08]，https://m.thepaper.cn/baijiahao_11445621。（参考部分内容）

[案例 4.14] 刘梦寒，《城市儿童的社区空间意象特征研究》，湖南大学硕士学位论文，2020年。

[案例 4.15] 永真基金会；四川省成都市武侯区簇桥街道锦城社区;《成都：社

区有了"天文馆"家门口体验天文奥秘》,(2019-04-10)[2021-06-08],https://cbgc.scol.com.cn/news/129831?from=timeline&isappinstalled=0。

[案例 4.16] 彭戎,《儿童友好社区"什么样?去成都和美社区点位看看》,(2021-02-25)[2021-06-08],https://baijiahao.baidu.com/s?id=1692649684415691660&wfr=spider&for=pc。

[案例 4.17] 宝安女声,《共建妇儿友好 | 超温馨!福永社区党群服务中心母婴室,"喂"爱创空间》,(2019-08-15)[2021-06-08],https://mp.weixin.qq.com/s/qB27HZTXsoQZUqbC27MBrQ。(参考部分内容)

[案例 4.18] 宝安日报,《福海三年建成 16 间母婴室,其中 3 间获评"最美母婴室"!》,(2020-05-27)[2021-06-8],https://mp.weixin.qq.com/s/DXtJWAi5e6z3XW-_I9zKRw;长宁天山,《头条 | 共建共享天山路街道"儿童友好社区"》,(2020-04-02)[2021-06-08],https://mp.weixin. qq.com/s/14QHJQLIY7Qi-DMNOYq5hQ。(参考部分内容)

[案例 4.19] 上海市黄浦区妇联,《儿童友好社区 | 邻里童友汇·童友汇邻里——打浦桥街道儿童友好社区》,(2020-12-08)[2021-06-08],https://www.sohu.com/a/437070150_120209938。(参考部分内容)

[案例 4.20] Marjolein Sprado,Kindvriendelijke Looproutes,The Netherland:Delft University of Technology,2011;曾鹏、蔡良娃,《儿童友好城市理念下安全街区与出行路径研究——以荷兰为例》,《城市规划》,2018 年第 11 期:103-110。(参考部分内容)

[案例 4.21] CFC 工作室丰泉古井社区道路优化建设项目;定王台丰泉古井社区 e 家,《新华社瞭望东方周刊点赞长沙儿童友好型城市建设》,(2020-03-18)[2021-06-20],https://www.sohu.com/a/381180708_100008356。

[案例 4.22] Web of Hoogstraten,Schoolstraat en fietsstraat worden definitief, Omgeving Scharrel en De Meerpaal wordt veiliger(School Street and Bicycle Street are Final),(2018-06-29)[2021-05-25],https://www.hoogstraten.be/nieuws/schoolstraat-en-fietsstraat-worden-definitief。(参考部分内容)

[案例 4.23] Daniella Radice,Learning to Ride a Bike:Solving the Parents' Dilemma,Playingoout,(2017-05-19)[2021-05-25],https://playingout.net/blog/

learning-to-ride-a-bike-solving-the-parents-dilemma-2/。（参考部分内容）

[案例 4.24] 肖文明、张剑锋、叶青、曹洪洛、程铮,《儿童友好型学校周边交通改善策略研究》, 中国城市规划学会城市交通规划学术委员会《创新驱动与智慧发展——2018 年中国城市交通规划年会论文集》, 2018 年。（参考部分内容）

[案例 4.25] 肖文明、张剑锋、叶青、曹洪洛、程铮,《儿童友好型学校周边交通改善策略研究》, 中国城市规划学会城市交通规划学术委员会《创新驱动与智慧发展——2018 年中国城市交通规划年会论文集》, 2018 年。（参考部分内容）

[案例 4.26] 北京市城市规划设计研究院规划研究室儿童友好城市工作营、北京市妇女儿童工作委员会办公室, 城市规划云平台微信公众号"cityif",《儿童友好城市建设｜我身边的儿童友好空间第 Ⅳ 弹——交通空间》,（2021-10-13）[2021-11-30], https://mp.weixin.qq.com/s/kky3QZElrOZ3nMkdhAshnQ。

[案例 4.27] 官方微信公众号"I 长治",《免费！太行儿童公园灯光节来了, 美到你不认识！》,（2020-12-27）[2021-05-20], https://mp.weixin.qq.com/s/w55B17IyUtKqQEhqWF8iXg。（参考部分内容）

[案例 5.1] 上海"看见爱"志愿者服务中心提供。

[案例 5.2] 深圳市亮睛视觉研究所提供。

[案例 5.3] 踏实 TAS 提供, http://www.tasfun.com。

[案例 5.4] 成都市锦江区快乐青少年成长服务中心提供。

[案例 5.5] 成都市成华区爱芽妇女儿童社会服务中心提供。

[案例 5.6] 复旦大学附属儿科医院医务社工部张灵慧、傅丽丽提供。

[案例 5.7] 复旦大学附属儿科医院医务社工部张灵慧、傅丽丽提供。

[案例 5.8] 复旦大学附属儿科医院医务社工部张灵慧、傅丽丽提供。

[案例 5.9] 复旦大学附属儿科医院医务社工部张灵慧、傅丽丽提供。

[案例 5.10] 上海闵行法院；速裁团队吴瑞益、陈寅雪,《闵法聚焦｜全市首例将儿童权益代表人制度引入撤销监护人资格案件》,（2020-11-25）[2021-06-18], https://m.thepaper.cn/newsDetail_forward_10138308。（参考部分内容）

[案例 5.11] 深圳市春风应激干预服务中心提供，http://www.858.org.cn/。

[案例 5.12] 成都市金牛区妇幼保健院提供。

[案例 5.13] 深圳壹基金公益基金会提供，https://onefoundation.cn/。

[案例 5.14] 北京渡过文化传播有限公司提供，http://www.zjdogo.com/。

[案例 5.15] 北京市晓更助残基金会提供，https://www.gengfoundation.com/sy。

[案例 5.16] 成都市成华区杉板桥社区；余悦，《开创社区托育新模式 缓解居民"托幼难"，2021 我为群众办实事实践活动成果展》，（2021-12-29）[2022-01-10]，https://sichuan.scol.com.cn/cddt/202112/58379784.html。（参考部分内容）

[案例 5.17] 成都市成华区向日葵青少年成长服务中心。

[案例 5.18] 上海市嘉定区妇联提供。

[案例 5.19] 冠军基金会提供，http://www.championfoundation.com.cn/。

[案例 5.20] 永真基金会提供。

[案例 6.1] 微信公众号"北京市社区儿童中心"，（2021-02-22）[2022-04-20]，2https://mp.weixin.qq.com/s/WClCgG1GyIO90ii2JzIjsQ。（参考部分内容）

[案例 6.2] 永真基金会，儿童友好社区"益未来"社区共育家园项目组。

[案例 6.3] 上海闵行区活力社区服务中心，微信公众号"活力未来 VibrantFuture"，（2021-02-18）[2022-04-20]，2https://mp.weixin.qq.com/s/BelGK8N0-U8gPCz5vP40Vw。

[案例 6.4] 成都童萌社会工作服务中心，微信公众号"童萌亲子园"，（2021-02-07）[2022-04-20]，2https://mp.weixin.qq.com/s/oRDYpGjtE3cokHqHf0DuZw。

[案例 6.5] 微信公众号"树基儿童馆""树基家长支持中心"，（2014-06-07）[2022-04-20]，https://mp.weixin.qq.com/s/9bBd9zvauBM2cUWh UtxfFA。（参考部分内容）

[案例 6.6] 华东师范大学周念丽提供。

[案例 7.1] 永真基金会、李时蓉，成都市金牛区营门口街道花照壁社区，《花照壁社区关于中国儿童友好社区建设总结报告》。

[案例 7.2] 陈婕，《全国首个！深圳发布儿童领域服务资源地图 74 个街道配

备儿童督导员》，深圳新闻网，（2020-06-01）[2022-04-20]，http://www.sznews.com/news/content/mb/2020-06-01/content_23212100.htm；深圳市宝安区民政局，《2021年度宝安区儿童主任和儿童督导员业务培训圆满收官》，（2021-12-10）[2022-04-20]，https://focus.szonline.net/baoan/20211210/202112106815.html。（参考部分内容）

[案例7.3] 付钱香，《深圳市宝安区石岩街道困境儿童关爱服务案例》；《石岩街道未保资源库建设——石岩街道困境儿童社会支持体系建设》，（2020-09-30）[2022-04-20]，https://v.qq.com/x/page/d3156fztj5p.html。

[案例7.4] 永真基金会、成都市金牛区沙河源街道新桥社区，《新桥社区儿童友好社区建设总结报告》。

[案例7.5] 北京博源拓智儿童公益发展中心，《一线儿童工作者能力素养与行为准则指南》，2017年11月。

[案例7.6] 李丹阳，《"五老"工作室精准服务青少年》，光明日报，（2020-11-24）[2022-04-20]，https://epaper.gmw.cn/gmrb/html/2020-11/24/nw.D110000gmrb_20201124_1-04.htm。（参考部分内容）

[案例7.7] 成都市武侯区簇桥街道锦城社区提供。

[案例7.8] 成都市锦江区三圣街道栀子街社区提供。

[案例7.9] 成都市龙泉驿区龙泉街道魏家街社区提供。

[案例7.10] 中国儿童中心，《儿童志愿者丨参与·分享·合作》，（2019-12-05）[2022-04-20], https://baijiahao.baidu.com/s?id=1652087271949675929&wfr=spider&for=pc。（参考部分内容）

[案例7.11] 中国社区网，《深圳市龙岗区龙岗街道愉园社区志愿者管理制度》，（2018-04-19）[2021-06-23]. http://gd.cncn.org.cn/shen/yuyuanshequ/volunt/15241072361084372103.html。（参考部分内容）

[案例7.12] 深圳晚报，《盐田有家"善行银行"专门储存善与爱》，（2015-02-10）[2021-06-21]，http://www.szguanai.com/content/2015/02/10/content_11197818.htm。（参考部分内容）

[案例7.13] 东莞市民政局；深圳日报，《东莞市十大优秀双工联动案例：专业社工服务 全民义工参与 共建美好社区》，（2020-10-15）[2022-04-20]，http://

dg.wenming.cn/zyfw/202010/t20201015_6761112.shtml。（参考部分内容）

第八章案例1~案例9：永真基金会提供。

第八章案例10：永真基金会；Ani口述，王昀整理，《复杂社区·生计丨森兰妈妈团：城市外圈，妈妈们的互助与生意》，澎湃新闻，（2020-10-05）[2022-04-30], https://www.thepaper.cn/newsDetail_forward_9461764; 小惠于2016年9月30在《"我们的城市"市民论坛》上的分享，参见《城市何以"环境友好"：从个体实践到公共参与》，（2021-03-27）[2022-04-30], https://www.guayunfan.com/lilun/123491.html。（参考部分内容）

附录 1

《儿童友好社区建设规范》全文

前　言

本标准按照 GB/T1.1—2009 给出的规则起草。

本标准由中国社区发展协会提出并归口。

本标准起草单位：北京永真公益基金会。

本标准主要起草人：周惟彦、范斌、朱晓宇、吴楠、何铃、刘磊、沈瑶、张毅。

1　范围

本标准规定了儿童友好社区建设的术语和定义、建设原则、制度建设、文化建设、空间营造、服务提供、人员管理。

本标准适用于儿童友好社区建设。

2　术语和定义

下列术语和定义适用于本文件。

2.1　儿童指 18 周岁以下的自然人。

2.2　社区指聚居在一定地域范围内的人们所组成的社会生活共同体。

2.3　儿童友好

承认儿童的主体地位，尊重儿童的感受；周围环境应有利于儿童的福祉，重视儿童与成人、儿童与家庭、儿童与儿童之间的交流与反馈。

2.4 公共空间

社区中儿童使用的非营利性质的开放区域，包括公园、街道、绿地、人行道、休闲运动场、市场、楼宇空间、海滨沙滩等户外活动空间，图书馆、学校和其他公共设施、街道空间和为儿童服务的室内公共空间。

3 建设原则

3.1 儿童至上

关于儿童的一切举措，应最大限度地保护儿童。

3.2 普惠公平

让每一位儿童都能平等享受儿童权利和儿童福利。

3.3 儿童参与

鼓励儿童有权对影响到其本人的一切事务及程序发表自己的意见，并获得重视；有权就其在家庭和社区事务的发展中提出自己的看法和意见等。

3.4 共建共享

儿童是社区发展成果的创造者，也是社区发展成果的享有者。

4 制度建设

4.1 推动建立跨部门合作架构

4.1.1 在完善党委领导、政府负责、民主协商、社会协同、公众参与、法制保障、科技支撑的社会治理体系的过程中，开展儿童友好社区建设，使之成为社区建设工作的重要组成部分。

4.1.2 政府宜将儿童友好社区建设纳入当地经济社会发展规划，纳入当地社区建设工作考核指标。

4.1.3 建议建立由民政、教育、工信、公安、司法、财政、人社、住建、文化、卫生、体育等部门，以及青年团、妇联、科协、残联等群团组织共同参与的联席会议机制，儿童代表参与会议，并鼓励和支持儿童代表就与自身相关的事项发表意见。

4.2 提供财政支持

4.2.1 政府预算宜配备服务儿童的资金，如场地建设、孵化儿童社会服务机构、采购儿童友好相关社会工作服务等费用。

4.2.2 宜建立信息通报制度，对儿童友好社区建设资金进行公开。

4.3 建立儿童参与机制

社区宜对儿童参与社区服务做出制度性的安排，建立儿童参与社区治理与服务的体制机制，对其中涉及儿童空间建设及服务提供的，通过多种形式征求儿童和家长的意见等。

4.4 建立跟踪指导和反馈机制

建立儿童友好社区建设跟踪指导和反馈机制等。

5 文化建设

5.1 普及儿童友好理念

5.1.1 充分利用信息化技术和新媒体平台，进行儿童友好社区的理念传播和意见收集，鼓励儿童参与并提出反馈意见。

5.1.2 通过多种渠道在社区幼儿园、小学、中学传播儿童友好理念。

5.2 建立儿童友好关系

5.2.1 促进与同伴友好关系的培育与养成；鼓励同学或同伴之间相互友爱、互相帮助、互相关心，共同成长。

5.2.2 促进儿童与家长关系（亲子关系良好）、家长之间（相互支持、家长志愿者联盟）友好关系的培育与养成。

5.2.3 促进儿童与社区居民友好关系的培育与养成；社区居民具有儿童权利理念和儿童保护意识，关心和爱护儿童；积极参与社区儿童事务和服务等。

5.2.4 促进儿童与社区工作者、相关组织人员、幼儿园及学校老师、物业、辖区企业等友好关系的培育与养成；开展儿童友好社区建设的专业培训，运用社会工作的方法与儿童互动并服务儿童。

5.3 儿童友好文化建设

5.3.1 坚持以社会主义核心价值观引领儿童友好文化建设。

5.3.2 以多样化形式弘扬中华传统优秀文化。

5.3.3 优化城乡社区儿童友好文化资源配置，鼓励社会力量参与儿童友好文化建设。

5.3.4 家庭教育、家风建设、学生道德培养与儿童友好理念相结合。

5.3.5 健全支持开展儿童友好文化活动的机制，结合社区本土文化，开展儿童友好文化活动，形成"关爱儿童、幸福未来"的儿童友好社区文化氛围。

6 空间营造

6.1 空间营造基本要求

6.1.1 社区规划、社区环境改造、社区微更新中应充分考虑各年龄段儿童的空间需求，统筹布局与营造社区儿童活动空间，具体包括户外游戏空间、室内公共空间和街道空间。

6.1.2 社区儿童活动空间的布局应充分考虑各年龄段、各行为能力儿童活动特征，确保所有儿童的便捷可达性和安全性。

6.1.3 社区儿童活动空间内倡导提供符合儿童天性发展规律、能够发展儿童创造力的自然化游戏设施。

6.1.4 鼓励6周岁及以上儿童参与社区空间营造，可采用调查问卷、工作坊等形式，邀请儿童共同参与方案设计和问题研究，充分听取儿童的意见，并给予回应。

6.1.5 宜由城乡规划师、建筑师、景观设计师、社区工作者作为社区规划师协同儿童参与儿童友好社区设计，社区规划师宜接受过儿童友好理念的培训，或参加过国内外儿童友好项目或课题。

6.2 户外活动空间

6.2.1 应设置满足儿童需求的独立户外游戏空间。

6.2.2 各类户外游戏空间应布局在儿童活动安全的区域，应靠近社区儿童主要出行活动线路和节点，宜布局在公园或广场内；若毗邻城市干道，应采取相应的安全防护措施。

6.2.3 5分钟生活圈内，配有1处适合12周岁及以下儿童户外游戏场地，宜提供沙坑、浅水池、滑滑梯、微地形等设施，游戏设施和铺地宜采用自然化、软质、柔性耐磨的环保材料。

6.2.4 15分钟生活圈内，配有1处适合12周岁及以上儿童户外游戏场地，宜提供攀爬架、篮球场、足球场等设施，游戏设施和铺地宜采用自然化、软质、柔性耐磨的环保材料。

6.2.5 户外游戏空间设计应统筹考虑植物配置、标识系统和灯光照明等内容。

6.2.6 鼓励社区中小学内的校园、球场在非上学时间段内定时对外开放。

6.3 室内公共空间

6.3.1 每个社区宜至少设立1处儿童服务中心或儿童之家，每处应配备儿童专属的室内活动及游戏空间，面积宜大于20平方米；每周开放宜不少于4天，周末至少开放1天，每次开放不宜少于2小时。

6.3.2 倡导提供社区四点半课堂、儿童图书室、儿童综合活动室等空间。

6.3.3 室内公共空间应配有适合不同年龄段儿童的桌椅、绘本图书、玩具、运动器材等设施，各类儿童活动物品的摆放安全、桌椅四周的安全围护、电源保护套等应定期检查。

6.3.4 社区服务中心应配置（社区公共设施宜配置）儿童与家长休息室、母婴室、母子洗手台和儿童马桶等设施。

6.3.5 室内游戏设施及物品应符合环保要求，严格保障室内公共空间空气质量，并定期检测。

6.4 其他空间

6.4.1 沿社区儿童主要上下学道路，设置独立步行路权的连续路径，串联社区儿童主要的活动空间和社区公共服务设施。

6.4.2 在社区校园周边开展慢行系统优化措施，保证儿童上下学的接送点、步行空间的交通安全，如专时通道。

6.4.3 在儿童上学路段两端，应设置注意儿童标志以及车速限速标志；在儿童横向过街入口，应设置减速慢行标识和减速带，交叉口信号灯的灯控时间应考虑儿童过街步速。

6.4.4 合理布局灯光照明设施，在保障夜间出行安全的同时，应考虑灯光高度和方向对儿童视线的影响。

7 服务提供

7.1 支持性服务

在儿童家庭结构完整的情况下，为儿童提供支持性的基础公共服务，增强其家庭的亲职功能，改善家庭功能，促进儿童的健康成长。服务宜包括但不限于：

——开展家庭教育的宣传和公益讲座；

——儿童服务中心（儿童之家）有普惠性的常态化儿童养育及家庭课堂支持服务项目开展；

——儿童社会服务机构通过政府购买服务或筹措社会资源为儿童与家庭开展支持服务；

——儿童服务志愿者与社区服务中心或社区儿童服务中心（儿童之家）、驻地企业、学校、医院合作，定期开展家庭教育指导和支持服务或主题活动。

7.2 保护性服务

当儿童在社区或家庭内遭受不正当对待（如虐待、疏忽等），导致身体、心理、社会、教育等权益受损时，开展以保护儿童为目的的服务项目。服务宜包括但不限于：

——针对在校园里受到欺凌的儿童，开展预防与个案干预服务；

——针对困境儿童，包括遭受身体虐待、性虐待、心理虐待等暴力侵害及照顾疏忽的儿童，建立相关保护制度，及时发现、强制报告、评估取证、家庭辅导、提起诉讼、案件审理、回访考察；

——建立社区儿童档案，进行动态管理，及时发现和监测困境儿童的状况，及时掌握高风险的外部环境因素以及自身风险行为的信息，并采取相关措施消减风险因素，改变风险性行为；

——建立预警和举报制度。及时发现被拐卖、被忽视、遭受暴力侵害和被剥削的儿童，并进行适时恰当的转介和联动应对；

——为受伤害的儿童提供庇护和心理干预，提供咨询疏导服务。

7.3 补充性服务

当儿童处于的社会系统（例如学校、家庭）不能履行相关的职责，造成儿童受到一定程度伤害的时候，需要从社区系统注入资源，为其提供补充性服务。服务宜包括但不限于：

——针对困境儿童的特殊服务，包括困境家庭儿童的救助服务、残疾儿童的康复服务、行为偏差儿童的矫治服务、辍学儿童的就学援助服务项目等；

——针对家庭教育普惠服务中遇到的问题，进行家庭个案、家庭治疗等服务；

——在儿童教育机构内聘用社会工作者，开展学校社会工作服务。

7.4 替代性服务

当家庭照顾功能部分缺失时，针对儿童的实际需要，在社区内安排适当的场所，为其提供部分照顾功能的服务。服务宜包括但不限于：

——在社区内为儿童提供日间照料中心，开展幼儿托育服务；

——为社区内遇到突发或紧急事故而缺乏父母照顾的儿童，提供即时短期的照顾服务。

7.5 发展性服务

7.5.1 针对0~3岁儿童，基于促进儿童早期综合发展的科学依据，开展家长教育和家庭科学养育指导、婴幼儿家庭照护及托育服务。

7.5.2 针对3~6岁儿童的体格发育、生活态度、行为习惯、语言发展、认知与学习、社会心理及情感发展等方面的综合培育支持，向家长提供和谐亲子关系及亲职教育的服务。

7.5.3　针对6~12岁儿童的安全教育、生活习惯、学习习惯、运动习惯、道德素养、社会实践、艺术素养以及家庭教育等提供支持服务。

7.5.4　针对12~18岁儿童的青春期常见问题、人生观梳理、社会实践、生活技能、生命教育等综合素养提升提供支持服务。

8　人员管理

8.1　社区儿童工作者

儿童友好社区工作者必需热爱儿童服务工作，且无与儿童犯罪相关的前科及伤害儿童的行为。同时，儿童友好社区的工作者宜具备以下资质之一：

——获得国家颁发的社会工作或儿童教育、儿童健康、家庭教育领域的职业水平证书；

——获得高等院校与儿童服务相关专业的大专及以上学历；

——接受过儿童权利和儿童发展的相关培训。

8.2　儿童服务志愿者

8.2.1　儿童服务志愿者的来源：社区居民、辖区单位成员、家长志愿者等。

8.2.2　儿童服务志愿者应接受过儿童权利和儿童发展的相关培训。

8.2.3　建立志愿者服务管理制度，做好志愿者的登记、培训、记录、激励、评价等工作。

8.2.4　建立社会工作者和志愿者联动机制，根据服务需要统一管理志愿者。

附录2

《儿童友好社区建设规范》大事记

（1）2010年启动社区0~3岁的儿童友好普惠服务网络建设——億未来社区儿童运动馆/億未来社区妈妈创业计划。

（2）2016年3月14日，在北京永真基金会的协助支持下，由原全国妇联组织部部长张黎明撰写了《关于将儿童友好社区纳入地方政府责任考核》的提案，在两会上正式提交。

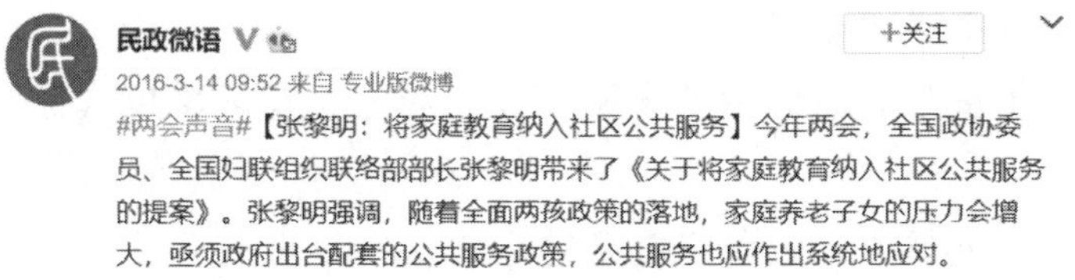

> 民政微语
> 2016-3-14 09:52 来自 专业版微博
> #两会声音# 【张黎明：将家庭教育纳入社区公共服务】今年两会，全国政协委员、全国妇联组织联络部部长张黎明带来了《关于将家庭教育纳入社区公共服务的提案》。张黎明强调，随着全面两孩政策的落地，家庭养老子女的压力会增大，亟须政府出台配套的公共服务政策，公共服务也应作出系统地应对。

附图2-1 《关于将儿童友好社区纳入地方政府责任考核》提案提交两会

（3）2016年3月24日，北京永真公益基金会联合中国社区发展协会对接中国儿童少年基金会，发起"中国儿童友好社区促进计划"，得到了国务院妇女儿童工作委员会办公室的批复。

（4）2016年，由北京永真公益基金会资助并召集了第一次关于儿童友好社区建设标准的专家研讨会，来自基金会、社工组织、城乡规划设计院、高校、社会企业以及社区的实践者和学者第一次共同走到了一起，面对面的交流甚至辩论。2016年北京永真基金会理事长周惟彦带着助理在北京办公室里完成《儿童友好社区建设规范》第一稿。

（5）2016年8月，第一届中国儿童友好社区研讨会在上海举办，会议由北京永真公益基金会牵头，得到了中国社区发展协会的支持，现场参会人员上千人，首次民间组织的由教育机构、公益机构、政府代表、商业组织、高校及智库单位共同跨界共聚探讨儿童友好的大型公开研讨会议。

附图2-2　第一届中国儿童友好社区研讨会

附图2-3　第一届中国儿童友好社区研讨会会议现场

（6）2017年2月，"中国儿童友好社区"官方微信号和官网上线。

（7）2017年3月23日，北京永真基金会牵头组织了"中国儿童友好社区促进计划跨界专家研讨会"，会议得到国务院妇儿工委办指导，中国社区发展协会与中国儿童少年基金会联合举办，邀请了20余位行业专家在北京妇联大厦召开，对《儿童友好社区建设规范》第一稿进行内容讨论和论证。

附图 2-4　2017 年"中国儿童友好社区促进计划跨界专家研讨会"专家合影

（8）2017 年 10 月，由中国儿童友好社区促进计划办公室发起，永真基金会资助，囊括了空间规划、社区动员、社科调研等领域的 12 位专家代表组成的考察团前往德国柏林、慕尼黑进行为期 9 天的参访学习，参访了德国儿童友好城市协会、TS 区青年议会、波茨坦蔬菜学院、儿童博物馆、老幼共生型社区等德国儿童友好城市的呈现形式。在德国考察期间，进一步完善调整了《儿童友好社区建设规范》文本。

附图 2-5　2017 年中国儿童友好社区促进计划德国考察访问团

（9）2018 年 10 月 19 日，永真基金会于北京邀请来自民政部、全国妇联、中国社区发展协会、清华大学、中国青年政治学院、华东理工大学、中国儿童中心等政府机构、高等院校和社会组织的 13 位领导和专家对《规范（草案）》进行了第一次论证。中国社区发展协会会长米有录在致辞中表

附录2 《儿童友好社区建设规范》大事记

示,《规范(草案)》是2018年第一批、第一个由中国社区发展协会报请国家标准委审批的团体标准,也是我国第一个关注儿童友好建设的行业标准。

附图2-6 2018年《儿童友好社区建设规范(草案)》论证会专家合影

(10)北京永真公益基金会与复旦大学附属儿科医院签署战略合作协议,共同推动"儿童友好型医院打造及指标体系建设"。

附图2-7 北京永真公益基金会与复旦大学附属儿科医院签署战略合作协议

(11)经过多次讨论,经广泛征询社会各界专家人士的意见,《规范(草案)》初步论证通过后并提交国家标准化管理委员会,于2019年底最终通过审查。2020年1月13日,中国社区发展协会在成都发布实施《儿童友好社区建设规范》。

附图 2-8　2019 年《儿童友好社区建设规范》成都发布会现场

（12）2020 年 12 月 30 日，在中国社区发展协会指导下，根据《儿童友好社区建设规范》，在 2019 年中国儿童友好社区建设首批试点预审通过名单社区申报的基础上，结合专业评审和网络巡展，经综合评议，确定了首批"中国儿童友好社区建设试点"名单。

附录3

儿童友好社区评估工具

儿童友好社区建设评估细则

评估维度	评估指标	指标说明	评估标准	分值	评估方式
一、政策友好（20分）	1.组织保障机制（5分）	党委领导、政府负责、社会协同、公众参与、法治保障、科技支撑的工作格局；将儿童友好社区建设统筹纳入该地区总体规划及各部门发展规划；确定儿童友好社区建设的总体目标任务，明确工作推进方式和具体要求	街道成立儿童友好领导小组（1分）	5分	查阅资料：会议记录、工作规划；现场座谈：相关主体现场调研
			社区成立儿童友好专家小组（1分）		
			儿童友好社区建设纳入社区工作考核（1分）		
			社区有明确的儿童友好社区建设规划（1分）		
			社区定期发布社区儿童友好监测报告（1分）		
	2.财政支持机制（5分）	为社区开展儿童友好社区建设工作提供经费支持；引进多元化资金渠道；确保财务公开透明	所在区县或相关部门有经费支持（1分）	5分	查阅资料：经费台账、财务公开信息
			所在街道或相关部门有经费支持（1分）		
			社区有经费支持（1分）		
			具有多元化资金渠道（企业、基金会等）（1分）		
			儿童友好建设定期财务公开（1分）		

363

续表

评估维度	评估指标	指标说明	评估标准	分值	评估方式
一、政策友好（20分）	3.儿童参与机制（5分）	建立儿童参与的机制；搭建儿童参与的平台；提供儿童参与渠道和途径	建立儿童全流程参与机制（1分） 形成儿童参与的平台载体（1分） 应用儿童参与机制与平台的活动（1分） 形成儿童参与的特色案例（2分）	5分	查阅资料：儿童参与的制度建设、平台建设、活动记录、案例宣传
	4.监测反馈机制（5分）	建立儿童友好社区建设的追踪监测机制；建立督导和评估机制；形成有效反馈	社区制定儿童友好社区建设的工作指标（1分） 社区制定监测督导工作方案（1分） 社区有明确监测督导专业人员（1分） 定期督导报告与工作反馈机制（1分） 督导评估中注重儿童参与（1分）	5分	查阅资料：年度建设工作指标、督导监测工作方案和工作记录、督导评估报告
二、文化友好（20分）	5.儿童友好理念普及（5分）	利用传统和新兴媒体平台，开展儿童友好社区理念传播；利用信息化技术和大数据方式提升传播效能	社区设立关于儿童友好社区建设的宣传区域（1分） 社区设立儿童友好建设的媒体平台（1分） 社区定期向家长开展儿童友好宣传（1分） 社区定期向辖区中小学传播儿童友好理念（1分） 社区儿童友好信息和媒体平台的服务功能开发（1分）	5分	现场考察：宣传阵地、宣传栏；查阅资料：媒体平台、信息平台传播数据、用户数据、服务功能使用
	6.儿童友好关系建立（5分）	形成良好的同辈关系、亲子关系、师生关系、学校关系、社区关系	定期开展面向儿童的同辈关系教育（1分）		查阅资料：活动和培训开展方案、简报宣传等

附录3　儿童友好社区评估工具

续表

评估维度	评估指标	指标说明	评估标准	分值	评估方式
二、文化友好（20分）			定期开展面向家长的亲子关系教育（1分）	5分	
			定期与学校合作开展儿童友好学校建设活动（1分）		
			定期向社区居民骨干开展专题培训（1分）		
			定期向其他社区服务主体开展培训（1分）		
	7.儿童友好主体联动（5分）	增进儿童、家庭、学校、社区各方的联动和互动关系	社区成立家长自组织（1分）	5分	查阅资料：自组织成立及活动材料；现场座谈：各方主体互动情况
			社区家长自组织参与儿童友好社区建设（1分）		
			学校家委会参与儿童友好社区建设（1分）		
			学校校务委员会有社区代表参与（1分）		
			社区与学校联动开展儿童友好社区建设（1分）		
	8.中国特色儿童友好文化氛围营造（5分）	明确中国特色儿童友好文化价值内涵；健全儿童友好文化活动机制；形成中国特色儿童友好社区文化氛围	面向儿童开展社会主义核心价值观教育和爱国教育（1分）	5分	查阅资料：文化教育活动方案、简报等
			面向儿童开展中华传统文化教育（1分）		
			面向儿童开展本土文化传承教育（1分）		
			面向社区家长开展文明家风建设教育（1分）		
			社区儿童文化活动机制健全（1分）		

续表

评估维度	评估指标	指标说明	评估标准	分值	评估方式
三、空间友好（20分）	9.社区室内儿童友好公共空间（5分）	社区配置室内儿童活动公共空间，布局合理，设施完善，常态开放	社区室内儿童活动公共空间不少于20平方米（1分）	5分	现场考察：社区儿童活动公共空间
			室内公共空间每周开放不少于4天，每次不少于2小时（1分）		
			公共空间综合布局合理，包含游戏、教育、互动等服务空间（1分）		
			空间配套设施完善，母婴室、母子洗手台、儿童马桶（1分）		
			室内设施及物品安全环保，设施防滑防撞，材料安全无毒（1分）		
	10.社区户外儿童友好公共空间（5分）	所在社区在靠近儿童主要活动路线和节点布局不同年龄段儿童活动安全区域；采取相应安全防护措施；空间布置要符合儿童健康、社交、心智等发展需求	5分钟生活圈配备1处12周岁及以下儿童户外游戏空间（1分）	5分	现场考察：社区户外儿童活动公共空间
			15分钟生活圈内配备1处适合12周岁以上儿童户外游戏空间（1分）		
			户外活动区域避免繁忙交通和人流量（1分）		
			夜晚户外活动区域照明设施和监控设施完善（1分）		
			户外活动区域有必要的引导、教育、危险提示标识系统（1分）		
	11.社区儿童友好交通慢性系统（5分）	所在社区和辖区学校附近建设符合儿童友好的交通系统，保障安全、有序	社区建设独立儿童安全步道串联社区儿童活动空间和公共服务设施，实行人车分流（1分）	5分	现场考察：学校周边及社区临近道路、标识、交通秩序
			确保儿童安全步道路面平整、设施完善、无非法占用步道、店外经营、堆放物品等（1分）		
			社区和学校联合优化慢行系统，体现儿童需求的信号灯、限行标识、减速带、斑马线等（1分）		

附录 3　儿童友好社区评估工具

续表

评估维度	评估指标	指标说明	评估标准	分值	评估方式
三、空间友好（20分）			合理布局学校周边机动车、公交、校巴等临时接送等候区域（1分）		
			组织志愿者开展上下学交通引导、步行陪同（1分）		
	12.社区儿童友好其他空间要求（5分）	儿童友好的社区环境需要多方协调合作、统筹布局；鼓励儿童参与；社区内各类儿童空间实现共享	社区微更新中体现儿童规划设计元素（1分）	5分	查阅资料：儿童参与决策的活动安排、培训记录等；现场考察：微更新点位、社区学校和儿童服务机构
			引导儿童参与空间规划和意见听取（1分）		
			参与社区规划相关人员接受过儿童友好理念培训（1分）		
			社区内中小学的校园空间与社区实现共享（1分）		
			社区内商业类儿童机构空间与社区实现共享（1分）		
四、服务友好（20分）	13.支持性服务（4分）	为儿童和家庭提供支持性公共服务	社区开展产前父母亲职教育服务（1分）	4分	查阅资料：项目材料、活动方案材料
			社区开展常态化普惠儿童早教服务（1分）		
			社区开展常态化家庭教育服务（1分）		
			社区定期开展儿童服务志愿活动（1分）		
	14.保护性服务（4分）	社区建立完备的儿童保护机制和服务体系	社区建立儿童伤害的预警和强制报告制度（1分）	4分	查阅资料：规则制度、档案台账；现场座谈：落实情况
			社区落实受伤害儿童庇护场所（1分）		
			社区落实专业转介渠道和专业机构（1分）		
			社区建立儿童档案并动态管理（1分）		

367

续表

评估维度	评估指标	指标说明	评估标准	分值	评估方式
四、服务友好（20分）	15.补充性服务（4分）	社区提供家庭、学校之外的补充性服务	联动社区内商家提供儿童保护服务（1分）	4分	查阅资料：活动、服务档案
			联动社区内学校建立校社防欺凌机制（1分）		
			联动相关部门提供儿童临时救助服务（1分）		
			社区提供家庭个案和诊疗服务（1分）		
	16.替代性服务（4分）	社区提供部分家庭照顾功能的服务	社区内开展普惠性托育服务（1分）	4分	查阅资料：活动服务资料；现场考察
			社区内开展临时短期照顾服务（1分）		
			社区落实替代性照顾机构渠道（1分）		
			社区内开展常态化四点半课堂（1分）		
	17.发展性服务（4分）	社区针对儿童不同发展阶段的生理、心理、社会适应性需求开展发展性服务	社区内开展儿童早期综合发展指导（1分）	4分	查阅资料：服务活动资料；现场考察
			社区内开展儿童社会适应性教育指导（1分）		
			社区内开展儿童心理健康指导（1分）		
			社区内开展青春期教育指导（1分）		
五、人员友好（20分）	18.社区儿童工作者队伍建设（5分）	建立结构合理、类型多样、专兼职结合的儿童工作者队伍	社区书记统筹儿童工作（1分）	5分	查阅资料：队伍人员名单；现场座谈：团队分工及工作介绍
			社区有专职儿童主任或儿童督导员（1分）		
			社区有持证的儿童社会工作者（1分）		
			社区建立儿童服务志愿者队伍（1分）		

附录3 儿童友好社区评估工具

续表

评估维度	评估指标	指标说明	评估标准	分值	评估方式
五、人员友好（20分）			社区家政工作人员纳入儿童工作者队伍（1分)		
	19.儿童工作者素质要求（5分）	儿童工作者具备一定专业资质和服务经验	儿童工作者热爱儿童服务（1分）	5分	查阅资料：专业资质、培训证书等查阅
			无伤害儿童行为和犯罪前科（1分）		
			具备高等院校儿童服务相关大专以上学历（1分）		
			具有国家颁发的儿童服务领域相关的职业资质证书（1分）		
			接受过儿童权利和儿童发展相关培训（1分）		
	20.儿童工作者管理制度（5分）	建立儿童工作者队伍管理的相关制度	建立儿童工作者队伍筛选机制（1分）	5分	查阅资料：工作制度材料查阅
			建立儿童工作者队伍培训机制（1分）		
			建立儿童工作者队伍联动机制（1分）		
			建立儿童工作者队伍评价管理机制（1分）		
			建立儿童工作者队伍退出机制（1分）		
	21.儿童工作者激励措施（5分）	整合资源，激励多元主体持续参与儿童工作	建立社区儿童服务志愿者激励机制（1分）	5分	查阅资料：工作制度和评价表彰活动材料
			建立社区儿童主任/督导员评价制度（1分）		
			建立社区优秀儿童服务志愿者评价表彰制度（1分）		
			建立社区优秀儿童服务机构评价表彰制度（1分）		
			建立社区优秀儿童服务工作者评价表彰制度（1分）		

附录 4

社区保障资金项目申报公告范例

《成都市武侯区簇桥街道锦城社区
2020 年社区保障资金项目申报公告》

一 社区概况

簇桥街道锦城社区筹建于 2013 年 10 月 8 日，2014 年 7 月正式成立，办公地址位于成都市武侯区金履四路 83 号附 101 号，辖区面积 1.55 平方公里。管辖范围为东至武侯大道铁佛段，西至草金路南段，南至成双大道中段，北至七里路。辖区现有中海锦城、绿地·圣路易名邸、佳州·玲珑郡、七里晓月、一品天成、首信汇六个商业楼盘；欢乐寓、锦寓、穿巷子公寓、首信汇、尚寓五个公寓楼盘，可入住居民 1 万余户，辖区常住人口和流动人口 5 万余人。

二 项目招募

根据市委办公厅、市政府办公厅《关于创新城乡社区发展治理经费保障激励机制的意见》（成委办〔2018〕19 号）、市社治委《关于城乡社区发展治理专项保障资金管理有关事项的通知》（成社治发〔2018〕6 号）、区财政局、区民政局《成都市武侯区政府向社会组织购买服务实施意见》（成武财采〔2017〕31 号）以及《武侯区社区发展治理专项保障资金管理使用办法》（成武社治委〔2020〕23号）等文件精神，为更好地服务辖区居民，结合我社区居民需求，拟定在2020年社区保障资金中使用38.55万元购买社会组织服务，现将项目申报的有关事项公告如下，欢迎符合条件的社会组织报名参加。

三　项目申报主体资格

1. 登记注册证书（营业执照）；
2. 按规定参加年度检查且合格的主体；
3. 具备开展申报项目所必需的设备、专业技术人员及相关资质；
4. 具有良好的内部管理制度、信息公开制度和民主监督制度；
5. 具有独立的财务管理、财务核算和资产管理制度，以及依法缴纳税收、社会保险费的良好记录。

四　项目征集内容

在成都范围内民政部门正式登记的社会组织、企业、社会企业且具备下列资格条件。

（一）新春联谊会项目

1. 项目金额：4.9万元
2. 项目要求：

通过开展新春联谊会，营造喜迎新年的浓厚氛围，充分满足辖区群众精神文化需求，增强人民群众文化获得感。

（二）社区微创投项目

1. 项目金额：10万元
2. 项目要求：

通过社区微创投发展社区自组织以项目形式申请社区保障资金，为社区居民提供公益服务，鼓励自组织转化发展为登记的公益组织。

（三）暑期青教项目

1. 项目金额：3 万元

2. 项目要求：

通过加强暑期青少年教育，引导青少年积极参与暑期社会实践和生活体验活动，不断丰富青少年的暑期生活，开展暑期"双十个一"活动。

（四）端午诗会项目

1. 项目金额：2 万元

2. 项目要求：

通过更好地传承中国千年传统文化，让中国传统诗歌走进社区、走进家庭，在全社区营造学文化、爱文化、用文化的浓厚氛围，开展"端午诗词大赛"活动。

（五）仲夏邻里节项目

1. 项目金额：0.95 万元

2. 项目要求：

"童分享乐邻里"尾箱集市，利用汽车尾箱摆起了自己"小铺子"，别样的生活体验增进了孩子与家长的默契，加深了孩子与家长的沟通能力。

（六）退役军人活动项目

1. 项目金额：2 万元

2. 项目要求：

通过个案、小组、社区社会工作等专业服务方法提供关怀、陪伴、链接资源、情绪疏导等精细化服务，关爱援助困难退役军人，协助退役军人就业创业。

（七）金秋艺术节项目

1. 项目金额：6万元
2. 项目要求：

"打造精品，树立品牌"的工作理念，开展第五届"金秋艺术节"，持续推广"金秋艺术节"这一文化名片，进一步繁荣地区文化，促进社区和谐，居民梦想秀。

（八）"爱成都·迎大运"社区运动会项目

1. 项目金额：4万元
2. 项目要求：

通过多种多样的运动项目和体育活动，倡导健康生活方式，体验运动竞技乐趣，丰富社区文化生活，开展"爱成都·迎大运"社区运动会活动。

（九）议事会成员能力提升项目

1. 项目金额：1.5万元
2. 项目要求：

通过开展议事会成员议事能力培训，提升议事会成员参与社区事务的讨论决策能力。

（十）非遗项目培训

1. 项目金额：1.2万元
2. 项目要求：

通过丰富人民的美好生活，普及非遗知识，推动文化遗产在生活中弘扬，营造全社会共同参与、关注和保护传承优秀传统文化的浓厚氛围，开展非遗项目培训。

（十一）社区视觉形象设计项目

1. 项目金额：2万元
2. 项目要求：

通过进行社区整体视觉形象设计，提高党群服务中心整体视觉形象。

（十二）"侨之家"联谊活动项目

1. 项目金额：1 万元

2. 项目要求：

通过开展"侨之家"联谊活动，达到凝聚侨心、汇聚侨智、发挥侨力、维护侨益。

五　申报要求

1. 社会组织申报项目的实施地域为武侯区簇桥街道锦城社区，项目周期为 2020 年 1~12 月。

2. 一个社会组织原则上最多只能申报 3 个项目。

3. 申报项目要求具有公益性、普惠性、创新性、聚焦性、可操作性，确保项目的实施能与实际需求相呼应。

4. 申报社会组织需深入社区开展针对项目服务对象的需求评估与调研，并结合前期需求进行项目设计。

5. 项目要关注动员社会广泛参与、带动社会资金的投入。

6. 社会组织在项目申报过程中严禁弄虚作假、徇私舞弊，一经发现将取消其申报资格。

7. 社会组织应围绕"撬动居民参与，解决社区问题，推动社区自治和公民教育"的整体目标设计申报项目。

六　申报材料

1. 社会组织法人登记证书副本（正反面）

2. 银行开户许可证

3. 项目申报书

其中，项目申报书应包括项目名称、项目目标、项目计划及经费预算、社会组织自身情况及所能提供的资源情况、受益人群覆盖情况、社会效益、项目评估等内容。

七　申报方式及申报时间

1. 申报方式

申报机构填写《项目申报书》。同时，按公告要求提供相关证明材料。所有书面材料请用 A4 纸（双面）打印并装订成册。在申报日期截止前，将纸质版申报材料（壹式叁份，加盖公章）封装报送至社区办公室。

2. 提交申报项目资料截止时间：××××年×月××日××时

3. 联系方式

联系人：×××

电　话：××××××××××

纸质版材料提交地址：××××××××××××

附录 5

社区高风险家庭儿童档案样表

编号：　　　　　　　　　　　　　　　　　　日期：　　年　　月　　日

儿童基本资料	监护人或主要照顾者姓名：		联系电话：
	家庭住址：		
	儿童姓名	年龄	就读幼儿园/学校
家庭情况	□有 □无	1. 家庭成员关系不好或家庭冲突：如父母时常剧烈争吵，家庭成员中有酗酒、吸毒、精神疾病、犯罪前科等	
	□有 □无	2. 因贫困、单亲（父母离异、丧亲）、隔代教养、父母未婚或未成年生子等其他不利因素，使孩子得不到妥当照顾	
	□有 □无	3. 失业者：家庭主要收入者失业、退休、破产、负债等，使儿童未获妥当照顾	
	□有 □无	4. 父母双方或一方死亡、出走、重病、入狱服刑等，使儿童未得到妥当照顾	
	□有 □无	5. 家庭中父母因工作过于忙碌，孩子经常疏于照顾（如经常不吃早点上学、着装不整、生病不及时去医院等）	
	□有 □无	6. 家庭成员曾有自杀倾向或自杀者，使儿童未得到妥当照顾	
	□有 □无	7. 其他，说明：	

附录 5　社区高风险家庭儿童档案样表

是否获得救助	□有 □无	1. 相关部门或单位（如学校、公安部门等）已提供服务情况说明：
	□有 □无	2. 已接受政府政策资源或服务情况（如低保、临时救助、大病救助、孤儿救助、日间照料、家庭寄养等）说明：
	□有 □无	3. 已接受民间社会福利资源或服务情况（如当地社区附近的儿童照顾机构、志愿服务等）说明：
	□有 □无	4. 有亲属朋友支持，并获得协助，说明：
	□有 □无	5. 其他，请补充说明：
个案情况简述		
说明	1. 本表由社区工作人员根据家庭实际情况填写，根据表格内容，如发现有高风险因素，工作人员应加以关注并提供针对性服务。 2. 注意资料保密。	

评估人：　　　　　　　联系电话：
是否需要跟进服务：□是　□否

填表人：

附录6

致力于儿童友好的微信公众号

此处收集了截至2021年底致力于儿童友好、影响较大的微信公众号二维码及简介，读者可以通过扫码了解更多的细节。

微信公众号名称	二维码	关于公众号
儿童友好城市研究室 微信ID： Child-friendly-city		介绍：由湖南大学建筑学院沈瑶副教授创立，是一个介绍国内外儿童友好城市理论发展动态，开展儿童友好城市相关实践活动，研究探讨"儿童友好城市"在中国实践路径的研究组织。 曾用名：儿童友好城市研究会
CityIF，城市规划云平台 微信ID： City-IF		北京城垣数字科技有限责任公司
中国儿童友好社区 微信ID： eryouhao		宗旨：搭建以儿童为核心的社区治理创新模式，打造可持续发展的公共服务品牌项目。 北京永真公益基金会 曾用名：儿童友好社区

附录6　致力于儿童友好的微信公众号

续表

微信公众号名称	二维码	关于公众号
缤纷万年埠 微信ID： hfsbhqwnbjd		介绍：文化新中心，旅游新天地，这里是缤纷万年埠的乐活指南。 合肥市包河区万年埠街道办事处
锦汇新桥 公园社区 微信ID： gh_b3e3956d46bf		成都市金牛区沙河源街道新桥社区居民委员会 曾用名：成都市金牛区沙河源街道新桥社区
乐活少年志愿者联盟 微信ID： gh_0bfb9e3e3b61		介绍：个人账号，联盟内各志愿队志愿活动发布，志愿活动简报发布。 曾用名：彩虹少年志愿队、三圣街道少年志愿者联盟、栀子街社区乐活少年志愿者联盟
龙泉街道魏家街社区 微信ID： gh_08dbb9b5b8c6		介绍：坚持党建引导、政府主导、多元参与、共同治理、共促发展的社区发展治理体系，以实现人民群众对美好生活的向往为奋斗目标，不断培育"向上向善向美"的社区精神，努力建设舒心美好、安居乐业、绿色生态、蜀风雅韵、良序尚治的高品质和谐宜居生活社区。 四川省成都市龙泉驿区龙泉街道魏家街社区居民委员会
微语锦馨 微信ID： cdjxsq		成都市锦江区柳江街道锦馨社区居民委员会 社区电话：028-85971058 社区地址：成都市锦江区榕声路84号（农贸市场）三楼 曾用名：锦馨微家园

379

续表

微信公众号名称	二维码	关于公众号
簇桥锦城社区 微信 ID： WHCQjinchengshequ		介绍：居民服务，便民服务，社区服务。 四川省成都市武侯区簇桥街道锦城社区居民委员会
老街邻里 微信 ID： gh_cdbe1f19fe94		介绍：诚信社区、心系百姓、服务居民。 联系电话：0523-84824630 靖江市靖城街道北大街社区居民委员会 曾用名：老街滋味
四叶草堂 微信 ID： Siyecaotang2014		介绍：社区花园的倡导者和实践家。 上海四叶草堂青少年自然体验服务中心 联系电话：021-22897175 曾用名：四叶草堂订阅号
童筑明天 微信 ID： Tzmt-0528		介绍：儿童可持续发展研究中心（童筑明天）是国内研究"儿童友好"领域的顶尖智库，汇聚国内外最权威的学者专家，致力于搭建全球儿童友好发展交流平台。 成都市童筑明天文化传播有限责任公司
悦读古美 微信 ID： gumei_wtj		介绍：敦亲睦邻，融乐家园，和谐古美，品质生活。 上海市闵行区古美街道社区学校

附录6 致力于儿童友好的微信公众号

续表

微信公众号名称	二维码	关于公众号
云上田园 微信ID：ysty222		介绍：自然教育、自然研学，都市休闲生活。 成都云上田园教育咨询有限公司 联系电话：028-83272448 曾用名：云上田园美丽农场、云上田园大自然研学中心
全生命三亲教育 微信ID： huaxia20140818		介绍：传承汲取中国礼乐启蒙教化之精华、秉承陶行知乡村平民教育理念、借鉴国际华德福等先进教育方法，开拓"修德、开慧、学艺"的中国式儿童教育新思路。通过亲情、亲自然、亲乡土的教育，为儿童种下幸福一生的德、慧、艺三颗种子。 北京市璞育社会工作事务所 曾用名：华夏乡村儿童启蒙教育、凤凰耕读学堂
心智障碍者家庭支持网络 微信ID： Jiazhanglianhui		介绍：监督服务提供者的服务品质；政策倡导，提升一般社会公众的认知，促进心智障碍者自主生活、教育、就业等相关权利得到充分实现；提升家长组织效能。 北京市融合联汇心智障碍者服务中心 曾用名：心智障碍者家庭支持组织网络
冠军基金 微信ID： guanjunjijin		介绍：冠军基金是由中国首个冬奥会冠军杨扬女士创办的体育公益专项基金，旨在关注青少年体育教育和运动员职业再发展。 理念：冠军是梦想和荣誉，更是一种能力和素质。 中国红十字基金会冠军基金
晓更基金会 微信ID： gengfoundation		介绍：传承"心智障碍权利倡导"理念精神，通过倡导带动改变，让融合阳光沐浴天下。 北京市晓更助残基金会 曾用名：北京市晓更助残基金会

续表

微信公众号名称	二维码	关于公众号
微笑明天慈善基金会 微信 ID： Smile-foundation		介绍：发布有关微笑基金会的公益活动信息。 联系电话：0571-85318018 浙江省微笑明天慈善基金会
向日葵青少年成长服务中心 微信 ID：gh_c60153c199d3		介绍：向日葵青少年成长服务中心由来自高校教育学、心理学、学前教育等方面的专业教师和大学生志愿者组成，秉承博爱、专业、务实的教育理念，在高校与社区间搭建公民精舍建设和公益服务的桥梁，整合资源，专注社区儿童、青少年及家庭教育，帮助社区儿童全面发展。 成都市成华区向日葵青少年成长服务中心

后 记

  这本书最初的名字是《〈儿童友好社区建设规范〉解读》，立项于2019年。2020年春节一场突如其来、持续至今的新冠肺炎疫情打乱了我们工作以及生活的所有节奏，虽然有了2019年北京永真公益基金会团队拉的框架，但由于我的缺席，没有了统筹和资金，这件事直到2021年才重新启动。恰逢"十四五"规划正式颁布，"五年内建设100座儿童友好城市"的好消息让我们所有多年来推动儿童友好社区建设的伙伴们备感振奋，天时地利人和，就是如此吧……十年沉淀，一路走来的小伙伴们纷纷加入，编写本书的人员有社会人士、中央和基层干部、规划师、高校教师、社区书记和社会工作者，他们来自各行各业。擅长文字工作、分析提炼的与有一线实战经验的结对子，既有全局观又有独到见地和深度思考的统领各章节，完全没有儿童友好社区建设经验但想要在未来启动建设的基层干部也加入进来，一边旁听，一边提问，互相学习促进……

  当我们把第一版不到20万字的书稿给到社会科学文献出版社的编辑孙瑜博士，她的反馈是本书非常实用，不如把书名调整为《〈儿童友好社区建设规范〉操作手册》。这与我之前的想法不谋而合，十年前决定做社区儿童普惠服务的公益事业时，我就是从自己孩子和家庭的需要想到了全中国的孩子和他们的父母，希望能实实在在地帮助更多孩子和父母解决实际的问题。理论来自实践，何况儿童友好工作是全新的事业，可以借鉴的经验以及专注研究的学者非常有限，因此，眼下最迫切的是让更多力量加入进来，在国家政策的指导下先干起来，一边实操，一边总结。基于这样的考虑，我和副主编陈虹带着基金会的同事再次征集和梳理了一批新的案例，在对传统的社会工作和公益慈善案例汇编的同时，大胆加入了很多社会企业的案例。我深深地感觉到，儿童友好社区将不仅仅培育出新一代的公益和社工代表，也将培育出大量优秀的社会企业。这种判断不仅仅因为儿童友好城市的政策，也基于目前国家对教育进行的一系列改革，从家长教育到职业教育无不囊括其中，要求从业机构更规范、更专业且更加强调非营利属性。作为中国最早研究实践社会企业的行业代表，能亲历其中并看到社会企业可能会成为儿童教育和健康等相关行业的重要力量，我为这个美好的时代高兴！我们都太幸运了！希望在我们共同的努力之下，这一天早日到来！

最后，请允许我向大家介绍本书各个章节的作者，若非情怀，我很难想象他们如何能受得了我的天马行空和突发奇想，经过多少次的节假日和深夜的电话会议、多少次的推翻重来的讨论和调整……唯有深深感谢！第一章作者为华南师范大学讲师陈虹、华东理工大学教授范斌；第二章作者为南京互助社区发展中心理事长吴楠和中国艺术研究院文艺学硕士张艺歆；第三章作者为成都大学美术与设计学院副教授张蔚、北京市信息社会研究所副所长白驹、深圳市妇女儿童发展基金会儿童友好同行者陈婧航、四川木易堂文化传播有限公司总经理杨沛、成都大学美术与设计学院余蕊汝、余孟蕊、张洪刚；第四章作者为湖南大学建筑与规划学院副教授沈瑶、成都大学美术与设计学院副教授张蔚、北京市城市规划设计研究院儿童友好城市项目组负责人邱红、深圳市城市规划设计研究院儿童友好城市项目组负责人刘磊、武汉市土地利用和城市空间规划研究中心主任工程师邹润涛、清华大学建筑学院长聘副教授唐燕、清华大学建筑学院硕士研究生叶珩羽；第五章作者为中国儿童中心科技部部长朱晓宇、北京市协作者社会工作发展中心创始人李涛、成都大学法学院副教授张蕾、成都市武侯区簇桥街道锦城社区党委书记李鑫；第六章作者为原北京亿未来社工发展中心主任、亿未来社区亲子联盟项目总监张毅与北京三联社会工作发展中心执行主任常仁杰，华东师范大学教育学部教授周念丽为学术指导；第七章作者是深圳市社会科学院研究员徐宇珊；第八章为北京永真公益基金会副秘书长李先坤，项目主管曾莉就各案例资料整理编写；上海师范大学硕士研学生黄溶协助我处理了一些全书编写工作。

后　记

　　虽然引用了过百个案例，从制度友好、文化友好、空间友好、服务友好、人员友好五个方面收集整理了国内外的儿童友好建设的优秀经验和工作成果，但仍有很多遗憾之处。儿童友好涵盖了儿童发展的方方面面，实在难以通过一本操作手册全部阐述周全，此外，一些垂直领域如0~3岁托育、家长教育和青少年抑郁症等重点难点议题，更是无法在本书内一一详说，未来我们将把更多具有实务操作性的具体内容逐一结集成册。

　　本书的出版只是万里长征的第一步，在线交流、线下沙龙、培训课程以及系列丛书的出版将伴随着儿童友好事业的发展继续下去，我相信，走在这条路上的人会越来越多，路也会越来越宽！

周惟彦
2022 年 1 月 7 日

参与编写人员

（按姓氏笔画为序）

叶珩羽　清华大学建筑学院硕士研究生
白　驹　北京市信息社会研究所副所长
朱晓宇　中国儿童中心科技部部长
刘　磊　深圳市城市规划设计研究院儿童友好城市项目组负责人
李　涛　北京市协作者社会工作发展中心创始人
李　鑫　成都市武侯区簇桥街道锦城社区党委书记
李先坤　北京永真公益基金会副秘书长
杨　沛　四川木易堂文化传播有限公司总经理
吴　楠　南京互助社区发展中心理事长
邱　红　北京市城市规划设计研究院儿童友好城市项目组负责人
余孟蕊　成都大学美术与设计学院硕士研究生
余蕊汝　成都大学美术与设计学院硕士研究生
邹润涛　武汉市土地利用和城市空间规划研究中心主任工程师
沈　瑶　湖南大学建筑与规划学院副教授，儿童友好城市研究室负责人
张　蔚　成都大学美术与设计学院副教授
张　毅　原北京億未来社工发展中心主任、億未来社区亲子联盟项目总监
张　蕾　成都大学法学院副教授
张艺歆　中国艺术研究院中国语言文学系文艺学硕士
张洪刚　成都大学美术与设计学院硕士研究生
陈　虹　华南师范大学地理科学学院讲师
陈婧航　深圳市妇女儿童发展基金会儿童友好同行者

范　斌　华东理工大学社会科学院教授、博士生导师
周念丽　华东师范大学大学教育学部教授
周惟彦　北京永真公益基金会理事长
徐宇珊　深圳市社会科学院研究员
唐　燕　清华大学建筑学院长聘副教授、博士生导师，院长助理
黄　溶　上海师范大学硕士研究生
常仁杰　北京三联社会工作发展中心执行主任
曾　莉　北京永真公益基金会项目主管

图书在版编目（CIP）数据

《儿童友好社区建设规范》操作手册 / 周惟彦主编；陈虹副主编 . -- 北京：社会科学文献出版社，2022.6
 ISBN 978-7-5228-0029-5

Ⅰ.①儿… Ⅱ.①周… ②陈… Ⅲ.①儿童保育事业－关系－社区－城市建设－规范－中国－手册 Ⅳ.① C913.7-62 ② D669.3-62

中国版本图书馆 CIP 数据核字（2022）第 065717 号

《儿童友好社区建设规范》操作手册

主　　编 /	周惟彦
副 主 编 /	陈　虹
出 版 人 /	王利民
责任编辑 /	孙　瑜　刘德顺
责任印制 /	王京美
出　　版 /	社会科学文献出版社·群学出版分社（010）59366453 地址：北京市北三环中路甲 29 号院华龙大厦　邮编：100029 网址：www.ssap.com.cn
发　　行 /	社会科学文献出版社（010）59367028
印　　装 /	三河市龙林印务有限公司
规　　格 /	开　本：787mm×1092mm　1/16 印　张：25　字　数：384 千字
版　　次 /	2022 年 6 月第 1 版　2022 年 6 月第 1 次印刷
书　　号 /	ISBN 978-7-5228-0029-5
定　　价 /	128.00 元

读者服务电话：4008918866

▲ 版权所有 翻印必究